Qu'est-ce qu'un
…ançais?
…e de la nationalité
…depuis la Révolution

フランス人とは何か

国籍をめぐる包摂と排除のポリティクス

パトリック・ヴェイユ

訳

宮島 喬　中力えり
大嶋 厚　村上一基

明石書店

装幀　北尾崇（HON DESIGN）

本書について

本書は、Patrick Weil, *Qu'est-ce qu'un Français? Histoire de la nationalité française depuis la Révolution* の翻訳である。原書は二〇〇二年にグラッセ（Grasset）社から公刊され、その改訂・増補版が二〇〇五年、ガリマール（Gallimard）社の Folio Histoire のシリーズに収められた。翻訳は後者を底本に行なった。

なお、巻末附録における参考資料の一部、同原書の五七〇－五八七頁、六三五－六四六頁は著者の了解を得て、割愛している。

本書の邦訳書名は、副題（「大革命以降のフランス国籍の歴史」）を原題通りではなく、訳者たちの希望により「国籍をめぐる包摂と排除のポリティクス」とした。本書の意義を、広く日本の読者の関心にうったえ、共有してもらいたいと考えたからである。

本書の本文には、多くのかなり詳細な注（原注）が付されていて、そのなかに多数の引用・参考文献が挙げられており、邦訳のあるものについては、書名等のデータを示したが、それ以外の文献については、紙幅の関係で、原綴のままとし、日本語訳を付していない。ご了解を願うものである。

本書は、訳者四名による分担訳である。その分担を示せば、一章、二章、三章が大嶋厚、四章、五章が宮島喬、六章、九章が村上一基、七章、八章が中力えり、「序論」、「全体の結論」が宮島喬である。巻末の附録も四名で分担し訳したが、その分担は省略する。

翻訳を進める上では、色々な方にお世話になり、なかでも、菅原真氏（南山大学）、館田晶子氏（北海学園大学）、森千香子氏（一橋大学）にはテクストの解釈、訳語につき、あるいは訳注につき、教示を受けた。著者のヴェイユ氏にも、質問に答えてもらった。御礼を申し上げたい。

本書の刊行を了とされた明石書店、および翻訳権取得から、訳稿の整理、数度にわたる校正まで、終始誠実に、ていねいに作業をしてくれた同編集部の遠藤隆郎氏には、訳者一同、もって感謝すべき言葉もない。

二〇一九年二月

訳　者

本書における訳語について

デクレ

フランスの国内法には、憲法（Constitution）、法律（loi）に加えて、主なものにオルドナンス（ordonnance）、デクレ（décret）、アレテ（arrêté）がある。オルドナンスは、政府のなす委任立法で、目的と期間を限定して、国会の追認を条件に制定され、法律と同じ効力をもつ。第三・第四共和制では、デクレ・ロワと呼ばれていた。デクレは、大統領や首相が行なう一方的な行政行為としての命令一般であり、政令と訳すこともできる。特定事項を一般的に規律する行政立法としてのデクレと、法律の施行令としてのデクレがあり、また内容によって、特定の者に関する個別（指名）デクレと、国民全般または不特定多数者に対する一般規制デクレに区別できる。なお、革命期には、議会が議決した法律であるがまだ国王が裁可したものではないという意味で、正式な法律になる一歩手前のものを示していた。アレテは、大臣、県知事、コミューヌの長およびその他の行政機関による行政命令の総称である。EU法やさまざまな国際条約も今日では重要な「法」となっており、それらは憲法の下、法律の上に位置づけられている。

訳語について一言すると、本書で特に頻出するデクレは、原則としてデクレとカタカナ表記し、すでに日本語で定着している訳があるものについては、それに従った（クレミュー政令など）。また文脈に応じて政令、告示などの訳語を当てたものもある。

生まれながらのフランス人

「生まれながらのフランス人（Français de naissance）」という表現は、法的な意味で使用されており、出生時にフランス国籍が付与された人々を指す。加重生地主義にもとづいて国籍が与えられる移民の子や孫なども ここに含まれる。それと対になるのが、出生後にフランス国籍を取得した人々を示す「国籍取得フランス人（Français d'acquisition）」で、帰化者や、外国生まれの外国人からフランスで生まれ、成人時に国籍が与えられた者、フランス人との結婚後に届出により国籍を取得した者などがそれにあたる。

フランス人とは何か——国籍をめぐる包摂と排除のポリティクス　†目次

略号表記一覧〔雑誌の邦訳は割愛した〕

ACE：Archives du Conseil d'État, コンセイユ・デタ関係資料
AD：Archives diplomatiques, 外交資料
ADBR：Archives départementales du Bas-Rhin, バ＝ラン県公文書
ADI：Archives départementales de l'Isère, イゼール県公文書
ADN：Archives départementales du Nord, ノール県公文書
ALR：Allgemeines Landrecht, 一般ラント法
AMJ：Archives du ministère de la Justice, 司法省関係資料
AN：Archives nationales, 国の公文書
AP：Archives parlementaires, 議会文書
APP：Archives de la Préfecture de police (de Paris), パリ警視庁公文書
ASDN：Archives de la sous-direction des naturalisations, 帰化課関係資料
CAC：Centre d'Archives contemporaines de Fontainebleau, フォンテヌブロー現代資料センター
CADI：Centre d'action et de défense des immigrés, 移民行動権利擁護センター
CAOM：Centre des Archives d'outre-mer, 海外領土資料センター
CARAN：Centre historique des Archives nationales, 国立公文書館歴史センター
CDJC：Centre de documentation juive contemporaine, 現代ユダヤ資料センター
CE：Conseil d'Etat, コンセイユ・デタ
CFLN：Comité française de Libération nationale, フランス国民解放委員会
CGQJ：Commissariat Général aux Questions Juives, ユダヤ人問題総合委員会
CIN：Commission interministérielle des naturalisations, 帰化に関する省間委員会
CNRS：Centre national de la recherche scientifique, フランス国立科学研究センター
CRÉDOC：Centre de Recherche pour l'Étude et l'Observation des Conditions de Vie, 生活環境調査研究所
Dal.：Recueil Dalloz〔判例・法令集〕
DGI：Direction Générale des Impôts, 税務総局
DGSE：Direction Générale de la Sécurité Extérieure, 対外治安総局
DOM-TOM：Départements et territoires d'outre-mer, 海外県－海外領土
DST：Direction de la Surveillance du Territoire, 領土監視局

DPM：Direction de la Population et des Migrations, 人口・移民局
EC：European Community, 欧州共同体
ENA：L’Etoile nord-africaine, 北アフリカの星
FDP：Freie Demokratische Partei, 自由民主党
FFI：Forces françaises de l’intérieur, フランス国内軍
FFL：Forces françaises libres, 自由フランス軍
GStA PK：Geheimes Staatsarchiv, Stiftung Preußischer Kulturbesitz, プロイセン文化財団枢密文書館
INED：Institut national d’études démographiques, 国立人口学研究所
INSEE：Institut national de la statistique et des études économiques, フランス国立統計経済研究所（インセ）
JDIP（または Clunet）：*Journal du droit international* fondé en 1874 par Clunet
JORF：*Journal officiel de la République française,*「フランス共和国官報」
JO：*Journal officiel,*「官報」
MBF：Militärbefehlshaber in Frankreich, 在仏ドイツ軍司令部
MRP：Mouvement Républicain Populaire, 人民共和運動
ONI：L’Office National d’Immigration, 移民庁
PPA：Parti du Peuple Algérien, アルジェリア人民党
RA：*Revue algérienne et tunisienne de législation et de jurisprudence*
RCDIP：*Revue critique de droit international privé*
RDP：*Revue de droit public et de la science politique*
RFHOM：*Revue française d’histoire d’outre-mer*
RHMC：*Revue d’histoire moderne et contemporaine*
RPP：*Revue politique et parlementaire*
RSHA：Reichssicherheitshauptamt, 国家保安本部（ドイツ）
SD：Sicherheitsdienst, 親衛隊保安部
SFIO：Section Française de l’Internationale Ouvrière, 社会党
SGI：Société générale d’immigration, 移民総合会社
SHAT：Service historique de l’armée de terre, 陸軍史料部
Sir.：Recueil Sirey〔判例・法令集〕
SPD：Sozialdemokratische Partei Deutschlands, ドイツ社会民主党
SS：Schutzstaffel, 親衛隊

凡例

一、本書は Patrick Weil, *Qu'est-ce qu'un Français? Histoire de la nationalité française depuis la Révolution*, Folio, 2005 の翻訳である。原書五七〇－五八七頁、六三五－六四六頁の参考資料は原著者の了解を得て割愛した。

一、原注は本文に注番号を付し、巻末にまとめた。

一、本文中の引用箇所への原著者による注釈は［　］で示した。

一、本文中の訳者による注釈は〔　〕に入れて表したが、傍注としたものもある。

一、原書におけるイタリック体の強調については、訳語に傍点を付した。

序論

一人の人物が「自分はフランス人である」と、どんな理屈を付けて証明できるだろうか。フランスに生まれたから、でよいだろうか。親または祖先の一人がフランス人だから、といえばよいのか。だが、そもそもその親や祖先は自身、どのようにしてフランス人になったのか。自身がフランス生まれなのか。当人もフランス人の一親族、一祖先をもっていたのか。フランス人女性と結婚していたのだろうか、それとも帰化していたのか。

一フランス人がそこにいる、とはどういうことなのか。

この問いは今日、身分証明書を更新しなければならないフランス人に対して発せられることがある。その段になって、かれ・彼女らは、自分の国籍を証明できないのに気づき、茫然自失することがある。

ここ二〇年ほどの政治的論争をみると、この問いへの回答は、しばしば歴史または比較に言及していて、さまざまな象徴的表現の矛盾を端なくも明るみに出している。「人は血統によってフランス人になる」と、ヴァレリ・ジスカールデスタンは一八〇四年の民法典に照らして論じる。[1] すると左派は、ノン、「血統、それはヴィシー〔体制〕だ」と応酬する。「人は出生の地によってフランス人となる。

それが共和国的原理だ」、と。いや、それは適切ではない、と憲法院は一九九三年に判示した。生地主義（droit du sol）は共和国の基本原理ではない、これが「特に徴兵上の必要に応えるために」[2]フランス法に導入されたのは一八八九年にすぎない、とする。「たとえば投票権などの権利を獲得するには、もはやフランス人である必要はない」と当時主張していた団体もあり、一七九三年のモンタニアール憲法を引き合いに出していた。そして、アラン・フィンケルクロートは、エルネスト・ルナンを参照しながら「人は意志によってフランス人となる。フランス人であることを望めばこそ、だ」と強調した。つまり、血統主義（droit du sang）の母国ドイツに固有のエスニック概念と対照的な、フランス国民の選択的な概念化を行なったルナンを引きながら[3]。

というわけで、今日特に、フランス国籍は、知識の対象としてよりは、表示や信仰の、さらにはステレオタイプの対象として現れている。

それぞれの時代を対象とした参考文献は存在する。アンシアン・レジームについてのピーター・サーリンズのそれ、一九世紀末についてのジェラール・ノワリエルとロジャース・ブルーベイカーのそれ、そして現代を扱ったミリアム・フェルドブラムと再度ブルーベイカーのものなどがあるが[4]、フランス国籍の歴史はかつて体系的な研究の対象となったためしはない。そのすべての面は闇のなかに置かれ、全体像が視野に収められたことは過去になく、まして諸外国の立法との比較研究は存在しない。

研究のこうした不在の理由の第一は、フランスの国籍政策の歴史を容易にたどるのを可能にするような司法省の公文書館が存在しないことにある。この歴史を構成するには、きわめて多様な背景での八年間の資料収集・研究を必要とした。それは、司法省が関係する国および県の行政、過去二世紀この政策に関わった政治家や法律家といった背景である。外国の諸背景も同じく調査の対象とした。それら多岐にわたる文書資料の調査なしには、この歴史も成らなかっただろう。

フランス人というものが初めて定義されたのは、大革命下のことだった。この時期、国籍（nationalité）という言葉そのものが存在しなかった。当時は「フランス人の資格（qualité de Français）」という言葉が使われ、「国籍」が、一国家とそれを構成する人々の間の法的紐帯を定義するようになるのは一九世紀の初めである。[5]

国籍、それは実際、法的なものである。各国家はその存在を確かなものとするため、人々および領土を必要とする。範囲を画された存在としての人々があって、国家は自らの継続的存在を確保するため、単に国籍を付与するだけでなく、世代から世代へとそれを継承させるための法的な用具を見出す必要があった。[6]

それは、次の四つである。

(1)出生地、ないし生地主義。国家が主権を行使している、過去に行使していた、または未来に主権を拡大したいと欲する領域内に生まれるという事実。

(2)血のつながり、ないし血統主義。国籍は、親またはより遠い祖先から継承される。

(3)過去または現在、未来の国境内における過去または現在、未来の居所。

(4)婚姻身分。他国の国籍の者と結婚すると、その配偶者の国籍を取得できる。

もしも人口集団と領土が完全に対応していたなら、もしも全フランス人が、そして単にフランス人のみがフランスに住んでいたなら、出生地、血縁、居所のどれを基礎として国籍を付与しても何の変わりもない。なぜなら、各人はフランスにフランス人の親から生まれ、そこに住んでいるのだから、どの基準の一つを選ぼうと、国籍付与は同じ結果をもたらすからだ。ところが、一旦、フランス人がフランスから離れ、外国で結婚し、子どもをもうけるとしよう。また一外国人がフランスにやって来て、居を定め、結婚し、または子どもを産むとしよう。ことは複雑になる。出生地、血統、居所のうちから一つの基準を選ぶことになる。多くのフランス人は相変わらずそこに含まれるにせよ（その大多数はフランス人の両親からフランスに生まれ、フランスに住み、フランス人と結婚するにせよ）、国籍の「限界ゾーン」と呼ばれるものに位置するフランス人と外国人の間で、一個の「選択」がなされる。一フランス人からロンドンで生まれた子どもを例にとってみよう。その国籍が生まれ落ちた領域で決まるなら、かれはイギリス人となろう。もし血統によって決まるなら、フランス人となろう。フランスで生まれるイギリス人の子どもの状況も同じだが、関係は逆になる。この「限界ゾーン」には、フランスと一つの絆（出生地、血統、居所、婚姻による）で結ばれながら、他の一国とも絆をもつ、そうしたすべての者が含まれる。

国籍、それは一個の政治でもある。国籍の立法を行なうということは、出生時にフランス人というものを決めることになる一つの、または複数の基準を選ぶことだからだ。また、国籍の「限界」にあるような個人に、何らかの方向にその限界を越えることを認める条件を選択することでもある。国籍とは、囲いの柵のようなものではなく、境界だからである。

その国民とは何かを定めて以来、フランスの特殊性は、「生まれながらのフランス人」を規定するさまざまな方法と、フランス国籍の付与と失効のほとんどすべての規則を表明してきた点にある。このため、大革命以来、他のどの国にも増して法を変更してきて、国籍法の政策は、絶えざる政治的・法的な対決の対象となってきた。

その闘いは各段階で、多少とも名の通った次のような政治家を舞台に登場させた。大革命の時期には、ナポレオン・ボナパルト、ピエール・ドーヌー、ジャン＝ジャック・ド・カンバセレス、エマニュエル・シエイエス。一九世紀半ばには、アドルフ・クレミュー、ジュール・ファーヴル、ナポレオン三世。第三共和政の下では、ルイ・バルトゥー、アントナン・デュボスト、アンドレ・オノラ、ジョルジュ・クレマンソー、シャルル・ランベール、ルイ・マルタン。ペタン元帥とヴィシーの三人の司法大臣――ラファエル・アリベール、ジョゼフ・バルテルミー、モリス・ガボルド。ドゴール将軍とフランス解放時の二人の司法大臣――フランソワ・ド・マントンとピエール＝アンリ・ティトジャン。そして現代ではアルバン・シャランドン、ジャック・シラク、アルレム・デジール、ヴァレリ・ジスカールデスタン、ジャン・フォワイエ、リオネル・ジョスパン、ジャン＝マリ・ルペン、ピエール・マゾー、フランソワ・ミッテラン。

それらの論争には法律家たちが公然と、または脇役的に加わり、リードし、決定的役割を演じたこともある。まずトロンシェがいて、一八〇三年の民法典でボナパルトに血統主義を押し付けている。ルネ・カッサンは、自由フランスの手による、帰化取り消しに関するヴィシー政府の法律の破棄をフランソワ・ド・マントンに認めさせている。さらには、コンセイユ・デタで一八八四年から一九二〇年まで国籍問題の専門家として重きをなしたカミーユ・セーがいる。ジョルジュ・グリュフィーは、第三共和政の数々の改革の指導者であり、ジョルジュ・デイラスはヴィシー政府の司法省次官だった。レイモン・ブルベスは一九四五年国籍法の起草者であり、マルソー・ロンは、一九八七年の国籍委員会の座長を務め、一九九三年法に方向づけを与えた。

これらさまざまな対抗・対決とそこから最終的に生まれてくる法を研究してみると、フランスの国籍の構築には、主な三つの段階があることが明らかになる。

大革命の発端では、国民と外国人の間に境界を定めるのはむずかしかった。フランス人でなければ市民でありえなかったが、一七九〇年から九四年までの四年間は、外国人は、フランスに居住していれば自動的に帰化が認められた。近代国籍法の第一歩が踏み出されたのは一八〇三年のあの民法典によってであり、これは実はボナパルトの見解に逆らって、である。この時、アンシアン・レジームの「封建的」アプローチから訣別するわけだが、そのアプローチは領土内での出生をフランス人の資格の主たる基準としていた。それが民法典以来、国籍とは、人に属する権利となったのだ。すなわち、家族の姓と同じように、血統によって継承されるのであり、出生と同時に付与され、当人がたとえ居所を外国に移しても、もはや失われることはない。

一九世紀末、フランスは移民受入国になる。ヨーロッパのなかで最も先んじて、である。けれども、外国人の親からフランスで生まれる子は、権利として国籍を請求はできない。そのため、新たな移民の流れがどうであれ、世代を重ねるごとに外国人人口は自動的に増えていく。血統主義と帰化の少なさのためである。そこで、一八八九年法は、フランス人と外国人の間の境界を再編する。これが第二段階である。すなわち、国籍への家族的アプローチに加えて、さらには一部置き換えて、社会学的アプローチを付加するのだ。生地主義への回帰であるが、ただし、旧法のそれと同じではない。というのは、それはもはや国への忠誠義務（allégence）にではなく、社会化（socialisation）にもとづくものになるからである。

この頃から、特に第一次世界大戦以後、人口減少が大きな問題として立ち現れる。そこで、フランス国籍は、その発展の第三段階として人口政策の一手段となる。一九二七年法によってフランス国籍は、これを欲する多数の移民に、帰化または結婚を通して開かれていく。

本書の第Ⅰ部は、これら三つの段階を検討し、国籍の近代法の構築を跡づける。

これと並行して、一九二〇年代の末には、「レイシスト（raciste）」といってもよい一アプローチが、移民政策と国籍政策の分野に現れてくる。これが拠っている仮説とは、その民族的、宗教的、人種的な出自によって外国人の同化可能性は異なる、というものであり、帰化者を選別するのにこれらの基準を当てはめようとする。このアプローチについては、ルネ・マルシアルとジョルジュ・モコという定評ある二人の専門家がいた。

この人種差別的政策はヴィシー体制の下で勝利を収める。一九四〇年七月〔フランスが敗戦を認めた独仏休戦条約の締結の時〕以降、フランス国家は、国籍に関するある徹底した政策を開始するのであり、これは本書で初めて記述される。同政策は、ユダヤ人を標的として数千件の帰化の取り消しを準備するのだが、それだけでなく、新たな国籍法の作成も予定していた。ただ、こちらのほうはベルリンからの拒否通告のため、日の目を見ることなく終わる。

右のアプローチは、フランス解放《リベラシオン》とともに消え去るわけではない。ジョルジュ・モコのような人物が、すんでのところクオータによる帰化者の選別を命じるところだった。現代では、レイシズムは北アフリカ出身移民とその子どもに狙いを定めている。ヴァレリ・ジスカールデスタンは、一九七八年から八〇年にかけて彼らの強制帰国を組織化しようとこころみた。次いで、生地主義を廃止し、彼らのフランス国籍へのアクセスを阻止しようとしたが、失敗に終わる。

　本書第Ⅱ部は、これらフランス国籍の危機に検討を加える。その危機とは、人種差別的オプションの登場によって画され、それが支配的になるのはヴィシー体制下に限られるが、つい最近の時期まで論争にはなってきた。

　だが、あの一八八九年に生地主義がフランス国籍法に再導入されて以来、これらの危機を超えて、それが比較的安定的に維持されていることを考え、それでよしとしてしまうかもしれない。そしてけっきょく、フランスは移民とその子どもの統合に対して開かれたシヴィックなネーションのモデルであり、それに反してドイツは、プロイセンが一八四二年にそれを採用して以来、血統主義のテクニックで支配されたエスニックなネーションの本拠地をなす、と結論されることになる。

⑴しかし、生地主義の開かれたネーション、フランス 対 血統主義のエスニック・ネーション、ドイツ、という対置は、検証に耐えるものではない。本書も検討を行なうドイツの国籍法の歴史は、この神話と相容れないものであり、実際、その国籍法は一個のナツィオンの観念の反映などではないことを証明している[7]。国籍法は、それ固有の道程をもち、固有の同一性をもち、これまですでに跡づけられてきた市民権の歴史にも規定されてはいない[8]。

(2)さらにいえば、民法典から一九二七年法までの近代国籍法の構築過程を描くために示した三つの主要な段階は、その都度、ある部類のフランス人の権利の犠牲または切り下げの下に、踏み出されている。女性、アルジェリアのムスリム、最近の帰化者たちがそれであり、彼らの歴史は初めて本書で分析されている。民法典は一八〇三年、国籍を属人的な権利として創設したが、この権利は男性のためのもので、女性を無視して打ち立てられたのだ。女性は一九二七年まで、〔外国人と結婚すると〕夫の国籍を取得したわけで、一九二〇年代には一五万人の女性が婚姻により外国人になっている。フランス人として生まれ、フランスに住みながら、外国人という地位に甘んじ、たとえば離婚に際しては、夫の国の法律に従わなければならなかった。一八八九年法は、国籍への「社会学的アプローチ」を勝利させ、外国人とその子どもの漸進的な統合を可能にしたが、その同じ頃、アルジェリアのムスリムにはいっそう劣悪な地位が押し付けられている。そのフランス国籍は形式的なものにすぎず、ゆがめられた無権利の国籍で、彼らは、フランス人でありながら、全き国籍を得ようとすれば、帰化という道を経なければならなかった（一九六二年〔アルジェリア独立の年〕までにこれを得たのは数千人にすぎない）。ところで、一九二七年法は、フランス国籍を大量に開放した。しかしそれによる新参の帰化者たちは五年から一〇年の期間、政治的権利の行使からは排除され、若干の職業には就くことができず、この差別は一九八三年まで続いた。

(3)そして、法から実際の適用へはしばしば距離がある。今日では、フランス国籍法は複雑な諸規定を盛った全体をなしている。個々人の状況にそれがどう具体的に適用されるかを検討することで、第Ⅲ部を結ぶことになるが、この第Ⅲ部は、フランス国籍をめぐる神話を脱構築し、明瞭ではない影のゾーンを発見することを可能にしてくれよう。

このようにその歴史を再構成し、比較と実際的運用のふるいにかけてみると、フランス国籍法は結局のところ、危機があり、長年にわたる不平等、差別があったにもかかわらず、ナポレオン・ボナパルトが自ら定めた目標を、遅ればせながら、いくぶんブレーキをかけながらも実現しているようにみえる。その目標とは、土地により、血のつながりにより、結婚や居住により、可能なかぎり多数のフランス人を、差別なく最大限に広く包摂すること、だった。

I

近代国籍法の構築

La construction d'un droit moderne de la nationalité

1　アンシアン・レジームから民法典へ
――フランス人の二つの革命

フランス革命が始まったとき、フランス人の明確な定義は存在しなかった。アンシアン・レジーム下では、相続に関わる問題から発生した法的紛争において、付随的に、フランス人と外国人の間の、あるいは当時の法律用語に従うならばフランス人と他国者（aubain）との境界線を定義する判例が、次第にみられるようになっていた。[1] 他国者の遺産没収権は、一方で、フランス人の相続人なしに死亡した外国人の財産を、王が自らのものとすることを認めていた。[2] 他方で、フランス人の子どもは、外国で出生した場合には他国者とみなされ、両親の財産を相続することができなかった。当時の裁判所である高等法院《パルルマン》は、他国者の身分に異議を唱える者から訴えを受け、こうした係争に決着をつけることを通じて、フランス人の定義を変化させてきた。[3]

一六世紀初頭には、フランス人と認められるために、まだ三つの条件を満たす必要があった。フランス王国内で出生したこと、フランス人の両親から生まれたこと、継続的にフランス王国内に居住していること、の三つである。[4] しかし、一五一五年二月二三日の判決により、パリ高等法院はフランス法に生地主義（*jus soli*）を導入した。[5] 両親の出自にかかわらず、すなわち二人とも外国人であっても、フランスで出生したことにより相続の権利を、したがってフランス国籍を、フランス国内に居住しているかぎり認められたのだ。[6]

一六世紀末には、今度は親子関係により、出生地に関係なく、フランス人としての資格を継承させることができるようになった。一五七六年九月七日、パリ高等法院は正式な判決、マビール判決を下した。[7] この判決は、両親ともにフランス人で、イングランドで生まれた娘をフランス人と認め、したがって相続権を与えている。

申請人が両親の死後フランスに住居を定めたことが、裁判所にとっては彼女が「帰国の意志」をもち続けていた証となった。しかも彼女は、王国から去った場合には祖先から受け継いだ財産のすべてを放棄することに同意していた。[8] この決定は徐々に判例として確立され、親子関係という条件も緩和された。[9] しかし、王国内での出生および親子関係と同様に、現在のみならず、将来も王国内に居住することが、フランス人としての資格を付与される上で明示的に求められる条件となった。なぜなら、それが王に対する忠誠の明確な標《しるし》だったからである。

判例によりフランス人だと定義されない人々、すなわち外国人に対しては、王は帰化承認状[10]を授けることができた。これは、フランソワ一世以来の独占的な権利である。この帰化により、外国人はフランス人となり、法的無能力から解放され、これによって相続し、あるいは財産を遺贈できることとなった。承認状の内容に応じて、外国人であった者が、フランス人と同様の「真の、生来の臣民と同じ品位、免除、特権、自由、免役、権利」を享受することが可能となった。ピーター・サーリンズの研究によれば、王は毎年平均して四五件の承認状を交付した。一六六〇年から一七八九年の間で、ほぼ六〇〇〇件となる[11]。

このように、革命前夜には、「領土内での出生」と「親子関係」が、現在そして特に将来にわたり王国内に居住するかぎりにおいて、フランス人としての資格を決定していた。これについて、別の言い方をすることもできる。旧法の下では、フランスで出生すれば、あるいは外国で出生してもフランス人を両親とするか、または帰化が認められるかしたならば、フランスに居住する者はフランス人なのである。とはいえ、最も重要な基準は、フランス国内で出生すること、すなわち生地主義である。このため、フランス人の両親から外国で生まれた子どもがフランス領内に居住するようになると、相続の権利とフランス人としての資格の確認のために王に帰化承認状を求めた。これに対して、フランス王国内で外国人の両親から生まれた子どもには、そうした手続きが免除されていた[12]。

一七八九年から一八〇三年の間に、フランス人の定義自体と、外国人によるフランス人の資格の取得が、二つの相反する大きな変動により変更された。一七九〇年に、初期の革命家たちは、アンシアン・レジーム期の法における外国人に対する王権の象徴であったものと訣別した。それは他国者の遺産没収権だけでなく、帰化に関する権限であった[13]。国籍が初めて、憲法により定義された。しかし、一八〇三年に、民法典は正反対の決定を行なっている。民法典は、外国人に対する国家の権限、すなわち他国者の遺産没収権と、居住許可を復活させ、国籍は憲法によっては定義されなくなった。何よりも重要な点として、生来フランス人の定義に関して、アンシアン・レジーム末期において支配的で、革命期に強化された生地主義に、血統主義（*jus sanguinis*）がとって代わるのだ。

一七九〇－一七九一年――フランス国籍は憲法のなかで規定される

一七八九年の革命家たちは、外国人とフランス人を隔てる境界線よりも、フランス社会のなかの種々の分断に着目した。特権は廃止され、職能組合や同業者団体は解散され、平等の原則にもとづき個人が権利付与の新たな仕組みの中心に置かれた[14]。農奴制の廃止[15]、新教徒の社会への統合、ユダヤ人による権利の平等の獲得[16]、より後になって奴隷制廃止が、次々と行なわれた[17]。これ以降、法の前に平等となったフランス人同士の間に、新たな境界線が現れる。一方には能動的〔有選挙権〕市民がいた。成年の男性で、ある程度の財力があり、選挙権をもち、それを通じて国民主権の行使に参加できる人々である。他方には、受動的市民がいた。女性、未成年者、あるいは貧しい人々である[18]。

一七九〇年四月三〇日－五月二日に国民議会が採択したデクレにより、フランスに定住する外国人は、「王国内に連続して五年間居住し、くわえて家屋の購入、もしくはフランス人女性との婚姻、もしくは商店の開業、もしくはいずれかの都市において市民証書（lettre de bourgeoisie）の取得があれば、フランス人とみなされ、市民誓約を行なうことで能動的市民としての権利を行使することができる」と決定した[19]。当初は「外国で出生した多数の人々が婚姻し、古くから不動産もしくは商店を所有する国境地帯に所在する県および港市の状況を解決する」ことが課題だった。「彼らは文官としての職務に就き、ある者は旧制度下で市の吏員であった。別の者は、国民衛兵の将校となった。全員が、市民誓約を行なった。多くの市において、彼らは人口の八分の一、七分の一、六分の一を占め、すべての人間を幸福にしたいと願う憲法にとって、新たな友となる人々である」。しかしながら、このデクレにより、帰化を承認する権利は王の特権ではなくなった[20]。政府の関与あるいは当事者本人の同意がなくとも、法によって定められた、たとえば住居などの条件が満たされれば、外国人はフランス人となる[21]。

次いで、一七九〇年八月六日のデクレにより、国民議会は他国者の遺産没収権と外国人財産分割徴収権（droit de détraction）を、相互主義の条件を付すことなしに廃止した[22]。ここでもまた、王の権力からの切り離しが課題であった。しかしながら、この切り離しは現実的というよりは象徴的であった。というのも、この数年来、多くの外国人が他国者としての遺産没収を免れていたからである。その理由は、当事者が他国者としての遺産没収を免除されている国[23]に属しているか、あるいは特定の特権[24]を享受していたことによるものだったが、それ以上にフランスが多くの国々と他国者の遺産没収の全面的免除[25]もしくは一部免除[26]の協定を締結していたことによる。一七六六年から八七年にかけて、七五件の協定が締結されていた。

最後に、一七九〇年一二月九日－一五日の法律は、新教徒の子孫にフランス人としての権利を回復させた。ここでもまた、王の裁量権との新たな訣別がみられる。「外国で生まれ、その親等がどうあれ、宗教上の理由でフランスを離れたフランス人の男性または女性の子孫である者は、生来フランス人と認められ、フランスに定住帰国して市民誓約を行なうならば、この資格に付随する権利を享受することができる[27]」。

その数カ月後、アンシアン・レジーム期の判例の影響を受けたフランス人の定義が、一七九一年九月三日の憲法に取り入れられた[28]。「フランス人を父親としてフランスで出生した者、外国人を父親と

して フランスで出生し、王国内に定住している者、フランス人を父親として外国で出生し、定住するためにフランスに帰国し市民誓約を行なった者は、フランス市民と認められる」[29]。実際、この憲法には国籍に関するすべての規定が盛り込まれた。というのは、新教徒に関する一七九〇年一二月九日－一五日の法律、外国人の帰化に関する一七九〇年四月三〇日－五月二日の法律も、この憲法のなかに取り込まれたからだ。フランス史上初めて、国籍に関する立法が明確に行なわれ、全国一律に適用されるようになる[30]。法律面から、また実際にも、外国人がどのような手続きによりフランス人となるかを示した点に新規性があった。それは、例外的な帰化によるか、あるいはほとんどの場合、自動的に認められるものであった。

一七九〇－一七九五年――フランス人となるための二つの手段および名誉市民権

一七九一年九月三日の憲法第二章第四条は、立法府に例外的な帰化を認める権限を付与していた。立法府は「重要な理由がある場合、外国人に対して、フランス国内に住居を定め、市民誓約を行なうことのみを条件として、帰化証明書を与えることができ」た。

その一年足らず後、一七九二年八月二四日、マリー＝ジョゼフ・シェニエ[31]は何人かのパリ市民を代表して国民議会の演壇に登場し、「世界のさまざまな地域において、人間の理性を成熟させ、自由への道を切り開いたすべての人々をフランス市民と認める」よう提案した。当時、フランスはオーストリアおよびプロイセンと戦争状態にあり[32]、七月一一日以来、祖国は危機に瀕していると議会によって宣せられていた。八月一日、パリ市民はブラウンシュヴァイクの宣言を知ることとなった。この宣言は、王家に対して「少しでも暴力行為を働き、侮辱を加えるならば」、パリ市民に対して報復すると脅していた[33]。八月一〇日、国民議会はルイ一六世の王権を停止し、国民公会の選挙までの期間、暫定的に執行委員会がこれを代行すると決定した。八月一九日、プロイセン軍はフランス領内に進入し、二〇日には、ロンヴィーに迫った。二三日、砲撃にさらされたロンヴィー市民は、駐留部隊を降伏させた。

一七九二年八月二六日、以下のデクレが採択された[34]。

国民公会がフランスの運命を定め、またおそらく人類の運命をも左右しようとしているこの時に、寛大にして自由な国民は、あらゆる真実を求める義務と、その感性と、著作、勇気により卓越した品位を示した人々に対して、偉大な理性の行為に協力する権利を与える義務を負っている。ジョゼフ・プリーストリー博士、トマ・ペイン〔トマス・ペイン〕、ジェレミー・ベンサム*、ウィリアム・ウィルバーフォース、トマス・クラークソン*、ジャック・マッキントッシュ、デヴィッド・ウィリアムス*、N・ゴラニ、アナカルシス・クローツ*、コルネイユ・パーウ*、ジョアシャン＝アンリ・カンプ、N・ペスタロッツィ、ジョルジュ・ワシントン*、ジャン・ハミルトン*、N・マディソン、H・クロップストック*およびタデー・コシウスコ*に、フランス市民の資格を認めることを宣言する[35]。

〔原注〕＊を付した名前は、シェニエの提案には含まれていなかった。かれは、他にイギリスのホーン・トゥーチとウィリアム・ボルツ、アイルランドのネイパー＝タンディとポーランドのマラク

スキーの名を挙げていた。〔訳注　右記の外国人の名前のうちには、当時の習慣にもとづきフランス化されているものがあるが、ここでは、そのままの発音表記とした〕。

ある議員の求めに応じて、ドイツの政治ジャーナリスト、ジラー Giller〔フリードリヒ・フォン・シラー Schiller を指す〕がこの名簿に加えられた[36]。

これは、フランスに住居を定め、市民誓約を行なうことを条件とした憲法第四条の字義通りの適用ではなかった。たとえばベンサムも、ワシントンも、ハミルトンもフランスに居住しておらず、市民誓約も行なっていなかった。彼らに付与されたのは名誉市民権であり、法的にはアメリカ合衆国でラ・ファイエットが与えられた名誉市民権に相当するものだった[37]。ラ・ファイエットの場合、米国最高裁判所の判事が決定を下していたが、帰化の証書は市民権を付与した国に実際に居住しなければ有効とはならなかった[38]。フランスでは、二人の人物がこのケースに当てはまった。トマス・ペインとアナカルシス・クローツ〔プロイセン出身の革命家。一七九四年に断頭台で処刑〕である。彼らは、国民公会の議員にも選出されている。

祖国が危機に瀕し、かつ王が逮捕されるという文脈において、共和国創設のために外国の思想家と法律家に呼びかけを行なうことは、共和国の普遍的な次元を強調することであった。これは、法律の制定という重要な職務を外国人にゆだねることは、ギリシャの都市国家の大半と、イタリア近代の共和国、より近年ではジュネーヴにとっての習慣である、と『社会契約論』のなかで言及したルソーの助言に従うことでもあった。彼らは人間の情念を知っているが、組織すべき社会の外部におり、内部の政治的対立における利害をもっていないから、というのである[39]。

名誉市民権の付与は、けっきょく、外国にあって祖国と戦うフランス人、すでにいくつもの措置の対象となっている国外亡命者《エミグレ》の国籍剝奪への象徴的な対称物でもあった。この人々は、財産の没収（一七九二年七月二七日のデクレ）および売却（一七九二年八月一四日のデクレ）を被り、その後なお追加措置がとられることになる。しかもその数週間前に、ナヴィエ[40]が立法委員会の名において、三件の特例的帰化申請について肯定的な報告を行なったとき、かれは、この上なく優れた外国人から支持があることを主な考慮事項として挙げた。「われわれが現在置かれている政治状況において［……］憲法および諸法を批判する者たちに対して、三人の人物が、わが憲法と諸法に喜んで従おうとしているのを示すことは、フランス国民にとってきわめて有益であると誰しもが理解できることでしょう。彼らの英知は否定しようもなく、またこの憲法および諸法に彼らが見出す価値は、彼らが出生地において放棄する利益によって測ることができるのです[41]」。

これらのいくつかの特例的帰化は、今日でもなお大きな象徴的意義をもつ。それは、外国に向けての開放、普遍主義の価値である。その数カ月後、宣戦布告がなされると、フランス革命の想像世界のなかでは曖昧な政治的存在であった外国人は、敵、裏切り者あるいはスパイの仮面を着けるようになった[42]。一七九三年二月二六日と三月二一日の二つのデクレは、外国人に登録を義務づける。一七九三年一〇月一六日、国民公会は「共和国と交戦状態にある政府の臣民として生誕した外国人は、平和が訪れるまでの間身柄を拘束される」との決定を下した[43]。革命暦二年雪月《ニヴォーズ》五日（一七九三年一二月二五日）、外国人はフランス国民を代表する権利を奪われ、クローツとペインは国民公会から追放された。革命暦二年雪月《ニヴォーズ》六日（一七九三年一二月二六日）のデクレは、この措置を外国で出生したフランス人にまで拡大した。政治に関わることが許可されるのは、国内で出生したフランス人だけとなった。革命暦二年芽月《ジェルミナル》二六日（一七九四年四月一五日）、サン＝ジュストの影響により複数のデクレが決定され、フランスと交戦状態にある国で出生した外国人が特定の都市に居住することが禁じられ、あるいはすべての外国人および貴族に、一般人の結社および革命監視委員会、市町村もしくは地区《セクシオン》の議会のメンバーとなることが禁止された[44]。

そして自動的帰化へ……

とはいえ、革命前期、すなわち一七九〇年四月三〇日－五月二日の法律から革命暦三年の憲法が施行される一七九五年九月二二日までの間は、帰化に関する一般法が比較的安定して運用されていた。注目を集めず、間違って解釈されもしたがきわめて革新的なこの法は、何百何千という外国人にフランス人の資格を与えた。同法は自動的にフランス国籍を認め、そのため、具体的な影響を及ぼすことも多かった。徴用されて軍に入隊せざるをえないケースや、フランス人女性と結婚しているために離婚に関する新たな法律に従わなければならなかったケースがそれにあたる。

まず、一七九〇年の法律にもとづき、五年以上フランスに定住し、家屋を購入するかフランス人女性と結婚し、あるいは商店を開業し、またはある都市から市民証書を与えられた外国人は、みな自動的にフランス人とされた。フランス人となった外国人は、市民誓約を行なえば他のフランス人と同様に能動的市民となり、投票権を得ることができた。しかし、市民誓約を行なわずとも、かれはフランス人でないわけではない、と兵士募集を担当する当局と、破毀院は決定している[45]。

一七九〇年の法律は「当事者の明確にして正式な合意なしに」外国人の帰化を認めているのか、とメルランは自問した[46]。かれは、一七八一年以来フランスに居住し、九一年一一月一六日にフランス人女性と結婚したアイルランド人テレンス・マクマホンの事案について破毀院が判決を下さなければならなかった一八〇六年に、破毀院付き検察官を務めていた。帰化とは、「外国人を自国に受け入れる政府と、当該の外国人」との間の契約ではないだろうか。かれの解答は明快であった。帰化は、おそらく「外国人からの要望の結果としての契約としても成立するだろうが、〔……〕同時にまた法のもつ効力により、外国人の同意なしにも成立する。主権者は、主権者であることにより、こう決定できる。わが国に居住する者のすべてが、わが市民となることを望む、と。そして、一度そう決定されたら、誰も次のように回答することはできない。私はあなたの国に居住しているが、市民にはなりたくない」、と。「広大な帝国の住民全員をローマ市民だと宣言」した皇帝アントニヌス、あるいはベルギー住民全員をフランス人だとした革命暦五年風月《ヴァントーズ》五日の法律を引用しつつ、かれは最後にこう付け加えた。「もしマクマホン氏がフランス人になるのを望まなかったなら、かれをフランス人だと決定した法律に照らし、どんな行動に出ただろうか。おそらくかれはこう述べただろう。フランスに居住しているがゆえにフランス人にならなければならないのなら、私は身を引き、職を辞し、帰化したいと思えない国を去るつもりだ。そう言うだけでなく、かれはそうしたに違いない[47]」。

この自動的帰化の論理は、一七九一年の憲法にはそのままのかたちでは見出せない。憲法制定議会で憲法第三条に関する報告を行なったとき、報告者は一七九〇年四月三〇日－五月二日のデクレがこの条文に取り込まれていると説明し、「皆さんがはるか以前に決定した文をそのまま付け加えた」と述べたが、その内容は実際には異なっていた。ここで採用されていたのは「王国の外で、外国人の両親から生まれ、フランスに居住している者は、王国内に継続的に居住して五年を超え、くわえて、家屋を購入するか、フランス人女性と婚姻するか、あるいは商店を開業し、かつ市民誓約を行なった場合にはフランス市民となる」との文であり、市民誓約を行なうことがフランス人の資格を獲得するための条件の一つとされていた。しかし、一七九〇年の法律には、そうした条件は存在しなかったのである[48]。

ところが、その二年足らず後に、自動的帰化が復活した。一七九三年憲法第四条は、もはや市民誓約には触れていない。第四条は、二一歳に達していて、「フランス国内に住所をもち、働くことで生計を立てている、もしくは不動産を取得し、もしくはフランス人女性と婚姻し、もしくは養子縁組し、もしくは老人を養っているすべての外国人」は「フランス市民としてのすべての権利を行使することが認められる」としていた[49]。

今日、一七九三年六月二四日に採択され、一七九三年八月一〇日に承認を受け、同年一〇月一〇日にデクレにより停止された憲法の有効性と、その第四条の解釈について疑問が呈されることがある。同時代の人々、たとえば当時の裁判所は、そのような躊躇はしなかった。一七九三年憲法は適用されており、「効力をもった証拠として、その運用を停止した一〇月一〇日のデクレがあった[50]」というのである。この効力停止は、政治と行政に関する部分にしか適用されなかった。憲法を停止するデクレには、「フランス臨時政府は、和平が結ばれるまで革命的であり続ける」と記されていたからである。したがって、一七九三年憲法のそれ以外の部分は、一七九五年の革命暦三年の憲法が発効するまでの間、効力をもったとみなされた。リヨン、コルマール〔アルザス地方南部の都市〕、オルレアン、ドゥエー〔北フランスの都市。一八世紀初めから高等法院が置かれた〕、あるいはエクス〔エクス＝アン＝プロヴァンス、南フランスの都市。一六世紀以来高等法院が置かれてきた〕の裁判所は、そのような判断を下した[51]。よって、一七九三年憲法第四条は、自動的帰化という一七九〇年四月の法律の流れのなかで解釈された。各裁判所は、当事者が法の定める条件を満たしていた場合、「当人の合意もしくは意志を必要とすることなく[52]」フランス人の資格を得たものとみなしていた。

コルマールの裁判所は、一七七四年九月一五日生まれで、九〇年九月二二日以来フランスに定住し、「つねに職業に従事していた」外国人の身分についての決定を求められた。この人物は、したがってフランスで働くことで生計を維持していた。一七九五年九月一五日、すなわち一七九五年九月二二日の「フランス国民による革命暦三年憲法承認の日」より一週間前に二一歳となったこの人物は、フランス人であると決定された[53]。

モーブージュ〔現在のベルギー国境に近い小都市〕で一八一九年一一月二二日に生まれたピエール・フランソワ・ラノーは、一七九三年にモーブージュに住所をもったベルギー人ピエール・ジョゼフ・ラノーの孫であることから、フランス人であると判定された。その祖父は、一七九三年八月二一日に婚姻したとき、二一歳を過ぎていた。ドゥエーの裁判所によれば、かれは結婚して一年が経過した一七九四年八月二一日に、フランス人としての資格を取得した。なぜならば、かれは当時もなおモーブージュに住所をもっており、武器製造を職業とし、それにより生計を立てていたからである。エクスの裁判所も、ジャン・マルタンを、ジャック・マルタンの孫であることから、フランス人と判定した。ジャック・マルタンは一七六六年トリノ生まれで、一七九一年以来アンティーブ〔地中海沿岸のフランスの町〕に住所をもち、織物職人として生計を立てていたとき、革命暦三年雪月《ニヴォーズ》二日（一七九四年一二月二二日）にヴィルヌーヴ＝ルベ〔地中海沿岸のフランスの町〕でフランス人女性と結婚した。一八五八年八月一八日の判決で裁判所は、一七九三年憲法は「事実関係にもとづきフランスに帰化した外国人には、意思の表示ないしは何らかの届出を行なう必要なく、フランス人としての資格を完全に付与した」[54]との説明を加えている。

このように、一七九〇年の法律と一七九三年憲法が結びつくことで、革命初期にフランスに住所をもっていた外国人の大半は、当人の同意なしに自動的にフランス人となった。一七九一年憲法が適用された短い期間、市民誓約が必要とされたわけだが、その具体的な影響はあまりみられなかった[55]。フランスにおける徴兵制の組織化を担当した行政当局は、そこから重要な結論をみちびいた。自動的帰化によって、フランス国内に居住する大多数の外国人は、軍に入隊させられたのである[56]。

革命暦三年（一七九五年）実月《フリュクティドール》五日の憲法が施行されると、一七九四年九月二一日以降にフランスに入国した外国人に関しては状況が変化した。帰化は自動的ではなくなったのだ[57]。フランス人となるためには、外国人は二一歳に達したのち、自発的に手続きを行なわなければならなかった。まずフランスに定住したいとの意思を表示し、その後連続して七年間居住しなければならない。その条件が満たされた上で、納税し、不動産もしくは農地ないしは商店を所有するか、フランス人女性と婚姻していれば（第一〇条）、当局による手続きなしに、帰化が有効となった[58]。一七九九年の革命暦八年憲法は、同じ手続きを維持した。しかし、フランス定住の届出後に必要とされる定住期間は一〇年間に延長された。その一方、社会的地位に関する条件は初めて削除され、フランス定住のみがフランス人の資格を得るための条件とされた。[59]

一八〇三年——民法典に国籍に関する条文が加えられる

革命暦八年の憲法でも、それ以前の憲法と同様に、フランス人を定義していた。しかし、一七九一年憲法が別々の条文でフランス人と市民を定義していたのに対し[60]、一七九三年（革命暦一年）、一七九五年（革命暦三年）および一七九九年（革命暦八年）の憲法はいずれもフランス人の定義を市民の定義のうちに組み入れていた[61]。コンドルセの方式にならって[62]、これらの憲法では、あたかも謎解きゲームのように、同じ条文中にこの二つを連結させ、一方が他方に由来するかたちとなっている。一例として、革命暦八年憲法第二条を見てみよう。「フランスで出生し、フランスに居住する男子で、満二一歳で居住する郡の市民登録簿に登録し、それ以後一年間共和国領内に居住した者は、フランス市民とする[63]」。今この条文を読むと、文字通り市民のみを定義していると考えられるだろう[64]。

この点について、同時代人たちはまだ何の疑問も抱いてはいなかった。この条文ならびに一七九三年と一七九五年憲法の対応する条文を、それらが構想された通りに、すなわち、謎解きゲームのように読み、解釈し、運用したのである。革命暦八年憲法第二条を再び見てみよう。その最初の部分「フランスで出生し、フランスに居住する男子」は、ヴィダ・アズィミが明らかにしたように、フランス人を全般的に定義している[65]。つまり、いかなる男子も、そしてそれを拡大するかたちであらゆる女子も子どもも、フランスで生まれ、そこに居住するならば誰でもフランス人とされる。ところが、条文の次の部分では、フランス人で「満二一歳で居住する郡の市民登録簿に登録し、それ以後一年間共和国の領内に居住した」男子のみが市民なのである。

一八〇三年には、憲法からフランス人の定義を引き離す新たな解釈が、この条文についてなされた。「民事的権利（droits civils）の享受ならびに喪失」と題される民法典第一編第一章[66]は、ちょうど公布されたばかりだった。ところで、これにはきわめて重要な条文である第七条が含まれていた。そこには次の通り記されていた。「民事的権利の行使は市民の資格からは独立しており、市民の資格は憲法の定めに従ってのみ獲得され、かつ維持される[67]」。その結果、憲法は以後、市民のみを定義し、フランス人の定義は民法典によってのみ規定される。これにより、以前の法令とは無関係に、あるいは以前の法令と対立するかたちで、フランス人の定義が組み立てられるのだ。一七九三年以来の諸憲法は、一七九九年憲法でもそうであるように、属地的原則のみにもとづいていた。フランスで出生し、フランスに居住する者がフランス人だとされた。民法典では、血統主義が主流となった。「父親がフランス人である者」がフランス人とされるのである。

その結果、革命暦八年憲法第二条の意味あるいは効力は、適用が一八〇三年以前と以後で、異なった。一八〇三年以前には、この条文は誰がフランス人であるかも定義していた。「フランスで出生し、フランスに居住する者」はフランス人であった。そのため、ナンシーの裁判所は、一八〇〇年にムーズ県でルクセンブルク人の父親から生まれたジャン゠ピエール・ジャックをフランス人と認めた。なぜなら、「この当時は属地的原則がまだ生きており、それによれば両親が外国人であってもフランス領内で出生すればよかった」のであり、「革命暦八年憲法は、フランスで出生し、フランスに居住する者すべてにフランス人の資格を認めていた」からである。同様に、ドゥエーの裁判所は、一八〇〇年一二月二九日にノール県アーズブルック近くで出生したフランソワ・ヴェラーゲンをフランス人と認定した。根拠は、「民法典発布以前にフランスで出生した子どもは、両親が外国人であっても、血統とは別に、フランス人の資格を与えられた[68]」ためである。

一八〇三年以降、革命暦八年憲法のこの条文は、前半と後半に分けて読むことはなくなり、今日文字通りに読んだ場合の意味しかもたなくなった。フランスで出生し、フランスに居住する二一歳のフランス人（男子）は、市民登録簿に登録することを条件に、市民（すなわち、政治上の権利を有する）とされる[69]。そして民法典が、誰がフランス人であるかを明らかにしている。それは、「フランス人を父親として生まれた子ども」である。だが、この血統主義の勝利は、一七九九年に始まる長い闘いの結果得られたもので、それは七六歳の老法律家フランソワ・トロンシェが第一執政ナポレオン・ボナパルトに最終的に打ち勝ったことによる。

血統主義か生地主義か

生地主義と血統主義の最初の衝突は、ボナパルトを権力の座に押し上げたブリュメール一八日のクーデタ直後、革命暦八年霜月《フリメール》二二日（一七九九年一二月一三日）憲法草案起草作業の際に起きた。起草の段階にあったこの憲法に最初に示唆を与えたエマニュエル・シエイエス[70]は、フランス人を血統主義にもとづき定義するよう提案した。「フランス人の資格は、出生とともに取得され、また養子縁組によって取得することができる。前者の場合、フランス領内でフランス人である父親ないしは母親から生まれ、あるいは外国においてフランス人の資格を喪失していない父親から生まれた場合にも認められる。後者の場合、証書もしくは帰化承認状によって証明される。〔……〕これに関する決定は、元老院の権能に属する」[71]。しかしながら、ボナパルトは、革命暦三年憲法の起草者で、憲法草案の最終案を作成する会議[72]の書記を務めたドーヌーに援けられ、直前の憲法の規定を維持するとの再確認を得た。フランス人とは、フランスで出生し、フランスに居住する男女のことである、と[73]。

その数カ月後、革命暦八年熱月《テルミドール》一二四日（一八〇〇年八月一二日）に民法典起草の作業が再開されたため、新たな議論が始まった。一七九三年から一七九六年の間に、カンバセレス[74]の指導の下に準備された最初の三つの民法典の案は、議会の中から生まれ、議会の中で死んだ[75]。今回、案を作成することとなったのは、執政たちの告示により指名された法律家からなる委員会だった。この委員会は破毀裁判所長官トロンシェが委員長を務め、このほかに破毀裁判所付き政府委員ビゴ・ド・プレアムヌー、捕獲審検委員会委員ポルタリスが加わっていた。破毀裁判所報告官マルヴィルが委員会報告者の役割を担った[76]。

その数カ月後、革命暦九年雨月《プリュヴィオーズ》一日（一八〇一年一月二一日）に、政府に対して案が示された。その後、破毀裁判所とフランス全国の控訴院に意見が求められた。最後に、革命暦八年憲法により定められた法案採択の手続きに従った。法案はまずコンセイユ・デタの五つの専門部門の一つで審査が行なわれ、その後総会で調整が行なわれた。次いで、護民院〔革命暦八年憲法にもとづく議院の一つ。法案の審議と立法院への勧告を任務とした。一八〇七年に廃止〕の審議対象となり、そこで採択されるか、そうでなければ否決された。護民院は、法案修正の権限をもたなかったのである。そして、立法院は審議は行なわずに、コンセイユ・デタと護民院の代表者それぞれ三人から聴取を行なった後、採択あるいは否決した。護憲元老院は、最後に、憲法上の問題がある場合には意見を述べることができた。

　革命暦八年憲法が制定したこれらの会議体には、しばしば革命初期から生き延びてきた人々が加わっていた。しかし、新たな制度において彼らはこれまでにはなかった役割を担っていた。かれこそが民法典の魂だとナポレオンが語ったトロンシェは、穏健派の法律家たちにえり抜きの地位を与えることになる、役割と立場のこうした変化を代表する存在だった。[77] 一七二六年生まれのかれは民法典起草者のうち最年長であった。パリ高等法院《パルルマン》付き検察官の息子であるかれは、一七四五年にパリ弁護士会会員となり、フランス革命勃発時には弁護士会長に選任されたばかりであった。立候補せずにパリで三部会議員に選ばれ、その後憲法制定議会で立憲王党派の議員となった。ルイ一六世の弁護人を務めたため、恐怖政治下では身を隠して生活し、一七九四年、テルミドール九日〔七月二七日、恐怖政治に反対する勢力がロベスピエールを倒したクーデタ〕の後になって、弁護士事務所を開業した。また、セーヌ゠エ゠オワーズ県から元老院議員に指名され、一七九九年までこの職にとどまった。ブリュメール一八日の後、ボナパルトはかれを破毀裁判所に任命し、同僚たちによって同裁判所長官に選ばれた。[78] 民法典制定準備委員会委員長となって、国籍の問題を憲法から除外した民法典第七条を採択させた。こうしてかれは、国籍に関する新たな法をつくるのに決定的な役割を果たすことになる。

　民法典の国籍に関する部分についての討議は、革命暦九年熱月《テルミドール》六日（一八〇一年七月二五日）に、コンセイユ・デタで開始された。トロンシェが準備した案によれば、フランス人と認められるのは、フランス人を父として、フランスないしは外国で生まれた子どものみであった。憲法はもはやフランス人の定義を行なわなくなったとはいえ、引き続き効力をもち、市民を定義していた。憲法にはこうあった。「フランスで出生し、フランスに居住する男子で、満二一歳で居住する郡の市民登録簿に届出を行ない、それ以後一年間共和国領内に居住した者は、フランス市民とする」（第二条）。これだけであれば、外国人を父としてフランスで出生した者は誰でも市民となることができた。フランス人でなくとも市民となれると考えるなら別であるが、民法典の起草者たちは誰もそのようには想定していなかった。ブーレイ（ド・ラ・ムルト）[79]は、「何らかの措置が必要だ」と述べ、こう付け加えた。「フランスで出生した外国人の息子に政治的諸権利を付与する以上、民事的諸権利を認めないわけにはいかない」。

トロンシェはこの問題の存在を認め、外国人の両親からフランスで出生した子どもに、意思の表示を義務づけることを提案した。「フランス人になる意思表示を行なうかぎり、国民は好意的態度で、つねにこの人々をフランス人とみなしてきた[80]」。

このとき、ボナパルトが議論に参入した。かれの意見は異なっており、次のようにごく簡潔に宣言すればよいとの提案を行なった。「フランスで出生した者は、誰であれ、フランス人とする」。トロンシェは、これに反論した。「フランス領内での出生は民事的権利を享受する能力を付与するにすぎない。民事的権利を享受できるのは、それを受諾すると届け出た者に限られるべきだ」。かれは「当事者がそれを受け容れなければ、外国人の子どもにフランス人の資格を与えることはできない」と主張した。

それに対し、ボナパルトは「もし外国人を父親として生まれた者が完全にフランス人だと認められないなら、多数が捕虜や戦争にまつわる理由でフランスに来て定住した外国人の息子たちに、兵役やその他の公的な義務を課すことができなくなってしまう」と応酬する。「この問題は、もっぱらフランスにとっての利益という観点から検討すべきだ。外国人を父親としてフランスで生まれた者は、たとえ財産を所有していなくとも、フランス的精神、フランス的な習慣を身につけている。彼らは誰でも、自然に身につける生まれ故郷への愛着をもち合わせている。そして、公的な責任を負っている。彼らが財産をもっている場合には、彼らが外国で相続した財産はフランスにもたらされ、フランスで相続した財産は、フランスの法律にもとづき管理される。そうしたわけで、あらゆる面からみて、彼らをフランス人として受け入れることには利点があるのだ［……］。外国人を父としてフランスで出生した者に対し、当人が民事的権利を享受したいと宣言した場合にのみ享受を可能とするのではなく、正式に民事的権利を放棄する場合にのみ権利が制限される、としてもよいのではないだろうか[81]」。

ボナパルトの念頭にあった外国人とトロンシェのそれは、おそらく同じではなかった。ボナパルトの頭にあった外国人は、社会的には下層に属し、兵役の対象となる人々だったが、トロンシェにとってのそれは、富裕層に属した。本人の希望がないのに外国人にフランス国籍を付与した場合、当該外国人の出身国が自国に居住するフランス人に対して報復し、遺産相続の権利ないしは財産を保有する権利を奪うのではないか、とかれは危惧したのである。トロンシェは抵抗をこころみたが、ボナパルトはこの議論においてポルタリスから決定的な後押しを受けた。ポルタリスは、「フランスで出生した子どもをフランス人だと決定することには何の不都合もない。この原則は、フランス人がいかにしてその出自にもとづく優遇措置を保持するか、あるいは喪失するかを定める法令に応じて、当然変化するからである」。ボナパルトはこのアプローチに同意し、翌週、革命暦九年 熱《テルミドール》 月一四日（一八〇一年八月二日）に、かれが提出した案が採択された。「フランスにおいて出生した者はすべて、フランス人である」。コンセイユ・デタは、ボナパルトの強い一押しにより、トロンシェとかれが委員長を務める準備委員会が廃止しようとしていた生地主義を復活させた。これと並行して、血統主義はトロンシェがめざしていたような排他的位置は得られなかったが、これにより出生と同時にフランス人の資格を与えることを可能とした。

トロンシェとボナパルトの対立の根底には、「国籍」に関する二つのアプローチがあった。アンシアン・レジーム下で弁護士だったトロンシェは、何度も訴訟で、顧客のために、血統主義を主張していた。実際、一七八九年以前には、他国者の遺産没収権に対する異議申し立てを行なうのは、フランス生まれの者ではなく、むしろフランス人の資格を疑問視された、外国でフランス人の両親から生まれた子どもだった。かれは担当した事案について弁護し、裁判官を説得するために、一六世紀半ば以降の、フランス人を父に外国で生まれた子どもへのフランス人の資格の継承を親子関係によって認めた判決を、丁寧に収集していた[82]。それは、破毀院に保存されているトロンシェ資料から知ることができる。これにより、かれは、かなり現実離れはしていたが、独自の国籍理論を打ち立てるにいたっていた[83]。信念をもって血統主義が生地主義よりも優れていると訴え、しかも血統主義は一八世紀に法律家への影響を強めていたローマ法に由来するだけに、その主張は強いものとなった[84]。コンセイユ・デタの審議では、かれはこの問題について一七八三年末の法律論議の際に用いた論拠のすべてを挙げた。「個人とその個人が属する政治的国家との関係がつくられるのは、出自《オリジヌ》によってである。出自こそが、君主あるいは臣下それぞれの権利と義務の真の源泉となる[85]」。

したがって、血統主義を法制化したいとのトロンシェの意志は、法律家としてのハビトゥスのうちにあり、どちらかといえば特殊な事例を実際に扱うなかで理論を築いていった。フランス人の資格を付与する上で、血統主義こそが正統な基準であると確信していたので、かれは自らの立場（民法典準備委員長）と、その地位にもとづく権威を活用して、これを国籍に関する新しい法律の基本的な基準にしようとこころみたのだ。

ボナパルトのアプローチは、国益という観点にもとづいていたが、矛盾をはらむものであった。保安上の観点から、かれは外国人に対する国家管理、すなわち居住や帰化に関するコントロールを強化しようという論に立ったが、他方で、人口は国力に関わるものであるから、血統によるにせよ、領土によるにせよ、出生によりフランスと何らかのつながりのある者をフランス人と認めること、それがかねての持論だった。この分野におけるかれのスローガンは、次のようなものであった。「フランス民法の適用領域を拡大すること、それがもっぱら利益をもたらしてくれる」。

政治家ボナパルトと法律家トロンシェは、こうして生地主義をめぐって対立したのではあるが、その後の議論では二人の意見は一致した。第一は、他国者の遺産没収権の復活に関してである。フランスに居住する外国人に対する遺産没収権は一七九〇年に廃止されたが、これを受けて自国内に居住するフランス人に対して同様の措置をとった国はなかった。ロードレールは、報告書において憲法制定議会の寛大な取り組みは失敗だったと記した。「ルイ一五世が、相互主義の原則を条件に、他国者の遺産没収権の全面的廃止に同意するとの意向を示したとき、一〇〇カ国がこれに応じ、相互廃止の条約が一〇〇件締結された。逆に、一七九〇年八月六日のデクレと一七九一年四月八日のデクレ以降、外国人財産分割徴収権も、臣民の遺産没収権も、他国者の遺産没収権さえも廃止した国、国家はなかった。フランスが、これらの同じ権利を放棄したにもかかわらず、である」[86]。それが理由となり、民法典第一一条には次のように記された。「外国人はフランスにおいて、当該の外国人が属する国家の法令がフランス人に認める民事的権利と同等の権利を享受できるものとする」。

民法典により制定された、外国人居留者と帰化者の中間の新たな資格である居住被許可者（admis à domicile）を外国人に認める際に国家が検査を行なうことができるようボナパルトが主張したとき、トロンシェは同じくこれを支持した。第六条には、当初次のようにあった。「〝市民〟となるためにフランスに定住する意思を届け出た外国人で、届出以降一年間居住した者は、すべての民事的権利を享受できるものとする」。その後、この条文は以下のように変化した。「定住したいとの届出を許可された外国人は［……］」[87]。したがって民法典の確定版は、外国人を三種類に分類している。フランスに定住することを許可され、フランス人と同等の民事的権利を認められた者。出身国との相互主義的観点から認められる民事的権利のみを享受できる者。最後に、フランスとの間に協定をもたない国の出身者で、他国者の遺産没収権の対象となる者、である。

最後に、トロンシェとボナパルトは、「祖国を放棄したフランス人」を父として外国で出生し、「フランスに居住することを希望する」子どもにフランス人の資格を認めるとの血統主義の対象範囲の拡大を、ともに支持した。

トロンシェは革命以前に述べていた見解を再び取り上げて、この問題に関しすでに一七九一年八月九日に、新教徒に限らず、国外に居住するすべてのフランス人の国籍回復の権利を主張する意見を述べていた。「フランス出身者がフランス市民としてのすべての権利を回復するには、フランスに帰国し、フランス定住の届出を行なえば足りたことは、以前からの事実である」。革命暦九年熱月《テルミドール》一四日（一八〇一年八月二日）には、ブーレイの支持を得たかれは次のように述べた。「国外移住それ自体は犯罪ではない。それは当然の権利の行使であり、これを批判することはできない。人はしばしば悪意なき理由により国を離れる。最も多くの場合、人は経済的な利害によりそう決意する。〔……〕しかし、祖国を放棄しても、出自の特性を消すことはできない」[88]。ボナパルトはフランス人を増やし、「フランス民法の適用領域を拡大する」との自らの目標を達成できるならば、血統主義も生地主義もともによいものとみなした。そこでかれは、この条文に関してコンセイユ・デタで激論が交わされたときには、トロンシェを支持した。

これに慎重論を唱えたのは、亡命貴族の子弟の件について懸念をもつ人々だった。ルニョーは、「自由に新たな祖国を選んだ、おそらくもっぱらフランスの体制を嫌って国外に去ったフランス人」の息子たちに「フランス人としての特質を回復させ、フランスにやって来て相続財産をかき集める」ことを認めるのは不都合が生じる、と述べた[89]。こうした留保条件に配慮しながらも、ボナパルトは当初の案が定めた規定を採用することとした。なぜなら、これが「人口増加に資する」と思われたからである。なお、かれはコンセイユ・デタに、亡命貴族を親にもつ子どもは「祖国を放棄したフランス人」の息子とはみなさず、民事上死亡した個人の息子とみなすとの決定を下させた[90]。

革命暦一〇年霧月《ブリュメール》二八日（一八〇一年一一月一九日）、コンセイユ・デタは、ボナパルトが望んだように、生地主義と血統主義により、フランス民法の適用領域を今までになく拡大する法案を採択し、護民院に送付した。この法案は以前にも増して、外国人の滞在と帰化へのアクセスの管理を厳格化していた。

ボナパルトの敗北

その三日後、革命暦一〇年霜月《フリメール》一日（一八〇一年一一月二二日）に議会は開会した。ポルタリスは、今日でも名高い民法典案の提案演説を行なった[91]。次いで、護民院での審議が、緊張した空気のなかで始まった。革命の原理に忠実な元国民公会議員を集めているこの議院は、第一執政とコンセイユ・デタが優先されることだけでなく、ピウス七世との間で締結された政教条約（コンコルダート）のように、アンシアン・レジームとの和解をうかがわせる種々の表徴《しるし》に不満を覚えていた。民法典第一編の審議の前日、イギリス、ロシア、ドイツおよびイタリア諸邦、ポルトガルとオスマン帝国との平和条約批准の際に、護民院の一部議員とボナパルトが激しく対立する事件が起きた。ロシアとの条約では、「両国の臣民が［……］国内にいる両国政府の敵と文通を行なうことは認められない」と両国が約束していた。ここで標的にされたのはフランスにとっては亡命貴族、ロシアにとってはポーランド人だったが、激しい反応を引き起こしたのは「臣民（sujet）」という単語である。けっきょく、条約は賛成七七票、反対一四票で批准されたが、シェニエとバンジャマン・コンスタンはこれに強く反対した[92]。

民法典の最初の数章の審議が開始されると、反対派は再び主張を展開した。第一章は、まず否決された。なぜなら、法の非遡及性を想定していたからである。第三章は可決されたが、その後われわれが関心をもっている章、第二章の審議が開始された。

「民事的権利の享受に関する」法典の最初の部分の報告者である雄弁家のシメオンは、特に他国者の遺産没収権には留保を付した。また、フランスで出生しただけでフランス人の資格が認められることに、異議を唱えた。「イギリス人の息子もフランス人になることができるという。だが、母親がフランスを横断中に、彼女にとっても、その夫にとっても、つまり両親にとっても異国であるこの土地で息子を生んだだけで、かれはフランス人になるのでしょうか。〔……〕祖国は、祖国への愛着や定住の選択よりも、出生の偶然により多く左右されることになります〔……〕ブラックストーン〔一八世紀の英国の法律家。著書に『イングランド法釈義』がある〕は、イギリスではそこで生まれた子どもはみな国王の臣下となる、と述べています。これは封建制を想起させ、模倣すべきものではありません」[93]。護民院の生地主義への反対は法律家のそれと類似していたが、その性質は異なっていた。シエイエスが反対したように、封建的思考と絶縁し、国民であることをフランス人の資格の唯一の根拠としようとする意思にもとづいていたのだ。国民は家族のようなものであり、国籍は苗字を受け継ぐように受け継がれるべきであった。すなわち、親子関係によってである。シメオンは、いま審議しているこの法案は否決すべきだ、と結論づけた。その理由として、「民事的権利の剥奪」に関する部分に、今日では消滅した制度である民事死が含まれていたこともあった。「この刑を受けた者は、市民としての存在を完全に喪失する。すべての財産所有権を失い、相続し相続させることができず、婚姻関係は解消される[94]」。

引き続く護民院での審議では、ボワシー＝ダングラ、マレルブおよびシェニエが、他国者の遺産没収権の復活、民事死、意思の表示なしの外国人の子どもへのフランス人の資格の付与、に反対した。革命暦一〇年雪月《ニヴォーズ》一一日（一八〇二年一月一日）、護民院は同法案を否決した[95]。

この日、護民院はボナパルトが支持する候補者を退け、ドーヌーを元老院議員のポストに指名した。これは、第一執政に対する宣戦布告と受け止められた。ドーヌーは革命暦三年憲法の立案者であり、革命暦八年憲法の起草者であり、護民院の初代議長であった。[96] かれは、政治犯罪（重罪および軽罪）を裁く特別裁判所の設置――これは、革命暦九年（一八〇〇年一二月二四日）雪月《ニヴォーズ》三日のニケーズ通りでの第一執政暗殺未遂事件の後で決定された――に反対の声を上げていた。[97] 特別裁判所の設置以来、かれは護民院の会議には出席せず、「専制政治が続くかぎり」[98] 決して出席しないと宣言していた。激怒したボナパルトは、審議中の法案を撤回し、護民院を解散するか、憲法を廃止することを考えた。[99] しかし、カンバセレスはかれに異なる考えを示唆した。護民院と立法院の議員の五分の一は、革命暦一〇年に改選されることになっており、予定されていたようにくじ引きによるのではなく、議員の身分を離れるべき人物を元老院に指名させ、それによって反対派を排除してはどうか、と。[100]

一八〇一年二月二八日に、カンバセレスの示唆[101]により元老院議員に指名されていたトロンシェは、元老院がこの計画に協力するための下地づくりに決定的な役割を演じた。[102] カンバセレスから連絡を受けると、かれは提案された護民院改選手続きのために元老院に働きかけ、改選方式の検討を行なう「改選委員会」の報告者に指名された。[103] 一八〇二年三月一三日（革命暦一〇年風月《ヴァントーズ》二二日）、元老院令が、立法院と護民院議員の最初の改選の方式を決定した。それによると、職にとどまるべき議員のリストを元老院が作成するとされていた。その四日後、革命暦一〇年風月《ヴァントーズ》二七日、護民院の代表的な議員であるシェニエ、バンジャマン・コンスタン、ドーヌーら二〇人（ボナパルトに最も強く反対している議員たち）が排除された。[104] 従順になった護民院は、民法典を構成する三七法案すべてを承認し、ジャン＝ルイ・アルペランによれば、いくつかの小さな修正を加えるにとどまった[105]。これらの修正のうち、偶然かどうかはわからないが、ボナパルトが拒否した国籍に関するトロンシェの提案が、護民院とコンセイユ・デタの間の最後の往復ののち、最終的に採択された[106]。

収穫月《メシドール》七日（一八〇二年六月二六日）、政府は護民院立法部にコンセイユ・デタが当初採択していた生地主義の維持を含む法文を送付した[107]。しかし、立法部の報告評定官は、なおもフランスで出生した者は誰でもフランス人となるとの条文に反対し[108]、護民院はこの条文の削除を提案した。けっきょく、コンセイユ・デタの名において、ビゴ・ド・プレアムヌーはその数カ月前にトロンシェが想定していた条文を、ほとんどそのまま採用するよう提案した[109]。「フランスで外国人を親として出生した者は誰でも、以下の条件を満たせば、成年に達した年に引き続く一年間に、フランス人の資格を請求できる。当該人がフランスに居住している場合は、フランスに定住する意思を表明すること、また外国に居住している場合は、フランスに居を定めると提示し、提示から一年以内に住居を定めることが必要となる[110]」。

　この提案が最終的に採択されるや、民法典の民事的権利の享受に関する部分は、革命暦一一年風月《ヴァントーズ》二七日、すなわち一八〇三年三月一八日に公布された[111]。出生時にフランス人の資格を付与する唯一の基準として血統主義を制定するのに、トロンシェは、きわめて特殊な政治状況の下で、穏健派法律家の連合を率い、革命初期の革命家たちの支援を受けつつ、ボナパルトを出し抜くことに成功した。生地主義とのこの訣別、家族の政治的な延長物としての国民の名による血統主義におけるローマ法の再解釈は、以後も継続する一つの革命だった。この革命は、フランスと全ヨーロッパに、近代的国籍法の時代を開くこととなるのである。

2　生地主義はいかにして導入されたか（一八〇三―一八八九年）

法典の編纂という言葉は、重大な結果をもたらす。

これは、歴史と歴史家をいわば待命中にさせるものである。

法典編纂は、立法者にとって非常に明快な行為である。それは、いわば法をその起源から切り離し、法のすべてを理性と、正義と、公益と、合意と、異なる条項の相互関係の上に据える。そして公布日以降は、前例および、該当時以外の法典の章の検討を免除するのである。より古い時代まで遡ろうとする者に対して、法それ自体が次のように答えているかのようだ。

それが何の役に立つのだ！　過去はすべて清算されて、新たに出発しなければならない。

エミール・ブトミー[1]

民法典の公布とともに、「国籍（nationalité）」[2]という「フランス人の「資格」を表すための法律用語が生まれ、この新たなコンセプトに関する法令は、アンシアン・レジームとフランス革命から訣別するものとなった。「フランス人とは何か」との問いに対して、アンシアン・レジーム、そして特にフランス革命期においては、「フランスで出生し、そこに居住する男子および女子」というのがその答えであった。だがこれ以降、出生時にフランス人と認められるのは、フランス人の父親から、フランスあるいは外国において生まれた場合のみとなった[3]。国籍はいまや個人の属性であり、姓と同様に、親子関係によって引き継がれた。国籍は出生時に、ただ一度与えられるものであり、アンシアン・レジームの下では君主に対する忠誠を意味し、革命期には革命への賛同を意味した、あのフランス領内における定住によるものではなくなった。

この新たな法律の最初の具体的な結果はといえば、外国に居住するフランス人が国籍を維持し、しかもそれを子どもたちに受け継がせることができるようになったことである。もう一つ、別の結果もあった。外国人を両親としてフランスで出生した子どもは、フランス人ではなくなった。子どもたちは、父親から国籍を引き継ぐようになった。それでも、民法典は成年に達してから一年以内に、フランス人の資格を請求することができるとした。

民法典はまた、もう一つの原則をかかげた。それは、国籍変更の自由である。しかし、ナポレオンはすぐにこれを問題視した。外国に居住するフランス人は居住先の国に帰化することは自由だったが、その場合、フランス国籍を喪失した[4]。しかし、すぐにこの自由は行使できなくなる。ナポレオンは永続的な忠誠義務を制度化し（この制度は一八八九年まで存続した）、フランス政府の許可なしに外国に帰化することは不可能となったのである[5]。それは、一八〇九年以降、敵国の軍隊もしくは行政機関に在籍するフランス人にその職を離れるよう強制し、兵役から逃れることを阻止し、さらには帝国の同盟国に貢献するために国を離れた人々をよりよく管理しようとするものだった[6]。

一方、フランスで出生しなかったもののフランスに居住する外国人については、居住地の役所に帰化の意思を届け出てから一〇年後に、フランス国籍が完全に認められた[7]。一八〇三年のことである。これは、依然として有効だった革命暦八年憲法の規定が適用されたものである。というのは、民法典は帰化そのものについては具体的には語っていなかったからである。ナポレオンの見方では、右の規定は二つの点で、国家の権限を不当に制限していた。一つには、フランスに居住して一〇年を経過していない外国人を帰化させられなかったからである。次に、何よりも、一〇年を経過して後に、フランス国籍取得の意思を表明した外国人を、帰化させなければならないことである。適切に選別された外国人にフランス国籍を取得させ、「好ましからざる者」による国籍取得を阻止するため、規則は変更されることとなった。

民法典の発布以前、一八〇二年九月四日（革命暦一一年葡萄月《ヴァンデミエール》二六日）に、元老院令により、一七九一年憲法の措置にならった特例的な国籍取得の仕組みが復活した[8]。以後、行政府は「共和国に対して重要な貢献があり、今後共和国にその能力、発明あるいは有益な技術をもたらし、もしくは大規模な事業所等を設立する外国人」を、フランスに住所を定めて一年が経過した場合に、帰化させることができるようになった[9]。この措置は、当初五年間に限り有効とされたが、一八〇八年二月一九日に無期限で延長された。

一八〇九年三月一七日、外国人の自動的なフランス国籍取得制度は廃止された。国籍取得の意思の届出がなされてから一〇年後に、希望者の申請は皇帝の決定にゆだねられることになった。「外国人が［……］フランス市民となるために求められる条件を満たした場合、当該人物の帰化は、余が宣言する。帰化申請書は証拠書類として居住地の市町村長から県知事に伝達され、県知事はそれに意見を付して司法大臣に伝達するものとする[10]」。

一八〇九年以来、帰化に関する国の権限に疑問が呈されたことはない。なるほど、一八四九年一一月八日に立法国民議会での帰化に関する法案審議において、重要な議論が交わされてはいる[11]。それは国の役割に関するものではなく、国の機関のうちで、帰化を認める上で最も正統性をもつのはいずれかとの議論であった。今日の第五共和制と同じく、第二共和制においても、二つの権力、すなわち大統領と国民議会が普通選挙によって選出されていた[12]。左派の名において、ジュール・ファーヴルは国民議会のみがこの権能をもつと主張した。「外国人に、フランス人としての権利と義務を認めること、その出自を消滅させ、異なる国籍により置き換えること、これは本来、完全な主権の行使であり、かつて王権に由来するとされた権力の行使なのです」。この主権は「一にして不可分であり［……］王の手から国民の手へと渡ったのです」。「全国民は、その権力を［……］行政府にではなく［……］唯一立法の任にある国民議会にゆだねたのであります[13]」。ルイ＝ナポレオン・ボナパルトの司法大臣ルエールは、国民は主権を別々でかつ同格の、大統領と議会という二つの権力にゆだねたと反論した。したがって、国民にとっては、どちらも委任を受けた者の一方でしかないのだ、と。議論は妥協によって決着した。政府は、ナポレオン一世が復活させた帰化に関する権限を最終的に保持することになる。しかし、当時議会により任命されていたコンセイユ・デタの答申が必要とされた。さらに、帰化した者に被選挙権を認めるのはもっぱら国民議会の権限となる。

一八一〇年以降、フランス国籍は次のように機能するようになった。国籍は出生時に与えられ、取り消すことはできず、親子関係により受け継がれる。フランスで出生した外国人は、成年に達した日から一年間、国籍を請求できる。フランス以外で出生した外国人は、帰化によって国籍を取得できた。しかし、一九世紀を通じて、大半の外国人はフランス国籍を求めなかった。なぜなら、帰化は容易ではなく、時間がかかり、費用を要したからだが、兵役も、フランス生まれの外国人に国籍取得を抑止するものとなった。外国人は自らの権利をより強く守る必要があると感じられる場合、国籍よりも有利な資格である、今日では廃止された居住許可（admission à domicile）を選択した。

居住許可という魅力的な資格

一八一〇年代の初頭に、何人かの外国人が、特例的な帰化手続きを選択した[14]。新技術を開発した後、一八一〇年三月一二日にドゥルー〔パリ西方の中都市〕で居住許可を申請したスコットランド人機械技師のケースがそれにあたる。かれはその二年後、一八一二年四月に、内務省と商工省による国籍付与を適当とする意見書にもとづき、帰化が認められた。二九歳のスウェーデン人将校でスウェーデン有数の裕福な一族出身の、ロンヴィーに居住するアデルスヴァルド、また当時ウールト県の県庁所在地だったリエージュ〔現在はベルギー〕に住むコクリルとその息子二人も同様のケースにあたる[15]。

しかし、この特例的な帰化を申請しながら、承認が得られない者もあった。民法典が公布されて以来、帰化が認められなくなった女性たちのケースである。ナントに住むフィッツシモン氏は、一八〇八年に外国籍である姪の帰化を申請した。彼女はこの人物の唯一の相続人であり、かれは姪に財産を相続してほしいと望んだが、[16]外国人による遺産相続を禁じる他国者の遺産没収権が復活して以来、それが不可能となっていた。彼女の帰化は認められなかったが、居住許可は認められた。

　帰化申請を行なったロウレス氏未亡人であるコパンジェ夫人も、同様の状況を経験することとなった。夫がダブリンで亡くなってから、革命暦一〇年霧《ブリュメール》月二九日に三人の子どもとともにフランスに到着した夫人は、「かなりの金額（三五二万フラン）を携行し、この資金の一部はすでにある国有地の購入費用として使われていた」。彼女はすでに、「オード県にある湿地帯一九八一ヘクタールで耕作を開始」していた。地元当局は夫人を支援しており、第一執政に宛てて書簡を送った。「新たな祖国であるフランスにある意味ですでに帰化している夫人にとり、まだ欠けているのは法的な帰化のみです。夫人は、貴職が帰化を承認するよう求めています」。革命暦一二年花《フロレアル》月二六日、内務大臣は司法大臣に宛てた書簡で、「申請者が自らの事案への適用を求めている革命暦一一年葡萄《ヴァンデミエール》月二六日の元老院令は、女性が獲得することのできない参政権に関わるものです。ロウレス夫人が要求できるのは民事的権利に限られ、民法典第一編第一章にもとづき、夫人が政府よりフランスに定住する権利を認められたときには、民事的権利を認めるものとします。したがって、夫人はこの権利に限った申請を行なうべきです」。夫人の帰化申請は「フランス定住の許可[17]」申請に変更され、これは夫人および彼女の息子二人と娘に認められた。[18]

　このように新たな資格へと誘導される女性のケース（数は限られていた）以上に、男性が「居住許可」を選択した。フランス国籍は付与しないものの、この資格には民事的権利の平等が認められるという大きな利点があった。

一八〇三年以前には、外国人は政府の承認なしにフランスで住居を購入することができた[19]。民法典公布後も、外国人は中央政府の承認なしにフランスに居住することができた[20]。何らかの制約をかけることができたのは、外国人が居住しようとする市町村だけであった。それは「当該人が放浪人でないことを証明する」旅券ないし他の証明書の提出である[21]。ただし一般の居住者は、彼らの出身国に居住するフランス人が他国者の遺産没収権を免除されていないかぎり、この遺産没収権の対象となったが、それも一八一九年まででであった[22]。それゆえに、「居住許可」はすぐにきわめて魅力的な資格となった。民法典第一三条により定められたこの資格は、もともとは治安上の措置で、フランスに定住しようとする外国人を選別するためのものであった[23]。これは同時に、「徳に優れ、有用な者」を招き入れ、またフランスに移住した者で、「出身国の法令が、もっぱら〔この〕事実〔フランスに居を移したこと〕により市民としての権利を喪失すると決定した」外国人を保護することを目的にしていた[24]。

フランスに居を定めることにつき国家元首から承認を得た場合、当該外国人はフランスに居住するかぎり、フランス人と同等の民事的権利を享受できた[25]。これはまた、帰化とは異なる、独立した資格であった。

申請にあたって、外国人は出自、すなわち出生地、および年齢を示す出生証明書、フランス入国に利用した旅券、また所持者の身分もしくは職業に就いていること、つまり当該人が居住しようとしている市町村の負担にならないことを証明する文書、そして最後に過去においても未来においても品行方正に振る舞うとの証言を提出しなければならなかった[26]。帝政下では、居住許可が認められた場合でも、ほとんど公示はされなかった。しかし、国立公文書館に保存された資料[27]をいくつか見てみると、居住許可を認められたほとんどの者が住むモン＝トネール県（県庁所在地マインツ（現ドイツ））、バ＝ラン県およびオー＝ラン県では、彼らの大多数がフランス人女性と結婚したか、結婚しようとしていたことがわかる。

シュトゥットガルト（ヴュルテンベルク選帝侯領）出身の金細工師ジャン・ダヴィッド・ゲロックは、革命暦一二年にストラスブールへ定住する許可を申請した。三五歳のこの人物は、八年間働いた後で「フランス人女性と結婚を約束し、フランスに定住し、憲法にもとづきフランス市民となることを希望する」と述べていた。ヴァイセンバッハ（バーデン）出身でストラスブールに居住する二五歳のパン職人アントワーヌ・ゲルストネールが居住許可を申請したのは、漁師である市民ジャック・ジッネールの娘でストラスブール生まれのエリザベート・ジッネールと婚約していて、彼女の父親がフランスにとどまることが結婚の条件だとしていたからであった[28]。造園家で植物学者のジャン・シャルル・オデルは、ストラスブール生まれのフランス人女性と婚約しており、この都市に定住を希望した[29]。二五歳の大工ジャン・ゴタール・ジーゼはプロイセンのシャーケン生まれだったが、革命暦一二年に婚約した。三年前にオー＝ラン県ゲマール出身の女性と結婚したベルナール・グリュベールは、この町への定住を申請した[30]。ユダヤ教の教師にして教会先唱者で二四歳のモイーズ・キルシュは、クラウテールゲルセイム村（バ＝ラン県）に定住し、ここで結婚する許可を申請した[31]。

革命以前には、アルザスのような地方の慣習は、フランス人女性と結婚した外国人をフランス人とみなしていた[32]。この地域的慣習は、フランス革命期には国民の法となった。というのも、フランスに居住し、フランス人女性と結婚すれば、自動的に帰化が認められたからである。ところが、民法典とともに規則は反転し、地域的慣習は不安定化した。フランス人女性と結婚した外国人はフランス人となるのではなく、逆に、外国人と結婚したフランス人女性が自分の国にいながら外国人居住者となってしまう。居住許可は国籍喪失の代替物ではなかったが、不都合を軽減する効果はあった。いまや外国人となった夫婦は、それ以降、民事的権利を保障されたのである。

居住許可の魅力は、一八〇三年の他国者の遺産没収権復活に伴う、一時的な現象と思われた。しかし、一八一九年七月一四日に遺産没収権が廃止されても、状況は変わらなかった。ますます困難となる帰化といわば競うように、居住許可は、国籍に代替する資格として長期にわたり根づくこととなった。

さらに困難となる帰化

王政復古の直後には、帰化には居住許可に劣らず魅力があるかに思われた。一八四八年までに、年間平均で一五〇件の証書が交付された。しかし、この数字は見かけだけのもので、「帰化承認状」は、いかいかい、帰化そのものではなく、多くの場合、フランス国籍の維持もしくはフランス国籍の回復を示すものであった。

一八一四年一〇月一四日の法律は、事実、一七九一年以降フランスに併合されたが、一八一四年五月三〇日のパリ条約によって、そして最終的に一八一五年の「百日天下」〔ナポレオンがエルバ島を脱出し、三カ月余皇帝に復帰したこと。しかし、ワーテルローの戦いに敗れ退位〕の後にフランス領ではなくなった地方で生まれた者に、フランス国籍の維持もしくは回復を認めていた。一七九〇年から一八一五年まで、フランスは大規模な領土の変更を経験した。県は一七九〇年には八五あったが、フランス帝国がハンブルクからローマにいたるまで広がり、イリュリア諸州（現在のクロアチアとモンテネグロ）までを領土に含めた一八一二年には、一三〇にまで増加していた[33]。

帝国軍は、「併合」した領土の多くの住民を入隊させた。一八一四年一〇月一四日の法律は、こうした人々のうちフランスにすでに一〇年以上居住した者にフランス人にとどまることを認めるとともに、一八一四年と一五年の条約により、フランス国籍を失った者に、フランスに一〇年居住した時点からのフランス国籍回復を認めていた。「われわれは、彼らの出身国がフランスに統合された事実が、彼らの個別の届出に代わるものだと判断した。そして、もしも一〇年にわたりフランス市民としての権利を行使していたなら、市民的権利と政治的権利を保持し続けるのに、六月四日のオルドナンス第一条に該当する者を除き、国籍維持の意思を表明するだけで十分だった[34]」。一八一五年二月一七日法[35]は、これらの軍人が条約締結以前に支給されていた年金を引き続き受給しようとする場合、帰化以外の選択肢を与えなかった。居住期間一〇年が満了した後の三カ月の間に、「フランスに定住する意思をなおもっている」ことを認めさえすればよかった。彼らの大半を占めるフランス定住一〇年を超える者は、一八一九年までに届出を行ない、「帰化宣告状」を受け取った。

一八一五年から一九年までに交付された、これらの元フランス人の国籍保持を決定する二七八九件の文書は、一八四八年までに登録された帰化承認状のなんと四一%を占めている[36]。一八一九年以降も、一八一四年の法律にもとづいて、王は旧帝国領で生まれた外国人からの申請がある場合、宣告状を交付し続けた。一八四七年まで、これらの申請は毎年行なわれる約一五〇件の決定のうち、四分の三以上を占めた。

全体でみると、一八一五年から四九年までに行なわれた決定の八五％が、「帰化」とは異なる「宣告（déclaration）」であった。外国人をフランス人にするのではなく、国籍を回復させたのである。アンシアン・レジーム下の帰化承認状と同じく、外国人がフランス人と認められるようになった時点まで遡及して効果を発揮し、[37]それは配偶者と子どもたちにもおよんだ。[38]そうした次第で、帝国領に編入されたことのないスイス、イギリス、スペインもしくはオーストリア・ハンガリー出身の毎年数十人[39]の者だけが、一般法である革命暦八年憲法の規定にもとづき「帰化」したのである。そのなかには、元軍人、公務員、あるいはモーゼル県とアルデンヌ県の住民が多かった。[40]この二つの森林地帯の県にあっては、フランス国籍が市町村の財産を利用するための条件とされていたため、特に重要だった。[41]

一八四八年の幕間劇

一八四八年の二月革命は、自由主義的な幕間の期間となったが、その次にはより強い制限がかけられることになる。一八四八年三月二八日、共和国臨時政府は司法大臣に少なくとも五年以上フランスに居住するすべての外国人に帰化を認める権限を暫定的に付与するデクレを定めた。これら外国人は、セーヌ県ではパリ市長もしくは警視総監、その他の県では政府委員〔知事にあたる〕が発行する、「彼らがあらゆる面において立派な人物であり、フランス市民としての権利を享受するにふさわしい」ことを証する証明書の提出が義務づけられた。

この措置は、「多数の外国人が、栄誉ある二月の出来事に積極的に関与した」こと、さらに「多くの外国人が、数年来フランスに居住するにもかかわらず、フランス市民としての権利を享受するために法が定める条件を満たしていないか、満たすことができなかった」ことで正当化された[42]。このデクレは広く周知され、たとえばノール県庁は、このデクレを県内の全市町村に掲示させた[43]。求められるフランスでの居住期間が以前の半分になり、さらに住所の事前届出義務が免除されたため、申請は大幅に増加した。「現在、フランスに帰化しようとする外国人の数が非常に多いため、司法省ではこれらの申請を専門に取り扱う臨時の部署を設けざるをえなかったほどである[44]」。

数カ月の間に、約二〇〇〇件の帰化が認められた[45]。多くの県庁が、これに先立つ数年間にさまざまな理由から承認されなかった案件を再度提出し、今回は承認を得た[46]。それでも、司法相アドルフ・クレミューによれば、帰化を承認された者の半数以上が、二つの外国人のカテゴリーに属していた。その一つは、一八三〇年から五〇年にかけてフランスが受け入れた二万人以上の政治亡命者のうちの「何年も前からわが国に滞在し、帰化を申請しながら認められていなかった[47]」人々である。他方、この経済危機のなかで、多くの外国人がフランスを離れるよう勧奨されていた[48]。「多数の外国人労働者は［……］存在を脅かされていた。フランス人労働者に十分な仕事がないということで、彼らはフランスにいることをもはや望まれない存在となった。なかには、フランスで五年以上働いている実に立派な人々も大勢いて、彼らおよびその家族が残酷な目に遭わないように手を差し伸べる必要があった[49]」。ピエール＝ジャック・ドゥレンヌは、「フランス史上初めて、特にサヴォワ人、ベルギー人、ドイツ人の何百人という労働者が、帰化を申請した」と述べている[50]。パリ地方とノール県における申請は、日雇い労働者、売り子、事務員、御者、金属工によるものだった。彼らは、多くのフランス人労働者が外国人に対して向ける抗議および「フランス人限定」の要求の標的にされていたが、興味深いことに、帰化すればその限りでなくなった[51]。一八四八年六月二九日、六月事件〔政府が国営作業所を閉鎖したことに抗議する失業者が蜂起した事件」の後、このデクレは新たな国籍に関する法律の採決が行なわれるまで凍結された。

二重の枷《かせ》

一八四九年に選出されたどちらかといえば保守的な議会が、制御不能な外国人の流入とみられた現象に反応して、ルイ・ナポレオン・ボナパルトの政府の提案にもとづき採択したのは、以前よりもさらに制限が厳しい法律だった。

それまでは、定住の意思を示す文書を市町村長に提出さえすれば、革命暦八年憲法の定める一〇年の期間をスタートさせることができた[52]。一八一四年の法律では、旧帝国領出身者に関しては、この届出さえも必要ではなかった。一八四九年以降は、政府から「居住許可」を得ていなければ帰化は認められなくなった。したがって、新たな帰化の方式は、調査にもとづく国の許可が一〇年の間をおいて二回必要となったのである。また、高額の印璽税を二回支払う必要があった[53]。政府には税額を軽減する権限があったものの、「一般的には、将来国にとって負担になるかもしれない外国人を迎え入れることは避けるべきだ」として、それには消極的であった[54]。また、帰化の決定にあたっては、コンセイユ・デタが同意する旨の正式な意見書が必要とされた。

この手続きが、帰化を容易にしたとはとてもいえない。帰化の件数は減少し、一八四八年以前よりもさらに落ち込み、並行して居住許可は驚くべき伸びを示した。手続きがより容易で、はるかに魅力的なうえ、居住許可は短期間で取得できる利点があり、その効果もすぐに現れた。また、居住許可取得者には、フランスに帰化した者が対象とされる兵役が免除されていた。一八六七年に、居住許可取得から帰化までの期間が三年間に短縮された結果、帰化が増加したことも事実ではある。しかし、一八六五年以降居住許可が帰化に先行すべきものではなくなったアルジェリアを除き、居住許可が帰化にとって代わる。一八四九年から八九年までに、帰化に比して三倍の居住許可申請が提出され、認められた。これに加えて、居住許可は、集合的な効果をもつことがあった。というのは、この権利は当事者の妻[55]ならびに未成年の子ども[56]にまで拡大されたからである。その結果、居住許可を認められた者の数は、帰化よりもはるかに多くなった。

このように、帰化が困難である一方で、居住許可の有利な条件から、フランスに定住しに来た外国人は、多くの場合外国籍にとどまることを選択した。この選択はまた、成年に達すればフランス人となることができる、外国人を両親としてフランスで出生した者のそれでもあった。ということは、兵役がまさしく帰化の抑止剤だったということである。

外国人の子どもと徴兵制——国家的な課題

民法典と血統主義の原則によれば、外国人を親としてフランスで出生した子どもは外国人だった。その子どもは、民法典の起草者が想定していたように、成年に達して一年以内に、フランス人の資格を請求することができた。しかし、そうする理由があっただろうか。徴兵の義務に鑑み、フランス人の資格は、特別な身分をもたない外国人居留者のそれに比してもあまり利益が見出せなかったし、居

フランス本土における帰化承認状および居住許可に関する統計

年	帰化承認状	居住許可
1851	74	123
1852	42	204
1853	49	121
1854	31	240
1855	66	119
1856	37	145
1857	54	286
1858*	27	148
1859*	20	122
1860*	83	146
1861	51	204
1862	30	161
1863	50	233
1864	36	185
1865	51	223
1866*	42	218
1867	129	277
1868	159	300
1869*	80	234
1870*	385	658
1871	539	845
1872*	168	1,000
1873	137	594
1874*	179	313
1875	256	357
1876	282	349

年	帰化承認状	居住許可
1877	211	630
1878	169	539
1879	189	623
1880	209	658
1881	283	1,159
1882	303	1,178
1883	327	1,336
1884	498	3,085
1885	759	2,167
1886	663	2,203
1887	1,522	3,974
1888	1,959	5,082
1889（6月26日法以前）	720	2,152
1889（6月26日法以後）	2,223	741
1890	5,984	763
1891	5,371	631
1892	4,537	714
1893	4,212	729
1894	5,759	833
1895	4,468	587
1896	3,582	525
合計 1851-1889	10,869	32,591
合計 1889-1896	36,136	5,523

* この数字に、外国人船員の帰化および外国において行なわれた帰化を加える必要がある。
出所：本表は、筆者が民事・商業裁判所管理局統計集（Compte général de l'administration de la justice civile commerciale en France、毎年発行）を参照しつつ作成したものである。

住許可をもつ外国人と比較した場合には、特にそうだった。

一七九八年（革命暦六年　実月《フリュクティドール》　一九日）のジュルダン法によって制定された徴兵制は、一八一四年の憲章第一二条により廃止された。しかし、志願制が失敗に終わると[57]、一八一八年三月一〇日のグヴィオン＝サン＝シール法により復活した。新規の徴集兵は、長期の兵役に就くこととなった。一八一八年には、徴集兵の数は四万人に達し、兵役の期間は六年だった（これに、予備役としての六年間が加わった）。一八二四年には兵員数は六万人に増え、兵役期間は六年から八年に延長された[58]。一八三一年には、兵役は全体で七年に縮小され、うち二年間は予備役として過ごすとされた。その後、一八四〇年にはこの期間は八年間に再び延長された。

徴集兵はくじ引きにより選ばれた。兵役免除にならない者で、くじ引きに当たらなかった者は、すぐに解放された。くじ引きに当たった者も、金を払って代行してもらうことができたので、低社会層の者ほど兵役に従う可能性が高まった。くじ引きに当たった場合、代理を見つけるだけの資金力がないか、あるいはより財力のある者の代理を務めることとなったからである。

徴集兵の兵員数は、毎年県ごとに、次いで小郡ごとに、人口比で決められた。郡ごとの人口を算出し、小郡単位の徴集兵数を計算する上では、フランス人も外国人もともに計算の対象となった[59]。

しかし、くじを引かされ、当たった場合、兵役に就くこととなるのはフランス人のみである。外国人の両親からフランスで生まれた子どもは、民法典制定までは、生まれながらのフランス人であったが、以後は、彼らは外国人となり、したがって兵役を免除された。アニー・クレパンによれば、すでに一八一八年には兵役免除は容認しがたい特権とみなされていて、特に、外国人の多い国境地域の県ではこれへの抗議の声が強かった[60]。

一八一八年一一月二四日に、ノール県知事は内務大臣に宛てた文書で、ダンケルク郡では当時オランダ王国領だったベルギーで生まれた若者ばかりでなく、フランスで生まれ、以来成年に達するまで途切れることなくフランスに居住し、当事者自身も、また他の人々もフランス人とみなしている若者まで兵役を免除されている、と書いている。[61]一八二一年に、ノール県議会は「長年にわたりフランスに定住する外国人の子弟が小郡の人口に数えられ、召集定員の算出基礎に含まれているにもかかわらず、召集の対象とはならず、そのために負担が重くなり、その負担はすべてフランス国籍を有する者にのしかかっているのは遺憾である」とした。[62]

この種の要求は、アルデンヌ県、ノール県、パ゠ド゠カレー県のベルギー人、ヴァール県、コルス（コルシカ）県、オート゠ザルプ県のイタリア人、ピレネー゠オリアンタル県のスペイン人、[63]バ゠ラン県とオー゠ラン県のドイツ人を対象とした。これらの県の知事または県議会は、フランスで出生した子どもはフランス人であるとする伝統を大臣に再確認しようとしたが、どうにもならなかった。中央政府は民法典第九条を盾に、この要求ないし解釈を拒否した。

一八二一年八月一一日、バスティア市長はコルス県の徴兵検査審査会に次のような文書を送付している。

バスティアの住民にはきわめて多くの外国人が数えられます。彼らは船員、小売商、農業労働者および人夫であり、その大半がジェノヴァ出身で、彼らはここで結婚し、家屋を購入し、商売を始めています。フランス人の資格に伴う特権を享受しているかぎり、人は、これら個人がフランス国籍だと信じて疑いません。

彼らは保証金を積まずに、王の臣下の裁判所に訴え、島内で彼らに帰属する遺産を相続し司法官のポストを得、また国民衛兵の将校となっています。公的な手続きにおいて、証人の役割を果たし有力商人の会議で投票もします。

しかし、義務を逃れ、軍による召集を免れ、この島の行政当局の出国旅券をもたずにイタリア本土に渡るとき、彼らはもはやフランス人ではなく、外国人に戻るのです。サルデーニャの執政官殿は、旧ジェノヴァ共和国の出身者は誰でもサルデーニャ王の臣下だとみなしています[64]。


一八三〇年に、まず最初の措置がとられた。それまでは各小郡の徴集兵定員の算定基礎となる人口に含まれていた外国人を、算入しないこととした。これにより平穏化するものと考えられたが、その効果は限定的だった。これらの外国人の子どもたちはほとんどの場合適性リストに載ったままであり、このため徴集兵定員計算の基礎となる人口に引き続き含まれた。そのためくじ引きに参加したが、「悪い番号」を引いてしまった場合、自分は外国人であり、したがって兵役から免除されると主張した。外国人を両親にフランスで出生した子どもが、フランス人としての資格を求めて成年に達した年に行なう届出は、多くの場合市町村役場で行なわれた。それも、そのための特別な登録簿に書き込むのではなく、一枚の用紙に記入するのだった。この書類は集中管理されず、届出を行なったかどうかを知っているのは当人のみであった。「そのため、当人は自己の利益に適う場合に届出を行なったと主張し、そうでなければ沈黙を守った[65]」。

一八三一年、徴兵に関する法案の審議に際して、法案の報告者パッシーは今後外国人に、国の保護の下で義務を果たさずに生きかつ死ぬという「法外な権利」を認めるべきでないと主張した。かれは、フランスで出生した外国人を父親にもつフランス生まれの子どもには、成年に達した時に自動的にフランス国籍を付与するという提案を行なっている。ただし、これは採択されなかった[66]。

結局は、一八五一年二月七日の法律が、一つの段階を踏み越えるものとなる。この法律は、以後フランス法の基礎の一つ、またその特徴の一つとなる「加重生地主義（double droit du sol）」を導入した。フランス生まれの外国人（当初は父親、その後母親でもよくなり、一八九一年以後そのいずれでもよくなる[67]）を親としてフランスで生まれた者は、フランス人とされた。したがってフランスに定住した外国人の孫は、フランス人となったのである。しかし、この法律は、成年に達した時にフランス国籍を放棄する選択権を残していて、そのため、そして多くの場合、兵役を免れるために国籍放棄が行なわれた。

プロイセンに敗れ、アルザス・ロレーヌを失ってから三年後、一八七四年一二月一六日の法律はより強い制約を課そうとするものであった。以後、フランス国籍の放棄を正当化するには、出身国の国籍を保有していることを示す政府の証明書が必要となった。しかし、これにも大きな効果はなかった。一八八二年入隊組の場合、このケースにあたる青年二九四二人のうち、一五五四人が外国籍を証明し、兵役を免除されている。一八八三年には、三一八六人のうち二四七八人が兵役免除となった。

民法典改正を阻むもの

四〇年間で三回にわたり（一八三一年、一八五一年、一八七四年）国籍問題について議論を戦わせた国会議員たちは、なぜフランス生まれの父親をもつフランス生まれの子どもたちに、国籍の選択もしくは放棄の余地を与えず、フランス国籍を強制的に付与することをしなかったのか、と問うこともできよう。

たとえば、一八五一年、報告者ブノワ＝シャンピ[68]が国籍の強制付与を行なうために挙げた論拠は、強力なものであった。まず、公的義務に関する「公平性の観点」があった。これらの子どもたちはフランス人なのだから、他のフランス人と同様に、当時兵役の規則になっていたくじ引きに彼らも参加すべきである、と。ところが、彼らはくじ引きを免れていた。「こうした特権は、一般的にいって、これらの外国人が採薪入会権、町村所有の放牧地を利用し、また民事的権利と、場合によっては非常に重要な政治的権利をも享受しているだけに、容認できない」と。

これはまた、国家の安全保障にも関わるものであった。「[……]民法典制定以来半世紀が経つが、フランスでは外国人の家族が大幅に増加し、国境地域の村では人口の一割を占めるところがある。この異常な状態を是正するための措置を立法者がとらなければ、数年後には大変な事態になるのではないか」。

かれの法案の三番目の論拠とされたのは、この子どもたちが社会学的にはフランス人であるという点である。「これらの外国人は、長期にわたりフランスで暮らしたために、言葉も、時には祖先の出身国の名前さえ忘れてしまっている。彼らは事実においても、意識においても、心情においても、風俗習慣においてもフランス人なのではなかろうか。わが国の領土内に、相継いで重ねてきた世代の数はどうあれ、フランス人という大家族からいつまでも離れたままの状態でいる人々の定住を許すことには重大な不都合があったのではなかろうか[69]」。

それでも、一八三一年と一八五一年、さらには一八七四年においてさえも、二つの重要な要因が、生地主義の復活の障害となった。

第一には、近代法制の基礎として認められていた民法典には手をつけまいとする意図があった。民法典は、一八〇七年九月三日にナポレオン法典となった。というのは、ビゴ・ド・プレアムヌー判事の説明によれば、ヨーロッパの共通法とみなされていたこの法律を、「フランス人の民法典」という名称のままにするのはもはや適切ではなくなっていたからである。ナポレオン法典は、その後、一八一四年憲章第六八条とともに、再び民法典の名称を回復した[70]。これ以降、フランスで続いたすべての政体が、この民法典を採用した。古典作家たちは古代文化財の収蔵庫のなかにしまわれ、法廷の弁護士席を占める新世代の学生や法律家は、誰もが民法典の原則に従った。「あえていうなら、つねに民法典を手にしていなければなりません。訴訟を開始し、問題を扱い、意見を述べ、判決を下す前に、必ず最初に用いなければならないのです[71]」。

大陸ヨーロッパでは民法典の影響が拡大し、その結果、血統主義が出生時における国籍付与の唯一の基準として、ヨーロッパ全体に一般化した。イングランド、ポルトガル、デンマークだけが、「封建的」な生地主義の原則を維持していた。したがって、一八五一年には次のように言われていた。「わが民法典の基本的な規定の一つを廃止するには、それだけ重大な理由がなければならない[72]」。「特例法のなかに偶然もぐりこんだ規定により、民法典が定める基本的な国籍付与の条件が変更されることを危惧した議会は、「[……]法解釈の前例を無視することはできないと考えた」と、一八八九年法の報告者であったアントナン・デュボストは後になって語っている[73]。

一八八〇年代初頭までは、フランスが外国出身者に対して一方的な決定を行なったならどんな国際的影響を及ぼすかについて慮《おもんぱか》るところがあった。外国人の子どもにフランスが強権的に国籍を付与した場合、外国で出生したフランス人の子どもに対し、報復措置により重大な結果が生じる恐れがありはしないかと考えられたからである。この理屈はまず法律家によって唱えられた。というのも、生成期にあった国際法は相互主義を基本としていたからである。しかしまた、アルジェリアばかりでなくラテン・アメリカでも、フランスの旗印の下に植民地化が強力に推進されていた時期だっただけに、政治家もこの問題を気にかけていた。

当時のフランスは、移民受入国だったのだろうか。それとも、移民送出国だったのか。この問いに対しては、一八六〇年には間違いなく、むしろ「移民送出国」だとの回答があっただろう。そして、一八七〇年以降は、「植民国家」だとの回答があったにちがいない[74]。内務省には移住課が設けられた。この課では、港から出発するフランス人の人数を数え、それを登録していた。一八六五年三月三一日に元老院で行なわれた審議で、報告者はフランス人が海外に設立した商店の数を挙げて、その多さを強調している。「三〇万人以上の同胞が、ヨーロッパとアメリカの主要都市に居住し、定住し、定着していると推定されます」。フランスおよびフランス人海外居住者の利益についてのこの認識が、長期にわたり現状維持を正当化し続けた。一八七四年に外務省は、外国に居住するフランス人に出生時からフランス国籍を付与しようとする司法省の案を差し止めたが[75]、このときの論拠もまた、外国に居住するフランス人の被る恐れのあるリスクだった。「この案は、新世界諸国において、わが国の係官から行動の手段を奪い、活動を弱体化させるものである。かの地でわれわれは、フランス国民の利益を守るために、この案と同じ原理にもとづく法のフランス国民への適用に反対しなくてはならない[76]」。

審議はここまでだった。一八八二年四月一日、オルレアン派元老院議員でパリ大学法学部教授でもあるバトビー[77]が、フランス在住の外国人の帰化に関する法案を提出するまでは、議論はほぼ進展しなかった。当初、かれの目標は限定的であり、外国人の両親の下にフランスで生まれた子どもの資格についての異なる扱いを一本化することにあった[78]。しかし、コンセイユ・デタは、報告者カミーユ・セー[79]の意見を容れて目標を拡大し、国籍に関するすべての規定を見直すこととした[80]。法案の題名に、この語〔国籍〕を初めて取り入れたのはセーのイニシアティヴによるものである[81]。ところが、かれの提案は一八五一年以来議会で採択されてきた法律の方向性に逆行するもので、血統主義の優位を強調していた。この点に関しては、かれは同意を得られなかった。法案が提出されてから五年を経た一八八七年二月一一日に、元老院はようやくバトビーの提案を採択した。この法律は帰化と、外国人を両親としてフランスで出生した子どものフランス国籍取得を若干容易にするものだった[82]。

しかし、下院にとってはこれでは不十分であり、ノール県選出議員とアルジェリア入植者《コロン》が中心となって反発が起きた。直近の審議以降の公式統計によれば、フランスの人口が足踏み状態にあるのに対し、フランスにおける外国人の数は大きく増加していた。フランスは明らかに、移民受入国となったのだ。これらの下院議員にとっては、この結果を受けて抜本的な「思い切った措置を講じる[83]」ことが望ましかった。

フランスで生まれた子どもに平等に義務を課すこと

一八七六年には、外国人はフランスの総人口の一・七%を占め、その数は六五万五〇三六人であった。[84] それから一〇年後の一八八六年[85]に外国人人口は倍増していた。全人口の三％、一一二万七〇〇〇人に達したのである。[86] フランスは、一八七三年から九六年にかけて、深刻な不況を経験した。複本位制を廃して金本位制に回帰[87]したことから発生したこの経済危機は、デフレと成長率の低下を招く。物価の低下と利益の減少に対処するために、企業は人件費を圧縮しようとして解雇を行ない、さらにはより賃金が安い外国人労働者を採用する。それでも、農業の比重がまだ大きかったフランスは、すでに工業化が非常に進んでいたヨーロッパの近隣諸国に比べれば、不況の影響は小さかった。そのため、多くの外国人労働者が職を求めてフランスにやって来る。[88] これにより、外国人排斥の動きが起こり、移民のコントロールとフランス人の職場の確保を求める声が上がったが、これには企業経営者は反対した。

同時期、人口に関して不安が感じられるようになった。一八三一年に、フランスは三二六〇万の人口を擁し、これはまだヨーロッパで最多だった。後のドイツ帝国を構成する諸邦は人口二九七〇万人、イギリス（ブリテン諸島）は二四〇〇万人だったが、一八六一年には、フランスはニースとサヴォワ（人口六四万五〇〇〇人）を編入したにもかかわらず、人口は三七〇〇万人であり、ドイツは三八〇〇万人、イギリスは二九〇〇万人となった。一八七一年にはアルザス・ロレーヌの喪失により、一五〇万人の国民が失われた。[89] 一九〇一年にはドイツの人口は五六〇〇万人に達し、イギリスは四一〇〇万人、フランスは三九〇〇万人足らずとなる。実際、一八二〇年以来、ドイツの人口は一二三％増加し、イギリスは七二％（アイルランドを除くグレート・ブリテンだけでは一二七％）増、そしてフランスはわずかに一九％増となった。もはや出生率は世代交代を進めるのに十分でなく、フランスとイギリスの人口構成を比べると、フランスは高齢化しており、若い世代が少なかった。[90]

ただし議員たちを動かしたのは、国境地帯における外国人の顕著な集中および大都市への移住であった。[91] 一八三一年には、ノール県〔同県はベルギーと国境を接する〕の一部の市町村では、人口に占める外国人の割合が一一％に上り、同県選出議員の注意を引いた。一八八六年に、アリュアン市では人口の四分の三が、ルベー市では半分が、リール市では四分の一が外国人であり、[92] ノール県には、フランス本土の全外国人人口の三〇％が集中し、その数は三〇万五五四二人に上った。これら外国人の半数近くがフランス生まれであったが、フランス人になることを望まなかった。一八九一年のフランス本土に登録された外国人人口は一一〇万人であり、そのうち四二万人以上がフランス生まれで、うち三五万人は調査時に居住していた同じ県で出生していた。

このとき、徴兵に関する新たな法案が審議されていて、法案は、期間の短い、しかしより適用範囲の広い徴兵制を予定していた。一八七〇年の戦争後、[93] 七二年に一般徴兵制が制度化されたが、まだ多くの免除や特権が残っており、その一方、召集された者は五年間も兵舎で義務を果たさなければならなかった。眼目は、教員、神父、学生、あるいは富裕層に認められていた兵役免除を廃止させることであった。一八八五年六月二日、ノール県選出下院議員マクシム・ルコント[94]は、これら特権を減らすべく、リストに挙げられた層のほかに、フランスに生まれ育った者で、外国籍であることが「社会的基盤をもたない法的虚構で、ある種のまがい物[95]」と思われる者を加えるよう提案した。

現在審議中の法案により、フランス人男性はすべて兵営で数年間を過ごすことになります。ということは、この間、一定数の外国人はフランスにいながら、いうまでもなく家庭で過ごすことになるわけです。〔……〕

かなり長い年数故郷と職業を離れなければならない忠実なフランス人の状況と、フランス人であるはずで、誰もがフランス人だと思っていたにもかかわらず、あるとき、軍事的な義務を逃れるために外国人であると申し立てをする者の間には、許しがたい不平等が存在します。〔……〕一人の労働者が書いた手紙を、皆さんにご覧いただきたい。何の飾り気もない文章ですが、非常に重要なものです。精気にあふれた、誠実な文章だからです。

こう書かれています。「どこかの工場で、フランス人と外国人の息子が働いていたとしましょう。全員が二級工員で、一六歳から二〇歳だったと考えてください。くじ引きの時がやってきました。ちょうど上級工員に昇任する時期でしたが、昇任したのは外国人だけでした。フランス人は一年か、三年か、あるいは四〇カ月の間、義務を果たさなければならないからです。戻ってきた時には、今では日給二・五フランから多ければ四フランを稼ぐ、このかつての同輩の指示の下で働くことになるのです」。

複数の声——まさにその通りだ！

マクシム・ルコント氏——この手紙を書いた人物は、こう付け加えています。

「私の働いている工場では、職長は全員外国人です。別の話ですが、娘のいる両親がいて、持参金をもたせることができたとします。そして、この女性が、似たような立場のフランス人と外国人の息子から結婚を申し込まれたとします。（場内に笑い）〔……〕」

「両親はこう考えます。外国人の息子は兵役に行かないか、行っても短期間だろう。二八日間の軍事訓練も、一三日間の軍事訓練も課されないだろう。戦争になっても、戦場に行くことはない。娘は、この男と結婚したほうがずっと幸せだろう、と。経営者にとっての利益と、家族にとっての利益が何であるか、おわかりでしょう。こうした次第で、外国人が私たちの居場所、職、結婚相手を奪うのです[96]」。

ルコントを動かしたのは、フランスあるいは軍の人口構成上の必要というよりは、法の前での平等の原則だった。かれ自身の試算では、外国人の孫で入隊させられる者の人数は四〇〇〇人以下で、毎年、徴兵の対象となる年齢に達するフランス人男性三〇万人に比して、とるに足らない数である。それでも、これらの若者にフランス国籍を強制的に付与すべきである。なぜなら、「彼らは真のフランス人であり、ただ兵役を免れる目的だけのために外国人の資格を主張しているからである[97]」。

かれが、クレマンソーの支援を得て提出した修正案は、それでも否決された（二八〇票対一五九票）。なぜなら、それは徴兵に関する法律よりは国籍に関する法律の分野に含まれると考えられたからである。その数日後の、一八八五年六月二五日、元老院からバトビー法案が下院に送られるのを待たずに、マクシム・ルコントはノール県選出下院議員一八人中一〇人を含む共和派の同僚議員三三人を集めて、「フランスで出生した外国人の男子の国籍」に関する法案を提出した[98]。これは、対象となる者にフランス国籍を強制的に付与しようとするものであった。義務を平等に課すとの原則ばかりでなく、外国人の集中が呼び起こす不安もノール県選出議員たちを動かしていた。

この最後に述べた懸念は、並行して、アルジェリアでも広がっていた。一八八四年にコンセイユ・デタのカミーユ・セーによる報告書が公表されたそのとき、アルジェ法学院は、総督ルイ・ティルマンの要請により、アルジェリアで出生した者すべてに、成年に達してから一年以内に外国人としての資格を求めないかぎり、フランス国籍を強制的に付与する内容の法案を提出した[99]。アルジェリア高等評議会での八四年一一月二〇日の演説で、ティルマン総督はこの行動をとった事情を説明した。「一八八一年の最新の国勢調査では、ヨーロッパ出身のフランス人の人口は、外国人人口を一万四〇六四人上回っているにすぎません。この差は、一八六五年には二万六二四八人でしたが、毎年減少し、オラン県ではフランス人はもはや多数派ではありません。正式な入植によりフランス人人口を増加させる希望がもはやなくなった以上、外国人の帰化という方策を求めなければなりません[100]」。一八八六年の国勢調査は、かれの分析が正しいことを示していた。アルジェリアでは、フランス人が二一万九六二七人だったのに対し、外国人は、モロッコ人一万七四五五人を含めずに、二〇万二一一二人に上った。フランスにとっての危険は、植民地化の成果に対してスペイン、そして特にイタリアが異議を唱えることにあった。イタリアは、オーストリア、ドイツと三国同盟を結んだばかりであり、イタリア人が増加している南フランスの諸県では積極的なプロパガンダ政策を推進していた[101]。

一八八七年に下院が元老院から送られた法案の審議にようやく入ったとき、報告者のアントナン・デュボストは、「真に一外国国籍に属している者と、長年にわたりフランスに居住し、他の国民といかなるつながりももたない者との間に区別」を設けるとのノール県とアルジェリア選出議員の一致した要求に同意した。かれは、「法解釈の口実の下に、あるいはあまりにも古い判例にとらわれて、迫りくる危機に対処するための措置をとらない」ことは考えられないと判断する。そして、下院の一致した、異論のない支持を得て、二件の措置を採択させた。数日後、元老院もこれに続いた[102]。かれ自身は、この措置についてこう述べる。「私のみるところ、法律全体が皆さんの判断にゆだねられたのです」[103]。

改正民法典第八条第三項は、「自身がフランスで出生した外国人の親からフランスで生まれたすべての個人」は、出生とともにフランス人となる、とした。つまり、外国人の孫は、フランスで出生し、親[104]もまたフランス生まれである場合にはフランス人なのである。これが、いわゆる加重生地主義であるが、取り消しはきかないものになった。一八五一年以来認められていた国籍の拒否もしくは放棄の可能性は廃されたのである。

フランス以外で出生した者を両親として、フランスで生まれた者には、フランスに居住しているかぎり成年に達した時にフランス国籍が付与された。これは自動的に付与され、届出を行なう必要はなかった。ただし、外国人にとどまることを希望する場合、成年に達してから一年以内にフランス国籍を放棄することができた（第八条第四項）。

この二つの措置には、一定の論理があった。フランスに生まれ、教育を受けた外国人をフランス人とすることは、その一家が古くからフランスに暮らしていることからも当然と思われた。フランスとの実効あるつながりが強ければ、当事者はフランス人となることを拒まないはずだ。それゆえ、二世代にわたりフランスで生まれた者にはこの資格が自動的に付与される（いわゆる加重生地主義の規則）。移住者である両親から生まれた子どもの場合、二重の行為が生じる。国は、該当者が成年に達した時に、フランス人として受け容れる。次いで、その若者がフランス国籍を拒否しなければ、かれがそれに同意したとみなされた。

この二つの「不可欠な」措置は、デュポストによれば、「責任を果たさずに済ませるため特定の集団に属さないことに利益を見出す者に、人間および市民としての義務を果たさせ、物質的に特権的な暮らしを享受することをやめさせ、場合によっては公共の秩序にとっての脅威とならないようにする、そのための唯一の手段」なのであった。しかも、これらの措置は「危険を伴わない」ものであった。

というのは、これらの措置は、フランスまたはアルジェリアから、外国人やコロンを一人として離脱させるものではないからです。彼らは、それが可能であるなら、おそらくよかったと言って、社会的義務から逃れます。しかし、これらの務めが強制されたならば、無言で従うでしょう。なぜなら、こうした務めは彼らがわれわれの領土もしくは属領に居住したり、商店をもった場合にそこから引き出される利益とは比較にならないものだからです。それに、彼らがフランスを去るなどということがあるでしょうか。フランス生まれの外国人を親にもち、自身がフランスで生まれた者は、精神、傾向、習慣、風俗の面からフランス人であり、父親と自分自身が生まれ育ち、利害関係があり、知人や友人がいる国に真の愛着を寄せると考えられるのではないでしょうか。これらすべてを強く感じていなければ、これほど長くフランスに住み続けるでしょうか[105]。

この理屈のうちには、全面的な好循環と見えるものに交じって、平等の原則、国の安全保障上の利益、これらの若者のフランスへの社会学的な帰属と人口問題についての懸念が見出される。そして、こうして採択された妥協案は、左派共和派と一部の保守勢力を満足させたのである。

外国人に対する制限措置

しかし、より最近フランスに移住した外国人の帰化については、下院議員たちの見方は割れ、結局のところ強い制約を課す方式が採用された。新しい法律は、帰化をむずかしくする以上に、フランス在住の、しばしば特権的地位にある外国人を、権利面においてフランス人よりも劣る状態に移行させるものだった。[106]

一八四九年以来必要とされたコンセイユ・デタの見解を求めること、これは廃止された。フランス人女性と結婚した外国人男性は、結婚およびフランス滞在が一年を経過した時点で、帰化を申請することができるようになった。しかし、一般法にもとづく二つの措置は、非常に厳しいものだった。外国人が国から居住許可を与えられた場合、それを得た日から起算して三年を経たときに、帰化を申請することができた。あるいは、居住許可がなくとも、居を定めて一〇年が経過すれば、帰化を申請することが可能だった。下院はこれ以上の決定は行なわず、たとえばすでに一八七七年に、申請を困難にする「無駄な枷《かせ》」を廃止したいと考え、フランスに居住して五年を経過していることを唯一の帰化の条件とする提案を行なったピレネー＝オリアンタル県選出議員のエスカニエに従うことはなかった。[107][108]

同様に、下院は、フランス革命一〇〇周年の機会に特例的な帰化手続きを可能とするポール・ド・ジュヴァンセルの修正案を、ほとんど審議しないまま否決した。何よりも、下院は元老院が廃止した一七五・二五フランの印璽税を、「フランス人の事務職員と工員のために」復活させた。この復活に賛成の演説をしたド・ラ・バテュは、外国人が「血税〔兵役を指す〕」を納めないまま、あるとき、自らの利益になるからという理由で」、権利が与えられることになる[109]「フランス人の資格」を求めた場合には、「資産の状況が許すかぎり」、印璽税を支払わせることを希望した。報告者アントナン・デュボストは帰化がもたらす利益と、人口構成上の差し迫った問題とから、帰化を進めるべきと訴えたが、かれと同僚のマクシム・ルコントは、賛成一七五票、反対三四一票で大敗を喫した。帰化が容易になるどころか、帰化した者にとっては一八八九年以前に比して政治的権利に関する条件が悪化していた。立法議会の被選挙権を得るまでに一定の経過期間が設けられたからである。一八一四年には、「通常帰化」と、「大帰化」の区分が設定され、「大帰化」の恩恵を受けた者だけが、議員に選ばれることができた。この区分は一八四八年に廃止されたが、行政府に対する左派の警戒心から翌四九年に復活し、再び廃止されたのは一八六七年から八九年までの期間である。その後は長期にわたり効力をもち、ようやく一九八四年になって廃止された[110]。

また、帰化しようとしない外国人の地位は引き下げられた。一八八九年の法律は、フランス人と同等の民事的権利を認める居住許可を、独立した資格としては廃止した。それ以前は、居住許可は無期限の効力をもっていた。効力を失うためには、フランス政府のデクレが廃止を明示する必要があった。以後、居住許可は帰化手続きの第一段階として、手続きを迅速化する場合にのみ認められた。というのは、居住許可を得てから三年が経てば、帰化を申請することができたからであり[111]、それから五年を経ても帰化していない場合、当事者は居住許可を喪失し、単なる外国人居住者となった。

そして、単なる外国人居住者は、権利が制限された。それは数多く提案がなされた保護主義的な措置によるものではなく[112]、公共秩序の維持の観点からであった。一八八七年一月には、新たにフランスに居を定めた外国人が、調査の対象となった。翌八八年には[113]、フランスに居住する外国人全員が、居住地の市町村役場に出向いて、届出を行なうようにうながされた。一八九三年八月八日の「外国人のフランス滞在と国内労働の保護に関する法律」は、居住許可をもたないすべての外国人に、職業に従事し、あるいは商店または工場を経営するには、入国後八日以内に届出を行なうよう定めていた。一八九三年一二月一日のパリ警視庁通達は、以下の者に届出を義務づけていた。工場主、商店経営者、仲買人、芸術家、教員、職人、農業労働者、日雇い労働者、事務職員、召使いなど、労働の対価として給与を得ているすべての人々[114]である。彼らは、市区町村の役所登録簿に登録しなくてはならなかった。

これとは別に、一部の公職はフランス人のみが就きうるとされ、一方、これまで獲得してきた社会的権利の一部が外国人には認められなくなった。従業員代表者に関する法律も、社会保障に関する法律も同様だった。外国人は、一八八四年の組合法、一八九〇年の炭鉱における安全管理代表に関する法律、一八九二年の和解および仲裁手続きに関する法律、一九〇七年の労働審判所に関する法律により、組合代表もしくは従業員代表に選ばれる権利を奪われた[115]。

居住許可が廃止されると、フランスに居住する外国人の権利は相対的に縮小し、フランス人と外国人の間には新たなヒエラルキーが生まれる。これによってフランス国籍の価値は高まり、外国人によるフランス国籍取得を奨励することとなった。国籍申請者のうちから、「それにふさわしい」とみられた者が選抜された。こうして、愛国的な自尊心、外国人嫌いの者がもつ懸念、人口問題への関心が同時に満たされたのである。

一八八九年――フランス本土における共和国的生地主義の再生

フランス革命以来、外国人とフランス国籍保有者との間の境界線は絶えず模索されてきた。一八八九年法は、外国人のフランスへの同化と、外国人の地位低下という二重の境界を、本国においてつくり出した。具体的には、外国人は社会への適応の度合い、より正確にいえばフランスでの居住年数、またはフランスでの家族の状況により分類された。フランスで生まれた外国人は、少なくとも一人の親がフランス生まれの場合には自動的にフランス国籍を付与された（加重生地主義）。両親ともにフランスで出生していない場合には、成年に達した時にフランス国籍を付与された。フランスで出生しなかった外国人は、帰化を申請できたが、帰化が認められるまでは従来よりも権利が制限された。この外国人の同化は、一八七〇年の戦争[116]により強化された国民意識の均質化の流れのなかにあり、またその義務的な性質が、徐々に適用された生地主義の復活によって現実のものとなった。およそ一世紀にわたり消滅していた生地主義は、新たな法律によりフランス国籍法の中核として復活したのだ。親子のつながりと並行して、フランス領内での出生によって再び国籍が取得できるようになったのである。

しかし、これはかつての通りに復活したのではなかった。フランス領内での出生と関連する居住の基準の用いられ方を完全に逆転させることで、一八八九年法は生地主義の共和国的用法を創始したのである。すでにアンシアン・レジーム下において、居住の基準は非常に重視されていた。それは、王に対する服従を意味したからである。フランス人の資格が外国においてフランス人の両親から生まれるか、外国人の両親からフランスで生まれるかによってしか得られない時代には、高等法院《パルルマン》（当時の裁判所）は現在および未来における居住地が王国の領内に定められることを求めた。これは、現在および未来におけるフランス王への個人的服従の標《しるし》であった。共和国樹立とともに、現在および将来における居住は、過去における居住の要求に変化した。フランス国民との絆は、王への個人的な忠誠ではなく、フランス社会における教育によってもたらされるものになった。そして、成年に達した時に確認される過去の居住歴が、その保証となった。

法律は、実際のところ、

> 暮らしている環境が個人に影響を与えるという、この不変の真実を示そうとしたのである。フランス国境の向こう側で生まれ、おおむね外国に長期間暮らした外国人を両親にもつ子どもは、まず両親から生活態度、習慣、外国人的な感情を受け継ぐ。学校や工場の仲間とともにフランスで暮らすことで、この子どもは少しずつわれわれの文明に浸るようになる。成長に伴い、子どものフランス的思考の吸収は進む。個性が強まるとともに、将来への希望や教育についての家族との意見の違いが、かれの抵抗力をますます弱めることになる［……］。けっきょく、これは単なる事実関係の問題である。[117]

同じ社会のなかで成長し、そこで生活することが、国籍の絆をつくり上げることは二〇世紀に学校教育と義務兵役制が社会の均質化に寄与するようになる以前から証明されていた。共和国の法は、国籍の基盤を意思にもとづく契約行為よりも、社会化に置いていた。また基盤を出自や出身地よりも、社会的な規範の習得――出自や出身地は、社会的規範を習得できる可能性を示すものでしかない

――に置いていた。この実効ある社会学的絆の論理は、そのときの情勢に左右されたものではまったくない。この論理はフランス国籍法を組み立て、それに永続性を与えたのだ。

それでも、社会化と国籍との相関関係は、エスニックな考慮を免れるものではなかった。それを示すのは、フランス領であるアルジェリアではコロンの代表の主張を取り入れて、法律が、狭義の外国人、すなわちヨーロッパ人にしか適用されなかったという事実である。フランス臣民であるアルジェリアのイスラーム系現地人には、完全なフランス国籍取得への道はふさがれていた[118]。したがって、アルジェリアでは法律は、「同化可能」な者とそれ以外の者とを区別したのである。

フランス本土では、やがて、アメリカ由来の同種のアプローチが、国籍をめぐる政治的対立の中心に置かれることになる。在住外国人の資格の問題を解決するために生まれ、世代間に区別を設ける戦略を基礎とする一八八九年の法律は、人口問題が重要とみなされ、外国人の帰化が死活問題となったときには、不十分なものになっていた。始まったばかりの新しい世紀は、危機と、激しい議論と、強い批判の世紀であり、法律は表面的に安定していても、実情を反映してはいなかった。

3　国民への援軍としての帰化（一八八九―一九四〇年）

司法省が議会のために一八九〇年度、すなわち一八八九年法の運用開始後の最初の平年度に認められた帰化の結果をまとめたとき、同省は議会を安心させようと努めた。「新たに国民として招じ入れられた人々の質に、不安を抱く必要があるだろうか。デクレによる帰化に関していうなら、疑問の余地なく否と答えることができる。この優遇措置は、十分な調査を経て認められるもので、申請の却下の多さが、その一員としてふさわしい者のみをフランス国民の内に受け入れる努力が行なわれていることを証明する」[1]。そして、実際、帰化は容易には認められなかった。一八九〇年に帰化した五九八四人のうち、九七％は一〇年以上前からフランスに定住していた。二八％はフランス生まれだが、旧フランス領のアルザス・ロレーヌ生まれの者は含まれない。帰化した男性四七九六人のうち、五六％が生まれながらのフランス人の女性を配偶者にしていた[2]。これに引き続く年々に発表された報告でも、比率は変わらなかった。たとえば一八九六年には、帰化した三五八二人のうち、男性二七四一人の四分の一以上がフランス生まれであり、また半数以上がフランス人女性と結婚していた。

帰化した者の数の増加、たとえば一八八八年の一九五九人という数は一時的なものだった。法律制定後の数年間は、有用性の薄れた居住許可よりも、帰化が選択された。居住許可はもはや自律的かつ恒常的なものではなくなり、居住許可を得てから五年以内に帰化申請を行なわなければ、同許可は効力を失った。その結果、行政当局は居住許可申請を希望する者を、帰化申請へと誘導した。[3] これとは別に、すでに居住許可を得ている者は、五年以内に帰化申請を行なわなければならなかった。五年の猶予期間が経過した一八九四年に、彼らが得ていた居住許可は無効となり、この年に帰化した者の数は最多の、五七五九人に達した。[4] 以降、数は二〇〇〇人程度まで低下し、[5] 二〇年間そのレベルにとどまって、一八八九年以前の帰化者と居住許可取得者の合計を大きく下回った。したがって、一九二〇年までは帰化はわずかしか認められない。というのも、この時期の国籍をめぐる政策は、もっぱら第二世代の国民への編入を重視していたからである。

一八八九年法の運用開始後の数年間は、深甚な変動の時期となる。すなわち、新たな行政機関の創設と、国籍に関する政策実施の時期だったからである。司法省の印璽部（bureau du Sceau）はこの政策を担当し、議会からも、司法からも独立した独自の戦略を立てていた。その政策は、国籍取得をめぐるあらゆる法的仕組みに関わるものだった。印璽部は、帰化に厳しい条件が課される移民、すなわち第一世代と、その子どもたちとの間に、はっきりと区別を設けた。子どもの世代には、第一世代とは逆に、フランス国籍取得が推奨され、強制されることさえあった。

第一次世界大戦以前には警戒の対象だった帰化は、人口問題上の要求から大いに歓迎されるようになった。一九二七年法は、毎年一〇万人以上の新たなフランス人を迎え入れるとの目標を立てた。それに対し、一九三〇年代を特徴づける経済不況、政治的対立と国際的緊張の空気のなかでは、外国人を選別しようとする人々が主導して議論が展開された。彼らは、個人の特性ではなく、出身国、人種、民族などの出自によって選別を行ない、同化可能な者とそうでない者を区別し、後者を排除しようとする。こうした解決法の支持者は、一九四〇年の敗戦後になってようやく勝利を収めることになる。

印璽部の登場

一九世紀初頭には、帰化申請書はアンシアン・レジーム下と同様に作成された。様式は自由で、記述の仕方も申請者に任されていた。[6] 一八二七年には、様式は引き続き自由だったが、記述は以下の形に則るものとされた。[7]

一八XX年、XX市長の面前において、当市在住にしてXXを職業とするXX氏は、XX年以来フランスに定住し、王国内に永住する意図を有する旨を述べ、陛下より帰化承認状ならびにフランス人としての諸権利の享受の恩顧を賜りたいとして、当市におけるすべての義務を果たし、王国の法ならびに王令に従うと宣言した。

一八四〇年代になると、この形式の文言は印刷された。この間、一八三一年以降、帰化および居住許可に関する決定事項は、必ず「法律公報」（*Bulletin des lois*）に掲載されるようになった。[8]
国籍問題を扱う印璽部は、アンシアン・レジーム期にその起源がある。王が下した帰化の決定が完全に有効になるためには、特許状が大法官によって決裁され、国璽が押印されなければならなかった。[9]ナポレオンは革命暦一〇年に、フランス革命によって中断されていたこの制度を復活させた。一八〇八年には証書印璽評議会が設置され、一八一四年には印璽委員会がこれにとって代わった。当初は司法省から独立した委員会だったが、ルイ゠フィリップ時代に、一八三〇年一〇月三一日のオルドナンスにより司法省の一部局となった。一八三二年に、司法省民事局の一部局となった印璽部は、氏名の変更、婚姻に関する特例措置、各種証書、法律、特許状および免許状への国璽の押印、さらに居住許可、帰化、国籍の回復の認許、ならびに外国で兵役に服することの許可を主管した。やがて、居住許可以下の任務が主たる担当分野となった。

一八四八年以降、二段階で、印璽部の「絶対権力」が確立した。[10]一八四九年一二月三日法は、まず印璽部に、独自の調査にもとづき帰化申請に関する判断を下す権限を認めた。一八〇三年以来[11]というもの、この手続きでは、市町村の権限が決定的となっていた。[12]市町村長は関連書類を整え、その意見は県知事の意見とともに政府に上げられ、政府が最終決定を下した。実際には、市町村はほぼ自動的にフィルターの役割を担っていて、市町村が肯定的な意見を付すと、ほとんどの場合知事はその判断を追認し、中央政府もこれに続いた。一八四九年法は、自治体による権限の行使に代えて「外国人の道徳性」に関する政府の[13]調査を制度化することで、決定的な断絶をつくり出した。このことを十分理解せず、一八五二年に帰化申請に対して市としての公開調査を行なわせたある市長は、司法省から警告を受けている。一二月三日法の第一条にある調査は、公開で行なってはならなかった。なぜなら、「その手法では［……］有用な書類を作成することができない」からで、調査は「内密に行なわれ、貴職が意見を求めた官吏の作成した文書により構成されるべきである。官吏が利用できる手段を用いて集めるそれらの文書は、政府が決定を下すための準備に必要な情報を示すものでなければならない」[14]。市長は国の代理者の側面ももっており、手続きを行なう上での歯車の一つであり続ける。しかし、知事は次第に、帰化申請を管理し評価する上で、警察の調査を根拠とするようになった。

ただし、印璽部の権限にはある限界があった。一八四九年一二月三日法が制定されて以来、コンセイユ・デタが意見を求められるようになり、帰化をコントロールするようになったからである。それが、一八六七年法で、コンセイユ・デタの意見は拘束力を失い、一八八九年の法律では廃止された[15]。これ以降、司法省が帰化について単独で決定を行なうようになる。こうして、順次、地方の権限と司法によるコントロールから解放され、調査権を得て、印璽部は独立性を獲得した。そして、一見ありきたりに見えるが実際にはきわめて重要な文書である、一八九三年八月二八日に検事正全員に宛てられた三五ページからなる通達[16]を根拠として、行政の実務を規則化し、帰化申請の妥当性を判断するための独自の「法解釈」を確立した。

印璽部に申請書が送付されると、これには番号が付され、その最後にはXの文字と、申請書の登録年が加えられた。たとえば、234X1897は、一八九七年の申請書第二三四号を意味した。一件の申請は、少なくとも三人の係官により審査された。担当官もしくは書記、加えて次長もしくは部長、さらには民事・印璽局長である。例外的に、大臣自身が書類を審査することもあった[17]。徐々に、同局は「当時のある著述家の表現では、まごうかたなき〝国籍中央本部〟へと変貌し、場合によっては独自に決定を下す権限を有し、ごく非公式に出す見解であっても正統な権威をもっていた[18]」。実際、ある人物のフランス人としての資格について意見を求められると、その意見は、裁判所が異なる判断を示さないかぎり、証明書としての効力を発揮した。帰化に限らず、その決定はフランス国籍取得に関するすべての手続きにまで拡大した。国籍の回復もあったが、何よりも「第二世代」の地位の問題があって、これが決定的に重要な課題であった。

実は第三世代は出生時にフランス人となり、国籍を取り消すことはできなかった。ただし、一八九三年以来、当該の子どもがフランス生まれの母親――父親ではなく――からフランスで出生した場合には、その限りでなかった。[19]この場合、子どもには成年に達した時に、フランス国籍を放棄する機会が与えられた。第二世代は、原則としては成年に達した時にフランス国籍を取得できることとなったが、当事者個人の少なくとも暗黙裡の了解なしに強制されることはなかった。ただし、行政当局はこの種の自由を好まず、この世代の法的な運命をコントロールしようとこころみた。

一つの目標――第二世代の「統合」

外国人を両親としてフランスで生まれた子どもは、フランス国内に引き続き居住しているかぎり、いかなる手続きもとることなく、成年に達すると同時にフランス人となった。これが、「自動的帰化」である。[20]しかし、議会はなんら強制しようとは望まなかった。成年に近づいた少年が確実に、自律的に選択が行なえるようにと欲したのである。外国人の子どもは、成年に達してから一年以内に、国籍を辞退することができた（一八八九年六月二六日法第八条第四項）。同様の論理により、帰化した者の未成年の子は、父親の帰化と同時にフランス人となるが、成年に達してから一年以内にフランス国籍を放棄できる可能性を留保していた。[21]しかし、行政当局は、法律が第二世代に認める選択の可能性を認めようとせず、この可能性を最小限にまで縮小させようとこころみる。

一方で、行政当局はフランス国籍の放棄に関する手続きを厳格に管理した。従来は市町村長に対して、その後治安判事に対して行なわれた国籍放棄の届出は[22]、一八九三年以降、司法省に登録され、「法律公報」に掲載された[23]。登録されなかった届出は無効だった。そうなった当事者は、いわば意思に反してのフランス人ということになる。そして印璽部は、何よりも、未成年の子どもたちに成年に達するはるか以前から、フランス国籍を最終的に取得するように奨励していた。

一部の若者にとって、フランス国籍を取得するのに二一歳まで待つことは、一種のハンディキャップとなりえた。この期間は、軍への志願、あるいは国立学校の受験を取り返しがつかないほど遅らせる可能性があった。たとえば、海軍兵学校への入学資格は一六歳以上と定められていた。そのため、一八八九年法は、外国人を両親にフランスで出生した少年に、成年に達するまで待つことなく国籍を取得する可能性を与えていた。当事者は未成年であり、法的には意思をもたないため、父親、場合によっては母親が、当事者の名においてフランス国籍を申請できたのである。一例を挙げれば、アンドレ・シトロエン〔後のシトロエン自動車工業の創業者。父はオランダ人、母はポーランド人〕は、ルイ・ル・グラン高校の準備学級でグランゼコールの受験準備をしていた一八歳の時に、この手続きによりフランス人となった[24]。一八九六年三月二七日、かれの母親は、かれの名前でパリ九区の治安判事に申請を行ない、四月三〇日に司法省に登録された[25]。このようにしてフランス人となった若者は多かったが、それは必ずしも自らの意志にもとづくものとはいえなかった。議員たちは、年齢制限に下限を設けなかった。なぜなら、年齢を指定すると、「学校や行政の規則変更により、各種試験の受験年齢の下限が引き下げられるたびに、絶えず法改正を求められるからである」[26]。そのため、父親は子どもの年齢にかかわらず、出生直後から二一歳に達するまでの間、子ども名義の申請書類に署名することができた。そしてこの特例的手続き、すなわち少年もしくはその両親に提供された便宜は、状況次第では束縛にもなったのである。

行政当局は、フランス生まれの未成年の子どもをもち、帰化申請しようとする父親に、その審査を優先的に進めるに先立ち、子どものフランス国籍申請を必須とすることに決定した[27]。子どもたちに早期にフランス国籍を取得させせないかぎり、父親の帰化申請の審査は延期された[28]。そして、審査を行なう県知事は、司法省のレターヘッド付きの、次のような印刷された文書を受け取った。

この申請に対して判定を下す以前に、貴職より申請者に対し、父親と母親の帰化のみでは子どもの国籍を最終的に決定するには不十分であり、しかしながら、フランスで出生した未成年の息子に確定的にフランス人としての資格を付与するために、居住する小郡の治安判事に第九条第二項ならびに第八条第四項に定める申請を行なうことができる旨を通知されたい〔……〕申請者にかかる意思がある場合には、同封の書類を申請者に手交されたい。申請者は、申請を受け付ける判事に右書類を提出しなければならない。判事は、申請者に必要な情報提供を行なう。いずれにせよ、貴職からの案内に、申請者がどのように対応したか、結果を本職宛て通知されたい[29]。

申請者は多くの場合勧めに従ったが、一つ問題が残った。未成年の時に両親がフランス国籍を申請した若者が成年に達したとき、フランス国籍を放棄することを法律は禁じていなかった。だが、行政当局はそうした若者のフランス国籍を放棄不可能にしたいと考える。そこで、印璽部は、父親が申請することで、子どものフランス人の資格が放棄不可能となる手続きを考案した。「放棄権の放棄」である。子どもにフランス国籍を付与したいとする父親による申請には、子どもが成年に達した際にフランス人の資格を放棄する権利の行使を辞退する条項が盛り込まれた。つまり、父親は息子または娘に、国籍放棄を禁じたのだ。こうして、フランス国籍は取り消し不能となった。「放棄権の放棄」を制度化した一八八九年八月一三日のデクレ第一一条は、一九〇五年に破毀院により違法と判断され、取り消された[30]。しかし、政府がこれに反発して採択させた一九〇九年四月五日の法律により、「放棄権の放棄」は復活した。

年が経つにつれ行政当局は、目標とする、例外を除き全体として「第二世代」のフランス国民への統合が達成されるのを確認するにいたる。また一八九三年には、外国人を両親にフランスで出生し、フランス人になることを希望する者の申請を、「卑劣行為を理由として」登録拒否できるようにする法案を採択させた。この拒否はコンセイユ・デタ[31]の正式な見解を受けて初めて有効となり、一八九三年から一九一五年の二二年間で、一二四人に適用された[32]。

したがって、帰化者の未成年の子どもの大多数は、両親がフランス人となる前に、決定的なかたちでフランス人になっている。移民である両親からフランスで生まれた子どもたちに、あらかじめフランス国籍を取得させようとする行政当局のこうした強い熱意が果たして必要だったのか、疑問にも感じられる。司法省の統計では、フランス国籍を取得しないまま成年に達した者で、フランス人とならないことを選択した者はごく少数だった。一九一三年に兵役の期間が三年に延長され、国籍放棄の件数が頂点に達したときでも、その数は年間でわずかに八二一件にすぎない。これに、フランスで生まれた母親とフランス以外で生まれた父親から生まれた者の国籍放棄四九五件を加えても合計は一三一六件であり、これは該当者の人数（およそ二万六〇〇〇人）の五％である。[33]
　それでも、フランス人となった第二世代の教育による統合は、印璽部にとっては基本方針であり、これはその後も変わらない。この目標をさらに完全に達成するために、一九一三年一一月一一日に、司法省は帰化者の未成年の子ども全員に、取り消し不能な形でフランス国籍を付与する法案を提出している。[34]ところが、第一次世界大戦は、この法案の審議を中断させ、フランスでも、すべての交戦国でも、警戒と制限の風を吹きつのらせる。

第一次世界大戦――警戒と疑惑と

　宣戦布告とともに、外国人を管理下に置く措置がとられた。一九一四年九月二日のデクレは、外国人に滞在許可の取得を義務づけたが、一九一一年の国勢調査によれば、外国人の数は一一六万人だった。帰化の承認数も減少する。一九一四年には二一一七件だったが、一五年にはわずか五三八件となり、一六年には八〇三件、一七年と一八年にはそれぞれ四一八件と二八二件にすぎない。[35]
　しかし、外国人そのものよりも、敵国市民に対する管理が最も厳しくなる。何万人ものドイツ人、オーストリア人、オスマン帝国人、さらには、開戦当初のことだが、多くのアルザス・ロレーヌ出身者が「強制収容所」もしくは「収監所」に収容された。[36]
　しかも、人々は「偽ドイツ人」の後ろに隠れた「真のフランス人」を保護しようとし、また敵のスパイであるかもしれないフランス人から身を守ろうとした。多くのフランス人が、たとえばドイツ風の姓を名乗っていることで苦しみを味わった。そうした人々のために、姓のフランス化をはかる提案が行なわれたが、これは実現しなかった。フランス軍に入隊したゲルマン的すぎる姓のアルザス・ロレーヌ出身の兵士は、ドイツ軍の捕虜となった場合に「報復行為」を受けるのを防止するため、たとえば妻の姓など、本名以外の名を名乗ってもよいとされた。[37] ドイツ人と結婚したフランス人女性も懸念の対象だった。婚姻によりドイツ人となったこれらの女性は、ドイツ国籍であるために収容所に入れられることがあった。

しかし、戦争の全期間を通じての重大な問題は、敵国出身で帰化した者の扱いだった。第一の目標は、デルブリュック法、すなわち一九一四年一月一日施行のドイツの新国籍法の、特に第二五条に対して反撃することだった。この条文の目的は、（司法省によれば）「ドイツ帝国議会の演壇で、臆面もなく明らかにされた」。それは、外国に居住するドイツ人に、たとえば、当時外国人には認められていなかった「ロンドン証券取引所での取引資格、あるいはロシアでの不動産の購入といった最重要な利益を確保するため」、ドイツへの奉仕を放棄することなく「純粋に表面上の国籍を取得させる」というものだった。「真の唯一の祖国であり続けるドイツに、宣伝活動、スパイ行為、選挙での投票、そして必要な場合武器を手にする」ことで、奉仕し続けることになるというのである。[38]

「アクシオン・フランセーズ」紙〔シャルル・モーラスらをリーダーとする反共和主義的・王党主義の右翼団体による同名の評論紙〕の有力なコラムニストだった歴史家ジャック・バンヴィルは、一九一四－一五年の日記で、帰化者の仮面の下で行なわれるドイツのスパイ活動を告発した。[39]「ランフォルマシオン」紙によれば、多数のドイツ人がアメリカに帰化し、そうすることで兵役に就くことも、収容されることもないまま、フランスで暮らしている。さらには、外国に帰化したドイツ人にドイツ国籍を保持させるデルブリュック法――レオン・ドーデ〔ジャーナリスト、作家。反ユダヤ主義の論客で「アクシオン・フランセーズ」紙創刊者〕は、戦前に幾度となくこの法律について発言した――が、人々の知るところとなった。しかし、この類の帰化は、参謀本部においてさえみられるかもしれないのだ[40]」。

一九一五年一月一四日、カトリックの議員ジャン・ルロル[41]は、一八八九年法を改正し、重国籍を防止するための条項を追加することを提案した[42]。しかし、政府と議会は別の道を選んだ。イギリスがすでに一九一四年八月からとっていたのと同じ方針である[43]。一九一五年四月七日と一九一七年六月一八日の法律[44]は、コンセイユ・デタ、次いで司法判事の関与の下で、敵国出身の帰化者の国籍剝奪を制度化した。該当者二万五〇〇〇人が、身分の再検討の対象となった。そして、ドイツ系、オーストリア・ハンガリー系、もしくはオスマン系の合計五四九人が、右記の二つの法律を根拠として、フランス国籍を剝奪された[45]。そのうちの男性四三七人の多数はしばしば外人部隊の元隊員で、不服従が国籍剝奪の理由であった[46]。

しかし、敵国出身の帰化者に対する警戒心と、「デルブリュック戦略」によりドイツ人がフランス経済および金融の中核部分に侵入しているとの危惧は、戦争が長引くとともに強まった。一九一八年四月には、帰化者管理部が内務省公安局内に設置された[47]。「元外国臣民についていや増す疑問」が、「生まれながらのフランス人でなく、法の定めるところによりフランス人となったこれらの人物に関する問題をまとめ、取り扱う」ことを目的とする組織を設置させたのである。

同部署は、すぐに帰化者一覧を作成し、職業別に分類した。そして、ドイツがパリ金融市場で、また世界の他の金融市場において行なっているとみられる「巧みな侵略、もしくは潜入」に関し、調査を開始した[48]。ロンドン市場で、「ドイツの大銀行が全般的な事前協議の上影響力を行使しようとしたとして、現行犯で摘発された」ことから、帰化者管理の担当部局は「パリ証券取引所に上場する銀行協会会員一五三社」について調査を行なう[49]と決定した。一九一八年九月の報告書は、一五三社中二六社で、その経営責任者ないしは出資者が、敵国出身の帰化フランス人であると「みられる」と算定した。また、これら二六社の資本の九〇%が、生来フランス人でない人々により出資されたとみられた。さらに、警察の捜査によれば、敵国との関係で、一八社が親戚関係をもち、一〇社が開戦前に取引先があり、九社がこれもまた開戦前に社交上の関係、もしくは友好関係にあった。結論はどうだったか。帰化者は、経済における出資と同じように、「ドイツの政策に、最も好まれる道具を提供した。それは、仲介者であること、である」。「ドイツ人にとってフランス国籍取得は、よくある獲物の一つだった」。

そのため、帰化者の管理担当部門は、同業者組合の会員に対し、取引文書に「フランス人」もしくは「帰化者」と明示するよう義務づけるとともに、帰化およびフランスで出生した者の国籍取得により厳しい条件を課した。さらには、新たな法案を議会に緊急上程したのである。一九一八年一〇月三一日、下院は国籍剝奪の手続きを簡略化する法案を可決した。法律が施行されれば、政府は一九一七年法が定めていた「二回の控訴と、破毀院への上告という煩雑な手続きの保証[50]」を回避し、「欠格あるいは国家的見地から見た態度を理由として」帰化者のフランス国籍を内閣のデクレのみによって、より短期間に剝奪できるようになるはずだった。しかし、一九一八年一一月一一日に締結された休戦協定により法案審議は中断し、帰化者管理を担当する部局も廃止となる。フランスは死者一三〇万人に加え、植民地出身者七万人を失い、さらに多数の負傷者を数える。終戦とともに人口問題が再び取り上げられ、それは従来以上に緊急の課題と考えられた。そんななか、疑惑の目で見られ続けていた帰化者は、やがて貴重な存在と考えられるようになる。

人口問題という最重要課題

一九一九年一〇月一一日、首相のジョルジュ・クレマンソーは、元老院でヴェルサイユ条約についての説明を、次のように締めくくった。

もう一つ、提案しておきたいことがあります。条約には、フランスが多くの子どもをもうけるとは書かれていませんが、これは第一に条約に盛り込むべきことでした（拍手）。なぜなら、フランスの家庭が多くの子どもをもつことを放棄するなら、条約にどんなに立派な条項を盛り込んでも、ドイツの有する大砲をすべて取り上げても、何でも好きなようにできても、フランス人がいなくなればフランスは終わってしまうからです（拍手）。［……］皆さんにお願いいたします。皆で手を携えて、全員が一致して、フランス国民が多くの子どもを育てるという責務を引き受けるのに必要な、正当な補助を与える手段を検討していただきたいのです（各会派の議員より拍手）。[51]

人口問題は最重要課題であり、フランス国民の増加が死活問題と考えられたこと、それが、まず出生率を上昇させ、幼児死亡率を引き下げるための措置をとらせた。だが、その効果は中長期的にしか現れないものであり、したがって、即効性のある移民受け入れもその措置の一つとなった。イタリア、チェコスロヴァキア、ポーランドとの間で、労働力提供協定が締結された。炭鉱委員会と農業従事者中央事務所が設立した民間会社、移民総合会社（SGI）が、一九二四年以降、外国人労働者の選別とフランスへの受け入れを行なうことになる。[52]

この移民への呼びかけにつき、議会は、国籍に関しての結論をすぐには引き出していない。戦時下における不安と警戒を解いていなかった議会は、採択されなかった一九一三年の法案を再度取り上げ、一九一六年二月にルイ・マルタン元老院議員が提案した女性の権利を重視した修正案をこれに取り入れた。そして一九二二年一月二四日に元老院で、一九二四年四月一二日には下院で可決する。この法律で唯一の重要かつ新たな権利は、既婚女性の身分に関するもので、フランス人女性とその子どもの立場を考慮し、女性が外国人と結婚してもフランス国籍を維持できるようにした〔本書三一九頁以下も参照〕。

実際、民法典は一八〇三年以来、婚姻によって、女性は自動的に結婚相手の国籍を得るとしていた。[53]そのため、個人的に複雑な、場合によっては不合理な状態が生まれることもあった。G・ヴェルベルキモエスは、アジャクシオ市長で下院議員のアドルフ・ランドリー[54]に宛てた一九一九年八月一八日付の書簡で、こう記している。

出生時よりフランス人だった私の母は、ベルギー人である父と結婚し、婚姻によりベルギー人になりました。

ところが、その後父は帰化してフランス人となります。にもかかわらず、母はベルギー人のままでした。夫が帰化しても、妻と子どもたちが帰化することにはならないからです。
私自身についていえば、出生時にはベルギー人でした。八六年前のことです。私がフランス人となったのは二一歳の時、フランス人の資格を選択したことによるものです。
この奇妙な事態から、立場の入れ替わりが起こります。フランス人だった母は、亡くなった時にはベルギー人でした。そして、ベルギー人だった父は、亡くなった時にはフランス人だったのです[55]。

この母親の物語は、単なる「ベルギー小咄」ではない。戦時中には婚姻によりドイツ人となった女性の問題でもあり、戦後になると、一九二四年以降外国人との婚姻で最多を占めるようになる多くの「イタリア女性」の問題であった。半世紀来、移民に占める男性の数が非常に多かったため、婚姻によって外国人となるフランス人女性のほうが、フランス人となる外国人女性よりもずっと多かった。この不均衡は、第一次世界大戦以降さらに拡大する。というのは、戦死した男性一四〇万人と未亡人となった女性七〇万人に加えて、生産性に関わる理由から企業が雇用した移民は主として独身男性だったからである。

一九一四年から二四年にかけて、フランスは新たに獲得したフランス人女性（五万三〇〇〇人）の倍のフランス人女性（一〇万三〇〇〇人）を「失って」いる。このため、採択された法案は、外国人と結婚したフランス人女性は、自ら進んで夫の国籍を取得したいと希望しないかぎりフランス国籍を維持する、と定めていた。この夫の国籍の取得は、女性が外国に居住しないかぎり、義務にはならなかった（第八条）。また、外国人と結婚したフランス人女性の国籍は、フランスで出生した子どもに

外国人との婚姻数

年＼婚姻数	外国人女性／フランス人男性	フランス人女性／外国人男性	フランス人女性数の増減
1914	3,700	4,400	- 700
1915	2,200	2,900	- 700
1916	2,700	4,700	- 2,000
1917	3,200	6,700	- 3,500
1918	3,200	8,600	- 5,400
1919	6,000	17,300	- 11,300
1920	8,736	14,178	- 5,442
1921	6,886	11,672	- 4,986
1922	5,773	10,792	- 5,019
1923	5,395	10,877	- 5,482
1924	5,782	11,163	- 4,187
合 計	53,672	103,282	- 49,610

出　所：DEPOID, Pierre, *Les naturalisations en France (1870-1940)*, ministère des Finances, service national des statistiques, direction de la statistique générale, études démographiques, n° 3, Paris, Imprimerie nationale, 1942.

継承された（第一条第三項）。これとパラレルに、外国人の女性は、夫の国籍を得たいと希望するときは別として、もしくは出身国の国籍法が夫の国籍を取得すると定めていないかぎり、自らの国籍を維持した。しかし、それ以外については、戦時下の不信の空気の影響により、立法府は一九二四年の時点で、帰化をより制限する方向に進んだ[56]。間もなく採択されようとしていた法案では、帰化申請を地方新聞紙上、市町村役場、県庁で公開する制度の創設が盛り込まれていた。必要な場合には、申請者の隣人や知人が意見を述べることができるように、つまりは留保を付すことができるように、というわけである[57]。そして、コンセイユ・デタの事前審査を復活させはしなかったものの、申請に関する意見を述べることを任とする委員会を印璽部内に設けることで、印璽部の権限を縮小させたのであった[58]。

一九二四年五月一一日の総選挙での左派カルテル、すなわち急進党と社会党（ＳＦＩＯ）の連合の勝利は、政府の精神状態に変化をもたらした[59]。新内閣は帰化申請の審査にあたって、より寛容になった。以前は、「動員対象となる年齢で、心身ともに健全」でありながら、「国防に積極的に参加しようとしなかった」者による申請は、却下された。これ以降、子どもがいる申請者、あるいはまだ若く、生殖能力のある年齢の申請者はより好意的に扱われた[60]。帰化が認められた件数は二年間で倍増し、一九二四年には五二二二四人だったものが、二六年には一万一〇九五人に達している。

人口減少の危機を前にして、「人口増加主義者《ポピュラシオニスト》」の議員たちの多くには、この結果はまだ不十分だと感じられた。出産奨励主義者《ナタリスト》が、フランス人の両親からフランスで生まれる子どものみを重視していたのと異なり、人口増加主義者にとっては「どんな人口増加も好まし[61]」かった。国勢調査によれば、一九二一年から一九二六年の間に、フランスにおける外国人人口は六〇％の増加を見た。一五三万二〇〇〇人から二四〇万九〇〇〇人に増加し、全人口のおよそ六％に達したのである。イタリア、ポーランド、チェコスロヴァキアから来た労働者以外にも、フランスはヨーロッパを激変させた政治的諸事件と直接関係がある、各地からの政治難民を多数受け入れた。ボルシェヴィキ革命により追われたロシア人、次いでアルメニア人、さらにはジョージア人と東欧のユダヤ人、そしてイタリアの反ファシストの人々である。

人口上の至上命題から、以後、移民の入国のリズムとフランス国籍取得のテンポが揃っていなければならないとみなされるようになり、行政当局は、それを認めていた。「現在フランスに居住する外国人二〇〇万人のうち、帰化を申請する者がかなり少数だというのは事実である。その人数は、年間一万五〇〇〇人から二万人である」[62]。つまり、より多くの申請者を帰化させるべきだということであり、そのためには二つの障害を乗り越える必要があった。第一の障害は、手続きが煩雑で、申請できる者もしり込みしがちだったことである。一般的には、一〇年間居住したことを証明しなければならなかった。未成年者に関して課されたより厳しい条件、あるいは司法省が書類不備と判断した場合に起こる（それは頻繁に起きた）県庁と司法省の間の書類の往復により、この期間はさらに長くなった。たしかに居住許可が認められている場合、期間は三年に短縮可能だった。だが、その場合には二つの手続きそれぞれにつき、印璽税を納める必要があった。ところが、この税は高額で、抑止的な効果をもった[63]。税額は申請者の収入に応じて減額できたが、申請者にはこの情報が伝えられないことが多かった[64]。その税収の一部は、実際には、フランス印璽検査官会の生き残りの会員三名の給与に充てられていた。一八一四年七月一五日のオルドナンスにより創設され、一八九二年に自然消滅したこの会は、最後の会員の死去まで、帰化証書の発行と印璽税徴収の独占権を保有していて、この古めかしい特権は、手続きに不透明、あるいは神秘的でさえある印象を与えていた[65]。会員は、帰化申請の仲介人を務めることもできた[66]。つまり、申請は県庁に提出するか、印璽会会員を通じて、もしくは直接司法省に提出することができた。司法省は、事務作業軽減のため、一九二六年二月に、申請の第一段階として県庁への書類提出を義務づけた。しかし、二四年以降申請数は増加する一方だったため、この措置による効果はまたしても限定的なものとなった[67]。

また実際に、申請の増加により印璽部の事務が滞ったことが、二つ目の障害となった。その事務処理能力は、一九一四年以来変わっていなかった。このため、申請の処理に要する時間が長くなり、遅れが重なった。一九二四年一月一日以来、帰化は「法律公報」でなく「官報」（*Journal officiel*）[68]に掲載されるようになり、それによって所要期間は四〜五カ月短縮されたが、この節約は申請書類が提出されてから登録されるまでに四〜五カ月と、時間がかかるようになったことで相殺される。帰化をより容易にすることを役割とする民間団体、ル・フォワイエ・フランセ（フランス家庭協会）[69]にも委託がなされ、申請者に対応し、申請書類の作成事務を担当した[70]。同時に、古くからの仕事の仕方も変わらず、セーヌ県では申請者を一人ひとり出頭させ、印璽部の職員が個別に面接を行なった。受理された申請書が一九二〇年の一万三二〇〇件から、二四年には二万一五〇〇件[71]に増加したのに加えて、面接件数も急増し、一方で節約された時間は他方では相殺されてしまった。したがって、業務の改革に手を着けないことには、申請を容易にすることにならない。

一九二七年——大胆な案をめぐるコンセンサス

この改革の任にあたったのはルイ・バルトゥー[72]で、かれはレイモン・ポワンカレを首相とする挙国一致内閣で、一九二六年七月二三日、再び司法大臣に就任する。そして、法案が通るのをただ待つことなく、早々とこの課題に取り組み、一九二六年八月三日、自らの下に、元大臣アンドレ・オノラを委員長とする委員会を設置する。オノラは、バス＝ザルプ県選出元老院議員で、一八九六年に人口減少対策同盟を結成し、一九二四年以来ル・フォワイエ・フランセ協会の公共機関向けスポークスマンを務めていた[73]。この委員会の報告者はローヌ県選出急進党下院議員で、より開かれた帰化政策を熱心に主張していたシャルル・ランベールであった[74]。同委員会の審議は非常に早かった。というのは、設置から二週間後の八月一八日には、報告書を提出したからである[75]。委員会によれば、「戦争以後拡大した移民の動きが、著しく増大させた」帰化の需要に、印璽部の組織は十分に応えていなかった。委員会は、「現在両院で審議中の法案は、この現状に対し早急な修正がもたらされないかぎり、適用不能にとどまるだろう」と付け加えた[76]。ルイ・バルトゥーは、報告書の提案をすべて承認した。数週間のうちにかれは、司法官二一名を含め新たに公務員八〇名を採用し、リュニヴェルシテ通り二四番地に事務所の移転を決めた[77]。組織改革が行なわれ、部長はもはや受付時および審査終了時に申請書すべてをチェックせず、また通信文書すべてを決裁するよう改めた[78]。三カ月足らずのうちに、すなわち一九二六年一〇月から新組織は始動できる状態になっていた。

同時に、元老院では、司法省の直接のイニシアティヴにより、法案を審議する委員会は一九二四年に採択された法律を再び取り上げ、「課題に直接に切り込んだ[79]」。委員会は、「外国人が帰化を申請できるまでの居住期間」を一〇年から三年に短縮した[80]。シャルル・ランベールが一九二五年に提案した[81]この一〇年から三年への短縮は、五年を提案していた行政当局よりもはるかに踏み込んだものだった。これは、帰化へのアプローチ自体の一大転換だった。一〇年間という長い居住期間は、「法的な同化が、事実としての同化を追認した」ものであった。だが、これが三年となることで、「過去の診断」に代わって、将来を「予測」するものになった[82]。まだ社会化が進んでいなくとも、帰化により社会化が促進されることに賭け、フランスに居住する外国人を帰化させるようにしたのだ。依然として帰化は国が承認も拒絶もできたため、心配は無用だった。例外的なケースでは、裁判を通じてフランス国籍の剝奪を可能とする条項が設けられ、積極的な帰化の開放との均衡がはかられていたから、ますます心配の必要はなかった。できるかぎり早く、できるかぎり多くの外国人を吸収することは[83]、フランスにとって死活問題であるだけに、帰化は大規模に進められなくてはならない。だが、今後は「フランス国家は、学習期間《スタージュ》の短縮が原因で、将来においてより危険が増すであろう違法な帰化から守られる」べきでもある。[84] この章句は左派の一部を動揺させたが、バルトゥーが語ったところでは、この人口増加主義的な手法は、ランベールとオノラが委員長を務めた委員会の望んだ年間一〇万人の帰化という目標をかかげる法案が議会で可決されるために必要な条件であった。[85]「ラフォン氏の（国籍剝奪条項の削除を提案する）修正案を採択するなら、この法律は骨抜きになってしまう」とかれは声を上げた。けっきょく修正案は三八五票対三一票で否決され、[86] 法案は一九二七年八月一〇日に圧倒的な賛成多数で可決成立した。最初の法案が議会に上程されてから一四年後に、上下両院で圧倒的多数で可決されたのである。

第三共和制下の他の多くの法律と同様に、この法律も妥協の上に成り立っている。全体として均衡がはかられていたが、それは明らかに帰化促進という方向性の均衡であり、元老院の報告者リスボンヌによれば、「基本線は次のようなもの」である。「わが国に愛着を覚える外国人のうち、なるべく多くを、出生地によって、あるいは血のつながりを通じてフランス人とすること。しかしそれでもフランスへの愛着を強制できない相手には、わが国の国籍取得を強要しないこと。可能なかぎり帰化を容易にすること。しかしながら、拙速な決定にもとづく、慎重を欠いた、もしくは違法な帰化からは国を守ること」[87]。法律は、ランベールとオノラが希望したほど徹底した措置を定めていなかった。オノラは、帰化者の姓のフランス化を許可することで、同化促進をはかりたいと考えていた。ランベールは、第二世代が成年に達した時に自動的にフランス国籍を取得できるとともに、フランス国籍放棄の権利を廃止したいと望んでいた。しかし、全体としてみれば、これは人口増加主義者、すなわち帰化によりフランスの人口を増やそうとする人々の明確な勝利だった。シャルル・ランベールは、この法律を「わが国が苦しむ恐るべき災厄（人口減少を指す）、がんのようにこの国を蝕むにもかかわらず、多くの場合われわれがそれに目を閉じてしまう災厄に対するおそらく初めての有効な治療薬」である、として称賛した[88]。

これは、何人かの人々が結果を出そうと努め、またこの人々が第三共和制の議会において多数派を構成するための規則を使いこなす才覚をもっていたことの結果であった[89]。政治の舞台で中道左派もしくは中道右派に位置した彼らは全員、帰化によるフランスの人口増加は国益にとって喫緊の課題であり、かつ必要な措置だとみなしていた。帰化に関する下院の「最も活動的で、最も雄弁な宣伝家」シャルル・ランベール[90]は、一九二四年の当選以来、フランスが力を回復するための「死活問題」だとの確信をもって、この法案の採択のために倦むことなく闘い続けた[91]。ポワンカレとともに内閣に復帰したルイ・バルトゥーは、司法省の大改革を実施したが、ランベールの証言によれば、かれは「洞察力と活力をもって、帰化の問題の重要性を完璧に認識し、その解決に尽力した」のである[92]。そして、早くから人口増加主義を唱えた元老院議員アンドレ・オノラは、一九一三年以来、ドイツの軍国主義とナショナリズムの危険への対抗手段となる帰化政策を主張していた[93]。かれは一九三二年まで、一九二六年にバルトゥーが設置した帰化委員会の委員長ポストにとどまった。

ところで、右派または極右の数少ない帰化反対論者たちは、表向きの法の裏に目をやっていた。法案が採択される以前、マリー・ド・ルーは「アクシオン・フランセーズ」紙上で、「法律公報に掲載された告示でフランス人が一人増えたとの幻影を見るのは〔……〕紙幣の印刷機を扱いながら富を手にできると考えるのと同じである。国籍インフレを警戒し、紙の上だけのフランス人《フランセ・パピエ》をつくらないようにしなくてはならない[94]」と警告した。法案可決ののち、「ル・フィガロ」紙主筆のフランソワ・コティは、同紙の一面の社説で、まれに見る激しい調子で記した[95]。

「紙の上のフランス人」なのか

健康で、健全で、廉直な三〇〇〇万人のフランス人が、世界の毒虫にとって代わられるべく、屠殺場に追い込まれた。〔……〕われわれとしては、戦争によって空いた穴を埋める必要があること、そして低い出生率を補うために、上質の、しかるべく検査を受け、間違いなく同化可能な人々をフランス国民に迎え入れることが有益だということまでは認めよう。しかし、現在準備されているのは、まったく逆のことである。ヴァルター・ラーテナウ〔ドイツの政治家。ヴァイマル共和国の外相を務め、ソ連とラパッロ条約を締結するが、一九二二年極右テロ組織に暗殺された〕が定義した秘密の三〇〇人政府は、紛れもないインターナショナルなのだが、この組織はフランスにおいてフランス人を別の人種によって置き換えると決定した。インターナショナルは、まず第一に、真のフランス人を破壊し去ると決めた。次に、新フランス人の導入を取り仕切った。そして、国際協調派のデマゴーグは、インターナショナルの指令を実行に移した[96]。〔……〕帰化した敵は、もはや追放されることはない。彼らは、われわれの家で、自宅にいるかのように過ごしている。わが城壁の内側で、われわれと同じ権利を享受している。同じ権利だと！　彼らは政治指導者、知的指導者、社会的指導者と称している。愛国心についてわれわれに説教する。わが国の若者と労働者に祖国なき者の思想を押しつける。やがては、彼らはわれわれを追放し、あるいは虐殺する。それ以外の困難、それ以外の危険に気を取られたフランス国民は、この高度な陰謀の準備作業に気づかない。今では、バルトゥー氏は司法大臣、ポワンカレ氏は首相であり、この一撃が加えられたことがわかる。最後の決着に備えて、このことを銘記しておかなくてはならない[97]。

法律の効果は、すぐに表れた。帰化は倍増し、一九二五－二六年には平均して一万件だったものが、一九二八年と二九年には二万二五〇〇件に達した[98]。それ以降、ペースは鈍ることになる。一九三三年に高い値（二万四七六二件）を示したほかは、それ以降年平均一万七〇〇〇件にとどまった。最も少なかったのは、一九三六年の一万五〇二四件である。しかし、フランスで出生した未成年者の名前による、予定時期を早めての届出は増加した。一九二九年から一九三四年の間に、こうした届出は年間一万件程度だったが、二七年以前の数字は帰化者の未成年の子どもを含んでいるため、比較は困難である[99]。また、外国人との婚姻による国籍取得の数字上の差は、フランス人女性と外国人男性の結婚が、外国人女性とフランス人男性の結婚よりも多かった一九二七年以前にはマイナスが五〇〇〇人以上におよんでいたが、外国人男性と結婚してもフランス人女性は国籍を保持できるようになり、フランス人男性と結婚した外国人女性のフランス国籍取得が容易になってからは、プラスに転じ、その数は増加した。この数字は一九二八年には二五四一人、二九年には二七一〇人、三〇年には二八八一人、三一年には三四〇二人だった。全体として、フランス国籍取得者の数は、そこからフランス国籍放棄の数を引けば、この時期一定していて、毎年およそ六万五〇〇〇人で安定していた。[100]

それでも、一九三〇年代初頭になると、一九二九年の株価の大暴落の影響がフランスでも感じられるようになる。不景気が腰を据え、失業は増加した。一九三一年の国勢調査では、外国人人口が二七一万五〇〇〇人で[101]、フランスの人口に占める割合はこれまでで最高の六・五八％に達したが、この時期には外国人排斥の動きも盛んになる。一九三二年八月一〇日の法律は、労働組合および経営者団体の要請に応じて、政府が工業あるいは商業分野の私企業における外国人労働者の最大限の割合を、クオータ制で定めるデクレを発することができるとしていた。一部の外国人は、自発的に帰国した。それ以外の者には、移民制限の政策によって強制帰国させられるのではないかという危惧を抱かせた。強制帰国を避けるために、パリ地方のイタリア人などの一部の人々は帰化を申請した。[102]ジャニーヌ・ポンティによれば、ポーランド人たちは自分自身ではなく、フランス生まれのわが子がフランス人となれるよう帰化申請を行なった。

こうした時期を選んで、印璽部は一九三二年一一月に、一九二七年法の運用状況調査を実施した。この法律の公布以来、三五万人の外国人が（そのうち約一七万人が帰化もしくは国籍回復により）フランス人の資格を取得していた。司法省は、「これらの新フランス人」が「忠誠心、素行、道徳心、誠実さにおいて、彼らに与えた恩恵にふさわしい行動をとったかどうか」、「実態としてわが国民への彼らの同化は実現されたか、国民集合体への加入が、彼らが生活していく社会経済的環境において順調に受け入れられたか」を知りたいと考えた。そして、各県知事に対し、「国家的、また社会的および経済的な見地からの新法の効果について」調査を行なうよう勧奨した。具体的には、いかなる条件の下で国籍が認められたのか、「その結果として効果のあった点、また場合によっては不都合とみられた点」を確認するよう求めた[103]。

ノール県知事の回答は一見明瞭で、現行の法制に好意的だった。「当県では、フランス人となった外国人について、不利を被っていると指摘された例は認められない」。この回答には実際には曖昧なところがあり、この時期特有のさまざまな疑問を隠しもっていた。というのは、知事はこう付け加えていたからである。「帰化外国人はおおむねベルギー人であり、その多くはつつましい職業を営み、帰化以前からすでにフランス国民に同化していた。彼らに与えられた恩恵は、すでに存在していたものの追認にすぎない。彼らを〝フランス人集合体〟に受け入れたことは、正当な批判の対象にはならなかった」[104]。もしこの二つの要素、すなわち（つつましい）職業に就いていることと出身国（ベルギー）が、新フランス人が同化するための決定的な基準をなしているならば、これらはフランス国籍を取得する際の選考基準となるべきではないだろうか。こうした疑問を行政の報告書のなかで暗にであっても提起できたのは、それがすでに公然と問題提起され始めていて、激しい議論の対象になっていたためなのである。

人口増加主義 対 出自による選別――一九三〇年代の闘い

第一次世界大戦までは、ドイツ嫌いというものが、移民政策や国籍政策におけるレイシャリスト的アプローチ、すなわち出身国、人種、民族、宗教にもとづく外国人の選別という思考を「凍結」させていた。ドイツ帝国が人種と民族の名においてアルザス・ロレーヌを併合したがゆえに、この失われた地方を回復するための闘いで、かえってフランス人という人種の名においてナショナル・アイデンティティを防衛することは困難になった。国籍政策がリベラルすぎるとみられるようになると、「個人別制限主義」と呼ばれる言説がなされるようになった。それは、違反行為を行なう者、あるいは犯罪者に対してより厳しい選別を課すことを求めるものであった。

第一次世界大戦は、敵国出身の帰化者すべてが裏切り者であるとの強迫観念にとらわれた一部の者が反ドイツの戦いを主導するなかで、そうした感情をいくらか広げることとなった。元大臣のピエール・ボーダンは、一九一五年一月一七日の「ル・フィガロ」紙上に「つい最近のわれわれの経験は、わが国領土内で暮らすドイツ人全員をスパイだとみるように教えている」と書く[105]。翌日、これを、レオン・ドーデが「アクシオン・フランセーズ」紙上で支持したのであるが[106]、そこでボーダンは「ある時期以降に帰化したドイツ人全員」から国籍を剝奪し、血統主義をより重視するとともに、帰化を「停止可能な条件」の下でのみ認めるよう提案した[107]。第一次世界大戦での勝利の後、アルザス・ロレーヌの人々のフランス国籍回復は、他の領土併合の場合のように、居住地を基礎としては行なわれなかった。それは、一八七一年に割譲されたアルザス・ロレーヌの住民とそれ以降に生まれた子たちばかりか、「移住者、この地方に征服者としてやって来て、最大の侮辱と道徳的拷問を行なったドイツ人までも」フランス国民に統合することになるからだった[108]。しかし、再び平和が訪れると、こうした考え方は、国の再建と人口問題が重要課題となっていたフランスでは広い支持を得るにはいたらない。

一九二七年法の審議過程で、すでにレオン・バレティが暗に出身国別の帰化者の選別を行なうよう主張していた。「当然ながら、誰かを優遇するということではない」としながら、アルプ＝マリティム県選出下院議員のバレティ[109]は、「同化が最も容易な人々、すなわちイタリア人だけでなくベルギー人、スペイン人、フランス系スイス人等が、早急に帰化できるようにすべき」であり、「大多数が近東もしくは東洋の出身者である、フランス人になって間もない者が犯す重罪もしくは軽罪」のため、国籍剝奪の特別な手続きを制定するよう求めた。バレティは、近東および東洋出身者がパリに居住しているという理由で、あまりに容易に帰化が認められていること（セーヌ県在住の帰化申請者は、前述の通り、印璽部で個別に面接を受けていた）、また彼らの帰化申請書の作成に協力する団体が存在することを非難した[110]。

一九三〇年代の状況を背景に、移民および国籍に関する政策を変更し、出自にもとづく選別を制度化すべしとの考え方は新たな次元へと移行する。第一に、長引く不況と失業があり、農業と手工業分野では移民の受け入れが続き、また難民も継続して増加した。また、新たな「専門家」も現れた。この人々は、同化に関する「科学」と称するものの名の下に、その新たなアプローチを正当化しようとこころみた。

なるほど、かねて同化に関心を示す移民の「専門家たち」は存在していた。彼らは、どちらかといえば法律家や経済学者だった。たとえば、法律家で、アンドレ・オノラに主に影響を与えたジョルジュ・グリュフィー[111]は、こう述べている。「フランス人という人種は存在しない。フランスは本質的に移民の国、アルゼンチンが若い移民の国であるように、古くからの移民の国なのだ。この見方から発想をしない立法者は、実現性のある国籍法をつくることができない。〔……〕帰化を減らすべきでも、生地主義の優位を切り下げるべきでもない〔……〕帰化者の真の融合が必要なのである。いかにすべきか。それは、教育によってである」。しかし、グリュフィーがこれを書いたのは一九二〇年のことである。一九三〇年代には、新しい「科学」が登場し、移民を出自別に序列化し、「同化可能」な者とそうでないとされる者を選別することに、より将来性があるとみなされた。この「科学」は、優生学、人種研究、生物学、人類学、社会学、犯罪学、心理学、さらには精神分析学をもつなぎ合わせてこしらえたものだった。この「科学」は、民族ごとの「同化可能性」に関する社会学的調査を行なった後に、アメリカで新たに成立した法律〔一九二四年の米国移民法。一八九〇年の国勢調査時の外国生まれの住民数を基準にして、出身国別の割当を実施〕が出身国ごとのクオータを採用し、移民の人数を大幅に制限したことに影響を受け、またそれによって正当化された[112]。フランスで拡大しつつあった外国人あるいは帰化者の選別の方法についての対立と同じ対立が、数年前にアメリカでも起きていたのだ。それは、二つのアプローチ、すなわち外国人の個人的特性（身体的、心理的、精神的）にもとづく、個人ごとの審査を推奨する従来型アプローチと、国別、人種別、民族別などの帰属にもとづく選別を推奨するレイシャリスト的アプローチの対立である[113]。

理論的には、個人ごとの選別を支持しながら数的制限主義者であること、すなわち個人的特性にもとづく移民および帰化に関する選別を通じてその数を制限しようとすることは可能である。同様に、レイシャリスト的、すなわち出身国別あるいは出身民族別による移民の選別に賛同しつつ、入国を制限しようとする制限主義的立場や、「同化不能」とされる出自ゆえに特定の個人を排除しようとするレイシスト的立場をとることも、考えられる。一つの国における民族多様性を確保するために、出自を考慮するのはありうることで、現代のアメリカの法制はそうしたものである。そして行動に移るとき、すなわち理論や思想を法律文として書こうとすると、法案には多くの場合異なる複数のアプローチが盛り込まれることになる。一例を挙げると、ランベールのような人口増加主義者は、新規移民のレイシャリスト的な選別を主張したが、かれは帰化者のリベラルな統合、すなわち個人的特性にもとづく統合の支持者だった。なぜなら、フランス入国を認められた移民はいずれフランス人となる運命にあると考えていたからである[114]。

しかし実際には、一九三〇年代を通じて、個人的特性にもとづく選別をよしとする論者のほとんどは、リベラルな人口増加主義者だった。そして、レイシャリスト的な研究者は、同時にレイシストでもあった。アメリカでと同様、提案への承認を得るために、彼らはしばしば真意を隠して事を進めた。アメリカでは、一八九四年以降、彼らは移民の選別をするために識字試験を行なうことを提案し、これは、けっきょく一九一七年に採用された。これについて、ロバート・A・ディヴァインはいみじくもこう指摘している。「外向けの慣行としては、すでに課されていた身体的、心理的、精神的資格検査に教育上の選別を加えたこの試験は、個人別選別の伝統に適合していた」。しかし、「新たな原則である出自グループ別の選別が、直接的に新規移民を標的とした差別であることは明らかだった。個人別評価に代わる国別、人種別の帰属による評価は、間もなく（アメリカの）移民立法の基本原則となる」[115]。フランスでは、「移民」と「難民」の区別、および職業、つまり土《つち》に関わる仕事と都市の仕事の区別が、同じ役割を果たすことになる。

こうしたレイシスト的専門家のなかでまず頭角を現したのが、ルネ・マルシアル博士[116]である。一八七三年に生まれ、一九〇〇年に医学博士になったかれは、公衆衛生の問題の専門家となった。医師として活動するなかで、かれは早い時期から移民に関心を示した[117]。パリ大学医学部の衛生研究所で「移民講座」を担当したかれは、一九三二年に『移民および人種間移植』を、三四年には『フランス人種』を出版した[118]。当時、移民の分野における権威となったのである[119]。初期に発表した文章では、かれは外国人に対して寛容で、「何の配慮もせずに彼らを路頭に迷わせた」のは特に雇用主であり、これは非難に値する、としていたが[120]、その一方で移民の選別を推奨していた。

かれにはアメリカ方式は二つの次元で見習うべき模範であるように思われた。それは、港（主として、ニューヨーク港入口のエリス島）において「同化不能」とされる出身ゆえに特定の個人を排除しようとする移民の個人別検査と、特に、主としてクオータ制により実施されていた「白人種」内における民族選別、ないし出身国による選別である。そこで、マルシアルは五カ所の「内陸港」（ママ）を設け、フランス国境における移民の検査を行なうよう提案した。しかし、アメリカのクオータ制と同じ計算方式を採用することはできなかった。世界中からの移民の年間一五万人のクオータは、遡って一八九〇年の国勢調査から計算され、米国民に対する各人種もしくは国籍の割合に応じて配分されていた[121]。移民または移民の子孫により構成された国では理論上可能だったこの計算方法は、フランスのような国では適用不可能だったのである。

そのため、マルシアルはフランスへの移民を出自によって選別するための異なった方式を探り、一九二八年にはその方式を見出したと考えた。人間の集団の「科学的」研究により、フランス人種が、すべての「人種」と同様に、「潜在的もしくは明白な心理的性格（特に言語）と、人類生物学的特徴が時間（歴史）のなかで形成してきた、他とは異なる一体性をもつ住民の総体」であると主張した。[122] この観点からは、血統上の親近性が非常に重要となる。とすると、無制限な移民の受け入れとその結果としての帰化は、無秩序な混血を招き、その結果血統上の親近性を失わせる危険を伴う。「血統にもとづくグループ化は心理の根幹をなし」ており、「この現象は意識下の、本能的な」ものだからである。[123] 移民は、樹木栽培から借用した語によれば、接ぎ木《グレフ》のようなものである。国民にとっての移民は、個人に対する輸血のようなもので、適合しない献血者と受血者が存在するように――A型の受血者にO型の血液は輸血できない――、受け入れ側グループと移民側グループの間に「生化学」的な適合性がなければ、移民としての正しい接ぎ木とはならない。このようにマルシアルは、移民の人種的選別を支持した。選別は、かれが一九三三年二月と三月から研究を進めた指数および生化学的親近性[124]にもとづいて、行なわれるべきであった。国民ごとに「生化学的指数」が、その国民に占める各血液型の割合に応じて、次の式の計算により割り当てられた。

$$\frac{A+AB}{B+AB}$$

Bは、ヨーロッパの北西から南東に向かうにつれて高くなり、国民ごとの係数は、同じ方向に向かって低下した。イングランド人四・五、ベルギー人四・四、アルザス人四・〇一、スウェーデン人三・七、フランス人三・二、ドイツ人三・一、オランダ人三・〇八、スコットランド人二・七、イタリア人二・六、デンマーク人二・五、チェコ人二・四、ギリシャ人二・二五、アルメニア人二・〇一、ユダヤ人一・六、アラブ人一・六、ロシア人一・四、ポーランド人一・二、黒人（アメリカ）〇・九である。[125]高すぎる指数は、なぜイングランド人がフランスに移民しないのかの説明となる。[126]接ぎ木は、生化学的指標が接近した人種間で行なわれなければ、よい結果を生まない。「人種的素因」の選択は、「ごく限られた国民の間で」行なわれなければならない。「移民するグループは、一定の方法に従って、そしてまず血液型にもとづき選別される。O型とA型は迎え入れ、B型は排除し、AB型は心理検査と健康診断の結果が良好だった場合のみ受け入れる」ものとされる。[127]

マルシアルは多作であり、多くの講演をこなし、知名度は高く、その言葉はしばしば引用された。だが、その考え方を具体的な政策に置き換える段階になると、まともには受け止められなかった。それを示すのが、パリ大学法学部教授で、移民問題の専門家として尊敬されていた「老専門家」、ウィリアム・ウアリドの批判である。[128]かれは、「輸血に関して正しいことが、婚姻もしくは性交渉の結果もたらされた人種間の混合においても真実である」とする見方に異議を唱えた。その証拠に、

ベルギー人の生物学的指数とフランス人のそれほど遠く離れているものはない。したがって、生物学的指数が完全な不適合性を表す指数だとするなら、両国民を近づけるものはなんら存在しないことになる。ところが、フランス領内に住むすべての民族グループのなかで、ベルギー人ほどフランス人に近いものはない。〔……〕次に、方法論と学術上の問題による異議に加えて、身体的選別の観点から個人を動物になぞらえることへのフランス国民の嫌悪感を挙げなくてはならない。心理的もしくは道徳的に好ましくないとされる分子の不妊手術あるいは去勢というような、

優生学上の理由から近隣諸国で始められ、実施されているある種の身体的選別方法の適用に、フランスでは抗議の声が上がっていることを思い起こせばよい。〔……〕人間の尊厳の名において、神の掟の前でのすべての人間の平等の名において、カトリック信者は婚前診断書に反対の声を上げる。〔……〕同時に、人間の平等、法の前における万人の平等の名において、人類の普遍的な法の名において、実際に得られる成果が、求めているものとなるとは限らない、この選別法について、人は反対の声を上げることになろう。

だが、こうした留保は、やがて移民問題の専門家中の第一人者とみられるようになるジョルジュ・モコに影響を与えはしなかった[129]。かれは一九三二年二月一三日、博士論文「フランスにおける外国人――経済活動におけるその役割」の口頭試問を受けた[130]。地理学者のかれは、近年におけるフランスへの移民の流れの変化を、地域別、職業別、国籍別に綿密に描き出した。人口学者でもあろうとし、移民現象をフランスの人口的変化に組み入れ、「移民問題」の評価を行ない、最後に移民の出自別による「同化可能性」の度合いを評定した。これを想定し、正当化するため、一九二六年に工員一万七二二九人（うち外国人ないし北アフリカ出身者五〇七四人）を雇用する大手自動車メーカーの課長を対象に実施された「ミニ世論調査」を、一九五〇年代にいたるまで、繰り返し何度も利用している。国籍別の適性の序列が、次のようにつくられた。「一〇点満点で、フランス人の非常に優れた工員に満点が与えられるとする」。採点の対象となったのは、身体的な特徴、仕事における安定感、生産性、規律、またフランス語の理解力である。全体の平均では、アラブ人は最低のレベル（二・九）にあり、次いでギリシャ人（五・二）、アルメニア人（六・三）、ポーランド人（六・四）、スペイン人（六・五）、そしてイタリア人（七・三）、スイス人（八・五）となり、ベルギー人（九）がトップを占めた。[131]

それでも、一九三二年にはモコは慎重だった。同化可能性を用いるそのアプローチは、アメリカの政策や研究の影響でこの時代に流布しており、その汎用性が、同じ説を唱える人々の間にある深い不一致を覆い隠していた。[132]かれは、この年に博士論文を基にして出版した著書の結論において、「平和的侵略の危機」を振りかざした。そうすることで、フランソワ・コティやシャルル・モーラスおよび「アクシオン・フランセーズ」紙との親近性をのぞかせたのである。かれはこう書いている。「新参者たちはある日、自分たちがこの国の生産活動において中心的な役割を果たしていることに気づき、それに相応した態度をとるようになる」。その他の点では、モコは楽観的に、外国人の同化におけるプラスの要因が、有害な要因を上回っているとみていた。あるいは、一九二七年の法律によってつくられたリベラルな帰化制度を、完全に否定すべきでないとも考えていた。相対立する政治勢力のいずれもから、かれは賞賛の評をもって迎えられた。

この評価によりかれは公的な職に就くこととなる。一九三五年、アンリ・ド・ジュヴネルは、自らが設立したばかりの外国人問題研究委員会の事務局長就任を要請した。[133]一九三七年には、外交政策研究センターがかれに報告書作成を求めた。この報告書は、国際連盟の国際高等研究所の常設会議でフランス代表の報告として発表された。[134]次いで、ごく短期間カミーユ・ショータン首相付き移民・外国人担当閣外相であったフィリップ・セールの補佐官を、一九三八年一月一八日から三月一〇日まで務めている。[135]

難民をストップせよ！

一九三〇年代から第二次世界大戦にかけて、実際のところ移民政策は混乱し、経済・政治状況の変化に左右された。一九三二年法の対象とならなかった農業分野では、移民の受け入れが続いた。工業分野では、行政当局は外国人労働者の割当に関する規則を、消極的に運用した。一九三四年一一月になってようやく、フランダン政府はデクレ公布のリズムを加速させた。同じ年には、新規の移民への労働許可証を発行しないことが決定されたが、これは、賃金労働者の合法的受け入れの停止と同義であった。一九三五年二月六日のデクレは、失業が多い分野で仕事に就いている、フランス滞在が一〇年未満の外国人の外国人証の更新拒否を認める。運用面では、解雇された外国人の強制送還がしばしば行なわれた。この同じ年に、二万五〇〇〇件の送還が、「誰の関心も引かぬまま」実施された[136]。ジャニーヌ・ポンティが指摘しているように[137]、子どもたちのフランス国籍は、いかなる保護の対象ともならなかった。「失業者の家族をポーランドに返すための列車には、フランス人になっている子どもたちも乗り込んでいた」。

人民戦線の下では法律は変わらなかったが、運用は柔軟化された。外国人の滞在権と就業権の運用は、自由化されつつあるようにみえた。一九三八年五月には、企業からの要求に応じ、一九三二年に制度化されたクオータ制が緩和された。特定分野に関する条例だけで、もしくは企業に関しては労働監督官の合意を得るだけで、特例措置が認められた。当局は一九三八年、長期滞在の移民を安定化させるため、身分証明書を発行すると表明した。身分証明書の有効期間は、当人のフランス滞在歴が長いほど長くなるものであった。しかし、この改革は実施されず、一方、この案と均衡をとるための政策のほうは実施され、フランスに居住する外国人への政治的および警察的な統制はますます厳しくなる。住居もしくは居住地の変更ごとに、外国人は当局に届け出なければならなかった。内務省は強制的に外国人の居住地を決定することができたばかりか、理由もなしに、ただ当局の意思により追放処分とすることができた（一九三八年五月二日のデクレ）。たとえば身分を証明するのに必要な書類が出身国によって取り上げられた場合、当局の取り締まりは、非正規滞在者と長年にわたり定住している外国人とを区別しなかった。無秩序と混乱、法とその運用の間の矛盾を超えて、当局の決定はある一定の規則上の優先順位を守っていた。それは、出自にかかわらず正規滞在者と非正規滞在者を区別し、難民を保護するため、難民と移民を区別すること、であった。

というのも、一九三〇年代末には、フランスには依然として難民が入国していたからである。一九三四年に決定された移民の受け入れ停止は、難民には適用されなかった。一九三八年五月二日のデクレ・ロワ〔目的・期間を限定した議会の委任により、政府の定める政令〕は、初めて難民に特別な保護を認めた。早くも一九三三年には、ドイツ次いでオーストリアからの難民二万五〇〇〇人ないし三万人がフランスに逃がれており、戦争直前には合計で、ドイツからの難民は一〇万人（そのうち約六万人はフランス国内に残った）、オーストリアからの難民は一万人（その大半がフランスに残った）に上るとみられた[138]。この受け入れと保護という原則の維持は多くの場合不人気で、難民は外国の政治紛争を国内に持ち込んだ責任を負っているとみなされた。一九三二年の大統領暗殺〔大統領ポール・ドゥメールが一ロシア人に暗殺される〕、一九三四年のマルセイユにおけるユーゴスラヴィア国王の傍らにいたバルトゥーの暗殺〔ルイ・バルトゥーはフランス外相。一クロアチア人によるユーゴスラヴィア国王暗殺に巻き込まれる〕などがそれにあたる。しかし、難民の受け入れは、個々の諸協定により保護がますます強化されてきて、エドゥアール・エリオにとってこれは「共和主義思想の基本的な要素の一つ」を構成していた[139]。マルシアルは、こう指摘している。

一九三三年からは、ドイツから追放されたドイツ系ユダヤ人の入国が新たに始まった。コントロールがきかない入国である。フランスの行政組織は、文民にせよ警察にせよ、中央官庁にせよ県庁にせよ、入国者数を明示することができず、最初は三〇〇〇人と言っていたのが、やがて六〇〇〇人、次いで二万五〇〇〇人となった。この三番目の数字が、ほぼ間違いなく実態に最も近かったが、それでも正確ではなかった。幸いなことに、ドイツ側は国民社会主義党〔ナチ党〕の新聞係を通じて、情報を提供してくれている[140]。

一九三三年以降の難民の大きな部分をドイツ系、次いでオーストリア系、さらにはポーランド系のユダヤ人が占めたという事実[141]が、マルシアルとモコに政治的な、そしてさらには理論的な課題を提供した。マルシアルは、移民としても、また帰化者としてもユダヤ人を望まなかった。ところが、当時の新しい研究[142]が一九三二年に示したところによれば、かれが「科学的選別」の根拠としていた生化学的指数は、ユダヤ人の場合、彼らが属していた国のそれに近かった。ドイツ系ユダヤ人の指数はドイツ人のそれに近く、ポーランド系ユダヤ人のそれはポーランド人の指数に近かった。そこで、マルシアルは、血液型によってまとめてユダヤ人を非とすることができないため、ユダヤ人が望まれざる分子であることを根拠づけるべく、ユダヤ人が混血の心理によって「不安定であるとともに心配性」であり、「つねに要求が多い人々[143]」だとした。モコは、一九三二年の博士論文審査に際して、外国人を「同化可能性」に応じて序列づける場合、同じ国籍の内部で難民とそれ以外の移民を区別する必要を認めていなかった。当時すでにフランスではイタリア人、ロシア人、あるいはアルメニア人など政治難民が多くなっていたのではあるが。

ヒトラーによって追われたユダヤ人の入国が、モコに「科学的転換」をうながした。それは、奨励すべき望ましい移民（労働者）と、拒否すべき強制された移民（難民）との区別である。かれはこの新たなカテゴリー化によって、同一国の出身者のなかで、たとえばポーランドを出身国とした場合、ユダヤ人と非ユダヤ人を区別できるようにした。一九三九年に、スペインからの難民とユダヤ人難民について調査する人口問題高等委員会で発言したモコは、もう一つの区別を付け加えた。スペイン人だけでなく、ユダヤ人も農業分野で受け入れようというクロード・ブルデの立場――かれはユダヤ人のパレスチナへの適応を例に挙げた[144]――に反対し、さらにはユダヤ人の手工業および工業における技術を活用して国民経済に寄与させようとする内務省国家公安局に反対し、難民の職業に応じた差別化をはかった[145]。すなわち、

フランスは、多くの優れたカードル〔管理職だけでなく、エンジニア、弁護士、教授なども含むフランス独特の職業地位呼称。高学歴を前提とし、その職が決定力、責任、創造性などを伴うもの〕の国となりました。だから、外国人の移民はフランスにとって必要なのですが、それは工業労働と農業分野における移民であり、補完的な性格の移民でなくてはなりません。ところが、移民は都市へ、「カー

ドル」の職種へと向かっています。自由業、商業あるいは手工業は、現在の需要に対応するものではありません。〔……〕この種の移民は、ロシアとアルメニアからの難民に始まりました。そして戦後の一九二〇年頃から、ポーランド、ルーマニア、ハンガリーからの少数派ユダヤ人によって膨張し、それ以降間断なく続いています。近年では、ドイツ、オーストリア、チェコスロヴァキアからの難民が流入するようになりましたが、彼らはほとんど全員が労働者ではなく、都市部に集中しています。〔……〕この種の移民と、勇敢で信念をもって新しい土地へと向かう若い移住者とは、比較すべくもないのです[146]。

モコにとっては、スペイン難民は歓迎だったが、ユダヤ人は招かれざる客だった。

こうした継続的な難民の流入は、国籍に関する法令にも影響を及ぼす。一九三三年四月の法律は、医師を職業にできる者をフランス人、もしくはフランスの保護下にある国の出身で、フランスで医学博士の学位を取得した者に限定した。こうした外国人医師の数は限られていた。全国で二万五〇〇〇人を数えた医師のうち、パリ地方に集中していて、七五〇〇人にすぎなかった[147]。一部の外国人医師はフランス国籍を取得しようとしたが、実際に国籍を得た者は少数だった。医師、歯科医師、医学部または歯学部の学生が帰化申請した場合、保健省および地元の医師会あるいは歯科医師会の意見が求められた。それには、レミ・エストゥルネが指摘する不都合が伴っていた。「地元医師会は、もっぱら短期的利害にもとづく偏った意見を述べていた。新たな競争相手の登場を阻止するためである。〔……〕一部の医師会は、法的根拠がないにもかかわらず権利があるかのように装い、候補者を出頭させ、特に司法上の前歴と家族について、詳細な質問を行なった[148]」。商店や工場の経営者に関しては、商業会議所の意見が求められたが、帰化申請の却下は、エストゥルネが指摘するように申請者当人の職業上の活動には影響がなく、以前通りに活動を続けることができた。

弁護士たちは、これと異なる方法で自己の利益を擁護した。ドイツ人法律家の難民としての流入を危惧し、一九三四年六月、フランスに帰化したばかりの者が、国によって制度化された公的性格をもつ職業に就くことと弁護士会への登録を一〇年間禁止する法律を採択させている。

一九三八年末、世論の一部を満足させるために、「違法行為禁止」制度に関する法案が採択された。一九三八年一一月一二日のデクレ・ロワは、婚姻に関する条件を厳格化した。有効期間が一年以上の滞在資格をもたない外国人男性は、結婚できなくなり、フランス人男性と結婚する外国人女性は、挙式以前にフランス人になる意思を表明しなければならなくなった。この届出は、六カ月の猶予期間が経過して初めて有効となった。猶予期間中に、当事者のフランス国籍取得を差し止めるデクレを出すことができたからである。くわえて、これ以降、「外国人が、帰化するために意図的に虚偽申告を行ない、虚偽もしくは誤った事実を含む文書を提出し、また違法な手段に訴えていた場合」には、国籍剥奪の手続きに入ることが可能となった[149]。

それでも、帰化を！

一九三九年までの間、印璽部は一九二七年以前と比べて、二倍から三倍の人数の帰化を認めてきた。ただ、帰化の絶対数が増加していたからといって、申請の過半数が却下されたという事実を無視すべきではない。第一に、各県庁は厳しく選別を行ない、司法省の審査には申請の一部しか送付しなかった。[150]パリでは四〇％以下であった。次に、印璽部は独自の基準にもとづき、ケースバイケースで、比較的厳しい審査を行なった。一九三八年に各県庁から司法省に送付された書類の四四％は却下か、保留という判定を下された。[151]この年には、成人二万三五〇〇人が帰化し、外国人一〇万人以上が各種の手続きによりフランス国籍を取得したが、それはまず帰化申請数そのものが増大したことによる。[152]印璽部は、再び重大な人員不足におちいり、一九三七年の末に強化されて、一九三八年にはそれまでの遅れの一部を取り戻すにいたっていた。[153]その後、戦争が近づき、移民政策が厳格化されるという「不安と恐慌」のなかで[154]強制送還を恐れた多くの外国人が、フランス生まれの未成年の子どものために国籍取得の届出を行なった。その数は一年で三倍に増加し、一九三七年には一万三六六三件だったものが、一九三八年には三万六四八五件となった。

この時期を通じて、国籍政策全般は、その原則において大きくは変化しなかった。一九三九年初め、印璽部長は部内に向けた全般的指示において、以下の事項を再確認している。

(1)フランスにおける外国人の存在は第一に移民政策の問題であり、政策見直しが必要となる可能性はあるが、これは他の省の権限に属する。しかし、外国人がフランスに居住するようになれば、「フランス人の集合体に同化させる必要がある」。なぜなら、「フランスに少数民族が生まれるのを回避すべきであり、「フランス経済に寄与する人々が、法的に統合される」ことは理に適うと思われるからである。

(2)外国人を同化させるための措置で最も重要なのは、「フランスにおける出生と婚姻である。［……］外国人を自動的に統合するこうした方式には、彼らを個別に若いうちから捕捉できるという利点があり、いわば外国人のわが集合体への段階的統合の自然な方式である。〔……〕帰化は、〝偶然による統合方式〟でしかない」。

帰化に関しては、一件ごとに個別に検討された。帰化は、申請者がそれにふさわしくなければならなかった。すなわち、健康状態が良好で、品行方正で、うまく同化していなければならなかった。帰化は、フランスの利益にも適うものである必要があった。その寄与は、職業によるものでも、家族によるものでもよかった。そして、兵役はフランス市民にとって重要な責務であり、帰化が外国人にとって兵役を逃れる手段となるべきでなく、この点でフランス人に比して特権をもってはならなかった。それゆえ優先順位が高かったのは、兵役に就くことのできる若者と未成年の子どもの親であった[155]。職業という基準が考慮されることはまれだった。兵役を忌避しようとした者は申請を却下されたが、農村部で働いていれば却下を免れる可能性があった。反対に、商人あるいは金融分野に携わる者は、納税に関して芳しくない情報があった場合には、帰化の決定が延期されることがあった。それに対し、出身国、民族、人種もしくは宗教の基準は考慮の対象とはならなかった。

戦争が間近となり、一九三九年から大量の帰化が認められる。外国人はフランス軍への入隊を勧奨され、難民についていえば、スペイン共和派の流入〔フランコ軍の勝利により一九三九年一月に内戦が終結、多数の共和派兵士・市民がフランスに逃れた〕の後、部分的には彼らを対象として公布された一九三九年四月一二日のデクレ・ロワが「難民資格を認定された外国人は、徴兵および戦時体制の組織に関する法律がフランス人に課す義務を負う」と定めた。一方、ムッソリーニとの間では、厄介な事態になるのを避けるために[156]、外人部隊へのイタリア人の入隊を遅らせる一方、目立たないように彼らを帰化させ、フランス人としての軍への入隊を容易にした。一九三九年四月一三日の秘密通達で、司法省は各県知事に対し、帰化が適当と認められるイタリア人に関する一件書類を早急に、「一九三九年四月一三日付通達」と特記した上で同省まで上げるよう指示した[157]。戦争が始まると、議会は帰化の促進をはかり[158]、五年以上フランスに滞在し、入隊を希望するベルギー人、スイス人、イタリア人およびスペイン人の帰化手続きが簡略化された。この場合、調査は迅速化され、県庁による理由を付した意見書は不要となり、印璽税に代わって制定された法務局税は廃止された[159]。その結果、一九三九年は記録破りの年となった。四万四四九八人の男女が帰化し、その子どもたちを加えると、九万九〇八一人の外国人が帰化によりフランス人となっている。さまざまな手続き全体を合わせると、一三万人がフランス人になった。一九四〇年前半、敗戦にいたるまでの間には、それぞれ二万九一四〇人と、五万五八九五人が帰化を認められた。イタリア人はフランスで暮らす外国人全体の三一％でしかなかったにもかかわらず、これらの帰化者の過半数（六〇％）を占めた。

一九三九年二月に人口問題高等委員会で証言したモコは[160]、一九三八年に帰化した者のうちに、ドイツ人一八九九人が含まれ、その大半がユダヤ系の難民だったことに敏感に反応したようである。それは、帰化者二万三五四四人の八％に相当し、一九二七年以来最大の割合を示した。いずれにせよ、かれはこの二〇年間の国籍政策を厳しく非難している。「戦争以来、ある紛れもない産業が発展した。金銭、コネクション、政治、ずる賢い手法がそれで、これらがある種の帰化の決定要因となった」。かれによれば、「印璽部は、かなり以前からフランスに定住している労働者および農民の家族の帰化を拒否している。〔……〕彼らは、非常にうまく同化している。いわば無垢な、洗練されていない人々で、より教育しやすいからである。彼らはわが国民と接触することで、より深くフランス化し、国民集合体に直接与える影響は限られている。これとは逆に、都市の人々と都市的な仕事は国の神経中枢に直接作用する。一部の者は大きな影響力をもつ可能性がある。たとえば医師、教員、映画監督、そして外国人商人で事業の仲介をする者も、しかりである。しかも、国民集合体固有の性質が浸透しないままに、である。一見そう見えないとしても、そもそも、すでに知識と経験がある人々の場合フランス化はよりむずかしく、以前に受けた教育がフランス化が深い部分にまで浸透するのに抵抗するのだ」。そして、こう結論づけた。「ここ二〇年来認められた帰化について、その見直しを行なってみれば、意外な結果が得られるであろう」[161]。

長い間、これら移民の「専門家たち」の提案は、将来のために、出自にもとづく選別の新たなルール設定のみを目標としてきた。「二〇年来」、すなわち第一次世界大戦終結以来の帰化の見直しは、一九三三年にヒトラーがドイツで決定した措置である。この発想を、モコよりも前に、ルイ・ダルキエ・ド・ペルポワ〔一八九七―一九八〇年。ジャーナリスト、政治家で、ヴィシー体制化では対独協力者として活動し、ユダヤ人問題総合委員会委員長。解放後はスペインに逃れた〕がパリ市議会で取り上げている[162]。一九三六年のことである。一九四〇年の敗戦の後、ほどなくしてジョルジュ・モコとルイ・ダルキエ・ド・ペルポワの「示唆」が採用されることとなる。

II

フランス国籍のエスニック危機

Les crises ethniques de la nationalité française

4　ヴィシー
——国籍政策におけるレイシズム

今日まで知られているヴィシー体制の国籍政策、それは次の三つの数字によって要約される。一万五一五四件の帰化の取り消し、四四六件のフランス国籍の剝奪、一一万人のアルジェリア・ユダヤ人の市民から臣民への降格。[1]

一九四〇年五月二〇日から同年六月三〇日の間に政府の許可なくフランスから出国したすべての者から国籍を剝奪することを可能にした一九四〇年七月二三日の「法」は、脇に置かねばならない。

ナチの一九三三年七月一四日法[2]の第二の側面にならい、右の国籍剝奪は何よりも、ヴィシー体制が「叛徒」と呼んだ「自由フランス」に拠った抵抗者たちを罰し、貶《おとし》めることを狙ったもので、そこにはドゴール将軍、カトルー将軍、ルネ・カッサン、アレクシス・レジェ、ルクレルク・ドートクロック将軍、マンデス＝フランスなどが含まれた[3]。被剝奪者の財産は没収され、供託に付され、次いで競売にかけられ、その果実は国民救済金庫に収められた。[4] 前記の一九四〇年七月二三日法は、四一年二月二三日に修正され、「フランス本土外にあって、その行為、言説、文書によって、国民共同体の成員の負うべき義務に背いた」[5] 全フランス人に対して適用される。その決定のほとんどは、陸軍省内の三人の軍人と、長を務めるデュフィユー将軍からなる一委員会によって執り行なわれる。

一九三三年のナチの法も、その第一の側面として、ドイツ帝国崩壊の象徴的日付である一九一八年一一月九日〔皇帝ヴィルヘルム二世が退位、共和国の宣言が行なわれる〕から、ヒトラーの政権掌握までのヴァイマル共和国の全期間に行なわれたすべての帰化について、もし「好ましくない帰化とみなされれば」取り消すことができる、とした。[6] これをモデルとする、帰化再審査に関する一九四〇年七月二三日の「法」は、共和国の立法中でも最も開放的でリベラルなものの一つである一九二七年法を、象徴的な限界に据えた。すなわち、このヴィシー法は、一九二七年八月一〇日以降にフランス国籍を取得したすべての人物から、単に適当な都合のよい理由でそれを取り上げることを可能にする。ただし、同法ははるかに大きな計画の表に現れた一部にすぎず、新体制がただちに優先的に定めたフランス国籍の全面的改変〔の方針〕がそれである。ただしその内容は、今日にいたってもよくわかっていない。

ヴィシー政府が予定した措置は、三つの側面からなる。まず、過去の誤りを「正す」ため、かつて認められた帰化を取り消すこと、次いで、今後の帰化に制限を加えること、そして特に、新しいフランス国籍法典を打ち立てるため一九四〇年七月を期して新たな立法の作業に取りかかること、である。だが、これらを進めていくとき、二つのアプローチ間に軋轢が生じた。フランス国籍へのアクセスを制限したいといっても、「制限主義者」と「レイシスト」では、論理が異なっており、一九四四年まで両者の衝突は絶えなかった。
「制限主義者」は、国籍へのアクセスないし領土への入域に対して最大限厳しい証明を求め、フランス人に成る者をよりよくコントロールしようとする。彼らは、犯罪者や非行者の国籍からの排除の唱道者であり、ユダヤ人にはしばしば警戒の目を向けるが、ただし民族的出自は、個人の同化可能性をみるための他の諸基準とならぶ一基準にすぎず、各ケースは個別のものであるとする。それに対し、「レイシスト」は、人種的・民族的ないし宗教的出自にもとづく選別の信奉者であって、それこそがフランス国籍へのアクセスに判断を下すもっぱらの基準だと考える。[7] この二つのグループはすでに一九三〇年代末に存在し、ただし国籍や移民に関し開かれた政策を支持していた「リベラル」と対立していた。そのリベラルたちは敗戦とヴィシー体制によって埒外に置かれ、移民受け入れは停止、ユダヤ人の地位は凍結され、新しい国籍政策がこれから両者の真の闘争場裡になっていく。ヴィシー体制の下では一方に反ユダヤ主義的な、たとえばユダヤ人の地位に関する諸法があり、他方に外国人排斥的な、たとえば帰化の取り消しをさせる諸法がある、ということではない。反ユダヤ主義という目論見と外国人排斥というそれは、平行線をたどるのではなく、法の案文づくりの過程やその適用を考えるとき、しばしば張り合ったり、重なり合ったりする。

「レイシストたち」には国民の「刷新」という一般的な目論見があるので、明らかに狙い定めるユダヤ人の地位と、表面上よりニュートラルな新しい国籍政策は、同じ綾糸をなしている。一九四二年、外務省次官であるシャルル・ロシャが、司法大臣宛ての書簡で次のような判断を示したとき、国籍の改変について議論が起こった。

休戦以来、わが政府は一つの人種政策をもつようになりました。それは、あまりに容易に認められてしまった帰化につき、貴台の司法省に属する一委員会が再審査を進めている一方で、最近の一立法できわめて広範囲にユダヤ人をフランス経済から追放することにしたというものです。同化不可能と考えられるためわが国の国籍や経済から排除する人々の子どもに、わが国の国籍を取得する道を何の規制もなく開放しておくのは、正常ではありません。[8]

このレイシストの綾糸は、それなりの論理、厳格な解釈、正当化の理由、そしてそれなりの原則をもっている。それは、たとえばコンセイユ・デタ評定官のルイ・カネが、「ユダヤ人問題担当」[9]として、その見解を求められ、同僚たちに提出したレポートのそれぞれに規定され、分析されている。[10]コンセイユ・デタへのそれらのレポートを突き合わせ、比較し関連づけると、情け容赦のない一貫性をもった一法的体系となってくる。

まず、ユダヤ系フランス人について。ルイ・カネは、ユダヤ系弁護士の反対を押して定員制を設けようとするデクレ案[11]の報告者として、ユダヤ人の新しい地位を正当化する一般性の高い基調文を書いている。[12]

もともとフランスはよき伝統をもっている。「ナポレオンの政策に由来する政教条約体制は、ユダヤ人コミュニティをフランス人コミュニティに合体させるユダヤ教ガリカニズムの構築に行き着いた」。

これを共和国がことごとく悪化させたから、行動が必要となったという。「フランスが仮にそのドクトリンにとどまっていたなら［……］受け入れるユダヤ人移民の数はもっと少なく、彼らをもっと容易に同化できたことだろう。［……］一九〇五年法〔政教分離法〕は諸教会にほとんど無規制の自由を認めたため、フランスのユダヤ人コミュニティは新参者を同化させる可能性を失い、フランスのユダヤ教は若干の部分で彼らの影響を被り、まさにそれゆえに非フランス化しがちとなった」。

それゆえ、ユダヤ系フランス人の排除にも序列を設けることが正当化される。場合によってはユダヤ人の地位を免除され「フランス人にとどまる」者もいて、これは「非フランス化された者」から分離されねばならない。「フランス人性」の主な指標は、家柄の古さと、たとえば軍旗の下で戦うなど国家に貢献していること、である。「一九四一年六月二日法の第八条の起草は、伝統的ドクトリンへの回帰を示すもので、その家族がフランスに少なくとも五世代にわたり定住し、フランス国家に対して尋常ならぬ貢献をなした者に特例を認めるものである」。

この特例について、ルイ・カネはほとんど提案を行なっておらず、ユダヤ人問題総合委員会にかれが提案したものに比べても少ない。そして、この問題に関してはかれはリベラルではなく、ピエール・ラロック、クロード・レヴィ＝ストロース、ジャック・ヴァランシ、ジャン・ヴァール〔いずれもユダヤ系の知識人・学者〕、ほか何名かによってなされた請求にも否定的に回答している[13]。

他方、外国人であるユダヤ人に対してはどうか。ルイ・カネは、彼らをフランスから遠ざけたいとし、一九四一年一一月二六日、ユダヤ人が商工業、職人的職業に就くことを規制するデクレ案について報告している[14]。かれは主な一点を除いて、これに同意する。これらの職に就くことを一般に禁止するなか、ヴィシー政府が特例を予定していたのは、ユダヤ人の儀礼に関わる商いである。「ユダヤ人にあっては、儀礼ではない、儀礼になりえないような商いはほとんどない〔たとえばブドウ酒と衣類に関わるそれ）し、［……］（肉の商いについては）パリ警視総監令によって馬にはピストルか自動斧という決まった屠殺方法の採用が課せられているから、未同化で、同化しがたい東方出身ユダヤ人はフランスを去るという結果となったであろう[15]」。

「レイシストたち」は、例外はあれ、ユダヤ人を劣位化し、「未同化ないし同化しがたい」ユダヤ系外国人の滞在を拒否し、前述の国籍政策の三つの側面において何を提案するのか。それは「制限主義者たち」の保守的な選択を制することになるのか。

この疑問に答えるには、ヴィシーの行政がどう機能したかを立ち入って検証しなければならない。ところが、権威的体制の時期の行政部門の文書書類を分析することには、ある特有の困難が隠されている。通常の時期には上下のヒエラルキーとそれにもとづく職階の管理が行なわれているから、見解の不一致や異議の表明が簡単に表に出ることはない。それが権威的体制の時期には、内部的には部署の突然の変更、廃止があるなど、リスクがより大きく、いっそう表に出にくくなる。しばしば文書の文言や全体の文脈のなかに抵抗とか執着を示している可能性のある要素を見つけ出し、しかと「行間を読む」努力をしなければならない[16]。

ヴィシーの国籍政策を進める上では司法省民事局の印璽部が、その中枢であり続け、以後、帰化取り消し委員会の事務局にもなる。新体制にとって、その長には信頼できる人物を充てねばならない。一九四〇年九月二二日、新体制の支持者でアクシオン・フランセーズに近いアンリ・コルヴィシーが、一九三七年以来の責任者だったポール・ディディエ[17]の後を襲う。なお後者は、ペタン元帥に忠誠を誓うのをあえて拒否した唯一の司法官だった[18]。司法省は、この新政策を準備し、形を与えていくのに通常よりはるかに内務省、外務省、労働省あるいは陸軍省、さらにはコンセイユ・デタ、ユダヤ人問題総合委員会、さまざまな県、検察当局と協働している。同省の内部でも、印璽部はパリに残っていて、それを代表する者がヴィシーにいるという状態で、この時期相次いで代わる三人の大臣（ラファエル・アリベール、ジョゼフ・バルテルミー、モリス・ガボルド）とその官房および次官のジョルジュ・デイラスの監督下に置かれたが、デイラスは、一から新設された帰化再審査委員会に直接に威令を及ぼしていた。それらすべての間の相互作用からの産物、それがヴィシーの国籍法の政策だったのだ。

挫折した新国籍法案（一九四〇―一九四三年）

国籍に関する新しい立法に取りかかること、それは明らかに新体制にとっての絶対的優先事項だった。一九四〇年七月以来、司法大臣ラファエル・アリベール[19]は関係部局に国籍法の改革についての提案を示すよう求めている。そこで、大臣に四〇年七月三一日に提出されたメモでは、主な提言は帰化に向けられていた。一九二七年法は帰化の申請書類が受理される要件であるフランス滞在年数を、一〇年から三年へ引き下げ、国籍へのアクセスを容易にしたが、提案は、通達という手段で、帰化の条件を厳しくすることを求めている。その条件は「現行法では極端にゆるやかだが」、しかし「帰化とは、理由不開示で拒否することもできる一種の恩恵であり[20]」、「帰化申請を抑えるため」やむをえないという気分をまじえつつ、要件となる滞在期間を八年に延長するというものだった。すなわち、「〔敗戦により〕フランスの光輝が弱まり、それは同化の能力の低下も引き起こす恐れがあるが、そのことが自ずと帰化に慎重になる副次的な理由となる」。

さらにまた、それまで帰化申請書類の良否の判断に用いてきた諸要素を、「性善良」といった受理の基準に変えてはどうか、という提案もなされる。それは、品行、道徳性、職業活動がなんら非難されるべき対象ではないこと、フランスでも外国でもかつて一般法に違反して処罰されたことがないこと、確かな生計手段をもつことを証明できること、わが国の風習や慣行に同化していること、フランス語を話し理解できること、心身の状態が良好であると証明できること、フランスとその諸制度への愛着の何らかの保証を示すこと、である。しかし、そこから先に行くことはあまり欲しなかった。「帰化に関して大いに厳しい保証を要求しないわけにはいかないが、帰化が国にとって益のあるものである以上、この制度の機能を中断する必要はないと思われる」。

ところが、ジョルジュ・デイラスが一九四〇年八月九日にコンセイユ・デタに送った案は、制限をはるかに押し進めたものだった。帰化の要件としての滞在期間は三年から八年ではなく、一九二七年以前と同じ一〇年に延長された[21]。手続きの面では、一八四九年から八九年までの期間にあったシステムに戻っている。それは年に数百人の帰化しかなかった時期であり、帰化はコンセイユ・デタの同意する旨の見解をまって初めて認められるというものである[22]。外国人の両親からフランスで生まれた子どものフランス国籍へのアクセスは、強い規制を受ける。フランス生まれの未成年のわが子を親が帰化させるという権能は廃され、子どもたちは一六歳から二一歳までの間に、受理された届出によってフランス人になれるが、ただし、コンセイユ・デタの裁定の形式をとる司法大臣の拒否がありうるという留保の下に、である。二一歳で彼らはフランス人になるが、それは、内務省発給の少なくとも三年（以前は一年）の滞在許可証を保有している場合に限られる。

見解を求められたコンセイユ・デタ[23]は、新体制が生まれて以来新たな所在の場となるクレルモン＝

フェラン郊外の町、ロワイアの温泉ホテルでの一九四〇年八月一六日の最初の合議で、この政府案に同意を与える。とはいえ、外務省ないし報告者[24]によって示唆された若干の制限が付け加えられた。

九月には、フランス人男性と結婚する外国人女性がフランス人[25]になる権利を制限しようとする内務省の修正を、司法省は拒否する。一九四〇年一一月一四日、この内務省のきわめて厳しい観点をコンセイユ・デタが承認したので、以後、フランス人男性と結婚する外国人女性は、是非なく帰化という手続きを経ねばならなくなる。[26]コンセイユ・デタに対して報告官ギヨン[27]も、法の形式の全面的改定という原則に同意させる。[28]一九四一年一月三〇日、コンセイユ・デタは、国籍に関する全面的な新立法として示されたテクストに承認を与える。それは以前は、一九二七年法の一連の修正条項のようにみえていたが、この頃には、法案は四一年二月二二日に署名されるそれと遠いものではなくなっており、新司法相ジョゼフ・バルテルミー[29]は、陸軍省にこう書簡を送った。「近く公布される新国籍法では、一九四〇年六月の出来事〔フランスの敗戦、それを認めた独仏休戦条約の締結〕以来その権限がなかった、帰化申請書への司法省の予備審査の復活が可能となりましょう[30]」。だが、その数週間後、省間の議論が類のないような規模で展開される。

二月九日以来副首相で、内相も兼ねていたダルラン海軍大将は、ジョゼフ・バルテルミー宛ての四一年三月一五日の書簡で、別の面での批判を寄せた。ダルランとその配下によれば、法案のなかでは、「その点に沈黙が守られていて、申請者の民族的出自に関わる」諸条件が欠けている、という。

フランスが、管理された帰化の政策を意識的に志向するのであれば、統合させたいと欲する個人の民族的出自に主にもとづいてこれを行なう必要があります。アメリカのように管理された移民国で行なわれていることにならい、帰化がつくり出す最終的移民の候補者に対し、年間の定員を人種または出身国籍の真の「クオータ」によって決めることもできましょう。問題は若干の困難を示してはいますが、技術委員会によって容易に解決できるものと思います。［……］ただし、法そのもののなかにこの「定員」を記すのは適当ではないでしょうから［……］、テクストのなかに年間の数について省間で定める布告を予定しておけばよいでしょう[31]。

一九四一年四月二二日、司法省印璽部[32]は、定員を人種または出身国籍にもとづいて年間何名と定めるシステムに、反対を表明する。駐ヴィシーの米国大使館に照会したところ、アメリカでは帰化についてはクオータはなく、クオータは「移民にのみ適用される」と告げられたからである。

フランスのようにかつて移民政策をもったことがなく、外国人の数はおびただしく、帰化による合法的同化がほとんど不可欠で、さもないとこの地に本物の外国人コロニーが生まれるのは避けがたいような国では、自明のごとく市民権へのアクセスをはかろうとするのは論理矛盾で、恣意的ではなかろうか。［……］もしも人種や出身国籍にもとづく帰化の割当という道に入るなら、この方式を一貫するため、生地主義によるフランス国籍取得にもこの割当を行なうことになろう。そうなると、わが国の国籍法の全面的な改変、（わが国の人口学的状況が理由で）これまで少しずつ立法者に課されてきた諸規則にも、絶対的な修正が引き起こされかねない。

それだけでなく、司法相は、帰化とは「法的条件を正当に満たしている外国人」にも自由に拒否されうるものでなければならない、とし、この新法案のテクストが承認されれば、帰化はもはやコンセイユ・デタの肯定的見解なしには認められなくなろう、と強調する。そして、司法相は、民族的出自の決定的性格にも異を唱えている。すなわち、

国民《ナシオン》を構成する真の要素は家族である以上、国家的利益においてとられる統合措置である帰化は、何よりも申請者の家族的状況との関連で検討されるべきではなかろうか。実際、家族状況、人種、出身国籍、職業は評価の要素をなすとともに、申請者の道徳性、健康状態、同化の度合いについて提供される情報によって別に補完しなければならないものである。以上からして、いずれにせよ、帰化とは一種の事例の問題であって、その点では客観的規則は主観的有用性に席を譲らなければならない[33]。

内務省の攻勢があって、第二の攻撃はユダヤ人問題総合委員会からやってくる。これは一九四一年三月二九日に設置され、「ユダヤ人の状態、その市民的政治的能力、雇用・職業の遂行の法的能力に関して政府によってなされた決定を実施に移すためのすべての立法およびその他の規則の制定、ならびにすべての措置を政府に提案すること」を任とするもので、グザヴィエ・ヴァラが長に充てられた。同委員会は一九四一年六月五日、八月四日と、二度にわたって司法相に書簡を送り、国籍法の案を根本的に変える提案を行なっている。すなわち、ユダヤ人の帰化は今後一切認めないこと、フランス人男性と結婚するユダヤ系外国人女性には今後国籍を与えないこと、さらに、ユダヤ系外国人がフランス生まれの彼らの子どものために事前の予備的届出を行なう権利を全面的に停止すること、も提案し

ている。ただし、これらの子どもが成年に達してフランス国籍を得ることを妨げようというものではない。「そうした措置は、兵役にあって務めを強いられているフランス人に対し、当人たちを有利にするもので、不適切であります」。

司法相は一九四一年八月一四日、ヴァラに、およそ法的なことに関しては拒絶をもって応える。「デクレによる帰化については貴台はまったく正当にも、〔……〕公権力の評価の至高の自由を認め、それを守らせるとされた。である以上、政府があらかじめ特定のカテゴリーの人々に、つねにそれを拒否する自由をもち続けている恩恵を与えるのを禁じる条文を考慮するのは、まったく無用のことです。なおまた、帰化への特別な資格をもつユダヤ人によってなされる申請を受け容れる可能性についても、慎重であるほうがよいと考えます」。

フランス生まれの子どもたちの未成年時の（第三条）、ないし成人になっての（第四条）国籍取得についてはどうか。

フランス国籍取得のこの二つの方法は分かちがたく結びついています。したがって一六～二一歳のユダヤ人に、その結果第四条により成人に達して自動的にフランス人になるはずなら、第三条による事前届出を禁じようとするのは、論理的に背反し、このことに関するわが国の立法の精神にも反することになりましょう。ところで、貴台は、第四条の適用をユダヤ人に免じると、兵役にあって務めを強いられているフランス人に対し当人たちを有利にするという遺憾な結果をもたらすとみているようです。もしそのお気持ちがあれば、同じく第三条に向けられた禁止も放棄されてはどうかと存じます。この条文によって予定されているとりあえずのオプションは、実際には、本人が成人したとき第四条の特典をあてにしたいという意思の前もっての表示にすぎないでしょう。

ユダヤ人問題総合委員会は、以上の見解であった。

国籍へのレイシスト的アプローチを擁護する最後の攻勢は、外務省からやってくる。一九四一年一一月一七日、外務大臣は司法大臣に「予定している新法案の公布」を延期してもらえないかという旨の要請をする。[34] そして一九四二年三月八日、外務次官シャルル・ロシャの署名になる一覚書が司法大臣に送られる。[35]

法案第三条は、フランス生まれの外国人の子どもに一六〜二一歳の間にごく簡略な書式でわが国の国籍を申請することを可能にします。第四条は、わが国の領土内で誕生し、成人に達した時に住んでいて、三年の滞在許可証をもつ、わが国の国籍を拒否しないすべての外国人にフランス国籍を与えるものです。そして同条はたしかに、司法大臣はコンセイユ・デタの見解に従い外国人にわが国の国籍を拒否することができると明示していますが、条文は、現下の情勢が必要性を課している統御にはなんら触れていません。〔……〕フランスは、アングロ＝サクソン流民主主義も真似のできない自由の伝統という名の下、実際には多数の東方からの難民を制限なしに受け入れてきて、そこにはポグロムによって追われたアシュケナジー系ユダヤ人、トルコから追放されたアルメニア人が多く含まれていました。〔……〕この人々は、わが国の家族的・社会的伝統からはなはだしく異なったそれの持ち主であり、集団をなし、自らの習慣を守りながら生きています。
右に具体的に述べたような条件でわが国に入国した外国人の子どもの出生数は、最初の数年は二万五〇〇〇人へと増加し、最大で六万人までに達し、ついで再下降しましたが、〔……〕今なお、成人に達すれば何の手続きも要さずフランス国籍を取得できる多数の幼少年児がいます。一方、休戦以来、わが国政府は一個の人種政策をとっています。〔……〕したがって、同化不可能と考えられるためわが国の国籍や経済から排除してきた人々の子どもに、わが国の国籍にアクセスする道を制限なしに開いておくのは、正常と思われません。

ロシャの提案はけっきょく、「たとえばコンセイユ・デタ評定官を議長とする、関連省代表者混合委員会（司法省、外務省、内務省、保健家族省）による国籍取得の厳格なコントロールを可能にし、〔……〕同委員会は、提出される申請書類の審査の際に示すことのできる単純な基準を定める、例を挙げれば、同化の困難な東方ユダヤ系の人々は受け入れられない、それに反しフランス語を使う隣接諸国の出身の申請者にはあらかじめ有利な判断が与えられる」というものである。民族による選別は、外国人の両親からフランスで生まれた子どもに対して（法の第三、第四条）だけでなく、帰化に対しても適用されうるが、これは「科学的」基礎の下に行なわれなければならないとする。すなわち、

その吸収がフランス人種にとって特に利益が大きいと判断される人々の集団を決めるための、人類学的なたぐいの規則は、一九四二年二月一四日法によって創設された「人間問題研究フランス財団」によって決定される。同財団はその研究の寄与によって、あらゆる点で、「フランスの

人口をそのすべての活動において救い、改善し、発展させる」このうえなく適切な手段と、「人口の身体的・心的・社会的状態を改善するあらゆる実際的解決」をもたらす、とする。[36]

内務省の提案は、帰化を認める者のエスニックな選別をめざすもので、対象はユダヤ人移民の第一世代だった。ユダヤ人問題総合委員会は、彼らがフランス人になるのを妨げるという提案をし、外務省はこれをさらに進めて、第二世代、つまり外国人のユダヤ人からフランスに生まれた子どもにこの選別と禁止を拡大することをその案とした。外務省提案の措置は、時流に乗るあやしげな科学の体裁をとったものだが、コンセイユ・デタ報告官のギヨンには、かれを魅惑するに足る「しっかりしたもの」と映っていた。「どんな考慮がこの提案をさせたか。それは、それらすべての事案について、十分に研究された人種政策によってみちびかれた判決が得られるようにする、ということである。私はこの考慮は共有する。だが、それが果たしてコンセイユ・デタの権限をもつ部門をみちびくものになりうるか？[37]」

ギヨンは、レイシスト的アプローチ、およびそれを外国人の両親からフランスで生まれた子どもへ拡大することに同意する。ただ、懸念は、このアプローチをコンセイユ・デタが制御できなくなる恐れはないかという点にある。そこで、かれは、外務省によって予定される委員会の創設と、コンセイユ・デタの特別な権限の維持とを組み合わせることを提案する。「コンセイユ・デタの作業があらかじめ準備され、その負担が軽減される[38]」と。

だが、この案を司法省は受け容れない。省間の討議のなかでは同省は、帰化、すなわち移民第一世代の国籍へのアクセスに制限を加えることは難なく受け容れる。だが、その子どもたちのフランス国籍へのアクセスとなると、例外はあれ、一八八九年以来印璽部のきわめて基本的な活動原理となっていたので、それを除くつもりはなかった。それから数週間して、一九四二年五月二〇日、ラヴァルがダルランの後を襲い〔首相就任〕、二日後、司法次官のデイラスと外務省の官房長の間で会談がもたれた。そして八月一七日、司法相は、政府の長でもある外相[39]〔ラヴァルは外相も兼務した〕に、介在することになる妥協を証する一書簡を送る。すなわち、法案は依然として変わらないが、外国人の両親からフランスで生まれた子どもの国籍アクセスへの規制は、

このカテゴリーの者たちすべてが余儀なく一つの書類を司法大臣宛てに作成せねばならず、または少なくとも彼らが成年に達する日付を示さねばならず、さらには第四条の規定を利用する資格を失いこの手続きを完了できないことに対し処分を行なうときにかぎり、行なうことができます。そうなると、フランス国籍の自動的〔付与の〕性格は法から消えます。

しかし、この重要な伝統的な〔とはいえ共和国的な〕一原理を放棄することは不可能と思われますし、私の行なう書き直される第四条の末尾に、拒否の権利が加えられれば、好ましからざる者や同化しがたい者の国民共同体への参入を妨げる武器としては十分だと思います。

司法大臣は、以下の機関の新設に同意する。「帰化と国籍取得の事実の全体から、人口問題に照らして新法の適用にあたる機関であるコンセイユ・デタや印璽部にとって利用可能な一般的理論をみちびくため、帰化およびフランス国籍取得に関するすべての情報を集中させる一機関」。司法相がさら

に付言するには、かれは「個人的には、断固、現在準備中の法のテクストにいかなる修正も加えないこと、遅滞なくその公表にいたること」を切望している。

バルテルミーは一九四二年のこの覚書に、ラヴァル宛ての手書きの一言を添えている[40]。「謹んで首相閣下に、国籍に関する一法律を実現する必要につきご注意をうながす次第です。あれこれの省の部局の協働が、徹底した全体麻痺の組織に堕すことになってはなりません[41]」。

外務省は一九四二年八月三一日、同意事項を承認する。ただし、司法省の示す形式での法を維持する代わりに、法の施行令として、第二世代の「好ましからざる者」のフランス国籍へのアクセスを抑える具体的な手段を保持する。それだけでなく、新設の外国人高等審議会によって定められる新たな移民政策を通じて移民の入国の制限を加えることができるであろう、とした[42]。

一九四三年一月、最終案がドイツ当局の同意を得るため提出できるまでになっていたようだ。しかし、印璽当局によって提起された新しい問題をめぐり議論が再燃する。一九四〇年以来溜まっている帰化申請中の書類に適用すべきは新法か、それとも旧法か、新法については発布日か、それとも公布日か、と。一九四三年三月二五日、バルテルミーの後をモリス・ガボルド[43]が継いだ機会をとらえて、司法省の諸部局は、コンセイユ・デタが個々の帰化に対して行使するコントロールの機能を問題にしようとするが、効果はなかった[44]。この最後の小変事があって後、四三年八月、法の最終条文の準備も整い、趣旨の説明と施行令の案が付された。

法案は一見したところ第二、第三世代の統合をはかるという司法省の伝統的政策を保持しているように見えても、きわめて制限主義的になっている。それが働く場合には、国家のコントロールは強化される。たとえば、帰化に先立って要求される最低の滞在年数は、三年から一〇年となった。三年の滞在許可を条件として。[45] 帰化の申請書類の一件一件がコンセイユ・デタの同意する旨の見解に従っていなければならない。[46] その上、かつては行なわれなかった、たとえばフランス人男性と結婚する外国人女性への審査が導入される。フランス生まれの外国人の子どもはつねにより容易に、一六〜二一歳の申請で、または成人（二一歳）に達して自動的にフランス人になれる。しかし、それには少なくとも三年の有効な滞在許可をもっていることが条件となる。そして、彼らの国籍へのアクセスは、コンセイユ・デタの見解が出ると、それに従い司法大臣によって拒否されうることとなる。ところが、加重生地主義は維持される。「本来の出自の者へのフランス国籍の付与、これに関するかぎり従来の立法になんら変化はない」。[47]

一九四三年一〇月一五日、次官のデイラスは、国籍法が署名されたことを確認し、こう述べる。「オテル・デュ・パルク〔ペタンが起居し執務する官邸〕は、司法省がすでにドイツ当局の同意を得ている、またはドイツ当局に伝達する必要はない、と告げることを期待している」。[48] 実際には司法省は法案をドイツ当局に伝達しており、宣告は数週間後に下された。否であった。[49]

バルテルミーが全体のプロセスをこう想起している。

フランス政府が占領軍当局の許可なしに法を官報に掲載することは、禁じられていた。当局は、許可を出すのに長く、無限に待たせることがあった。もっと度々あったのは、公式に拒否を出して、（あえて言うなら）当然のごとく理由を示さないというものである。私としては十分な注意を払い、関連部局に国籍に関する重要な一法律の検討をさせた。外務省はこれを厳しい検査のふるいにかけた。内務省の妨害に対して私はねばりづよく抵抗しなければならなかった。家族省は同省の存在を正当化する望みなき企てをかたくなに追求し、自分の番だと他人の話に割り込む権利を要求した。ああでもない、こうでもないという二年間のやりとりが終わり、法の原案を首相に送り、首相はこれをドイツ当局に提出する。ところが、当時言われたように、「玉座からはノンと賜ったのだ」。ドイツ当局は同意を与えず、その理由も口実も示さなかった。[50]

この回想には二つ、正確を欠く点がある。一つは、法案の源となったのはバルテルミーではなく、アリベールだということである。いま一つは、ドイツ当局の否定的見解には明々白々な理由があったことである。「ノン」は、まさしく同時にドイツの利益とその人種政策にもとづいていたのだ。[51]拒否は直接ベルリンから来ている。パリのナチ政府を代表する二つの組織の間に意見の食い違いがあり、それが理由で諮問を受けたある大学の研究所が、否としたのである。[52]

フランスにおけるドイツの最高の執行権力である軍司令部（ＭＢＦ）から示された一九四三年一月の覚書は、ヴィシーの法案を受け容れている。「中心となる条項は、現行の法的状態になんら変更をもたらしていない」として、「占領権力の観点からは当の法案には反対を呼び起こすものはない」と確認する。ところが、それに反し、四三年一月二一日、治安警察および、ベルリンのヒムラーとハイドリヒによって統率される治安中央本部（国家保安本部ＲＳＨＡ）と一般にゲシュタポの名で呼ばれる機関に従属するＳＤ（親衛隊保安部）のフランス司令部からは、否定的な見解が出てくる。

新法案には［……］重要な生地主義の諸要素が含まれていて、条文は、フランス生まれの可能なかぎり多数の人物を帰化へみちびくものである。この法規は、ドイツの国民《フォルクストゥーム》の利益に反する。［……］法案は、ユダヤ人に関するいかなる条文も含んでいない。けっきょく、同法に従うと、外国人のユダヤ人は他の外国人と同じ条件でフランス国籍を獲得できることになる。ここで触れられている生地主義の諸要素は、彼らにも等しく適用される。［……］それまでに同法案に加えられた修正はすべて法案のなかに取り込まれている。一つの顕著な例外があり、唯一編入されなかったのは一九四一年二月二八日法で、その条文は叛徒（ダルラン、ジロー）の国籍の剝奪を可能にするものだった[53]。

一九四三年二月一一日、在仏の軍司令官は、その観点を維持し、第三者機関に諮問することを提案、四月一九日、パリにおけるナチの三番目の公的権力者と呼ばれるアベッツ〔オットー、ナチの対仏宣伝に従事、ヴィシー期には駐仏ドイツ大使〕の統率する在パリ・ドイツ大使館は、同法案および軍司令官とゲシュタポの不一致の意見をベルリンの外務省に送付した。その間、法案の承認は先送りとなる。

ベルリンではどうだったか。公に諮問されたのは、ベルリン大学の国家研究所であり、これは、国家および党の制度に関わる重要な検討作業につき「科学的な」基礎作業を行なうもので[54]、同研究所は、一九三八年八月二九日付のヒムラーの命令で戦争遂行の下部組織に編入された[55]。一九四四年まで、党事務所、SS（親衛隊）隊長、内務省、国防軍最高司令部、教育省によって動かされ[56]、当初は純粋にドイツの憲法、行政の構造の問題についての調査ないし法的な専門評価に携わり、その後次第に他のヨーロッパ諸国の憲法、行政法の調査へと転じていった[57]。

研究所の長は、一九〇四年生まれのラインハルト・ヘーン（Reinhard Höhn）で、一九三三年五月一日[58]以来のナチ党員、一九三四年以来SSメンバー。一九三四－三五年度にハイデルベルク大学から異動し、ベルリン大学教授となる。[59]これと兼務して、ベルリンのハイドリヒのSDの地区長官となる。ヘーンは、オーレンドルフ、ベスト、ジックス、シェレンベルクとともに、グループ「若き狼」というハイドリヒ取り巻きのナチのインテリ・テクノクラートの一員となる。[60]SDでのかれの仕事は、その意のままになるゲシュタポもSSの、秘密の活動を担当する。この地位を利用し、一九三六年、ナチ法律家の間で主なライバルの一人となったカール・シュミット〔一八八八－一九八五年、ドイツの公法学者、政治学者。カトリック的規範主義から出発し、決断の概念を法思想のなかに導入し、自由主義、議会主義を批判、ナチスに支持を寄せたが、一部のナチ支持者からは批判も浴びた〕を監視させ、[61]三六年の同人の失墜を策した主なアクターの一人となる。

ヘーンは一九三七年、SDを離れねばならないが、それは、歴史研究の一研究所の所長職に、かつてヒトラーに拒否されたある候補者を推したためだった。[62]しかし離れても、体制とは密な接触を保つ。一九三九年にはヒムラーは、かれにSS連隊長（中佐）という等級を与えた。一九四四年一一月には、SSの上級指導者に、四五年には武装SS中将（将軍）となる。[63]終戦にいたるまで、ヘーンは外国に、特にナチの占領下の国々にたびたび旅行し、法を主題とする講演に参加している。なお、ドイツ学院に請われて一九四四年六月パリで、「ドイツ法の発展における国家と国民」と題する講演を行なった。[64]

この研究所の中心人物、ベルトールト・ホフマンはヘーンのいわば第一助手であり、[65]ヘーンはかれをアカデミックな若手世代の第一人者と紹介している。[66]かれ個人の専門分野は、国際公法、帝国及び占領地域の憲法、現代行政の諸問題、現代の法刊行物の分析をカバーする。[67]研究所の唯一の常勤者であり、その財務も担当し、ヘーンが不在の時には代理も務めた。一九四〇年四月二〇日、研究所が戦争遂行の下部組織に編入された際に付与されたＳＳ上級突撃隊長から、四〇年九月以来ＳＳ突撃隊長になる。この資格で、ホフマンは研究所出身の専門家たちを動かし、特に重要なものは自分で起草している。一九四三年一〇月一六日にフランスの国籍法案への研究所の立場の表明に署名したのはかれであり[68]、そのことは一九九六年四月一二日のインタビューでヘーンがわれわれに語ってくれたことで、なおそれは珍しいケースだったという[69]。その文書は、ＳＳ旅団長で、ハイドリヒの取り巻きのなかでヘーンに近いオットー・オーレンドルフに宛てられた[70]。

フランスの国籍法案への留保は、当初は、一般的なたぐいのものだった。「テクストは、フランスの伝統と訣別していない。生地主義という手段で移民人口を統合し、衰弱気味のフランス人口を強化しようとしている」。のみならず、法案は「国民的（völkisch）イデオロギーに合致する近代国籍法の諸々の要請を充たしていない」。すなわち、

法案は、実際には、フランス国籍法を一九二七年八月一〇日法の公布以前に施行されていた合法状態に戻すものである。法案のめざす目的は、基本的には、一九二七／一〇／八法による帰化手続きのなかに導入された数々の便宜を廃止することにあり、それらの便宜はフランス市民の数を増やすためのものだった。〔……〕それゆえ、同法案は、国籍に関するフランス法を刷新するものではない。一九二七年に効力をもっていた法的状態への回帰によって、法案はペタン元帥によって追求されてきた一般路線のなかに位置づけられている。それは、ほかでもない、人民戦線の典型的な立法的創造物を廃止し、プチブルジョア的・形式的共和国の構成法を、保守的精神を

もって前代の有産ブルジョアジーの典型的な象徴を、延命させることである。

次いで、留保は、条文の具体的ないくつかの点に関係してきて、「ドイツ帝国の利益」を損なう、とされた。それは「とられるべき措置」に応じて、二群に分けられる。一つは次のような言葉で示される。「ドイツ民族の生物学的利益に影響を与える以上、占領当局としての帝国が新たな法典の布告に反対せざるをえなくなる、といったことがあってはなるまい」。たとえば、生地主義がドイツ兵士とフランス国籍女性の間に生まれた子に適用されるという事実は、その子らをフランス人にしてしまう。[71]

けれども、特に他の二つの傾向は、ホフマンによれば「交戦国としてのドイツ帝国の利益」に抵触する。その利益とは、「前述の諸傾向が修正されていないかぎり法案の採用にドイツとしての反対を維持することを要するものである。すなわち、(a)法案のどこにもユダヤ人種がフランス国籍を獲得することが否とされていない。その結果、法案に従うと、今日同様未来においても、およそ他の法的条件を満たすユダヤ人は、フランス国籍を取得できることになろう。(b)法案には、叛徒たちからフランス国籍を剝奪し、容易には再取得させないようにする法的な基礎が欠けている」。要するに、フランス人女性とドイツ兵士から生まれた子がフランス人となること、が行なわれている。さらにユダヤ人がなおフランス人になれて、ドゴール派の者たちもフランス人であり続けること、これは受け容れがたいことである、と。

一九四三年一〇月五日、ヴィシー政府は、ドイツによる拒否を通告される。四四年四月二一日、治安警察と親衛隊保安部の長官は、在フランス軍司令官に書簡を送り、「一九四三年八月二〇日付フランス国籍法案への反対を維持し、フランス政府にフランス国籍法の新編纂が休戦継続中になされるのは望ましくない、と通知されんことを」と、要請している。このように、ベルリンの拒否権により、ヴィシーの新国籍法案は最終的に葬り去られた。

「好ましからざる者」がフランス人になるのを妨げる

一九二七年法の改正が議論され、結論にいたらないまでの間、同法は有効だった。同法が想定していた、それに対し新体制が異議を呈していた国籍へのアクセスの仕組みが次のようなものであることはすでにみた通りである。外国人の両親からフランスに生まれた子どもは、容易に、すなわち両親の届出によって成人に達する前に登録されて、または二一歳に達した時に自動的に国籍にアクセスできる。第一世代の移民も、三年間滞在すれば帰化を申請できる。

政府は、子どもの統合のメカニズムはそのまま機能させる。[72]ただし、ユダヤ人の子どもでないかぎりは。すなわち、民事局長の上申[73]に対し、ジョゼフ・バルテルミーは一九四一年七月一日、検察側に、[74]外国人両親からフランスで生まれたユダヤ人の子どもの国籍取得の届出の登録には、猶予期間を置くように命じている。[75]この命令はたいていい守られた。われわれがさまざまな控訴院における登録簿を調べたところ、フランス生まれのユダヤ人の子どもの親が、フランス人の子どもとして届け出ると、一九四一年半ばまでは速やかに認許されていた。クレルモン゠フェランで、一九四〇年一二月三一日にダニエル・Lの名で届出がなされたものは、四一年一月八日にはこれが済んでいる。ブザンソンでは、一九四〇年五月四日になされた届出が、四一年七月三日にそのまま認許されている。しかし一九四一年七月一日にアブラム・Rの名でなされたものは、同年八月に検察に送られ、二四一号としてようやく一九四四年一二月に認許されている。[76] クレルモン＝フェランでは一九四一年七月以来、登録簿の上に「ユダヤ人」と記載されるようになり、そのように記された一〇件ほどの届出は一九四五年の初めまで留め置かれている。若干の例外はあれ（ヴィルフランシュ＝シュル＝ソーヌやリール）、他所でも同じ記述が付され、同じ遅延がみられた。ポン＝レベック、[77] オランジュ、[78] ボルドーがそれで、そこでは検察がしばしば他所よりも固執して届出の認許を引き延ばし、「ユダヤ人種」に属していないことの証明書類を求めている。

帰化および再統合（国籍回復）についての決定は、一九四〇年六月に中断され、一九四一年二月一五日にようやく再開される。それは、一夫婦に帰化を認め、結婚により外国人になった四人の生まれながらのフランス人女性の再統合を認めたデクレの日付であり、これ以降、公式に当局の行なう決定の大部分は、帰化ではなく、結婚で外国人となった、そうしたフランス人女性の国籍回復に関するものだった。彼女たちは、離婚や配偶者との死別後にフランス国籍の回復を求めてきたのだ。一九四一－四四年をみると、帰化者よりも再統合者のほうが多い（二六七二件対二七八〇件）。それに対し一九三九、一九四〇、一九四五、一九四六年の間には、成人の国籍回復者は成人帰化者の一〇％にも満たない（七万三七三七件対五五九七件）。そして、後にみるように、一九四一－四四年には、帰化よりも帰化取り消し件数のほうが多かった。

それゆえ一九四〇年から四四年の期間、元帥の政府（ヴィシー政府）の下では狭義の帰化は年間数百

1939年から46年の期間における帰化の件数と再統合の件数

獲得の様式	1939年	1940年	1941年	1942年	1943年	1944年	1945年	1946年
成人帰化者	47,099	31,122	136	633	980	923	3,377	14,154
成人再統合者	4,501	1,523	512	708	853	707	903	744
両親死去時の未成年者	29,552	12,661	36	149	207	178	703	3,216
計	81,152	45,306	684	1,490	2,040	1,808	4,983	18,114

出所：INSEE, Acquisitions et pertes de la nationalité française contrôlées par le ministère de la Justice, Sous-Direction des naturalisations (années 1940 à 1947).

件にすぎなかった。
　この活動の緩慢化には複数の要因が関係している。国籍の担当部署にしてみれば、人員が消えてなくなったのである。戦争捕虜としていなくなり、ユダヤ系は除かれてしまっている。総数で、一九三九年には四四人だったのが、一九四一年には一九人しかいない。くわえて、新しい立法が待たれ、準備されていて、その法は帰化へのアクセスを制限するとみなされていたので、申請書類の予審も中断されている。対象となる人々は、次のような内容の法の採択をあらかじめ予想している。最低一〇年間の滞在、それとならんでフランス国家との特別なつながりが求められる（長期の居住のほか、兵役への志願、フランス人との婚姻または血縁でのつながり）。

　だが、それらの理由は最も決定的なものではない。帰化の政策はヴィシー政府の人種政策の形跡をとどめていて、それはまた、ドイツとイタリアという戦勝国に対する自国の位置が余儀なくさせる外交上の慎重さも刻印している。人種的選別と政治的慎重さがともに働いて、帰化の決定の減少と帰化者の人口構成の変化をうながしたのだ。帰化者の減少が非常に目立つが（一九三七年、三八年は、成人の男女合わせて一万五九一四件、二万三五四二件だったが、一九四一年、四二年は一二七件、五六二件へ）、前国籍別の分布も無視しがたいものがある。決定はケースバイケースに、いちいち国籍を考慮して行なわれるからである。一九三七年と三八年をとると、決定の過半がイタリア（四六％）とポーランド（一五％）の国籍で占められている。一九四一年と四二年はといえば、まずスペイン（一八・五％）、アルメニア（一七・三％）があり、次いでイタリア（一一％）とベルギー（一〇％）が来る。イギリス人は、戦前には〇・四％だったが、五％になっている。

こうした割りふりをどうするかは、実際は省と省のさまざまなやりとりの対象をなす。「慎重さの階梯」の頂点には、ドイツ人とイタリア人がいる。とはいえ、一九四一年一月一〇日、労働大臣ルネ・ベランは、非占領地域の県知事に宛てた書簡で、フランス人労働者では容易に代替できないようなイタリア人専門労働者の一部の帰国への埋め合わせとして、イタリア人労働者の帰化請求を速やかに、かつ好意的に扱うことで司法省と意見が一致したとし、特に熟練労働者については、そうした者で帰国準備中の者がいれば県知事は知らせてくれるように、と伝えている。この案について同年二月二二日、司法省は外務省の見解を求めている。七月二三日になって突然もたらされた回答は、否だった。[79]「現下の状況の下では、フランス国籍をあまりに多数のイタリア人またはドイツ人に付与すると、イタリアまたはドイツ当局から反発ないし抗議を招くのではないかと危惧されます」。「新設が考えられている外国人高等審議会」[80]が打ち出すべき移民および帰化の新政策が待たれている今、司法相が外務省の政策的方向づけ[81]を理解して扱う例外的なケースでのみ、積極的な決定が可能となろう。この原則は、フランスと「交戦状態にある」国の国民すべてに及ぼされる。それは特に、結果として、戦前には第一の帰化者の出身国だったイタリア人に及ぶことになった。ところが、一九四一年九月、その四月に再び〔帰化を〕所管に加えた内務省は、ケースバイケースでイタリア人の帰化を認める権限を得、

「過去に従軍した者」を優先することになる。[82] 一九四二年四月初め、外人部隊所属のドイツ人の帰化申請に対し好意的に、しかし数をしぼって認めることをさえ決めており、「勲功の命じるところでも、注目せざるをえない高順位にあることでも、最もそれに値する者」[83]を選別している。実際には、例外とは、フランス軍においても、外人部隊においても強い帰化への意志を表明した志願者にしか適用されないものだった。[84] 若干のイタリア人とドイツ人は官の告示のなかで「他の外国人の間に紛れて目立たないように発表され」[85]、外務省の細心のコントロールの下、帰化のリズムを少しずつ取り戻す。それまでは、数十件の帰化と国籍回復が、司法大臣官房または同省次官の発議と決定によって行なわれていた。[86] 敗戦後の数カ月は、帰化を強く求めたのは特にイギリス人であるが、イギリス人のストックはたちまち尽きてしまう。その後は、政治的問題も民族的な問題も生じないとみた、難民ではないスペイン人、およびポルトガル人、ルクセンブルク人、スイス人へと視線を転じた。

人種的に好ましからざる者の階梯の頂点に来るのはユダヤ人だから、一九四一年六月五日、グザヴィエ・ヴァラは、「ユダヤ人種」に属する外国人の帰化申請のすべてにつき、前もって意見を聴するよう要求し、同時に「一九二七年国籍法の第三条の規定〔子どもの未成年時の帰化を認める規定〕を利用する権利を、ユダヤ人からは引き上げること」を提案した。[87] 第一の点では、一九四一年六月二七日のジョゼフ・バルテルミーの回答が、かれに満足を与える。こうしてユダヤ人の帰化はCGQJ〔ユダヤ人問題総合委員会〕の拒否権に遭い、まれに検討の対象となるケースもあるが、たいていの場合不可の決定が下される。[88] このユダヤ人の帰化の禁止が、おそらくポーランド人の帰化件数の減少をうながしていよう。ただし、その減少は、当時の流行《はや》りの同化可能性の序列なるものにおける「スラヴ系」ポーランド人の低い格付けからも結果している。
もう一つ、検討しなければならない特別なケースがある。アルメニア人のそれである。ヴィシー体制によって用いられた政治的人種的基準によれば、彼らはむしろ排除されるべき者たちだった。
これが少なくとも二人の移民問題の専門家、ジョルジュ・モコとルネ・マルシアルの見方である。モコの分類では、アルメニア人は「好ましさ」の階梯の最下底、ユダヤ人のすぐ上だが、ロシア人からかなり引き離されて、下にある。[89]マルシアルは、人類社会学研究所の所長で、パリ大学医学部の人種人類学講座の創設者であり、[90]一九四三年六月一七日、アルメニア人の帰化について司法相に注意を喚起している。[91]アルメニア人の同化が容易ではなく、その帰化は人種的観点からは好ましいとは思われない、と強調した。[92]
だが、体制のほうは、彼らを内に包摂することをすでに決定していた。理由は、彼らが無国籍者としてフランス軍のなかで貢献したこと、しかしとりわけキリスト教の一つ〔アルメニア教会〕に属していることが考慮されたこと、にある。ペタン元帥の文官の官房長、篤信のカトリックで、その運動から追放されるまでアクシオン・フランセーズのメンバーだったM・ラヴァーニュは、司法大臣にこう書簡を送っている。

元帥とその内閣は久しく、フランスにおけるアルメニア人難民に格別の好意に満ちた関心を抱いてきました。〔……〕中世以来の数世紀を通して、この殉教の民に属する者たちはその運命をフランス文明、キリスト教文明のそれに結びつけてきて、最後のアルメニア王朝がルジニャンなるフランスとの交差家族であることはもう想起するまでもありますまい。アルメニア人はつねに、伝統的にフランスの保護を受けられる者と考えてきて〔……〕、これは一九一四－一八年の戦争でも、一九三九－四〇年の戦争の間でも同様でした。そしてアルメニア人たちは献身的に勇敢にフランス軍とともに戦ったのであります。ただちに思い浮かぶあらゆる資格からして、アルメニア人が、外国人のための一般法体制に比べて特別な扱いを受けるのは、それに値するからです。アルメニア人の個々の事案、特に帰化のそれの検討には特別な配慮が行きわたるべきだと考える次第です[93]。

司法大臣は一九四二年一月二六日、「国家元首の示された希望に応えるべく、このカテゴリーの外国人によって作成された帰化申請書には〔……〕特に配慮せる心をもって審査にあたるよう命じた」と、述べている。まさにそのため、一九四三年、およびヴィシー時代の三年間の合計で、アルメニア人は、帰化者の出身国籍では文句なく第一位になっている。ただし、その数の合計は大きなものではない。

一九四一年から四四年にかけては帰化のそれぞれの書類は、元帥〔ペタン〕の署名を得ることになったため、申請者の紹介文や決定の明確な理由の記載を付すことになった。長期滞在者であること（二〇年以上）はしばしば記載された[94]。また、戦争捕虜、退役軍人、さらには志願兵、すでにみたように外人部隊兵士だったりすると、一九四一年二月一五日以降、以前より有利な扱いを受けられることになっている[95]。フランス人の妻または母で、貞節であることが証明済みの者も優先的に帰化を認められた。特に彼女たちが宗教的行為や、カトリックの宗教施設とのつながりで誇るところがあれば、なおさらである[96]。

一九四三年四月一二日以降、またはガボルドが司法相としてバルテルミーの後を継いで数週間後、いちいちペタンの署名を要する書類には、申請者の人種および出身国籍が記載されることになる。たとえば、

マダム・マルグリットX、寡婦Y、居住期間四八年、イタリア人、アーリア人種、子は五人、うち四人はフランス国籍を選択［……］ムシュー・エフレームX、ロシア人、アーリア人種、居住期間二三年、フランス人女性と結婚、子は三人でフランス国籍、等々。

ペタンの署名になる帰化に関する最後のデクレは、一九四四年八月一四日付のもので、四四年八月二〇日の官報に掲載された。全体として、三年と少々の間に決定されたのは二〇〇〇件に満たない成人の帰化である。けっきょく政治的ないし人種的選別の基準があり、新体制の外国人に対する猜疑心もあったが、それ以上に、担当行政に割り当てられた任務が、帰化をさせることよりも、帰化を取り消すことにあったことが大きい。帰化無効の決定を準備し、執り行なうことのほうが重要だったのだ。

帰化取り消しの標的――ユダヤ人

ヴィシー体制は一九四〇年から四四年にかけて、一九四〇年七月二二日法を適用し、一九二七年法の公布以来行なわれてきた帰化の再審査を行なっている[97]。ヴィシーは、フランス国籍を剥奪することを予定しながら、形の上では、他国と比べても、国内的にも、〔法制を〕変えていない。

たとえばアメリカでは、一九〇六年法で初めて、もし帰化が不正に、不法に行なわれていたなら、連邦政府は帰化の無効化の手続きを行なえることになった。これには一切時効は定めず、さらに、帰化した当人は五年以内に退去し、出身国またはその他の外国に居を移さねばならず、自動的に米国籍は取り上げられる[98]。一九〇六年から一九四〇年の間に、同法を適用して一万五〇〇〇件以上の帰化が無効とされている[99]。第一次世界大戦時には、イギリスは一九一四年、次いでフランスは一九一五年、一七年に、帰化の無効化の手続きを採用している。フランスは、交戦状態にある国々の一つを出身国とする、疑いの目を向けられるか、不忠と信じられる帰化者と相対していた[100]。イギリスは、第一次大戦後もつねに効力をもち続ける一九一八年八月八日法により、新たな一連の事由について帰化の取り消しを認めている。すなわち、英帝国内での住所不明（七年以上）、一二カ月以上の刑事罰または一〇〇リーヴル以上の罰金刑を受けていること、政治的たぐいの活動、国王への忠誠心の欠如、または戦時中の敵との共謀、そして個人が国王陛下と交戦状態にある一国の出身でその国の臣民にとどまっている場合、がそれである[101]。フランスでも、一九二七年法の第九条と第一〇条が、フランス国籍へのアクセスの道を広げたこととの埋め合わせに、帰化無効化の条項とされたが、それは忠誠心の欠如のケースと、一九三八年以来設けられた不正行為ないし卑劣行為のそれである[102]。

けれども、一九四〇年七月二二日のヴィシー法は、その目的、選ばれた手続き、その効果からして別の性質のものであり、それまでのシステムからの訣別を示している。

アメリカ法も、イギリス法も、フランス法も、具体的に性質が規定された個人的行為を制裁の対象にする。一九二七年法は、無効化の三つの理由を含んでいる。(a)フランス国家の内的ないし外的な安寧を脅かす行為を行なったこと、(b)フランス市民の資格と相容れない、フランスの利益に反する、一外国を利する行為に身をゆだねること、(c)徴兵法から結果する諸義務を免れること。

ヴィシーの法は、国籍の取り上げの原因を特定するかたちで挙げていない。それは理由を示さず介在してくることがある。制裁の対象となるのは個人の過誤ではなく、むしろ一個の政策、すなわち一九二七年法の公布以来行なわれてきた帰化の政策が対象となるのだ。それゆえ、この日付以降にフランス人となったすべての外国人は、単に時宜に適わなかったとして決定が行なわれ国籍を失うことがありうる。

その上、一九二七年法による帰化の無効化は、行政が一判事に申し立て、次いで（一九三八年以降には）コンセイユ・デタの同意を取り付けなければならず、帰化者には自己弁護の権利を残すという対審の手続きをなしている。なお、さらに不服申し立ての道も開かれていた[103]。それにひきかえ、ヴィシーの帰化取り消しは、行政により決定される。一切のコントロールが働かず、当人は自らの権利も主張できずに執行され、不服申し立ての道もない[104]。

ヴィシー法の権限は非常に大きく、その表題「帰化の再審査に関する」から想像されるものよりははるかに大きい。実際、フランス人の資格を失うのは、デクレによって帰化した者、すなわちフランス外で生まれ、フランス人になることを申請し、一九二七－四〇年に公権力の肯定的な決定を得た者だけではない。外国人の両親からフランスで生まれ、成人前に届出によって（一九二七年法第三条）、成人になって自動的にフランス国籍を取得した者（一九二七年法第四条）、そしてフランス人と結婚してフランス国籍を得た者も、同様である。これらの合計は、なんと九〇万人に上る[105]。同措置はすべての当事者の妻、子どもにも拡大されうるから（たとえば、結婚の前か後にフランス国籍を取得した外国人と結婚したフランス人女性へ、および彼らの子どもへ）、最終的には一〇〇万人をはるかに超える人々が、同法によって脅かされることになる。一九二七年から一九四〇年の間に、成人の帰化は二六万一〇〇〇件におよび、帰化無効は一六件だった。それが一九四〇年から一九四四年の間には、成人の帰化は二〇〇〇件弱だったが、実に一万五一五四件の帰化取り消し措置があった。

一九四〇年七月三一日のデクレによって設けられた委員会は、コンセイユ・デタ評定官ジャン・マリ・ルーセル[106]を長に、数十万人の人間の書類を検討することを任とした。委員会の事務局（すなわち書類の検索、決定の適用を行なう）は、印璽部が担当する。しかし書類の予備審査は、デクレによって任命される報告官、副報告官によって行なわれ、彼らは行政外から加わる。この点は、決定を行なう委員会のメンバーと同様である。

一九四〇年九月二一日に最初の会議が開かれ、委員会はただちに作業方法についていくつかの重要な決定を行なっている[107]。一九四〇年一〇月三〇日、最初のデクレの署名の直前だったが、次のような公式声明を発した[108]。

帰化再審査委員会は〔……〕、積極的に活動を開始し、現在、週に数回の会合をもっている。特に注意を引くケースを優先させながらも、法の適用分野に入ってくるすべての書類（四五万件）に順序立てて審査を行なっており、なかでも一九三六年以降に扱われた書類に重点を置いている。なされた作業はすでに相当なものに上り、それはデクレ〔官報告示〕の示す通りで、かなり多くの中央ヨーロッパからの移民を含む五〇〇人近い個人が対象になった。これらの個人は、特に同化が困難で、国民共同体に合体させると利益よりは危険をもたらす政治扇動分子からなり、その各カテゴリーのなかには顕著な割合でユダヤ人が含まれている[109]。

委員会は迅速に、異常な熱意をもって作業を進めた。この最初のデクレは五〇〇名近くの名を含んでいるわけだが、委員会は、行政の見解に逆らって政治的決定によって帰化を認められた人物を優先したのであり、それだけ速やかに突き止め、扱うことが容易だった。また、委員の一人がこれこれを、と主張し、または仲介し、委員会に付託された書類にも検討を加えた。その後で、外国人両親からフランスで生まれた子どもの書類の審査に先立ち、まず一九二七年一月一日から四〇年六月四日までに帰化した五一万六六九〇人を「処理する」ことを決定した。とはいえ、ある書類が帰化以外の方法で国籍を取得した家族ないし人物に関するものであっても、委員会は躊躇なく法によって与えられている権限を行使した[110]。委員会は場合によっては、女性、子どもについても、一九二七年以前にフランス国籍を獲得していても、両親の帰化後に生まれていても、さらには生まれながらのフランス人であっても、国籍取り消しに同意する[111]。

この課題をうまく果たすために委員会は三つの小委員会に分かれ、それぞれにジャン゠マリ・ルーセル、アンドレ・モルネ、レイモン・バカールを長とした。各小委員会は週に三回開催され、親委員会は週二回の開催となった。だが、審査すべき書類の数は驚くべきもので、総計で、一九四四年には委員会は実際に六六万六五九四件[112]、月最多一二回の会合の割合でいくと、一回で平均八三〇件を扱った計算となる[113]。きわめて活動的な月にはなんと月三万件、小委員会で一万件の書類を扱っている。

それだけに、委員会は順序通りに審査に取りかかることはせず、活動を始める最初の週から二重のアプローチを採用する。まず一九三六年から始めて——この年が選ばれたのは偶然ではない（同年に第一次人民戦線内閣が成立〕――全体の書類を再審査する。書類は、印璽部の職員によって報告官、副報告官の許に届けられる。この帰化の全書類の再審査では、一年、また一年とみていくわけだが、何よりもユダヤ人に目星を付けることがめざされ、その大多数の帰化が取り消されることになる。例外は、当人がフランスに対し「尋常ならぬ貢献」をしているか、または戦争捕虜になっている場合だった。

委員会は一九四〇年九月のその活動の当初から、月々、ユダヤ人を別途にカウントしていた。計上されるのは検査した書類の件数、および「被撤回者」〔公式に使われた呼称〕の数である。特別な欄があり、そこにユダヤ人の数と、その割合が記される。ただ、ユダヤ人を識別するのに、委員会は個別の調書といったものは使わなかった。パリ警視庁保有のそれ[114]も、より一般的に北部地域〔ドイツ軍の直接占領地域〕で初期にドイツ占領軍当局の要求でつくられたそれも用いられない。後者は、一九四〇年九月二七日付の軍司令官命令によるもので、申告の期限は四〇年一〇月二〇日だった[115]。ところが、帰化再審査委員会は一九四〇年の九月と一〇月に、占領地域、非占領地域を問わず、ユダヤ人と非ユダヤ人を区別しながら、帰化を取り消された者の分類を行なっている[116]。その分類を行なうのに、委員会はむしろ姓、名のような「指標」、または帰化申請書類から直接みちびかれる記録、さらには、帰化したユダヤ人の出身国のいくつかでは宗教当局によって発給されていることもある出生証明書を参考にしている[117]。

しかし、委員会はたちまちいくつかの困難にぶつかる。その申請書類を直接検討することからユダヤ人の帰化の取り消しを始めたのだが、委員会の基本方針は、戦争捕虜の帰化取り消しには猶予を与えるというものだった。ところが、当人が帰化をしたその時期にどういう状況にあったかを踏まえる補足的調査なしに、捕虜となった者の帰化取り消しの決定を下していた[118]。そこで、委員会としては、県庁における調査を組織的に行なわざるをえなくなる。その一方、報告官と副報告官はすべての書類を調べ、ユダヤ人に目星を付けようとこころみる。いったん一個の書類が選び出されると、ただちに小委員会の一つに回され、次いで委員会は、民事・印璽部長の仲介により、書簡で当人の住所のある県の知事に次のように依頼をする。

　この元外国人、および、家族がいればその家族成員に関してできるだけ速やかに完全な調査の実施をお願いいたします。調査は特に、素行、道徳性、国民としての態度について問うものです。本人にもし平時および戦時下の兵役があれば、それ（負傷、表彰、捕虜）について詳細にお示しください。その上で、当事者についてフランス国籍の維持、または剝奪について決定を下すことの適切性に関し、貴職のご意見を明瞭に表明していただければ幸いです[119]。

続いて、役所側からの回答がある。たとえば、パリ警視庁は一九四一年二月二四日、司法相宛てにこう書き送っている。

　貴職より［……］についての情報を求められました。以下、謹んでお報せします。当人は一九三九年八月二七日、第二一地域連隊に入隊し、第一九部隊（落下傘兵迎撃集団）に配属され、一九四〇年八月一六日、動員解除になりました。前部隊長からの感状の持ち主です。［……］職業は巡回古物商で、収入は平均週五〇〇フランです。当人は、素行、道徳性の点からも、政治的・国民的な観点からもなんら特記すべき対象ではなく、その忠誠心に疑わしいものはみられません。〔委員会の内部資料には〕国家的利益にならない（ユダヤ人）とありますが、戦時中、明らかに異常な行動は何もありませんでした。

〔この件についての〕第一小委員会の決定は一九四一年六月七日に下された。一九四一年七月一九日付の公示（四一年七月二三日付官報）により、一家全体の帰化が取り消しとなっている。

一ユダヤ人の書類の「典型的な」流れ方を示せば、次のようになる。帰化再審査委員会による予備選別、県知事への補足的な調査および所見の依頼、大半のケースでフランス国籍の維持について好意的ないし中立的見解。書類がパリの警視庁から戻ってくるとき、書簡はしばしば以下のように結論されている。「Xはなんら特記すべき対象ではなく、政治的・国民的観点からも注意を引くものはありません」。しかしながら、委員会の見解はほとんどつねに不利なものとなり、帰化取り消しが決定されている。当人がユダヤ人であり、「国家的利益にならない」からである、と。委員会は、当の人物がユダヤ的出自であることを知っている。たとえ知事の報告が中立的であっても、委員会と協働する総合情報室〔ヴィシー政府による一九四一年設置の言論の情報収集・統制、メディア検閲の機関〕によって記入され、添付される情報カードには、当人の宗教が含まれていたからである。

一九三六年の帰化書類が終わると、委員会は一九三九年、次いで四〇年へと取りかかる。一九四一年の末には、三九年の決定のほとんどと、四〇年のそれの一部の審査を終えていた。一九四二年が始まると、委員会は、一九三六年に最も近い年（一九三七年、三八年）から始めて、次いでそこから離れて（一九三五年、三四年、三三年）、一九二七年までと、一年また一年と書類審査を進める。[120]委員会はさらに、保健省（医師、歯科医師等に関する質問で）、弁護士会、ユダヤ人問題総合委員会とも緊密に協働して作業する。この協働作業とは実は、冷酷な論理を適用し、二重のギロチンの刃を落下させるというものである。まず仕事《メティエ》からの排除、次いで国籍からの排除である。一九四一年三月三〇日、家族問題担当閣外相は、一九四〇年八月一六日法の適用により、あらかじめ一〇日間の職業遂行禁止処分を受けたユダヤ人帰化者の外科医、歯科医、薬剤師のリストを送ってきた。帰化によりフランス人になったこれら外科医、歯科医、薬剤師のすべての書類が委員会に提出され、委員会は「大部分のケースについて」フランス国籍の取り上げという見解を示す[121]。

ユダヤ人に狙いを定めたこうしたやり方と並行して、若干の帰化取り消しの書類は、通報（*signalement*）という別の回路を経ている。内務省は、一九四〇年八月一〇日以降、県知事に、以下の理由で帰化取り消しをしてもよいと思われる人物を通報するようにと求めている。軽罪または重罪を犯したこと、国家的利益に反するような意見または行動を示したこと。四〇年一〇月一二日付通達でもこれを繰り返している。パリ警視庁は、「わが国の国籍剥奪の提案をするのに足りる理由にできる、当該人物への刑の宣告」につき十分速やかに情報が得られないと不満を述べ[122]、司法省次官のジョルジュ・デイラスは四一年八月九日、検事総長に、帰化した〔元〕外国人によって犯された違法行為、それらについての起訴、下された有罪判決を遅滞なく報告するようにと要請している[123]。

フランスにおける第一の外国人コミュニティはイタリア人のそれであり、「通報」という方式に従えば、「被撤回者」のうちで第一の国籍を占めるのが彼らである。そのうちで筆者らが検討を加えた百件ほどの書類によれば、四四七六人の帰化取り消しとされたイタリア人は、大きくは二つのカテゴリーに分けられる。すなわち、しばしば未成年である軽罪を犯した者と、しばしばコミュニストである「政治犯」がそれである。「一九四一年三月五日、まだ地中に残る収穫物の窃盗に対し二カ月の懲役と一〇〇フランの罰金を宣せられた者」、「コミュニストであると知事によって通報された」、「国民革命の成果に敵対的な元人民戦線の活動家」。「以下のような言論があった――〝ペタン元帥と外人部隊糞くらえ、イギリスの爆弾がヴィシーに落ちるにちがいない、ダカール爆撃は見事だった〟。仕事仲間を装う警察の回し者Xによって密告された」。有罪宣告を受けた者がもし帰化者ならば、すべて帰化取り消しとなった。親イタリア派のいくつかのケースも通報に値するとされた。「親イタリアの敗北主義者の言動も、六カ月の入獄を招いた」。

そして、自ら求めて帰化の取り消しを受けた者もいた。非常に多かったのが戦争勃発前にフランスに帰化した者であり、彼らはイタリア国籍への復帰を望んだ。それがイタリアに帰国できる条件だったからである[124]。司法省はイタリア政府を満足させるべく一九四三年まで帰化取り消しを求めるイタリア人にその手続きを行なっている。ムッソリーニの失脚〔ファシズム大評議会の不信任を受け、同年七月二五日、国王に逮捕される〕があって、直後の四三年八月初めから司法省は政策を変える。これら「イタリア系フランス人」が労役の義務を免れないようにするため、である。「この時点まで、彼らの忠誠義務の欠如の明白な証拠が、彼らの意に反してフランス国籍の剝奪を生んだのであり、それは帰化再審査に関する一九四〇年七月二二日法によって簡略に宣せられた。こうした措置は名誉を傷つける性質のものなのに、これら尊敬に値しない諸個人には大きな全き満足を与える結果となる[125]」。一九四三年八月二日以降、これらイタリア人は「忠誠義務の絆の解除」の手続きに服する。これは、すべてのフランス人はフランスとの絆の切断を要求できるということによるものだが、しかし時間のかかるうんざりするような手続きで、特に外国に居住しているという条件でしか達せられないものである。

けっきょく、二つの手続きは、作動する二つの矛盾する論理を反映している[126]。まずユダヤ人は大多数のケースで帰化取り消しとなる。扱われた書類の七八％がこれにあたる。例外は、彼らがフランスの「国家的利益」を代表している場合か、捕虜になっている場合である。他方、非ユダヤ人は、例外的にしか帰化取り消しに遭わず、それは犯罪を犯した場合か、または国民のなかの不良分子と認知させるような意見を表明した場合に限られた。

一九四二年の初めに一九四〇年、四一年の統計が発表され、九六〇八件の帰化取り消しが行なわれていて、うちユダヤ人は三四七九件で、全体の三六・二％を占めることが明らかになる。しかし委員会の熱意にもかかわらず、この作業のリズムは政府のかかげる目的に完全には対応していない。とりわけ、ユダヤ人の数と割合は占領軍を満足させない。

委員会の作業は早々に速度を緩めてしまうが、第一の理由は、その固有の作業方法にある。ユダヤ人と推定される帰化者の書類を選別するのに、委員会はまず、帰化を認める告示の出された順にたどろうとした。だが、書類のほうは受理された時点での係への到着順に分類されているので、このやり方は大きな混乱を引き起こした。書類の番号は混ぜっ返されてしまい、若干の書類は見つからなくなっていた[127]。要するに、後に帰化の担当官の一人はこう証言している。「われわれはかなり速やかに告示の順序を負うのをやめ、年ごとに書類をみるようになった。すなわち申請書類に付された受理番号に従い、時間順にたどるようにした[128]」。次いで、委員会の作業は、最初予想もしなかった不服申し

国籍別の帰化取り消し件数（1940-44年）

	1927年8月-40年12月に帰化した者		1940-44年に帰化を取り消された者（推定）		帰化を取り消された者／帰化した者
イタリア人	259,640	53.0%	4,476	29.5%	1.7%
ポーランド人	48,205	9.0%	2,963	19.6%	6.1%
スペイン人	55,131	11.4%	1,062	7.0%	6.7%
ロシア人	14,918	3.1%	1,013	6.7%	6.8%
ルーマニア人	3,971	0.8%	756	5.0%	19.0%
トルコ人	9,113	1.9%	629	4.1%	6.9%
ドイツ人	19,719	4.1%	468	3.1%	2.4%
ベルギー人	31,042	6.4%	277	1.8%	0.9%
ギリシャ人	2,383	0.5%	242	1.6%	10.2%
スイス人	13,645	2.8%	233	1.5%	1.7%
ハンガリー人	2,516	0.5%	228	1.5%	9.1%
チェコスロヴァキア人	4,985	1.0%	171	1.1%	3.4%
オーストリア人	1,388	0.3%	105	0.7%	7.6%
ポルトガル人	4,209	0.9%	93	0.6%	2.2%
ユーゴスラヴィア人	2,042	0.4%	52	0.3%	2.5%
国籍不詳			1,733	11.4%	
計	485,200	100.0%	15,154	100.0%	3.1%

1943年9月8日におけるユダヤ人の帰化取り消し数

	1927-40年の帰化総数	1943年8月26日	1943年8月27日	1943年9月8日	1943年8月27日の取り消し数／帰化総数
総 数	485,200	16,508	17,964	?	3.7%
内ユダヤ人	23,648	6,307	7,053	7,055	29.8%
ユダヤ人／総数	4.9%	38.2%	39.3%	?	

出　所：LAGUERRE Bernard, « Les dénaturalisés de Vichy 1940-1944 », *Vingtième Siècle*, n° 20, octobre-décembre 1988, p. 3-15.

立ての手続きの問題にぶつかり、速度を緩めることになった。

一九四〇年一一月一日の最初のデクレが公にした五〇〇〇件の帰化取り消しのなかに、一九三〇年代の政治的介入によって帰化が認められ、うち何人かは、ヴィシー政府内でも強い支持を得ているといった人物が含まれていた。アンジェロ・タスカとジョルジュ・モンタンドンのケースである。

アンジェロ・タスカは、イタリア共産党の共同創立者の一人で、反ファシズム闘士、一九三〇年にフランスにやって来て、社会党（ＳＦＩＯ）の活動家となり、人民戦線の時である三六年八月七日に帰化。これは司法大臣の決定によるもので、行政当局はこれに反対の見解をとっていた[129]。この件は若干物議をかもし、「アクシオン・フランセーズ」紙は、当時の司法相マルク・リュカールに宛てた外務大臣次官補でタスカの友人のヴィエノのとりなしを求める書簡の写しを掲載している[130]。そして一九四〇年九月二五日、印璽部は一パリ市民Ｍの訪問を受ける。同人は、かつての件《くだん》の介入を想起させ、これを糾弾し、タスカの書類を委員会の再審査にかけるよう要求した。これがなされ、四〇年一一月一日の最初の帰化取り消しのデクレで、アンジェロ・タスカの帰化は無効とされた。かれは「国内の政治闘争に参加し、在仏外国人が遵守すべき節度をひどく欠いており」、一方、その帰化は「もっぱら性急な政治的介入によって、行政の反対を押してなされており」、もう一点、「家族全体はイタリアに残ったままであり、国家的観点からも利益なき帰化だった[131]」とされた。タスカは四〇年一一月一二日、この措置に抗議を表明し、新体制の「左派」からも複数の支持の書簡が寄せられた。工業生産労働大臣のルネ・ブラン[132]、ガストン・ベルジュリ[133]、モアッセ、フーク＝デュパルク、フランス共産党創立者で元大臣のフロッサール、アリエ県選出代議士のポール・リヴは、タスカに有利な証言をする。アンドル県選出のＳＦＩＯ代議士フランソワ・シャッセーニュはこう書くまでした。「ヴィシーでは、国民議会の開会後、タスカは多くの社会党代議士をペタン元帥支持に向かわせるのに決定的役割を演じた。彼らはタスカの助言に特に耳を傾けた。まず、かれは議員たちを駆って、一人また一人と議会の投票に赴かせた〔一九四〇年七月一〇日両院合同議会におけるペタンへの全権委任の投票〕。以来、だれか疑問を感じて躊躇している者がいると、かれは倦むことなく捉え、自分の側に引き戻すのだった」。一九四〇年一一月二八日、司法省官房長フォン＝レオーは、帰化再審査委員会に、「かれへの新たな見解を可及的速やかに提示していただきたい」と求めている。同省の官房は待ちかねるように、委員会委員長のルーセルに、「本官房では、当人に寛大な決定が速やかに下されることを希望します」とその意を伝える。四一年一月一一日、委員会はその全体会で多数決により、「帰化取り消しのデクレが撤回されることに反対しない」と決定する。

委員会はもう一つのケース、ジョルジュ・モンタンドンのそれでも再審査にみちびかれるのであるが、かれのためにはヴィシー体制の極右少数派が介入してくる。

ジョルジュ・モンタンドン。一八七九年スイス生まれ。医学博士。一九二五年に来仏。二七年までパリ国立博物館の人類学研究室に勤務。一九三一年にパリ人類学学校の講師。一九三三年、この年、かれは帰化を申請し、学長ルイ・マランによって民族学講座の正教授に任命された[134]。しかし、その帰化はストップされる。なぜなら、スイス時代にモンタンドンはボルシェヴィキ派としての共感を表明し、さらに一九二二－二五年にはコミュニストとしての活動があったからである。いずれにせよ、在仏スイス領事からは、ソヴィエト党の領袖であり、その破壊活動によってスイスでは刑の判決を受けている旨通報されていた。そのかれが帰化できたのは、国務大臣になっていたルイ・マランの確固たる口添えがあったからであり、これは一九三六年一月一五日、司法大臣宛てになされている。「あの時期にこの学者によってとられた態度を、私は知らないわけではありません。しかし、一〇年来かれを知り、ずっとその後もみており、かれが完全に変わったことも知っております」。この過去の政治的態度と、その〔マランの〕介入が理由とされて、モンタンドンは一九四〇年一一月一日、帰化取り消しとなっている。帰化して以降、一九三七年以来、かれは専門家となり、明らかに反ユダヤ主義的な記事・論文を増やしていく。[135] かれに言わせると、ユダヤ民族の諸々の性格――「淫売民族」――は、彼らを追放者のブラックリストに載せるのを正当化してきた。一九四〇年四月にはこう公言する。「私がヒトラーの教説に従ったといわれるが、いい加減な言い草だ、むしろヒトラーが私の説を奪ったのだ。戦争中で相互の同意なしにかれはこの説を実現に移したのである」。[136] 一九四〇年七月、新雑誌「フランス民族」（*L'Ethnie française*）を創刊し、同誌は、ペタンの政治と仏独の接近を支持し、「ラ・ジェルブ」〔一九四〇年にA・シャトーブリアンの創刊した右翼系週刊誌〕にも寄稿した。一一月一〇日、モンタンドンがペタン元帥宛てに帰化取り消しの撤回を求める手紙を送るや、これへの支持が体制の極右を代表する面々からやってくる。編集者のジャック・ベルナール、「メルキュール・ド・フランス」、ジョルジュ・パイヨ、弁護士フェリクス・コルメ・ダージュ、パリ市会議員で後のユダヤ人問題総合委員会委員ルイ・ダルキエ・ド・ペルポワなど。

ルイ・フェルディナン・セリーヌ〔医師、作家。『夜の果てへの旅』でセンセーションを巻き起こす。反ユダヤ主義的な著作により戦犯となる〕も、四一年一月一六日、委員会の委員長宛てに筆をとり、権威として、かれに反ユダヤ主義の特許状を与える。[137]

委員長殿

数年来の知己であるモンタンドン教授は、私の前でも、公的にも私的にも、かつていかなるマルクス主義的・ソヴィエト的・ボルシェヴィキ的・アナーキスト的感情も披歴したことがないことを証明します。

私がモンタンドン教授を知るのは、もっぱらその科学的著作と反ユダヤ主義的作品によってであります。

おそらくこう考察することが許されましょう。モンタンドン教授ほど確固とした反ユダヤ主義者が、同時にコミュニストであることは困難に感じられる、と。この二つの信念表明は実際には今なお相容れないものでありまして、モンタンドン氏は間違いなく私の知る最も確固たる反ユダヤ主義者であり、最も決然とし、よく武装された揺るぎない人であります。

敬具

L－F・セリーヌ

それから数日後、委員会が召集された。多数により、「委員会としては、政府がとるべきだとした当人に好意的な諸措置に反対しなければならないとは考えない」という無難な見解が表明された。

だが、決定の無効を可能にするためには「法的枠組み」が必要である。一九四〇年七月二二日法はこれを想定していなかったので、四一年三月二一日付の一法律が帰化取り消しに関し、特赦の道を開くための再審査について定めることになった。すなわち、不服申し立てには三カ月、戦争による特別な事情のある場合（たとえば捕虜になった場合）には六カ月の猶予を認めるとし、当事者は帰化の認められた後に出来《しゅったい》した新たな事実を援用できるとした[138]。タスカの国籍回復のデクレはその翌日、一九四一年三月二二日に発せられ、モンタンドンのそれは同年七月二七日であった。以後、特赦を求める申し立てが委員会の活動を揺り動かすようになる。コンセイユ・デタも、その副院長の指揮の下、帰化取り消しについて不服申し立ての訴えができないわけではないと判断を下しただけに、申し立てがそれこそ雨のように降り注ぐことになった[139]。

そして、帰化取り消しにおける委員会の活動がそれほど決定的でないと感じられるようになると、活動のスピードは鈍る。当初、その手続きは正当と感じられた。委員会は全会一致であり、熱意がみられた。自身もその一員で、後のペタン裁判で主任検事となるモルネは、後にこう明言する。「その恩恵に値しない」外国人に認めた帰化を見直すということ、それは「〔当初は〕フランスの敗北を助長した分子たちの追及と相関しているとみられていた[140]」。ところが、次第に委員会の若干のメンバーの、ないし行政の担当官の態度が変わっていった。

一九四一年八月、九月、委員会は通常なら週に九回の小委員会と二回の全体会が開かれるべきところ、全体会が二回あっただけだった。それだけではない。週二回の会合はしばしば、帰化取り消しのデクレに対して特赦を求める不服申し立ての審査に充てられる。「委員会は事実上、この無視できない課題に最大限に精力を傾けることが必要と判断した。実際、その当事者にも公衆にも帰化の再審査が先入見によるものではないと確信してもらうことが重要である[141]〔……〕」。審査された書類は、それ以前の四半期で三万件以上だったのに対し、一万四七七七件にとどまる。それだけではなく、四一年の第三四半期、すなわち最初のパリの外国人のユダヤ人の逮捕（四一年五月一四日）〔仏独警察により三七四七人が逮捕され、国内の収容所に入れられた。翌年七月のユダヤ人大量逮捕（ベル・ディヴ事件）の最初の序奏〕

の時にあたる時期で、作業は滞りをみせる。帰化取り消しは、同年第二四半期の一一七三件に対し、九七五件となっている。

一九四一年第四四半期にはその生産性は回復し（一八八五件）、四二年第一四半期へと続く（一七二九件）。するとまた、四二年の第二四半期を通じては、これが中断される。具体的にいうと、一九四二年三月二八日から八月三日の間、まったくデクレが発せられていない。これは、ベルナール・ラゲールが強調するように、[142]ドランシー〔逮捕されたユダヤ人のための収容所の置かれたパリ近郊の町〕からの追放者の最初の移送貨車の出発と七月の仏独協定の適用の間の時期である。その協定とは、ユダヤ人の逮捕と追放〔移送〕へのフランス警察の協力を取り決めたもので、これは特に四二年七月一六日、一七日のベル・ディヴの一斉逮捕〔計一万二〇〇〇人を超えるユダヤ人が逮捕され、そのうち多数がパリ市内の自転車競技場（通称ベル・ディヴ）に過酷な条件で留め置かれた〕に威力を発揮する。この時まで、帰化を取り消されたユダヤ人たちは、特別なキャンプへの収容か、または外国人労働者の集団への配置がなされるべきとされた。[143]

モルネは、その一九四八年の証言でこう述べている。

しかしながら、占領軍当局が裁量で若干の印刷物のなかで描く反ユダヤ主義は、私の見方に影響しなかった。すぐに気づいたことには、委員会のメンバーたちはまったく真面目で、反対があっても屈せずに判断を下すことに努め、ほとんどが対独協力の政治といったものに嫌悪感を抱いていた。ただ、多くはペタンに盲目的信頼を寄せていて、それが、かれの人種政策の補助物をなしていた。反ユダヤ主義者であることを否定しながらも、繰り返し正当化されてきた諸決定、

郵便はがき

料金受取人払郵便

神田局
承認

8080

差出有効期間
2020年1月
31日まで

切手を貼らずに
お出し下さい。

101-8796

537

【受　取　人】

東京都千代田区外神田6-9-5

株式会社 **明石書店** 読者通信係 行

お買い上げ、ありがとうございました。
今後の出版物の参考といたしたく、ご記入、ご投函いただければ幸いに存じます。

ふりがな お名前	年齢	性別

ご住所　〒　　　-

TEL　(　　　)　　FAX　(　　　)

メールアドレス	ご職業（または学校名）

＊図書目録のご希望 □ある □ない	＊ジャンル別などのご案内（不定期）のご希望 □ある：ジャンル（ □ない

書籍のタイトル

◆本書を何でお知りになりましたか？

□新聞・雑誌の広告…掲載紙誌名［　　　　　　　　　　　　　　　　　　　　］
□書評・紹介記事……掲載紙誌名［　　　　　　　　　　　　　　　　　　　　］
□店頭で　□知人のすすめ　□弊社からの案内　□弊社ホームページ
□ネット書店［　　　　　　　　　　　］　□その他［　　　　　　　　　　　］

◆本書についてのご意見・ご感想

■定価	□安い（満足）	□ほどほど	□高い（不満）
■カバーデザイン	□良い	□ふつう	□悪い・ふさわしくない
■内容	□良い	□ふつう	□期待はずれ

■その他お気づきの点、ご質問、ご感想など、ご自由にお書き下さい。

◆本書をお買い上げの書店

［　　　　　　　市・区・町・村　　　　　　　書店　　　　　　　店］

◆今後どのような書籍をお望みですか？

今関心をお持ちのテーマ・人・ジャンル、また翻訳希望の本など、何でもお書き下さい。

◆ご購読紙　(1)朝日　(2)読売　(3)毎日　(4)日経　(5)その他［　　　　　　　新聞］

◆定期ご購読の雑誌［　　　　　　　　　　　　　　　　　　］

ご協力ありがとうございました。

ご意見などを弊社ホームページなどでご紹介させていただくことがあります。　□諾　□否

◆ご 注 文 書◆　このハガキで弊社刊行物をご注文いただけます。

□ご指定の書店でお受取り……下欄に書店名と所在地域、わかれば電話番号をご記入下さい。
□代金引換郵便にてお受取り…送料+手数料として300円かかります(表記ご住所宛のみ)。

書名	冊
書名	冊

ご指定の書店・支店名	書店の所在地域　都・道 府・県　市・区 町・村
	書店の電話番号　（　　　　）

およびユダヤ人への先入見のみが説明してくれる国籍の取り消しを依然として宣し続けていた。これらの条件下で、私は身を退くという意図を告げたが、ユダヤ人のなかにいる友人で、私に地位にとどまって影響力を行使してほしいとしきりに懇願する者の激しい働きかけがあっては、それができただろうか。私の影響力については、ブリノン〔ジャーナリスト出身の、代表的な対独協力派の政治家。ヴィシー政府のパリ代表。戦後、死刑判決を受け処刑される〕からラヴァルへの一九四二年八月の書簡を見るなら、おそらく無益なものではなかったと評価してもらえよう[144]。

事実、一九四三年八月二日、ブリノンはラヴァル〔首相〕に一筆し、「評定官モルネ氏の帰化取り消しへの敵意がいっそう増し、その影響力が〔……〕委員会のなかで強まったこと」を理由に「これまでの少なくて話にならない成果」を説明した上で「かれが同僚たちに行使した影響力が、現在みられる麻痺状態をもたらしたといえましょう[145]」としている。

モルネの影響だけではない。印璽部の内部にも抵抗する行動があったのは事実だと思われる。一九四四年の一月と二月に同部署の二人の人物の間に対立が生じた際の、司法行政監査官のメンバーのドーテの証言を信じるなら、そうである。このケースでは、一人が、同じ街区に住む何人かのユダヤ人の書類を抜き取り、委員会の審査を免れさせたとして追及を受けていた。ドーテが述べるには、調査してみて密かに知ったことがある。「印璽部の職員がある状況に目をとめ、それが委員会のこれまでの解釈例に照らして不利な特徴を示しているとみて、その書類をモルネ委員長の主宰する小委員会に回そうと努めている。〔……〕だが、再審にかけられる者すべてがこの幸運との出会いを利用できるわけではなかった[146]」。帰化取り消し二〇〇件の決定を調べてみたところ、第二小委員会でとられたより有利な決定が、次の全体会で覆されることが一再ならずあったことがわかる。実際はといえば、この小委員会にかけられるユダヤ人の書類は次第に減っていき、同小委員会には、あらゆる国籍の軽罪または重罪の受刑者や若干の親ファシストの元イタリア人のフランス人がゆだねられるようになる。やる気のなさは県庁等のレベルでも表れる。一九四三年八月、二万件の申請書の補足的調査が未完のままだった。

作業が緩慢になっていることが、長く占領軍当局の目を逃れていることはできない。一九四二年六月三日の官報がユダヤ人を含むフランス国籍の取り消しの無効を公示した機会をとらえ、当局は介入する。四二年八月一八日、フランスにおけるゲシュタポの長、ハインツ・レトゥケ中佐は、ユダヤ人問題総合委員会にこれを糺《ただ》す。後者はただちに司法省に、「東方ユダヤ人や、イタリアからの亡命外国人にフランス国籍剝奪を告げた若干のデクレを無効とした理由」を照会している。

印璽部の課長はこう回答する。「ユダヤ人問題総合委員会委員長殿のお尋ねの件の詳細は、まったく秘匿すべき性格のものであります。その上、手掛りを提供すれば、裁量権にもとづき政府の行なう決定を左右することもありうるだけに、同封の質問書に満足を与えることはむずかしく思われます」。次いで、司法相はその見解として「ユダヤ人問題総合委員会（ＣＧＱＪ）委員長殿に、その要求を満足させることはできない、と伝えるのは当然である」[147]と述べる。

翌一九四三年五月二六日、ＣＧＱＪは、五月一八日付のレトゥケの次の覚書を司法相に伝達する。

　前記の私の書簡（一八／〇八／四二、五・一二、二六／〇二／四三）について三度目の確認をし、かつこれに大至急回答を求めるものであります。また、今日までこれらの書簡に回答がないことの理由もお伝えください。それが官吏または雇員の過誤によるものならば、処分を要求します。三度の督促による私の側からの要求に対するこのような延引的な行動様式に、私は応じるすべをもちません。場合によっては、別の措置をとることを留保するものであります。

ダルキエ・ド・ペルポワはレトゥケ宛てに[148]、それらの決定の理由をバルテルミーから聞くことができなかったが、新司法大臣のガボルドから答えが得られると期待する、と書き送っている[149]。

帰化取り消しの件数に比べれば、そうしたケースは件数としてとるに足りない。不服申し立てが認められた者は、次のように分類される。その一つは、普通ではない特別な資格をもっていること。一九四一年六月二一日に帰化が取り消されたある者が四二年五月二九日にフランス国籍を回復していて、理由は、同人が「技術者および操縦者の特別な資質をフランスの航空技術に役立て、わが国に偉大な貢献をし、現在もなお重要な事業を遂行中であるから」とある。他のケースは、一九三八年五月五日に帰化が許可され、四一年六月一日に「被撤回者」となり、その後その権利を回復している。理由は、「D・aは医師であり、その誠実さと職業的良心がさまざまな貴顕、とりわけ少なからぬ同僚医師たちによって証明されているからである[150]」。また軍役にあってめざましい働きをし、あるいは戦時の作戦行動中に捕虜になっている者たちもいる。別のある事案では、その姓を誤って考慮に入れ、ユダヤ教に属しているとの先入見をもってしまっていた[151]。ほかに次のような例もある。パリ大学法学部の助手で、司法大臣の個人的な介入がなされたもので、ユダヤ系ドイツ人の両親からフランスで生まれ、一九一三年に帰化したが、一八年に帰化を取り消され、三六年に国籍が回復され、四〇年に再び帰化取り消しの措置を受けていた[152]。

ともあれ、司法相は一九四三年六月四日、ＣＧＱＪにこう回答している。

一九四二年八月二六日に寄せられたこの点の情報の要求には、四二年九月二八日付書簡でお答えしました。占領軍当局が強く求めてきたため、私としては次のように言明すべきだと考えます。法は、フランス国籍取り消しのデクレの対象である諸個人に、彼らに課せられた措置へ不服を申し立て、特赦を求めることを可能にしている、と。その申し立ては帰化再審査委員会の審査に付され、同委員会が見解をまとめます。〔……〕同委員会を構成する専門の司法官、行政官が、各係争ケースについてまったく独立に慎重審議しますから、そうして得られた見解を尊重すれば、行なわれるそれらの措置は十分正当化されるものです。こうした方式は、帰化再審査委員会の刺激の下になされる重要な浄化作業のなかに、たまたま紛れ込んでしまう錯誤を正すために定められたもので、犯された不公正をつぐなうことを可能にしてきました。

この出来事がおそらく占領当局の怒りを買う因となり、最初の書簡を送って以降の行動を決定づけたと思われる。いずれにせよ、一九四二年九月以降、司法省は帰化取り消し関係の書類を手放したように思われる。ピエール・ラヴァル、次いで一九四二年五月以降警察長官となるルネ・ブスケの掌中に置かれる。フランスの警察と政府は、フランス人であるユダヤ人を協力して逮捕し移送することは望まず、そこで、両者の交渉が始まる。一九二七年法施行以来のユダヤ人の帰化者につき「全員まとめて」その取り消しを行なうことはできないか、と。ピエール・ラヴァルは、一九三三年以降にフランス国籍を取得したユダヤ人の引き渡しに同意を与えたが[153]、ＣＧＱＪは、一九二七年以降を、と主張した。最終的には、ルネ・ブスケが四月初めにガボルドに、一九三二年一月一日以降帰化したユダヤ人の帰化取り消しを定める法律とデクレを準備するように要求する。ガボルドの署名になるその原案は、一九四三年四月一〇日一九時にブスケに提出され、その施行令も準備される。法案では次の言葉が繰り返される。「一九四一年六月二日法の諸項によりユダヤ人とみなされる外国人に、一九三二年一月一日以降適用されてきた帰化のデクレは、当然に、かつ正当に破棄される」。その適用除外に想定されたのは、退役軍人と戦争捕虜である。一九四三年四月一二日、ブスケはその案をハーゲンに送達する。フランスにおけるSD〔親衛隊保安部〕の代表者クノヒェン大佐は、一九二七年の選択を強く主張した。そうすればはるかに多くのユダヤ人を含み、強制収容所に送ることができよう、と。ダルキエも同じ立場を支持し、けっきょく、一九四三年六月一一日、占領地帯におけるブスケの代表者であるジャン・ルグエイは、レトゥケに一九二七年八月一〇日という日付を想定する政府の最終案を伝える。近く予定される法の公布に備え、ドイツ当局は警視庁に要請し、一九四三年七月一五日を目途とする一斉検挙を告げるが、これは次いで二三日、二四日へと延期される。[154] ところが、警視総監ビュッシエールは、ドイツの計画には問題があるのではないか、とガボルドに警告し、かれの署名になる法の解釈と、ブスケの提案について質問してくる。いったい法の第一条は適用すべきなのか。同条には、フランス国籍を取り消されたユダヤ人男性と結婚しているユダヤ人女性は、たとえ生まれながらのフランス人であってもフランス国籍を失う、とあるが。また、未成年の子どもはどうするのか。彼らはユダヤ人でないことも、生まれながらのフランス人であることもあり、帰化ではなくオプションでフランス人になっていることもあるのに。[155]

ラヴァルは七月二五日、法の公布の停止を決定する。この局面転換には二つの要素が働いたようである。まず、最近の出来事への認識があり、ソヴィエト軍は二月一日のスターリングラードの終幕後、ウクライナへと進軍し、連合軍は七月一〇日、シチリア上陸を果たし、ムッソリーニはまさしくこの七月二五日に失脚している[156]。さらにペタン自身の立場の問題もある。かれは司教団の名によるシャプリ枢機卿の訪問を受け、心を動かされたようで、後者は教皇ピオ一二世のメッセージを携えていた。それは、ペタンが反ユダヤ人の新たな措置を許容する立場にあるのかどうか懸念を示し、元帥の魂の救済に憂慮を示すものだった[157]。ペタンは、八月二四日に訪ねてきたブリノンに、自分の心の内を確かめるようにしながら、こう語る。フランス人市民になっている者の帰化を一斉に反故にし、これをただちにドイツ人が収容所に送り込む、などということに自分は責任をもつことはできない、と。かれが望んだのは、各ケースを個々に審査することをなお続けること、その上で作業をなるべく迅速に行なうと約束した。ちなみに、委員会は、かけられるユダヤ人の書類の多数、すなわち七八％のケースの帰化取り消しを行なっていた[158]。ただ、審査は委員会としての方法で行なわれて、ナチの反ユダヤ主義方式を上から命じることは欲しなかった[159]。

クノヒェンは新法案をわずかに修正したものをラヴァルに署名させようとしていたが、八月七日ラヴァルは最終的に、帰化取り消しについての新法案には署名しないと告げる[160]。もし法案通りに帰化を取り消せば、ドイツへの移送が行なわれることになるが、そんな勢子まがいにことを進める役割は演じたくなかった[161]。同八月二七日、ブリノンは、クノヒェンとその副官の将校ハーゲンに、帰化取り消し委員会の活動を元に戻したいという「元帥によって表明され、私への指示のなかに込められた希望」を伝えている[162]。そしてかれがラヴァルへの電報で知らせるには、ドイツ当局が、行なわれようとしている方式を承認していくかどうかは、各週ごとに知らされる成果の大きさ次第であるとした。ペタンは八月二八日、帰化取り消し委員会委員長のルーセルと会見する[163]。印璽部の人員を大幅に増やし、それにより一般分類に置かれたすべての申請書類の特別審査がこころみられ、それまで対象とされなかった「ユダヤ人と推定される者」の書類が見出され、以後、これを調査の対象とすることが可能となる[164]。委員会の活動は新たなリズムで動くようになり、決定済みの帰化取り消し件数は、一九四二年第三四半期一四七三件、同第四四半期一四四一件、四三年第一四半期四二五件、同第二四半期一一九七件だったのが、四三年九月一カ月だけで、一五五五件の決定が行なわれた[165]。フランス解放《リベラシオン》の時点〔一九四四年八月二五日〕でも、帰化取り消し委員会は無慈悲にも、その活動を続けていた。まだ審査の終わっていないユダヤ人一万四〇〇〇人の調査要求の結果を待っていたのだ[166]。それのみか、委員会は、フランス生まれの外国人ユダヤ人の子どもで、特に両親の届出のみでフランス国籍を取得した者の再審査をも提案していた。「特に微妙な問題をはらむ審査だが、多数の人間に影響するところがあり、また印璽部には多大の調査の負担をかけるものである[167]」。

しかし、ゲシュタポはすでに一九四三年八月一九日、ブスケとの間に交わされた協定を激しく非難していた。すなわち、二つの地域の外国人または無国籍のユダヤ人との交換で、フランス人であるユダヤ人が逮捕も移送も免れることを可能とする暫定的除外を、である[168]。

一九四四年六月には、ヴィシー体制の諸計画のうち、フランス国籍を奪われて残っている男女、子どもは一万五一五四人にすぎなかった[169]。そのうちの帰化を取り消されたユダヤ人の大半がドイツへの移送に貢献することになろう[170]。けっきょく、足かけ四年の間に、一〇〇万人以上のフランス人が国籍喪失の脅威の下にあり、もしユダヤ人であれば、間違いなくナチ占領軍に引き渡されるという恐怖のなかに生きたのだ。

この四年間を、もしも二つの視角の対立、すなわち民族的・人種的ないし宗教的な同化不可能性の論理と、個人的・制限主義的な論理との対立と解釈するなら、前者の勝利は全面的なものではなかった。レイシストの論理は、新立法や占領下の四年間に行なわれた帰化においてユダヤ人のフランス国籍へのアクセスを阻止すること、一九四〇年七月二二日法によって全該当ユダヤ人の帰化を取り消すこと、にあったが、これは体制の直接の支配に服する政策という側面でのみ勝利する。帰化という分野では生物学的レイシズム（アーリア人性への言及）さえ、四年間の最後の時期には作動する。帰化の取り消しでは、ユダヤ人に対して特別な方式も考えられた。だが、次第に実施に移すのに困難に出逢うようになる。

それに対し、レイシストの論理は敗北する。新法の準備・調整を進める時というフランスの行政のなかでの暫定的な敗北だとしても、である。司法省は制限主義者として、内務省、ユダヤ人問題総合委員会、コンセイユ・デタ、外務省[171]のレイシズムに（その表現と行動において、いよいよ強力に）相対し、勝利しているが、それはおそらく国籍政策という分野が、政治権力がきわめて影響力をもちにくい、職業的法律家を退けてことを進めるのが至難な分野だったからだろう。そこでは、法をつくる時に未来のために、没情誼的に、一般的に規則を定めるのが定石である。他の二つの国籍政策の分野に比べ、業務についての「法律的知識」、伝統という後ろ盾、過去の判例と現在への慎重さ、未来のためにとる選択がもたらす実際的な帰結への評価、がより重みをもった。それに対し帰化と帰化取り消しの分野では、決定は個人にかかわって下され、直接の影響範囲があり、政治権力の直接の支配の下にあった。その支配とは、たとえば帰化について大臣官房がフィルターにかけ、ペタン元帥の個人的署名に回したり、または間接的に、帰化の取り消しのために例外的な処理方法を作動させるといった形をとった。委員会のメンバーと、印璽部への外部報告官の大勢は、レイシスト的アプローチの支持者だった。

一九四〇年七月以来というもの、ヴィシー体制はこのように国籍をいわゆる「国民革命」のシンボルとしてきた。「自由フランス」はこれに欺かれることはないが、彼らもまた四〇年七月以来、国籍をフランス再征服のシンボルにしようとした。だが、フランス解放の時、あの第三共和政期の「リベラルな」国籍政策への告訴は終わったわけではない。「同化可能な諸人種」のヒエラルキーに関する議論も、同様だった。

5 容易でなかった共和国的法制への復帰

「自由フランス」による国籍登録

「自由フランス（La France Libre）」もまた、国籍政策に大いに関心を向けた。自由フランス軍司令部がロンドンのカールトンガーデンズ四番地に所在を定めて最初の数週間後から、[1]ルネ・カッサンは「フランス司法省のそれに類した登録簿[2]」を設ける。国籍に関する届出を登録するためだった。かれによれば、「ロンドン到着後ただちに、一九四〇年八月から、[3]［……］二重出自の国籍の登録を始めたが、それはロンドンの救国委員会の事務所責任者マリオン氏の細心の心配りの下に行なわれた[4]」。

ヴィシーでは帰化取り消しとフランス国籍の改変の政策が行なわれるわけだが、自由フランスは、一九四〇年九月二三日から四三年九月一五日まで、連合王国の行政サービスの紋章（ジョージ・レックス）の入った縞模様のページ面からなる普通の帳簿を用い、法としては一九四〇年六月（独仏休戦条約の締結時」以前のそれに拠った。そして、手書きの届出により、四六二件の「国籍の取得、留保、確認」[5]が登録されている。その大多数は女性であり、しばしば英国女性だった。[6]彼女らは自由フランス軍の兵士と結婚し、進んでフランス国籍取得の届出を行なった。しかも一九四〇年以前の法律に沿うように、婚姻前にこれを行なっている。[7]彼女たちはたいていの場合、その願いをドゴール将軍に書き送っている。[8]ひとたび受理されると、ルネ・カッサンの署名入りの受領証を受け取る。第一号は一九四〇年九月二三日の日付をもつジャクリーヌ・ワトソンという名のイギリス人女性で、彼女は、自由フランス軍に志願したアンドレ・ミレーと結婚するのに先立ち、届出を行なった。次はロール・トンベであり、スイス国籍。彼女はリュシアン・トロション伍長との結婚を控え、フランス人になりたいという意志を表明した。さらにはイギリス人、イヴォンヌ・ピンダーがいて、リュドミク・ドラノエ伍長と婚約していた。

この自由フランスによる登録制度は、当初からいくつかの用途に応じていた。たとえば、出生が届けられた。一九四〇年一二月四日、アルフレド・ドロシー侯爵と同夫人は、娘シュザンヌの出生を届けにやってくる。「あらゆる目的に役立ちます」と。同夫妻は同時に、「何が起ころうとも」フランスに尽くす、という忠誠を表明している。初期に登録された多くの届出は、ヴィシーによる帰化取り消しの脅威の下に置かれたフランス人の――ルネ・カッサンの表現だが――フランス国籍の「留保」の行為でもあった。ジギスモン・ジャレツキと妻エレーヌは、ともにリヴォフ（ポーランド）生まれ、一九一四年一月六日にパリで結婚、三〇年に帰化している。「何が起ころうとも、フランス人であり続ける」ことを求め、「自由フランスへの忠誠誓約書」を提出している。グンター・エーベルハルトは一八九二年ドイツ生まれ、一九三八年に帰化し、四一年九月八日、「本人の名と妻の名において」

「フランスへの忠誠誓約書を作成し、何が起ころうともフランス人であり続けるという意志を表明した」。

そして、帰化の申請も受理されているが、それらについて決定は下されていない。ルネ・カッサンによれば、「この時期、ドゴール将軍と全国委員会は、帰化や再統合〔国籍の回復〕を認めることは欲せず、むしろ個々人によってなされる公式の届出を厳密に考慮し、彼らにきわめて詳細な受領証を与えた」。アブラアム・ジアロジンスキ。一九一七年五月一五日ポーランド生まれ、三九年五月以来外人部隊に加わり、四〇年五月二八日ナルヴィクで負傷。一九四〇年七月以来自由フランス軍に志願し、同年一一月七日付で自由フランスへの忠誠誓約書と、何が起ころうともフランスに結ばれ続け、フランス国籍を取得したいという確認書を自由フランスに提出している。国籍を得たのはようやく戦後の一九五二年になってであるが、ともかくこうしてルネ・カッサンは一九四〇年以前の法律を厳格に適用している。

一九四〇年以前の法律は、フランス人男性の妻が国外に住んでいても、彼女に国籍を認めた。ところが、反対に、フランス外の居住者の帰化は認めなかった。この慎重さ、この厳しい遵法は、自由フランスの責任者たちの目にこれら登録制度の地位が仮のものとみられていたことによる。彼らはこう述べている。「届出を行なう当人には、この記録がフランス総領事館で行なわれるそれのような公的価値をもたないことをあらかじめ知らせておくほうがよい。これは一時的な仮のもので、終戦後に正規化の対象になるはずのものである、と」。さらにこう付け加える。「自由フランス軍の登録簿への記入は、むしろ自由フランスの大義への忠誠の申告であり〔……〕もしも当人が志願兵でなかったなら、ドゴール将軍の運動への参加希望の手紙を送るほうがよいであろう[9]」。

自由フランスの周囲にフランス人を集める独特のやり方、さらに帰化者や外部のレジスタンに対しヴィシー政府のとる措置に抗議し戦う仕方は、ドゴール将軍とフランスへの国際的認知が高まるにつれて、公的な意味合いをもってくる。一九四一年一二月以降、届出はフランスへの忠誠の誓約を含まないものとなり、その語彙もより法律的なものとなる。そして一九四三年九月一五日を期して、この登録簿は閉鎖され、イギリスに居住する人々の届出は、ロンドンのフランス総領事館に引き継がれた。一九四四年三月三〇日、ドゴールを長とするフランス国民解放委員会（CFLN）は、司法委員のフランソワ・ド・マントン[11]の報告にもとづき最初の帰化に関する一連のデクレを発している。それらは、アルジェリアに居住する外国人に関するもので、一九二七年法が規定するようにフランスに居住する者として、である。その他のデクレが四月、五月、六月と続き、最後のそれはアルジェで四四年八月一四日にフランス共和国臨時政府によって署名された[12]。

臨時政府は一九四四年九月九日、パリで諸業務を開始し、登録業務も四〇年八月にロンドンで始まったものが司法省に返還され、これはルネ・カッサンの手によりパリ到着後ただちに行なわれた。またすべての過去の記録資料とそれに対応する届出書類も引き渡された。これらすべての書類は、フランス解放とともにそれだけ公的な意味をもってくる。カッサンは次のようにいう。「まずフランス人民による、次いで諸外国列強によるフランス共和国臨時政府の承認が、ロンドンの国民委員会事務所によって整えられたすべての書類に真の合法的権威を与えた[13]」。

一九四四年九月三〇日、ヴィシー政府の下で民事部長の職に四二年一一月二三日以来就いていたネクトゥーは職務停止とされ[14]、四三年七月二三日以来アルジェで同じ職にあったボダール[15]が後を襲う[16]。以後、ドゴールの臨時政府はパリに落ち着き、二つの緊急事に取り組まねばならなかった。アルジェでは容易に着手できなかったヴィシー「諸法」の見直し作業を終えること、そして問題があって審査中断中である帰化申請の処理をすること、がそれである。ヴィシーの人種差別的政策との訣別は当然のごとく進んだと人は想像するかもしれない。だがそうではない。そう考えるなら、一九三〇年代半ば以降の移民政策、国籍政策の議論におけるエスニックなアプローチの影響力と、繰り返されるその根強さを見誤ることになる。このエスニックなアプローチは二つの形式をとることがあった。一つには、当時のレイシャリズム*の影響から、出自（origine）が他のより重要な目的（人口、個人の平等の尊重、申請者の年齢、職業的・家族的状況）とならんで、帰化者の選別の一つの要素であるべきだという考えにそれが現れることがあった。これがレイシャリズムである。他方、レイシストたちは、出自を、他のすべての基準よりも上位に置き、フランス国籍への参入においてそれを選別の原理とした。あるいはむしろ排除の原理とした。彼らは、第三共和政の下では国籍政策に影響を及ぼすことができなかったが、ヴィシーでは、制限主義的アプローチを圧倒した。

＊レイシャリズム（racialisme）を、著者は、人間の属性的な特性（身体的特徴、母語、宗教等）が社会集団の区別、構造化の一要因になるとしながらも、レイシズムのように、これを決定論的に、また劣等化の要因として扱わない観点、を指して用いている。本書二六八頁も参照。〔訳者〕

フランス共和国臨時政府では、アルジェで、次いでパリでこれらレイシスト的基準は生きていた。けれども、国籍と移民に関する共和国的・平等主義的思想とあらためて対決させられることになる。

難航するヴィシー「諸法」の廃止

思い出しておきたいが、三つのヴィシーの法が、フランス国籍の剥奪を可能にしていた。一九四〇年七月二三日法は、一九四〇年五月二〇日から六月三〇日までの間にヴィシー政府の許可なしにフランスを離れた四四六人のフランス人の国籍を失効させた[17]。ドゴール、カトルー、カッサンおよび初期の自由フランスのレジスタンたちがここに含まれる。続いて同法は、一九四二年三月一四日の連合軍上陸後の北アフリカの行政の長を引き継いだダルラン提督やジロー将軍にも適用された。なお、ジロー将軍は一九四三年三月一四日、四〇年七月二二日以降のヴィシーの手になる政体に関する法律行為、法、デクレは無効であると宣言していた。こうして国籍剥奪のための一九四〇年七月二三日法は正式に撤回された。この行為をより厳粛なものとするため、ジロー将軍の一九四三年四月一八日付のオルドナンスは、一九四〇年七月二三日法を明確に廃止している。ドゴールも、ジローも、その他ヴィシーによって国籍を剥奪された四四四名の他のフランス人も、「当然の権利として、そのすべての法的帰結とともにフランス国籍に復帰した[18]」。

一九四〇年一〇月七日のヴィシー法は、アルジェリアのすべてのユダヤ人の帰化を認めた一八七〇年一〇月二四日のクレミュー政令を廃止していた（同政令については三三〇頁以下を参照）。これは、アルジェリアのユダヤ系市民一一万人の状況を悪化させていた。しかしながら、ジロー将軍はあの一九四三年三月一四日に、四〇年七月二二日以降のヴィシーによって行なわれた決定の廃止が一つの例外を含んでいたことに注意を喚起している。つまり、クレミュー政令は廃止のままである、と。[19] 以来、北アフリカの行政はダルラン提督の手中にあり、次いでジロー将軍に引き継がれ、ヴィシーの制定した反ユダヤ法制は本土よりもアルジェリアでより厳しく適用された。最初はユダヤ人とムスリムの「地位の平等の再確立」という名目で維持されるが、とりわけジローは、マリュとパクストンが言うように、「ユダヤ人は「フランスの敗北に責任があり」、人種を対象とした諸法律は「休戦〔一九四〇年の仏独間の〕の基本的な条件の一つ」だった[20]」と信じて疑わなかった。だから、三月一四日にジローによって行なわれた決定は、激しい反発を呼ぶ。ドゴール派のフランス国民委員会は三月二四日、公式に不同意を表明し[21]、アメリカの新聞も抗議を表した。アルジェリアのユダヤ人たちも起ち上がり、ついにはフランス国民解放委員会が一九四三年一〇月二一日、「クレミュー政令は今や効力をもっていることを確認する」。これをもって、アルジェリアのユダヤ人は完全な市民権を回復する。[22]

一九四〇年七月二二日法の適用による一万五一五四件の帰化の取り消しについては、どうだったか。この法の廃止にはさらに時間がかかり、むずかしいものがあった。ジロー将軍はそのオルドナンスで、一九四〇年七月二二日より後のヴィシーの行為は無効であるとし、すなわち、一九四〇年七月二二日法によって行なわれた帰化取り消しをかれは無効にすることを望まなかった。その数カ月後の一九四三年九月九日、初期のレジスタンで、ドゴールにより司法委員（すなわち自由フランスの司法大臣）に任命されたばかりのフランソワ・ド・マントンは、フランス法務委員会の長のルネ・カッサンに国籍に関する問題の審議を付託した。

一九二七年八月一〇日以降に行なわれたすべての帰化の再審査を可能にした一九四〇年七月二二日法について、マントンは「この新制度を維持するつもりだ」と書いている。[23] かれの考えでは、ヴィシーの行なった帰化取り消しをすべて無効にすると、「若干の個別的ケースにおいて非常に深刻な不都合事を生じるのではないか」、さらに「戦争直前の何年かに行なわれた、疑わしいユダヤ系の者のあまりにおびただしい帰化は、反ユダヤ主義に口実を与えた。元に戻すと、この反ユダヤ主義が、ある種の問題を引き起こす可能性がある。とられたすべての国籍取り上げの措置を、調べもせずに無効としてしまうと、それへの前もっての備えを欠くことになろう」[24] という。だが、これはヴィシーの帰化取り消し委員会の副委員長のモルネの見解とも異なった。法務委員会に届けられたモルネの文書では、過去に遡って一九四〇年七月二二日法、およびその適用によるすべての帰化取り消しを無効にすることを提案していた。[25] 自由フランスの法務委員会は、したがってそのコンセイユ・デタは、一九四四年一月一一日、マントンには過酷にひびく回答ともいうべき一文書を採択している。[26] すなわち、

この件に関するヴィシーの立法は、同体制の最も恥ずべき諸ページのなかの一ページをなす。フランスに敬意を捧げるのをつねとしてきた人民、フランス人の心のなかでは、同立法は、法的口実で包み隠して、敗北の前に身を屈するのを拒否した愛国者に迫害を加えた記憶として、またフランス人になった難民や無国籍者を敵の手にゆだねた忌まわしい諸措置の記憶としてとどまるだろう。フランス国民解放委員会は、もしもヴィシーの連中によってとられた不当な諸措置と断固訣別しなければ、国民および普遍的良心に対して重い責任を負うことになろう。〔……〕ヴィシーの諸法は、実際の区別を立てることのできない一個の全体をなしている。

そこで、法務委員会は、まだ廃されていないヴィシー法の廃棄と、ヴィシーによる帰化取り消しの各ケースの、戦前のフランスの立法に照らしての再審査を提案する。なお、この戦前の立法とは、「第一次世界大戦中に即決でなされねばならなかった帰化のために行なわれたような大量の再審を避けるため、一九三八－三九年に十分に補強されたそれ」である。しかし、マントンはこれに応じなかった。かれは一九四四年二月一〇日、法務委員会宛てに、一九四〇年七月二二日法を無効とするオルドナンスの原案を送っている。ただし、それは将来のこととしてである。なぜなら「この無効化の措置が、かつてとられた措置を引き起こした事実上の諸事情と無関係に起きる大量の自動的な再統合〔国籍回復〕をみちびくのを避けるため」である、と。かれは、帰化を取り消された者が戦争終結から六カ月後にその決定への不服申し立てをするのを認めた上で、過去に行なわれた帰化取り消しを法的には有効だと宣することを提案する。

フランソワ・ド・マントンのこの報告に、法務委員会は再度、そしていっそう強く反発する。「事実上の組織である自称「フランス国政府」〔ヴィシー政府〕は、〔……〕国籍に関し法外な権力を掌中にし、人々の権利と国際的権利に拘束を加えた。同組織はおびただしい数の帰化の撤回を行ない、長期間待ってやっと帰化を果たした外国人に手ひどい打撃を与えた。帰化は彼らにフランスに属していると いう証を与えていたのに、ヴィシーの指導者の目には、彼らは、フランスでも外国でも敵〔ドイツ〕との闘争を続けてきた罪深き存在、もしくは対独協力、別名裏切りの政策に敵意を示してきた存在にほかならない」。そして、こう付け加える。「仮にそれらの帰化があまりにも多すぎたとしても、やや思慮を欠く、同化していない、十分な保証のない個人に認められたとしても〔……〕、そうした反対は、フランス国籍を与えるのを拒否することを正当化するのに足りず、そもそもいかなる場合でもひとたび認めた帰化を取り消すのは正当化しえないであろう」[27]。委員会はけっきょく、「一九二七年法の第一〇条およびその条文」は政府に、それにふさわしくない人物になった帰化者に国籍を失効させる「必要な権限を与えている」ことを確認する。それゆえ、場合によっては「失効に値した帰化者たち」のケースを以前の法に服させることを認めた上で、一九四〇年七月二二日法とヴィシーによる帰化取り消しのすべてを無効とするよう唱えた[28]。

ルネ・カッサンと法務委員会の観点は、最終的には承認される。アルジェで（一九四四年二月一八日と三月二八日に）開かれたフランス国民解放委員会の同委員会での討議に従って、五月二四日、帰化再審査に関する「一九四〇年七月二二日法」の行為は無効とされた[29]。

臨時政府がパリに戻って以降、帰化取り消しの全資料書類の再点検が、印璽部の四人の司法官チームによって行なわれた。彼らが検証に努めたのは、これらの書類が、戦前にあった帰化失効の法の範囲に入るのか否かだった。いちばん目につくのは、審査が非常な速さでなされ、書類の分類に一貫性がないことだった。またしばしば、戦闘中のフランスに対する「裏切り行為」が問題になると、追加の情報がその帰化者の住所のある県の知事に請求されている。なお、出身国に戻りたいと欲する当人によって帰化取り消しが請求され、これが行なわれるという状況、それはとりもなおさずイタリアのファシストを支持する言葉が承認されるということだが、これを行政は放任したようで、書類の分類もそのように行なわれている[30]。それに反し、積極的な対独協力者や命令不服従兵については、一九五三年一一月一〇日に、計四七九名が国籍剥奪となっている[31]。

エスニック・アプローチの回帰

けれども、最も重要な問題で手付かずだったのは、帰化の問題であり、一九四〇年以来、二〇万件の申請書類が全国の県庁に積み上げられていた。司法大臣になったマントンは、一九四四年一〇月から、県知事たちに四〇年七月以降彼らの県で作成された帰化申請書を遡って扱うように要請したが、その際、以下のものを優先するように、とした。「フランスの戦争努力に軍またはレジスタンスに本人自身またはその尊属または卑属が参加した者、ただし、わが国の風俗や慣習に完全に同化し、われわれの言語を自由に話せることを条件とする」[32]。司法大臣による県知事への一九四五年二月五日付の新しい通達は、未決のすべての帰化申請書類は司法省に回送しなければならないと定めている。これは、帰化申請の扱いの革命にほかならない。思えば、戦前には、県庁、とりわけパリ警視庁が独自の選別を行なっていて、提出された書類の一部を回送していたにすぎない[33]。

以来、司法省の印璽部のみが、帰化させるのがよい人物を選別するため審査を行なうものとみなされる。この目的のため、同省は一九四五年三月一九日[34]、帰化に関する省間委員会を設置するが、それは「帰化の申請の審査において行政当局が基本とすべきだと思われる諸原則」を明らかにし、調整することを任とするとした。同委員会は、関連するすべての省の代表を含む。すなわち、司法、外務、植民地、労働、保健、国防、国民教育、捕虜、抑留者及び難民の諸省である。

これと同じ時期だが、四五年四月三日に人口・家族高等諮問委員会が設置される[35]。それが同月三日に諮問議会を前にして明らかにした計画趣旨のなかで、ドゴール将軍は「人の不足とフランスの出生率の低さ、これがわれわれの不幸の根本原因であり」、「復興を阻んでいる主な障害である」と宣し、次いで「フランスでこの一〇年間に一二〇〇万人の健やかな赤ん坊を誕生させるため、死亡率と幼少年の罹病率の法外な高さを減じるため、今後数年間に秩序立て、知恵をしぼって良き人々を移民としてフランス共同体に迎えるため、あらゆる困難を押して、死活にかかわる神聖な結果を獲得すべく、一大計画が描かれている」と述べた。右記の高等諮問委員会は、こうして新たな移民立法を準備することを使命とし、ジョルジュ・モコがこの時期最良の専門家とみなされ、事務局長に任命された[36]。

戦前には慎重な分析家だったモコは、一九四〇年の敗戦をまって、公然と自分を表現するようになる。「一九四〇年革命」と題する論文[37]のなかで、かれは「経済共同体と労働の価値を上から課すべき全体主義的政府」を称え、同じく「ファシスト革命」を自由主義デモクラシーと共産主義革命の間の第三の道と賞賛し、モンタンドンの主宰する「フランス民族」誌の寄稿者にもなる。同誌に一九四二年に一論文を寄せていて、そこでは、リオンにあった最高法院に一九四一年九月三日に提出した書面の証言[38]とほとんど一言半句違わぬものが再現されている。その両テクストのなかでモコは、第三共和政の下での移民政策を問題視し、「政府の平等主義的な政策傾向のため、けっきょく、政府の行動を妨げることになり、国を確実に民族的に防衛することができなかった[39]」と書いている。それに続き、戦前にすでに展開していた難民と外国人の区別についてのかれの理論を再び取り上げている。この「難民」のカテゴリーからモコはわざわざイタリア人を除き、スペイン人を遠ざけている。それは「彼らが、文明と言語においてフランスに近い国に属しているからである」。そして、ロシア人、アルメニア人、ユダヤ人の民族特性を記述し、その順に彼らは同化不可能性を強めていくとする。「ロシア人は多くの点でフランス人から遠いが、それでも一般に接触が可能なほどの文化水準をもっている。アルメニア人とはこの接触自体がむずかしくなる〔……〕。〔彼らは〕何世代にもわたり劣悪な、絶えず暴力の恐怖に脅かされる状況に生きている。このため、個人的例外はあるが、性格が内にこもった、卑屈さに領された拘束への追従の精神が養われた」[40]。

そして、モコによると、移民を強いられたことによるあらゆる不都合な特性がユダヤ人難民のなかに表れている。「心身の健全性、道徳性、性格もまた損なわれている。〔……〕ここにさらに、隷属状態での長い諸々の屈辱によって養われた精神があり、そこには媚び、へつらいに覆い隠された抑圧された憎悪がひそんでいる」[41]。また、外国人、フランス人であるユダヤ人に対して行なわれたヴィシーの反ユダヤ主義政策を正当化して、こう付言している。「より重大な事実は、この政策がフランス化されたユダヤ人との接触から発想され、かつ彼らがそれまで獲得できた美質の一部を失わせたことである」。さらにモコは、非常に早くから精神分析に関心をもっていて、このディシプリンをかれの主張に役立つように使う。その主張とは、人々のパーソナリティは民族的出自によって、修正不可能なほど全面的に決定される、というものである。「ユダヤ人に認められる性格の変質は〔……〕由々しいものである。なぜなら、それは教育や環境の個人に及ぼす影響の所産にとどまらず、一部遺伝の所産でもあるからだ。現代心理学、わけても精神分析学は、幼児期の初期から両親の影響によって伝達されるこれら性格特性が、主体の無意識そのものを修正し、満足すべき、遺伝環境の影響から完全に逃れうる諸条件下に数世代にわたって置かれた後でなければ、解消されないことを明らかにした」[42]。モコの「フランス民族」誌への寄稿は一九四三年まで続く。

それでいて、一九四四年初頭、モコは、フォッシュ＝リヨテのＦＦＩ（フランス国内軍）に加わって、パリのオートゥイユ界隈の解放に参加している。そして、その年九月、ドゴール政府の首長の官房に一つの覚書を提出し、人口・家族高等諮問委員会を設けることを提唱した[43]。それが設立されると、モコが事務局長に任命されるわけだが、これはたぶん、臨時政府の官房長官ルイ・ジョクスの提案によるものだろう[44]。ジョクスは、戦前、自らの外交政策研究所の活動にかれを参加させ[45]、一九三七年には外国人の「同化可能性」についての研究を行なわせている。この位置ゆえにかれは政府の官房長官と直接の接触があり、新しい移民政策の策定の任を与えられ、これが高等諮問委員会にゆだねられる課題となった。

モコは、自分の考え方を公的決定に反映させようと、計画庁の前身ともいうべき国土整備企画庁の総合委員会の作業[46]に依拠することになる。この機関は、一九四三、四四年にヴィシーで、人間問題研究フランス財団（アレクシス・カレル主宰）と協力関係をもちながら発展をみたものである。同財団の「人口」チームの事務局長ロベール・ジェッセンは、「人類学的[47]」な研究の編集をゆだねられ、なかの個別報告の一つは、北アフリカに関するもので、ロベール・サンソンに執筆が求められていた。ルイ・シュヴァリエは右記の総合委員会での任務として一九四四年三月、「同化可能性」、つまりは出自による移民の選別の「科学的」かつ行政管理的な観点からの綜合を行なうという責任を引き受ける。かれは「人口の諸現象、民族の諸類型、人間諸集団の構成、異種交配（混血）についての知識は、現状ではとうてい完全に客観的な移民政策を確実に基礎づけるには足りない」ことを確認した上で、そこからこう議論をみちびいた。「文化的観点からみてフランスの人々を根本から変質させるリスクと幻滅を避けるための最も確実な立場が、既存の「フランス的モザイク」のうちに代表される「民族タイプ」にあたる移民を求めることにあること、これは明らかだ」。

　そこで、シュヴァリエは、「そこから人の移動を生じさせるのが適当である国々」を識別することを提案する。すなわち、ベルギー、ルクセンブルク、ファルツ選帝侯領やバーデン諸地方の、またライン地方やバイエルンのドイツ、スイス、さらにピエモンテ、ロンバルディア、フリウリおよびサルデーニャのイタリア、レオン、アラゴン、ナヴァーラ、カタルーニャあるいはバスクといったスペインの諸地方、それにオランダ、アイルランド、スコットランド、デンマーク、スウェーデン、ノルウェーなど。さらに、スロヴァキア系オーストリア人、北西部のポルトガル人、フランス系カナダ人、ヨーロッパ系民族出自のアメリカ人も受け入れることを提案する。それらのうち、「当該国民であっても、特に数量については若干の留保なしにはフランス入国が認められないものもある」。かれの分類では、それは右記以外の地方のドイツ人、セルビア人、クロアチア人、チェコ人、ブルガリア人、ギリシャの、およびイタリア、スペイン、ポルトガルの南部の農業労働者である。そして、かれの評価では「それ以外のヨーロッパ諸国に属する者や白人の海外人口は、例外的にのみ」受け入れられよう。[48]

　モコは、シュヴァリエ報告から直接影響を受けることになるが[49]、しかし、アメリカ的アプローチの「外皮」をも取り込む。自国の移民を出自によって分類するのにアメリカ人は、合衆国に入国するすべての外国人を、国籍にかかわりなく、五大人種に再分類する（チュートン系、ケルト系、イベリア系、スラヴ系、モンゴル系）。モコは、この「大」分類にならうとともに、北欧系、ラテン系、スラヴ系に分けることを提案する。アメリカの議会は一九二一年、クオータを基礎に移民を分類するのに、一八九〇年の国勢調査における移民の出自を基礎としたが、その時期にはまだ、「好ましからざる」新移民の存在は大きなものではなかった。モコは、アメリカのクオータほど厳格ではない、「一八八一―

九一年の国勢調査における、出身地のバランスがとれた外国人人口の構成」に準拠した一システムを提案する。こうして、ドゴール将軍が議長を務める一九四五年五月一八日の高等諮問委員会の会議以降、決定された「好ましさ」の順に従い、移民の入国を組織することを予定する「一般指針[50]」案が採択される。

その順序の最上位は、「北方系」（ベルギー人、ルクセンブルク人、オランダ人、スイス人、デンマーク人、スカンディナヴィア系、フィンランド人、アイルランド人、イギリス人、ドイツ人、カナダ人）であり、移民全体に占める割合は五〇％に固定される。次に来るのは、三〇％として、「地中海系」であるが、以下の国々の北部の出身に限られる。アストゥリアス、レオン、アラゴン、ガリシア、バスク、ナヴァーラ、カタルーニャのスペイン人、ロンバルディア、ピエモンテ、ヴェネト、リグリア、エミリア、トスカーナのイタリア人、ベイラ地方のポルトガル人。そしてスラヴ系（ポーランド人、チェコスロヴァキア人、ユーゴスラヴィア人）の受け入れは二〇％に限られる。「それ以外の出自のすべての外国人」の入国は、「例外的な関わりを代表する個人のケースのみ」に厳しく制限される。シュヴァリエは、「無国籍者と政治難民」について、「その点での寛大さという伝統的慣習をフランスでは保持するため」、別扱いにするよう配慮したが、それと異なり、モコは、政治難民、ないし彼らが「逃亡者《フュジティフ》」と呼んだ者に対してきわめて制限的とみえる主張をしている[51]。

そして、帰化については、モコは、ヴィシーの国土整備企画庁の委員会のアプローチ[52]に従い、移民政策として推奨されたものと同じ方向づけをとろうとし、帰化政策を掌中にしようとした。さらに、帰化に関しては、いうまでもなく唯一権限をもつ司法省の活動を取り込もうとする。

ジョルジュ・モコの敗北

司法省印璽部は、レジスタンと自由フランス元兵士の帰化を優先的に行なうよう指示を受けていた。[53]だが、それはモコの意に沿わない。任命され、首相府《マティニオン》の内閣官房長の下にある一機関に座を占めるや、かれは、帰化の告示の各々に目を光らせる。ルイ・ジョクス宛ての注意を喚起するかれのメモ[54]は、繰り返し鳴り響く警戒警報さながらである。「今日行なわれている帰化は、なんら全体的な視野に立っておらず、特に民族、職業、地理に関して何の指針ももっていません。衛生面に関してもそうです。認められている唯一の基準、それはレジスタンスへの所属であります。その結果、どうなっているか。添付した告示では、地中海系、アルメニア人、ロシア系ないしポーランド系のユダヤ人が顕著な比率を示しています[55]」。さらに言う。「このフランス人としての地位上昇は、あたかも特別に地中海系、アルメニア系の人々に捧げられたかのごとくです。五〇件の帰化のうち、三八、すなわち四分の三がイタリア人、スペイン人、アルメニア人、ポルトガル人に充てられています。アルメニア人の就いている職業は、もともとこれといった関心を惹くものと思われません（「事務員」、フットボール選手、絵描き、室内装飾職人、「床屋」、等々）。それに反し、北方系の帰化はまったく少なく、五人のベルギー人だけでして、スイス人、ルクセンブルク人、オランダ人などは皆無です。二〇万件の帰化申請書が四年来未決のままに置かれ、その多くが農業労働者や鉱山労働者によって作成され、国は待ったなしで彼らを必要としているにもかかわらず、です」。だが、帰化の告示は多数に上り、モコは、かれ流のコメントをするために、「地中海系」を最も多く含むものを選り出していて、これは現実の一部の切り取りにほかならない。[56]

その数日後、かれはまたもや、ルイ・ジョクスに、今度は司法相宛ての書簡の案を提示してくる。こうしてジョルジュ・モコのルイ・ジョクス宛てノートが、一部修正を経て[57]、一九四五年六月一二日、ドゴールによるティトジャン（一九四五年五月三〇以来司法相）宛ての書簡に変わる。[58]

　現在、人口・家族高等諮問委員会では、移民に関する政府の政策についての見解を構成するための諸案が検討されています。

　今後、帰化は一個の全体的方針に従ってなされることが肝要です。とりわけ、個別ケースの検討のみによってではなく、個人の選択を、民族的・人口学的・職業的・地理的分野における国民的利益に従属させるべきでありましょう。すなわち、

(a)　民族という面では、半世紀来フランスの人的構造を根本から変えてきた地中海系と東方系の流入を制限すること。〔同様の懸念をもった〕*アメリカのように厳格なクオータ制をとるところまでいかなくとも、北方系の帰化に優先性を与えることが望ましいと考えます（ベルギー人、ルクセンブルク人、スイス人、デンマーク人、スカンディナヴィア系、アイスランド人、イギリス人、ドイツ人など）。〔もしも移民の出身地が均衡を保っていた一八八一―一八九一年の国勢調査を参考にするならば〕現在県庁のなかで未決のまま置かれている大多数の申請書類からみて、それらのうちの五〇％を対象にすることができましょう。

(b)　職業の面では、フランスは、農業者、鉱夫、建設労働者など特に直接に生産に携わる労働者

を必要としています。他方、国に同化の力を保持させるため、自由業、商業、銀行等に関わる職はあまり広く外国人に開放しないほうがよいと思います。外国人はフランスで知的・経済的カードルをいっそう生み出していくとして、それが帰化者であっても、彼らはことさらにその特殊性を保持し続けます。そこで、これらの職業では、より一般的にいえば、都市的職業では帰化を制限することが利益に適います。

(c) 人口学的な面からいうと、若い、ないし子どものいる個人を帰化させるべきです。［七〇歳以上の個人にフランス国籍を与えるのは望ましいことではありません。］

(d) 地理的な面では、都市のなかで特にパリ、マルセイユ、リヨンといった都市においては帰化は［非常に］厳しく制限されるべきです。都市への外国人の流入はさまざまな理由で望ましいといえないからです。それにひきかえ、地方では、特に農村的環境においては帰化は奨励され、増加せしめられるべきです。

＊［　］内の傍点を付した部分は、モコの案のなかにあったが、書簡では削られている文章（原著者）。

申請書類の検討と送付が以上の指針の示唆にもとづき行なわれ、必要に応じて望ましい帰化が奨励されるよう、諸県に対し訓令を与えていただきたくお願いする次第です。

Ch・ドゴール

ピエール＝アンリ・ティトジャンはこの書簡を受け取り、そこに言われている訓令は作業仮説のようなものと解するにとどめる。

すなわち、一九四五年六月二五日のドゴールへの返書[59]では、「私にお伝えくださった全体指針は、帰化についてできれば従うように、というものだと存じます」と書く。これは不同意を意味するもので、かれは付け加えて、司法大臣の行なった決定は「決して個別ケースの検討のみによるものではありません。［……］申請者の家族の状況、彼らの原国籍、同化の状況、その職業も、決定を行なう際に考慮されるべき主な要素でした」。それぞれの状況では若干の基準が他よりも強く働くことはあり、たとえば「一九三六年から四〇年にかけては特に、申請者の年齢と陸軍兵役への適性が大いに重視されたものでした。現時点では、本省は、フランス人になりたいと欲する外国人をわれわれの仲間に迎え入れるべく、戦争の当初から彼らの示す態度と行なった貢献に特に考慮を払っています」。そして、ドゴール宛ての返書に、未決の二〇万件の書類の扱いの基準を定めるため一九四五年三月一九日のデクレで設置された、帰化に関する省間委員会がまとめた報告を添付している。

帰化に関する省間委員会は、一九四五年三月一七日、帰化を扱う上での基本原則を明らかにする任を負って発足し、四五年四月一一日から六月一日の間に八回の会議をもっている[60]。まず最初に数の問題にケリを付けた。内務省の外国人及び旅券局の長、パジェス[61]は、「職業レベルのことに過度にこだわらず、できるだけ幅広くフランスに定住している外国人を帰化させるべきだ」という必要を力説した[62]。それに対し、労働省は、「申請者のやる気をくじく」ほどまでの「制限的政策」の信奉者だった。

そこで、アルフレド・ソーヴィ[63]が、フランスの人口学的状況について発表を行ない、それをまって、最終的には委員会の全員一致で、新たな来仏移民の予想値と等しい数にフランス国籍取得数を定めることを提案した。それは年間で一三万人であり、そうすれば、結果としてフランス人の割合は一定に保たれる[64]。国籍への参入は〔帰化以外に〕自動的な方法でも、届出によってもなされるから、その結果、年間の厳密な意味での帰化は、四万五〇〇〇件に目標を定められることになる。

三月一一日、同委員会は次の問いに回答をこころみる。「帰化を認めるにあたり第一に考慮するのが適切なのは、当人の家族の状況か、それともその職業、または原国籍か」。各省はそれぞれの順序付けを行なう[65]。外務省は、モコのそれと似て、出身国が第一だとする。パジェスは内務省の名において、戦前からフランスに住み、家族持ちで、二五歳未満の成人である外国人を優先することを提案し、対象を次の三つのカテゴリーに分けた。(1)北方諸国、イタリア、スペイン、ポーランドの出身者、無国籍者で、フランス人と同じ兵役義務に服した者、(2)中欧諸国およびドイツ出身者、(3)スラヴ系。それに加えて、当人の行なっている職業は一切考慮しないことを提案する。ソーヴィはソーヴィで、二〇万件の書類のうち、一九一四年以前の入国者を優先することを唱え、そして次の分類がよいとする。(1)家族の状況、(2)雇用の安定性、(3)国民的出自。第三のそれは、ソーヴィにとっては三つのなかで最も重要度が低いものだった。なぜなら、すべての移民の子どもはいずれはフランス人になるのだから[66]。最後に、労働省にとっては、職業に優先性が与えられるべきだった。順位としては、(1)製造業労働者、(2)農業労働者、(3)販売従事者、(4)自由職業、となる。

どれとどれがよいという選好では、この時色々組み合わせがあったが、県に与えるべき公的な指示では、次のような優先度が合意された。(1)一九三九－四五年戦争の従軍者、およびレジスタンスで積極的役割を果たした者[67]、次いで、(2)三子をもつ親、および陸軍の兵役に耐える二五歳未満の外国人、そして、(3)二子をもつ親、および陸軍の兵役に耐えうる二五〜三〇歳の外国人[68]。

その上で、補助的な基準として、申請者の原国籍の順位付けがなされ、用いられることになる。ただし「それは省内にとどめられ、決定を行なうよう求められる司法官僚のみが知るところとする[69]」。

この委員会の報告を受けて数日後、臨時政府の官房長官ルイ・ジョクスは、ティトジャンに書簡を送り、それには例の一九四五年六月一二日のドゴール署名の書簡を補完する、人口問題高等委員会の諸指示が添えられていた[70]。そのトーンは威圧的とまではいかないが、高等委員会は司法大臣に、まず第一に民族的、次いで人口学的、最後に職業的・地理的というその指針を考慮して帰化を行なってほしいという希望を執拗に述べている。つまり、要求しているのは、北方の人々を、直接に生産的である労働者を、という国にとって特に好ましく有益である帰化を奨励し、加速することである。その際、「より好ましくない応募者、すなわち商業的・自由業的・職人的・都市的職業および一般的にいえば大都市出身の応募者の検討は制限すること」としている。次いで高等委員会は、書類の処理を加速するため、デクレにより、県で行なっている帰化を民事裁判所へ移管することを提案している。裁判所の司法官たちの判断が全員一致となる帰化が承認され、そうでない書類だけが司法省に送られるものとする、と。

ティトジャンは、一九四五年八月三日付の返書で、高等委員会の提案を拒否する。その拒否は、諸裁判所に分散させるという手続きへの反対であり、そうすれば、「ドイツ軍占領下で忌まわしい役割を演じたある個人たち」の帰化が可能になるという危惧があるからである。かれは、県および司法省のレベルで帰化の適切な扱いのため、追加的な予算と資源を繰り返し要求している。そうした条件が整えば、書類の処理が遅滞に苦しむことはなくなると保証する。ティトジャンは帰化者の選別の一般的指針には一言も触れていないが、その帰化業務の実際の進め方が、回答の代わりとなる。モコもこれを見過ごさず、ルイ・ジョクスに新しいデクレをつくる必要を語っている。「司法大臣宛てに最近送った民族、職業、地理の選別の指針は、まだ適用されていません。ひとり兵役（とりもなおさずレジスタンス）のみが選別を決定しています」。

モコの闘いは、最終的には、内相アドリアン・ティクシエのティトジャン支持によって敗北に終わったようである。[71] それによってティトジャンは、帰化に関する諸措置は、高等委員会の指揮の下に用意される外国人に関するオルドナンスのなかにではなく、過去一年間、司法省がひそかに準備を重ねてきた国籍法のなかに統合されるべきだ、という結論を得る。[72]

新国籍法

一九四四年九月八日、司法省官房は印璽部に対して、「簡略化という目的のために」一九二七年八月一〇日法とその後同法に加えられたすべての規定、条項について再検討の開始にゴーサインを出す。[73] 印璽部の訴訟課長であるレイモン・ブルベスはただちに一九二七年八月一〇日法の再検討に着手した。ブルベスは一九三一年以来、司法行政に携わる司法官であり、ヴィシーでは法的諮問行政の責任者だったから、その資格によって重要な決定を行なうことに関わってきた。かつてヴィシーの司法大臣ジョゼフ・バルテルミーは、一九四一年一〇月一二日の通達で、「これらの証明書の発給の条件の厳しさと、フランス人である資格の重要性とを均衡させるため」、治安判事のみに、検察側の意見も容れながら国籍証明書（第9章参照）を発給する権限を与えることを決定した。ただし、申請者の両親が必ずしもフランス人の資格をもたないようなときには、治安判事は決定を下すのを猶予し、司法省に照会しなければならないことも規定した。効果はただちに表れ、印象的なものがあった。照会件数はこの時までに無視できない数に達し、一九四二年に一万二九七三件、四三年に一万八九六六件となっている[74]。この活動においては印璽部は、帰化と帰化取り消しに加えられる統制に比べると、相対的な自律性を有していて、ブルベスは「この上なく迅速に国籍証明書を多数の帰化者、国籍回復者、それを欲しているユダヤ人に発給する[75]」ようにさせ、おそらく彼らを忌まわしい運命から守ったと思われる。

国籍法案を草するのに、ブルベスは、かつてトゥールーズ大学で指導教授だった、国籍法の最も著名な専門家の一人[76]で、あまり知られていないが初期のレジスタンでもあったジャック・モーリーに助言を仰いだ。後者は一九四〇年一〇月以来、「法律週報」のなかでヴィシーの立法にコメントしていた[77]。多くの法律家のみせた媚びへつらい[78]とはほど遠く、逆倒現象を嗤うかのように批判している[79]。ユダヤ人、帰化したフランス人、外国人の息子の地位を論じ、結論として、それらの法は「生来フランス人の特権的カテゴリー」を創出している、と論証している。

なお、このグループ〔生来フランス人〕に大多数の国民が含まれ、立法者は雇用の権利、職業または仕事の権利を彼らにとっておき、それ以外のフランス人はすべて――例外はいるが――決定的に、過去にまで遡って排除されている。以前の法の条文のように、帰化してフランス人になった個人に特定の権利の享受のため一定の待機期間を課すことももはやないが、全的同化にいたるための漸進的な適応を確かに保証することもなく、差異がつくられ、不平等が規定され、持続し、永続的となり、かつそれらは人の生来的な資質、本質的な資質という観念に基礎を置くものとなっている[80]。

国籍法の案が草され、起草者（ブルベス）とかれに示唆を与えた師（モーリー）はともにある法律家の委員会に席を与えられる。その委員会はコンセイユ・デタの部長のロリオを議長とし、一九四五年六月二三日から七月三〇日まで公式に法案の検討を行なった[81]。法案は司法大臣へ、次いで政府へ、最後にコンセイユ・デタへと検討をゆだねられ、新国籍法は一九四五年一〇月一九日に公布された。人口・家族高等諮問委員会に意見が求められることはなかった。

ことはモーリー教授に明らかに看取されていた通りである。「同法は基本的な点で、民事・印璽局の作品であり、［……］法がきわめて一貫した形で正しいとしているのは印璽部の理論にほかならない[82]」。その狙いは、現行法の根本的修正ではなく、特に、まだ公選の立法府の権力の介入がない、政府が政令によって行動できる一九四五年の束の間の期間が与えてくれた開かれた機会を、利用することにあった〔戦後最初の公選の議会（憲法制定議会）が誕生するのは一九四五年一〇月二一日〕。そして、一九三〇年代末以来準備されていた改正を法的、公式的に果たさせることだった。

一九二七年法は一五条から成っていたが、一九四五年の国籍法はその一〇倍、正確には一五六条から成る。「立法者は、あの数千年遡る伝統〔紀元前二〇〇〇年のハンムラビ法典〕にうながされて余儀なく、各条に唯一の観念に対応する唯一、簡明な規定を導入するにとどめている。一九二七年法の条文のそれぞれにちぐはぐな、しばしば混乱した形で入り込んでいる要素は、厳しい分析の対象とされ、解読と適用を容易にするような論理的順序に従って分類された」[83]。その数年後、ジャン・フォワイエは、ブルベスが腕を振るって描いたこの作品を前にして、褒めるのもほどほどに、こう言っている。「この法はおしゃべりだ。区別をやたらに増やし、その下にさらに細かい区別を設け、一条ごとに多くの参照事項を付し、あたかも実用的目録、一個の便覧を思わせる。毒舌を弄するなら、レシピ本といったところで、簡潔な命令者として際立つ立法上のモニュメントということになる」[84]。根本において、修正は軽微なものであり、人口学上の配慮と、国籍取得への国家の前もってのコントロールを強めたいという意志を反映している。

フランス人の母親から生まれた子どもは今後、たとえ外国で生まれてもフランス人である、と決定するとき、国民的・人口学的関心が他を圧して支配している。人口学的関心はまた、フランス人男性と結婚した外国人女性の自由の制限を正当化するのであり、彼女にはフランス国籍が自動的に付与される。ただし例外は、婚姻がなされる前に、明白な国籍留保がなされた場合である。この点、一九二七年法は、女性に一個の選択を明白に表明できると認めている[85]。

帰化については、帰化に先立ち申請者が証明しなければならない先行滞在期間は三年から五年に変わる[86]。その代わりに同法は、この最短期間をさらに短縮させる一連のケースを想定している。すなわち、フランス人女性と結婚した男性、フランスの学校の発行する高等教育修了証の保有者、フランスに重要な貢献をなした者（学術、産業、文学など能力による寄与）には、二年間という制限しか課されない。そして未成年で嫡出の三人の子どもの父、およびフランスないし連合国の軍の志願兵である者、にはいかなる滞在期間も要求されない。法は、年齢という条件、つまり一八歳、のほか四つの受理可能性の条件、すなわち確かな居所、道徳性、同化、良好な健康状態を付け加えた。それらはかつては申請書を評価する単なる基準だった。

最後に、国籍法の主要な革新点となるが、それは一元化され集中管理される国籍の証書の制度が史上初めて用意されたことである。国籍証明書が、司法省の監督の下、予審判事によって交付されるのである。

帰化対監護される子ども

全体としてみて、この国籍法は、司法省の勝利を称えて鳴り響く鐘の音さながらである。それなのになぜ、一九四五年一〇月一九日の公布後、数週間で、帰化の取り扱いが同省から離れ、人口省に移管されたのか。国籍法の採択に先立つ数週間というもの、モコと司法大臣の確執は極度に高まっていたが、だれ一人としてこの移管を提案せず、触れることもなかった[87]。現に司法相ティトジャンは四五年一一月二日に、帰化申請の取り扱いのための指示を県に送っている。同年一一月二九日にも、かれは自分の執務室で個人的に省間会議を主宰し、県で帰化を扱う職員の補充の割当についての検討を行なっている[88]。

まったく独立した人口省の創設が人民共和運動（ＭＲＰ）のロベール・プリジャンにゆだねられたのは、一九四五年一二月のことで[89]、かれは、持ち札を変えようと予想外の移管の挑発に出た。独立した一省をつくるときには、他のいくつかの省の職員と局の配置換えが行なわれるものである。

一二月初め、ドゴールによる裁断[90]がなされ、司法省から養護児童局が人口省に移されることが決まり、そこに大きな児童関係の部局が生まれることになる。ところが、この決定は司法省は認めていない[91]。この抵抗の逆風を前に、モコは、移民と同様、子どもにも関心を示し、一九四五年一二月一二日、ルイ・ジョクスに宛て、緊急にドゴールに会ってほしいと書き送る。「人口省が司法省から観察教育局を勝ち取ることができないのは、あらゆる点からみて遺憾です。（こうした配置は）あらゆる専門家の、子どもの保護に関係するあらゆる機関の賛同を得てきたものであります。彼らはそこに必要な行動の一体化への一歩を見てきました。不安な、障害のある、適応困難な子どもたちの保健、保護、再教育をただ一つの部門が担当する――それはかつてなかったことであります[92]」。

しかし、その数日前に新たな裁断が下っていた。児童保護観察局は司法省に残るものとし、その代わりに、同省は、帰化および国籍届出が人口省に移管されることに同意する、と。おそらく司法相はすべての権限を残したかっただろうが、まず第一に児童保護観察を手放すのを拒否したので、代わりに帰化を譲るのに同意したのだろう。たぶんこの行政を運ぶには御しにくいさまざまな問題があると考え、しかし国籍法が与える新たな権限がその喪失を補ってくれるので、司法相は内なる取引に応じたものと思われる。

諸県のなかにたまっている申請書類の山を処理すること、だが行政機構は処理を再始動させるのに時間を要した。再始動しても、手段の欠如のためまた失速する。県でも、パリの司法省の印璽部でもそうで、さらに陸軍省に照会するという義務のためにも、これがはなはだしくなる。一九四五年五月三〇日、印璽部長ルヴァドゥーは、司法大臣官房宛てに手に余る多量の業務への救援を訴える文書を寄せている。[93]「もしこの状況がごく速やかに改善されなければ、すべての職員の全き献身的行為にもかかわらず、ひんしゅくを買う一事態が生じるのは絶対に避けられません」。調査団が送られ、実見の結果「その職にあるすでに老齢の同一の司法官が一日二五件以上の書類を扱うのは不可能とみざるをえないと証明し」、その部門に帰化と再統合のためだけに計七〇名の人員を配置することを提案している。そのうち四一名の司法官の内訳は、一名は部長、一〇名は監査官、三〇名は起草官というわけである。実は国籍関係の部門にはすべて合わせて二五名の法務官が数えられるだけだった。

アンドレ・ルヴァドゥーにとって改善とは、司法官の増員だけではなく、彼らの教育の質を高めることにもあった。

帰化をめぐる問題は、裁判所、法廷のなかで教えられることと大いに違う。長い実地学習を必要とする。そのため、これを専門とするスクリブ街〔かつて司法省の一機関が置かれ、帰化業務を行なっていたパリ都心部の場所〕の司法官がいるとよい。そこで、中央の行政に何年もとどまっているような司法官とは別に、決定を担当する職員を、往々にして何か十分ではない条件で〔推薦によってとか、たとえば裁判官職に不向きとか、弁論に不向きだという理由によって〕、地方で補充するのである。いずれにせよ、これらの協働者は司法省には長くとどまらないので、その明らかな不安定性のゆえに書類の審査が苦しめられているのは疑うべくもない。

このため、ルヴァドゥーは「可及的速やかに司法省が代理者を得て、その職務においてキャリアを全うするようにさせる」ことを要求していた。けれども、満足な結果を得ることはなかった。その上、新国籍法は、国籍証明書を制度化しており、届出については省の直接の権限を確認している。二〇万件の申請に、未処理の五〇万件の届出が付け加わる。その上、年々予審が必要な九万件の届出がある。これらには、三万六〇〇〇件の法律相談、三万件の改姓の申請、「四万件におよぶ内閣、議員、高級官僚、退役軍人団体、〔係争等の〕利害関係者自身からの働きかけ」は含まれない。帰化を手放すこと、それは実際にはこの過重の業務を減じられることだった。印璽部の新たな権限、特に国籍に関する訴訟への対応の権限は、司法省が国籍の省であり続けることを可能にした。この分野で権利を行使し、語ることが認められたのである[94]。

そこで、ティトジャンは一九四五年一二月八日、デクレを提案し、それが最終的にコンセイユ・デタによって考慮される。「人口大臣は、司法大臣の同意する旨の見解に従い、フランス国籍の取得、拒否、喪失または剝奪に関する布告、およびフランス市民の権利の承認の布告を用意し、公告する任を負う。またフランス国籍の請求、辞退、ないし拒否、あるいはこの拒否の権限の放棄の申請のための届出を検査するものとし、認許の布告についても同様である[95]」。こうして一九四六年一月を期し、人口大臣が帰化の責任者となる。

新しい省、新しい基準

たまっていた二〇万件の書類は当時、以前と変わらぬ調子で処理されていた。一九四六年八月六日以来、プリジャンは人民共和運動（ＭＲＰ）の議員団[96]の前で発言し、作業のリズムを変えることを強調する。一九四五年六月の一カ月には八七件の帰化が承認され、それが四六年の六月には二一五七件

帰化件数（年別、男女・未成年者別、フランス本土・全体別）

	フランス本土				フランス全体	
	男性	女性	未成年者	左の合計	帰化の合計	国籍取得の合計
1937年	11,299	4,624	8,516	24,439	25,309	40,412
1938年	16,307	7,237	13,137	36,681	38,899	77,870
1939年	28,774	15,724	28,561	73,059	76,169	118,300
1946年	9,237	3,932	2,788	15,957	17,351	38,869
1947年	43,408	20,014	13,573	76,995	83,317	111,736
1948年	30,126	15,892	8,646	54,664	59,823	70,925

出所：INSEE

に達した。この数字は一九四六年一年間では一万七三五一件となる（未成年の子どもも含む）。四七年には八万三三一七件の帰化が決定され、それまでの一九三九年の七万六一六九件という記録が破られた。認許された国籍取得の数も、一一万一七三六件となる。

これらの結果はどう説明されるか。プリジャンはMRP議員団を前に発言し、その作業で適用された基準について述べている。戦時中の態度が依然として支配的であり、たとえば一九四六年のこと、申請者に要求される滞在年数は法では五年なのに、実際は七年とされていた。これは、「宣戦布告時および領土の占領時の態度」を大事にしてのことである。帰化を認める優先度は、戦争の諸事実によって際立つ人々の場合に高かった。次いで三人の子持ちの外国人、その次に鉱山労働者というわけである。

ポーランドは、シロンスク（シュレジエン）の炭鉱を新しい国境内に取り込むのに備え、フランスに住み着いていた鉱夫たちを「回収」しようとこころみる。[97] 志願者が帰国する場合にこれを組織するため、フランスとポーランドは、一九四六年の二月二〇日、一一月二八日、四八年二月二四日に相次いで三つの協定に調印する。けれども、この帰国を最大限に阻止するために指示が出る。ポーランド人鉱夫の帰化の扱いを最優先せよ、と。[98] 戦前に延ばし延ばしにされていた彼らの申請書類が、緊急に処理される。全体としてみて、それでもある数のポーランド人鉱夫はポーランドに戻っていき、ジャニーヌ・ポンティによれば、フランスに残った者は帰化を急ぐことはしなかった。それに比べ、レジスタンス参加者に優先性を認めたことは効果があった。ジャニーヌ・ポンティの引いているマリアン・Dのケースでは、一九二五年ポーランドで生まれ、二年後にフランスのオーバン＝クランサックにやってくる。マキ〔山間部等に潜む対独レジスタンス組織参加者〕となり、一九四五年に二〇歳で帰化している。別のケースは、ユーフロジーヌ・Cであるが、一九〇八年にガリツィア〔当時オーストリア帝国領〕の生まれで、三一年に農場に働く家政婦としてフランスへ。そしてポーランド人の夫をオラドゥール・シュル・グラヌの虐殺〔リムザン地方の村で、ここで一九四四年六月にナチSS部隊により八〇〇余人の住民が殺害された〕で亡くす。一九四九年にフランス国籍をとらないかと勧められ、それによって戦没者寡婦年金と、戦災児としてのわが子の養育手当を受けられるようになった。行政の勧めがなければ、こんなことは考えもしなかっただろう、と彼女は言う[99]。

これら優先度の高い申請書は速やかに処理されたが、それは数が少なかったことにもよる。次に、「北方系《ノルディック》」と農業労働者の帰化は有利に扱われただろうか。これは、あの高等諮問委員会が提案したことであり、プリジャンもそれに参加していた。だが、それは優先的な基準とされない。一九四五年一〇月一九日オルドナンスの適用のための四五年一一月二日のデクレ四五－二六九八号の第一五条では、原国籍は帰化申請について行政が評価する際の諸要素のうちの一つとしていた[100]。だが、そうはならない。まず、「北方系」は申請の数が少ないので、帰化を成就する者も少ない。次に、一九二〇年代を思い出させずにはいない、ドイツの人口増加の力強さには警戒せよという雰囲気のなか、大量帰化への道の開放が人口学上の至上命令と再度感じられていたので、制限主義は旗色が悪かった[101]。その上、一九四六年、四七年の頃の政治状況では、四五年当時に比べて民族選別という原理は正当とはいえなくなっていた。国民議会では議員の多数が共産党と社会党（ＳＦＩＯ）によって構成され、両党がＭＲＰとの三党連立によって支配していたからである。民族選別は、外国人の権利擁護諸団体（ＣＡＤＩ）とグラスベル師によって公然と批判されている。ある理論家たちは「ナチの理論家」として印象づけられ、告発され、出自による区別はすべて否定された。

かつては地中海系の人々はフランス文明への自然の同化の容易さゆえに、望ましい移民をなすと考えられていた。［……］しかしご覧の通り、「ジプシー化された」とか「黒人っぽい」連中への反感の声が高まり、フランスも今や十分にそうなっているとの理屈で、それを埋め合わせてくれる人種として「北方系」の受け入れが奨励されている。［……］ところが、移民をめぐる状況では、「北方系」に大きな数の割合を予定するのはまず不可能である。また、曖昧な疑似科学の不確かさもあるから、関心は非人種的な選別、つまり端的に人間的なそれ、心身ともに健康な移民に向けられるべきである。[102]

内務省の外国人局の長はパジェスで、大量帰化を支持していた。かれの目的は、諸県にたまっている処理待ちの書類をより迅速に処理させて、新しい申請の扱いを遅滞なく行なうことにあった。すべての県は山積している書類のストックを処理しなければならない。ただし書類がたまっているのは外国人の滞在の多い県で、最もストックが大きいのは都市地域である。たとえばセーヌ県はパリ市と周辺の市町を含んでいて、警視庁はあらゆる出自の申請書類を送ってくるが、それらは鉱夫や農業者よりも、多数の労働者や事務員、販売従事者、製造業主や医師から成っている。

書類は最終的には人口省に送られ、同省は、帰化に関する省間委員会で定められた優先順位に従い、すべてを処理する[103]。書類は、労働者、鉱夫、三子の親、元兵士が最初に審査され、多少の好意的扱いもある。たとえば、道徳性について、「重大でない事実は、鉱山労働者には、非難されても、好意的な決定の妨げにし〔てはなら〕ない[104]」。その他の書類については、年齢、家族的・職業的状況が考慮される。ジャック・メロが指摘するように[105]、優先順位に入らない者も帰化は認められるものの、待たされる時間がより長くなる。また、「高齢者、子どもをもたない者、無業者、わが国に何の貢献もしていない者」にも帰化は認められ、「条件は、フランスに長く住んでいて、良好な情報の対象をなしていること」である。要するに、それらの人物には二〇年の滞在が要求されよう[106]。

以上の扱い方における主意主義は、一九四七年の帰化の記録に説明を与えるのであり、同年にはポジティヴな決定の率はきわめて高くなっている（九三・三％[107]）。イタリア人がつねに帰化者に最も高い率を占め、その率は低下したとしても（一九三七年の五〇％から四七年の三七％へ）、そうである。ポーランド人は一四％から一八％へと上昇している。次いでスペイン人がくるが、ほぼ一一・五％と一定している。アルメニア人は二・七％から七・五％へと大きく上昇し、ベルギー人を抜く。後者は一九三七年と四五年で六％前後である。アメリカ人、イギリス人、ルクセンブルク人、モナコ人、オランダ人、ノルウェー人、スイス人というモコが招きたがった人々は、合わせても、一九四七年の帰化者中の二％にすぎない。これは、ブルガリア人、ルーマニア人、ロシア人、チェコ人、ユーゴスラヴィア人〔の合計〕が四七年には帰化者の一〇％以上を占めるから[108]、それよりはるかに低いことになる。

帰化者の居住地では、すぐれて都市的な県であるセーヌ県が有意に増加しており、帰化者に占める同

帰化した男性の職業（フランス本土）

	1937年	38年	39年	45年	46年	47年	1938-47年の平均増加率：×2.5
金利生活者	11	22	24	4	8	113	×5
自由業	580	327	366	65	225	517	×1.6
商工業主	407	565	1,242	228	1,298	6,435	×13
事務的職員	720	1,094	1,650	233	969	4,215	×4
小・自営職人	6,003	8,901	6,219	435	2,204	11,083	×1.3
農業者	-	-	2,099	125	649	3,352	
農林業労働者	1413	2,210	2,443	135	768	3,802	×1.7
大工場労働者	1,763	2,440	3,848	269	1,414	7,208	×2.9
鉱山労働者				74	1,066	3,747	
漁業者	31	48	83	4	13	115	×2.5
軍人				286	161	247	
医師		71	24	46	131	289	×4
歯科医師		14	6	8	21	44	×3
薬剤師		2	1	3	4	9	×1.5
医科歯科学生		35	12	4	17	56	×1.5
その他の学生		172	185	26	100	238	

出所：G. Mauco (AN, AP 577/5).

県の比率は一九三八年の一二・八七％に比し、四六年には二〇・五〇％、四七年には一九％となっている。職業からみた変化は、モコによって上表のように示されている。

この表では、戦前にはカウントされなかった鉱山労働者を除くと、商工業主、それほど大量ではないが事務的職員、医師が最も大きな増加を示している。

一九四七年以降に、戦時中には中断されていた多数の書類の審査が行なわれるものの、帰化のリズムは緩み、一九五〇年には約三万五〇〇〇件に落ちる。[109] 書類は一件一件検討され、年齢、家族状況、原国籍、滞在期間中の職業という諸基準が考慮され、その後、決定がなされる。しかし、帰化は大幅に認められるのであり、否定的な決定（拒否または保留）は約二〇％前後で、あまり変わらない。国民議会では、一九四五年以来、選挙でこれが改選されるたびに、ピュイ＝ド＝ドーム県選出議員ジャック・バルドゥー[110]の同じ法案、血統主義をフランス国籍付与の唯一の道として打ち立てようとする法案が付託されてきた[111]。帰化政策は変わらない。その代わり、若干の時点でこれを制限しようとする屈折が起こる。それは冷戦の結果でもあり、たとえば一九五〇年六月一五日付の「人口及び相互援助」局長の覚書は、極左イデオロギーに親近感をもつ政党への参加や、政治的目的の職業活動が記載されている申請書類については、内務省の見解を尋ねるように、と勧めている[112]。こうして、書類を評価する際には当人の忠誠心（実際には政治関与）を考慮に入れるように、という命令が下る。一九五二年四月二三日、続いたのは短期間だったが一つの転換があった。ポール・リベイルによって送られた次の指令で、民族的基準が差別的要素として設定される。

その出自のために同化がむずかしい、フランス国民の民族的・精神的な性格を変質させる恐れのある人々を帰化させることは避けねばならない。［……］フランスの人の民族的「合成」を特徴づけている地中海系の割合と北方系の割合の均衡が破壊されないため、北部ヨーロッパ（イギリス、スカンディナヴィア諸国、オランダ、ベルギー、ルクセンブルク、スイス）出身外国人の帰化を、可能なあらゆる措置によって増やす必要がある。

なお、「よい出自」だけでは帰化を認めるのに十分ではない。「慎重に、すでに実際にフランス人に溶け込んでいて、帰化させるに値する者を［取り込まなくてはならない］」。どんな場合でも、帰化申請がこの指示に反するものであってはならない」[113]。その結果はすぐに表れた。申請が許可される率が大きく下がったのである。一九五〇－五一年には八〇％だったものが、一九五二－五三－五四年には六三・五％となっている[114]。

一九五三－一九七三年――リベラリズムの二〇年

帰化申請の許可率は急速に、その一九五〇－五一年の水準に戻っていく（一九五五年には七七・六％、五七年には八二・九％）。一九五三年一一月二二日の新たな訓令は、民族的出自を選別の基準とすることを否とした。「そのようなことをすれば、許すべからざる人種差別の証となろう」[115]。こうして、一九五三年に始まって二〇年間というもの、国籍、および帰化の実施において出自《オリジヌ》をめぐる議論は姿を消す。リベラリズムの風がとりわけ帰化政策の上に吹きわたり、国籍政策一般についてもそうだった。

人口問題への懸念・関心は強く働いた。それは、たとえば、当時にいたるまで拒否の対象とされてきたような帰化申請をも、より好意的に扱うよう政府を後押しする。どんなケースかというと、一子のみの両親や、高齢者であり、一九五三年以降は、非正規状態の外国人でも、もし「有用な職業[116]」に就いていればこれに加えられた。

リベラルへの新たな転換点[117]である一九六七年を境に、帰化申請書の取り扱いの論理が逆転される。すなわち、承認が可と判断される申請は国民共同体への貢献を示せる者のそれのみだったのに対し、以後、もっぱら「ある種の否定的な基準に合致する外国人[118]」を排除することを旨とするようになる。

同化という基準（五年以上の滞在[119]）と、家族の一体性という基準が支配的なものとなる。許可率は上昇し、一九六〇年代初めには七七％前後へと低下の傾向にあったのに、六七年以降には八五％を再び超える。一九四五年から七三年の時期には個々の申請書にあたることがむずかしくなり、詳細にわたる検討ができなくなるが、平均して申請の八〇％以上が許可されている以上、その特徴は帰化政策のリベラリズムにあるといえる[120]。

次に、植民地解放は新たな立法を進める機会となる。フランス－ベトナム間の一九五五年八月一六日の協定の調印があってから、一連の条約・協定はすべて、フランスとその植民地との法的分離を組織化しており、旧フランス臣民の大部分を新国家の独立市民へと変えている。一九六〇年七月二八日法は、ブラック・アフリカとマダガスカルの人々のフランス国籍の保持の諸条件を定めた。それによれば、元はフランス共和国領（本土および海外県－海外領土〔DOM－TOM〕）だった国に居住する者とその配偶者、寡夫、寡婦、子ども、およびそれらの国の出身者でフランスまたは外国に居住したことを証明できる者は、フランス国籍にとどまる。一九六二年七月二一日オルドナンスは、アルジェリアに属する人々について個人の地位にもとづく区別を打ち立てる。すなわち一般法にもとづく地位を与えられている者はフランス国籍の権利を保持するが、地域法にもとづく地位をもつ者――その大多数はムスリム――は、フランスに常居所を定め、一九六七年三月二二日までに「承認の申告[121]」に応じなければ、完全なフランス国籍を獲得できなかった。こうした流れのなかで一九六一年法は、帰化申請のためには滞在が正規であることという要件をすべて廃している。また特に、フランスがかつて主権を行使していた国に属している者が帰化を申請する場合、滞在期間に関する要件がすべて廃されている。[122]

この時期の立法上の大改革といえば、リベラルな雰囲気を象徴する一九七三年一月九日法であり、それは国籍に関しての女性と男性の平等を保証し、フランス人男性の配偶者のフランス国籍へのアクセスを容易にするものだった。

それはもともと、政府にとって一九四五年の国籍法を整える手直しにほかならなかった。バティフォル教授を長とする法律家たちの一委員会が、ある法律文案を準備する任を託され、それにもとづき、政府はごくささやかな法案をつくり、一九七一年に上程した。それは、フランス本土と海外領での国籍の統一、およびフランス人の母親から生まれた非嫡出子へのフランス国籍付与を可能にする諸措置を含ませるという提案にとどまっていた。しかし、国民議会に指名された報告者ジャン・フォワイエ[123]のリードによって、法案は別の豊かな含意をもってくる。かれは一九六二－六七年に司法相を務め、そのイニシアティヴで、その界の第一人者カルボニエに民法の根本的な改正の作業をゆだねた[124]。後見制度、婚姻制度、相続制度、親権、親子関係が改革されるが、それは特に男性と女性の、非嫡出子と嫡出子の平等を決定的なものにするためである。ただし、この男性と女性の平等は、国籍の権利においてはなお実現されていなかった[125]。そこでジャン・フォワイエは、司法省の留保と圧力[126]に抗して、国民議会の法務委員会によって新しい一法案を承認させた。それは、民法関連で行なわれた改革の進歩を、国籍法の分野に拡大するものだった[127]。

一九七三年一月九日法は、一八〇三年以来初めて、国籍の権利において結婚ばかりでなく、継承でも、女性を男性と平等な位置に置いた。国籍を異にする二人の人間の結婚は、もはや一方または他方の国籍に自動的に効果を及ぼすことはなくなった。すなわち、かつてはフランス人男性と結婚した外国人女性は自動的にフランス人となったが、以後、二人は各々の国籍を保持することになった[128]。他方、フランス人ではない配偶者のフランス国籍へのアクセスは容易になる。それまではフランス人女性と結婚した外国人男性は、帰化によってしかフランス人になれなかった。以後、こうした男性は、フランス人男性と結婚した外国人女性と同様、結婚後速やかに行なう自発的な届出によってフランス人になることができるようになる[129]。両配偶者はその子どもたちにそれぞれの国籍を継承させることができる。そして、非嫡出子も嫡出子と変わらない地位をもつことになる[130]。

しばしば言われたことには、この一九七三年のリベラルな法は、「輝ける三〇年」〔戦後から一九七三年の石油危機までの連続的な高度経済成長の時期を指す〕を通じて大いに拡大された、南ヨーロッパ（イタリア、スペイン、ユーゴスラヴィア、特にポルトガル）ばかりでなく、北アフリカ（一九四五年以来のアルジェリア、次いでモロッコ、チュニジア）発の移民の流れとは無関係に、成立していた[131]。実際、ジャン・フォワイエは、かれの法があらゆる出自の移民にフランス国籍を開くだろうということを完全に意識していた。帰化については一九六七年以来存在する精神状態を継続しつつ、この選択を引き受け、国民議会への自らの報告をこう結論づけている。

> 一九四六年から六四年にかけて人口の状態は改善されましたが、フランスはすべての隣国と同様、移民受け入れの地であり、今後もそうでありましょう。紀元四世紀のローマ人が帝国の軍団のなかで兵役に就くのを拒んだように、二〇世紀のヨーロッパ人は、きつい汚い骨折り仕事に就くのを拒否しています。往時と同様、今日も、人の受け入れは一個の必要なのです。おそらくそ

れは同じ危険を含んでいる、そうかもしれません。それでも、移民政策がどうしても必要となります。移民についてその諸特性を識別するのはつねに容易とはいえませんが、移民政策がどうあれ、移民のなかで帰国への心をもたない者は、国民共同体のなかに自らを統合させねばなりません。国籍についての刷新された本法は、無用に当人を悩ませ、侮辱するような意味のない制限をやめ、この統合を可能にするものであります。フランスはその長い歴史を通じ、一個のみごとな坩堝《るつぼ》でありまして、それはガリア＝ローマ人から、ゲルマン人からフランス人をつくりました。今提案している本修正法は、この坩堝の活動をそれ以外の民族とも行なうのを容易にしてくれましょう。レイシズム、それは歴史の最大の犯罪に行きつく憎むべき愚行にほかなりません[132]。

それからほんの数カ月後、一九七四年七月三日〔その後長期にわたり継続される、ＥＣ域外からの新規外国人労働者の受け入れの停止がこの日閣議決定された〕、外国人労働者の新規受け入れは中断され、ジャン・フォワイエの右の言葉はたちまち忘れられていく。

6 フランス国籍のアルジェリア危機

一九七四年七月三日、オイルショックの数カ月後、政府は外国人労働者の新規受け入れを中断した。当時、移民は、フランスでは万華鏡のような様相をみせており、七五年の国勢調査は七五万八〇〇〇人のポルトガル人、七一万人のアルジェリア人、四九万七〇〇〇人のスペイン人、四六万二〇〇〇人のイタリア人、二六万人のモロッコ人、そして一三万九〇〇〇人のチュニジア人を記録している。ユーゴスラヴィア人、トルコ人、ブラック・アフリカ系の人々もおり、合計で三四四万二〇〇〇人、フランスの人口の六・二％にあたる外国人がいたことになる。この多様性の裏には、「輝ける三〇年」の間ずっと続いていた、出身国を基準として「好ましい」移民とみるか否かの厳しい対立が隠されている。一九四五年に人口・家族高等諮問委員会が、「統合の度合い」に応じて計算したクオータによって移民を選別する「一般指針」案を承認したことが思い出されるだろう〔本書二一六頁参照〕。フランスへの入国が認められるのは、五〇％が北ヨーロッパ、三〇％がスペイン、イタリア、ポルトガルの、それも北部地域出身のラテン系、そして二〇％がスラヴ系だとするものである。それ以外の出自の外国人の入国は、「特別な利益を呈示する個人の場合のみに厳格に制限されていた」。これらの規定を実施するために、高等諮問委員会の事務局長だったジョルジュ・モコは、厳密な選別（衛生、身体、精神状態）、次に滞在地や住宅、そして住所の監視を通して、あらゆる方面から移民を管理することを提案した。しかし内務大臣アドリアン・ティクシエ[1]と労働大臣アレクサンドル・パロディ[2]は、この計画が警察的な特徴をもち、外国人に対する非常に細かい管理方針をとり、さらにそれに付随して生じる難民を排除するものであるため、激しく反対した。しかしながら、政府は、出身国によって外国人を選別することと、彼らに特定の県に居住することを強いる可能性は認めた。だがコンセイユ・デタの裁定は[3]、それをけっきょく禁止することになった。最終的に一九四五年一一月二日に採択されたオルドナンスでは、フランスが永続的に労働者、さらにはその家族を受け入れる移民国であることを公示するかたちとなる。移民受け入れの過程の当初、優先的に求められた賃金労働者、すなわち農業または工業労働者は、雇用の約束ないし労働契約を提示することで入国が許可された。それはアメリカと正反対で、アメリカでは労働組合の求めに応じて議会が、移民はその入国時点であらゆる雇用契約から「自由」であることを命じる法律を制定していた。他方で、労働者は妻、子どもを伴うことができ、後になって家族再結合の手続きを行なうこともできた。そのため、一九五〇年代末まで単身の季節移民にのみ門戸を開いていたドイツとも異なるものだった。

しかし、一九四五年一一月二日のオルドナンスにも曖昧さがなくはなかった。一方でこの法治国は、移民の滞在が一度許可され、それが長引き、社会への統合がなされたとみなされれば、なしくずし的に永続的な定着を保証した。そのため国家は彼らに一年、三年、一〇年と段階的に長い有効期間をもつ滞在許可証を与えた。さらに新規移民を選別する際に、行政はその出身国やエスニックな出自による区別をせず、公式的にはトルコ人もイタリア人も同じように扱うとされた。しかし他方で、行為者としての国家は、暗黙裡の選別にくみしていた。外国人労働力を採用するための移民庁（ＯＮＩ）の新しい募集事務所をイスタンブールではなく、むしろミラノに設置することで、トルコよりもイタリア北部の窓口に新しい移民がやって来るよううながそうとした。

一九四六年から、このように組織された移民は、期待されたよりも小さい規模で、その上、イタリア北部ではなく南部からやって来た。しかしすぐにこのヨーロッパ系移民は、当時、大多数の移民政策担当者から「好ましくない」と考えられていたアルジェリアからのムスリム移民との競争を強いられた。一九四七年九月二〇日、アルジェリアのムスリムに市民権が付与され、すでに四六年から実質的に行なわれていたフランス本土への移動の自由が合法化された。その結果、一九四九年から一九五五年の間に、すべての国籍の移民労働者総数が一六万人だったのに対し、一八万人のアルジェリアのムスリムがフランスに居住することになる。一九五六年、フランス当局は、〔ＯＮＩの募集、受け入れルート外で〕自らの手立てでやって来た外国人労働者を企業が直接に雇用することを許容し、正規化の手続きを公式に認めることで対応した。アルジェリア人と同じ権利を与えることで、イタリア人やスペイン人の入国をうながそうとしたのだ。[4] 一九六二年、ついにエヴィアン協定が、（多くのフランス人がアルジェリアに残ると考えていた）フランス当局の要請により、フランスとアルジェリア両国の在留者のための自由移動を規定した。だが、この条項がもっぱら、就労目的でフランスに入国するアルジェリア人の利益となることが明らかになると、フランスの移民政策の責任者はアルジェリア人の入国に歯止めをかけるため、一九六二年から一九七三年の間、絶えず自由移動につき再交渉をこころみ、ポルトガル人、さらにはチュニジア人やモロッコ人移民を優遇しようとした。

一九七四年にフランスに滞在していた外国人は、公式的には権利において平等である。アルジェリア人はエヴィアン協定によって保護されていたため、まさに他の外国人よりも「上の」権利を有していた。このアルジェリア人移民の地位、より一般的には北アフリカもしくは、アフリカのような「好ましくない」とみなされる出自をもつ移民の地位が一〇年の間、政治的に大きな争点であった。一九八四年、最初のコンセンサスがつくられ、正規に滞在するすべての移民はその出自にかかわらず、継続的な滞在の権利〔一〇年間有効の滞在許可証〕が保障された。極限まで強まった対立の対象となったのは国籍法であり、すなわち移民の子どもが議論の争点になった。

北アフリカ系移民の地位を保障するための一〇年（一九七四－一九八四年）

一九七四年七月から七六年まで、フランス政府は景気後退を一時的なものだとみなし、特段の懸念は抱いていなかった。労働移民は中断されたが、その他の事柄に関しては相対的に現状が尊重されていた。閣外相ポール・ディジュの後押しで、家族再結合の手続きは近代化さえされ、移民とその家族に向けた社会政策は改善された。しかし、一九七七年、経済危機は長引き、失業がフランス人の一番の懸念事項になり、そうしたなか、大統領ヴァレリ・ジスカールデスタンは非ヨーロッパ系移民の帰国を最重要課題の一つとし、自発的帰国を支援する政策をこころみた。だが奏功せず、その後、一九七八年から八〇年にかけて計画が練られ、しばしばフランスに長期滞在していた北アフリカ人の大半を強制帰国させようとし、アルジェリア人がその主な対象とされた。ジスカールデスタンは、この計画に協力するようアルジェリアを説得しようとしたが、同時に、議会に、アルジェリアの同意がなくても数万人の同国人の帰国を強制するための法案を認めさせようと迫った。それによれば、エヴィアン協定は破棄通告され、滞在許可証更新不可のクオータが県によって定められ、さらに六カ月以上の失業、もしくは有給休暇から遅れて戻ってくるようなケースでは、滞在許可証が取り消される。総計で、一年で一〇万人の外国人が退去強制の対象とされ、五年間で五〇万人となり、その大半をアルジェリア人とする、と。[5]

しかし、この強制帰国の計画は、一方で、教会やアソシエーション、労働組合、左派政党の伝統的動員によって、他方で、より控えめではあるが、中央行政や外国諸政府、そして当時の大統領選の与党だった二つの政党（共和国連合と社会民主中道派）、およびコンセイユ・デタの行動によって、失敗に終わった。[6]

一九八一年五月の大統領選でフランソワ・ミッテランが勝利すると、政権に就いた左派は、外国人の入国と滞在の規則を自由化し、非正規状態にあった一三万人の外国人を正規化するなど、それまでとは正反対の政策を実施した。一九八三年の市町村議会議員選挙での敗北により、左派政権は政策を修正した。一九八四年六月、国民議会は満場一致で「一〇年の単一資格」に関する法を採択する。外国人住民の滞在の安定性は、その国籍や出自にかかわらず保障され、滞在許可は雇用に就いているか否かとは切り離された。[7]この法律は、強制帰国にピリオドを打つものであり、右派政党（フランス民主連合、共和国連合）と左派政党（社会党と共産党）の移民政策に関する最初のコンセンサスを象徴するものになった。しかし、アルジェリア系移民の滞在が安定化するやいなや、アジェンダは移行し、議論はその子どもたちの国籍に再び向けられた。

国籍をめぐる真の争点――第二世代

一九八〇年代初め、フランスの一部の人々は、アルジェリア人の子どもたちが――そのなかには帰国を願う者もいなくはなかったが――フランス人であることに気づく。彼らは一九六二年より以前、すなわちアルジェリアがフランス領であった時にアルジェリアで生まれた親をもつ、フランス生まれであった。そのため、国籍法第二三条に規定される加重生地主義の結果としてフランス人とされた。

アルジェリア人である子どもと、とりわけアルジェリアの独立のために闘うこともあった親にとって、国籍拒否の手段（モロッコ人など、外国人の親から生まれた子どもにはそれが認められていた）[8]もなく強制されるこの規定は、当然、困難をもたらさずにはいない。しかし二重国籍の問題は子どもや親にとって、アイデンティティに関するものであり、またフランスとアルジェリアにとっては外交に関わるものである以上、容易に解消されず、問題として残り続けた。

一九八二年は、この点で政治的転換点となった。この年に二重国籍をもつ若者の初めての徴兵があり、彼らは双務的な協定がなかったため両国で兵役義務を果たさなければならなかった。一部のアルジェリア領事に後押しされたアソシエーションは、これらの「自らの意に反してフランス人になった」[9]若者のために、忠誠義務を廃するキャンペーンを行なう。アルジェリアはつねに、フランスがアルジェリア人に第二三条を適用しないよう、その一方向的な変更を望んでいたが、パリはそれに反対していた。なぜなら、それを廃することは、アルジェリアが一九六二年以前にフランス領でなかったと認めることになるからだ。しかし、一九八二年四月、内務大臣ガストン・ドフェールは閣議で、アルジェが求める第二三条の改革の原則を承認させようとした。おそらくその代わりに、当時の一番の懸念事項であった国境管理政策に関する現実的な譲歩、または少なくとも約束を取り付けたのだろう。だが政治的リスクは変わらなかった。つまりアルジェからのこの長きにわたる要求を認めることは、一部の世論からは、アルジェリア当局がそもそも望んでいたように、アルジェリアにおけるフランスの存在の非正統性を事実上認めることになると解釈されかねなかったのだ。この解決策は、さらにアルジェリア引き揚げ者の国籍証明に関する技術的な問題を生じさせたかもしれず、すぐに放棄された[10]。こうして第二三条が改正されることはなかった。

「二重の兵役義務」の問題は最終的にアルジェリア側の姿勢の変化によって解決をみた。アルジェリア国家はずっと以前から、フランスに「一時的に」滞在する在外国民の帰還について、伝統的な声明を繰り返していた。その定住が確認されると、その時から、在仏アルジェリア人コミュニティを、アメリカ風のコミュニティを通じてのロビー活動の戦略に使おうと考えるようになったのである。この観点からすると、二重国籍はもはや不都合なのではなく、アルジェリアがうまく使えると思える道具となった。このため、兵役に関する一つの協定がフランスと結ばれることになる。特異なことに、協定ではフランス育ちのアルジェリア人がフランスに滞在していても、兵役に就く国をフランスかアルジェリアかどちらかを自分で選択できるようにした。フランスは国籍法の伝統的な要素では譲歩しなかったので満足した。ところが、一九八三年以降、フランスの右派政党の一部が提案することになったのは、まさに、アルジェリア人の子どもをフランス国籍に統合するというこの伝統の放棄である。

極端に走る右派

一九八三年三月の地方選挙は、左派にとって重い敗北となった。それは極右政党のフランスの政治舞台への登場を印づけるものであり、八四年の欧州議会選挙で有効投票数の一一％を獲得したことで、さらに裏書きされた。ジャン＝マリ・ルペンの党に投票した新しい有権者にとり、治安不全と移民が主要な関心事であり、国民戦線（Front National）は、非ヨーロッパ系移民のフランスからの退去を、その闘いの優先的目標に置いていた[11]。またすぐ後に国民アイデンティティに関する議論がオルロージュ・クラブ[12]によって進められ、広がった。国民アイデンティティと国籍法はつながっているという考えが強く根を下ろし、ごく当然に議論は国籍の立法に向けられ、矛盾も含む法的に複雑なアルジェリア系移民の子どもの状況が検討されることになった。

右派政党の側では、一九八四年にアラン・グリオトゥレイ（フランス民主連合の国民議会議員で「フィガロ・マガジン」常連執筆者）によって出版された『移民――その衝撃（*Les immigrés: le choc*）[13]』という本が議論を呼んだ。これは、あまりにも異なる文化からやって来た移民、すなわちイスラーム系移民の統合可能性と、彼ら自身の同化の希望について考察したものである。多人種からなるフランスを拒否し、法が改正され、国籍は今後、「選択」され、もはや「押し付けられ」ないことを望んだ。著者は、エルネスト・ルナンの選択的な国民の概念と、「明確に表明された共同生活への願望」をフランス国籍取得の条件とする必要に訴えた。そして外国人の親から生まれた子どもに自動的に国籍を付与する生地主義を、「よき統合」の条件下でのみ法的意味をもつ、意思の行為に置き換えることを提案している。

一九八五年春、あの国民戦線のアプローチと大差のないような国籍法の根本的な改正が、国民議会選挙に臨む共和国連合とフランス民主連合の共同基本方針に加えられた[14]。「国籍は、要求された上で、認められなければならない。その取得は、単なる自動的な仕組みから生じるべきものではない」[15]。同じ時期に、ミッテランは地方選挙における外国人投票権を再度検討課題に載せていた[16]。この主張は、一九八一年の大統領選でのこの社会党候補のプログラムにおける一一〇の提案の一つに加えられていたのだ。同年八月九日、対外関係大臣クロード・シェイソンによって、〔アルジェリア訪問に際して〕八三年の地方選挙において外国人投票権を実現することが告げられた。これに対し右派は敵対的な反応を見せ、左派の間では曖昧な反応を引き起こした（移民労働者支援アソシエーション連合は除く）。世論の強い反感と、改革を違憲だとする声のため、政府はその先送りを余儀なくされる[17]。一九八五年四月、大統領は、政治的にも法的にも実現できないことを確実に知りながらも、移民に投票権を与えることに依然として賛成であることを表明する。ただし、世論がこの措置を認める状態にはないため、左派が総選挙で勝利したとしても、それを提案することはないだろうと明示もした。

ところが、一九八六年三月一九日の国民議会選挙を勝利したのは右派だった（五七七議席中二九一議席）。また比例代表では国民戦線が三五議席を獲得し、国民議会で初めて議席を得た。ジャック・シラクの政府は、発足するやいなや、移民に関する法制度の変更と並行して、いかなる障害もないかにみえた国籍法の改正にも取りかかった。複数の法案が議会事務局に提出された。極端だったのは共和国連合のもので[18]、軍事的・人口学的動機がなくなったことを理由に一八八九年からフランス法に存在する生地主義の廃止をめざそうとした。厳格な血統主義を導入し、出生と同時に与えられるフランス国籍は、フランス人の父親か母親をもつ子どもにのみ付与するとする。フランスで外国人の親から生まれた子どもは、帰化を求めなければならない。それは意思表示による手続きを義務づけるだけでなく、国家があらゆる機会に「選別」を行なうことを可能にするものでもあった。

　このいかにも極端な法案は、三つの段階を経て[19]、根本から改変され、穏健なものになっていく。まず、政府は独自の法案を提出することを決めた。そのため司法省の担当部局の作業によって法案は形づくられていく。司法省印璽部の後継である国籍局は、すでに右派が政権に就くことに備えていた。与党は一九七三年以降変更されてこなかった法の改正を望んでいた。例外は、帰化者に関する最後の欠格事項を廃止した一九七八年七月一七日法と一九八三年一二月二〇日法だった[20]。ただし、法案は加重生地主義を検討の俎上に載せなかった。それはフランス国籍法の原則であり、一八八九年以来あのヴィシー政権下でも問題にされなかったものである。次に、フランスにおける二重の出生は、国籍証明書を提出しなければならないときに、多くのフランス人にとって最も簡単な証明方法になるからでもある。フランスの地における二世代にわたる出生は、出生証明書を二通提出することで立証できる。もし加重生地主義を廃止するなら、この証明に関わる行政手続きをしばしば乗り越えがたい難事へと変じよう[21]。ガストン・ドフェールが四年前に許可したアルジェリア領における加重生地主義の適用を問題とすべきか。この提案はただちに司法省の担当部局と内務大臣パスクワによって、「アルジェリア系でない親から生まれた子どもや、ハルキ〔harki. アルジェリア戦争で仏軍に協力して戦ったアルジェリア人兵士とその家族で、脱出しフランス国内に住む者もいる〕の子どもがフランス人の資格を証明するのを過度に複雑にする」[22]として拒否された。

実際、国籍局は下記の四つの目的をもつ計画を立てていた。それは⑴フランスで生まれた外国人の子どもの国籍自動取得を廃止し、彼らにフランス人となる意思の表明を求めること、⑵結婚による国籍取得を、不正が犯されやすいと考えられる届出から、帰化という管理された制度に変更すること、[23]⑶移民を制限する法律と矛盾する項目を立法から取り除くこと、[24]⑷そのため旧フランス植民地出身者からフランスで生まれた子どもへの国籍の付与、ならびに子どもが未成年の時に親が子どもをフランス人として届け出る可能性を絶つことである。[25]最後の点についていえば、フランス国籍となった子どもの親は国外退去から保護されていた。

以上の措置に政府は、フランス人になったすべての外国人に宣誓を求めることと、[26]六カ月以上の懲役刑を課された場合はフランス国籍取得を禁止することを付け加えるよう提案した。この二点は多くの反論を呼んだ。宣誓はフランスの伝統には存在しないため、有罪規定は、犯罪を犯したという事実だけでフランス生まれの若者の国籍取得を永久に妨げることになるためである。

法案は一九八六年一〇月七日にコンセイユ・デタに伝達され、一カ月後、最も重要な点について否定的な意見が示された。特に外国人の親からフランスで生まれた若者に意思表明を求めることが認められなかったのだ。「コンセイユ・デタは一世紀近く前から実施され、その経験には不都合がなかったシステムを変更する理由を認めることができなかった」[27]。この意見はメディアで広く報じられ、[28]政府に計画を変更させた。宣誓の要求は削除された。婚姻による取得における帰化手続きは維持されたが、制限も示された。すなわち、一八カ月の期間に行政の決定がなされない場合、その帰化は正当に認められることになった。

一九八六年一一月一二日にジャック・シラクの政府によって提出された法案では、フランス生まれの親からフランスで生まれた子どもに国籍を付与すること（加重生地主義）は維持された。しかし婚姻については単なる届出による取得は削除され、フランス人の配偶者は帰化の手続きに従うことを命じられた。特にフランスで外国人から生まれた若者には一六歳から二三歳の間にフランス人になる意思を表明することが求められた[29]。ロジャース・ブルーベイカーが述べたように、現状のままで「法案には誰も満足しなかった」。約四〇万人のアルジェリア人の子どもをフランス国籍に入れることを拒否する人々にとり、廃止すべきは国籍法第二三条だった。しかし法案はそれには手を付けず、象徴的な変更を提案するにとどまった[30]。左派は反対に、法案は国籍へのアクセスを制限し、「生地主義」を問題とするもので、そのため一八八九年から続く、外国人の親からフランスで生まれた子どもは成人になった時に〔自動的に〕フランス人になることを認めた共和国の伝統に触れると非難した。

一九八六年六月に教育大臣アラン・ドゥヴァケによって提出された大学改革法案で政府が重い敗北を喫した直後、議論が始まった。八六年一一月二七日と一二月三日に二〇万人、次に約五〇万人の学生が大学入学への選別の導入を提案する「ドゥヴァケ法案」に反対しデモを行なった。一二月五日の夜明けにアルジェリア系の学生マリク・ウセキヌはデモ参加者を追い散らそうとしていた警察官に殴られ、死亡する。学生運動の力と、一二月一〇日に二〇万人の学生を集めたかれの葬儀で高ぶった感情、そして政権内の分裂によって、シラクは一二月八日にドゥヴァケの辞任と高等教育改革法案の撤回を表明した。その後すぐにシラク内閣は国籍法改正を議論する。法案が採択された閣議で、ミッテランはすでに反対意見を表明していた。人権同盟は改正反対のキャンペーンを行ない、ＳＯＳラシスム〔移民出自の若者らによって設立された反人種差別団体〕は自分たち独自の動員を始めた[31]。最後に学生運動はウセキヌの死を契機に、国籍法改正案反対という立場から政府を批判するようになった。司法大臣として法案の準備を指揮していたアルバン・シャランドンは、このような背景の下で議会にそれを上程するのをやめるとシラクに伝える。それに固執することは時宜を得ず、愚かなことであろう、と。かれにとって法案は特に象徴的なものであり、国籍法の変更はもはや重要ではなかった。むしろそのことによって無駄に怒りを爆発させる恐れがあったのだ[32]。シラクは司法大臣を支持する決断を下し、八七年一月一五日に法案成立を断念する旨を公表した。

「賢人」委員会

数カ月後、政府はコンセイユ・デタ副院長マルソー・ロンを委員長とする「賢人」委員会に、考えうるいくつかの国籍法改正方針を検討する任務を託した。委員会は四人の法学教授（B・ゴールドマン、P・カタラ、Y・ルスアル、J・リヴェロ）、三人の上級公務員（マルソー・ロン、P＝P・カルタンバック、ジャン＝ジャック・ド・ブレッソン）、三人の歴史家（P・ショニュ、H・カレール・ダンコース、E・ル・ロワ・ラデュリ）、二人の社会学者（A・トゥレーヌ、D・シュナペール）、二人の医師（S・カセ、L・ブビヤン）、弁護士（J＝M・ヴァロー）と映画監督（H・ヴェルヌイユ）それぞれ一名から構成され、一九八七年六月二二日に設置、そして翌年一月七日に「フランス人であることの今日と明日（*Être français aujourd'hui et demain*）」と題する報告書を提出した。ミリアム・フェルドブラムの表現によれば、その間に「支持できない修正から、認められうる修正[33]」へと変化したという。映画監督アンリ・ヴェルヌイユの提案により、委員会は実際、八七年九月一六日から一〇月二一日の間に約五〇回の公聴会を開き、それはしばしばテレビで生中継された。さまざまな意見が表明され[34]、多くの国民が国籍法のいろはを学び、移民の状況の複雑性を認識し、フランスとの関係は感情的なものになりうることを理解した。次第にコンセンサスが築かれていった。まずピエール・ショニュは数カ月前に「根本的に異なる文化システムに属する人々[35]」への審査委員会と観察期間の導入に賛成の態度を示していたが、そのかれが外国人の親からフランスで生まれた若者にとっての意思にもとづきつつも容易な国籍取得という考えへと「転換」したことが、このことを象徴している。次に、それまで差異への権利を称揚していたアラン・トゥレーヌは統合の考えに同意するようになった[36]。

委員会は、外国人の親からフランスで生まれた若者に成人時にフランス国籍が当然の権利として付与される代わりに、彼らがフランス人であるという意思を表明することを提案した。このように委員会は司法相が一九八七年六月一九日にロンに送付した任務指示書に応えるものであった。実際、シャランドンはそこで、「［フランス生まれの］外国人によるフランス国籍取得の明確な意思表明[37]」の制度化を望んだ。しかし、委員会は最もリベラルな適用方法を提案した。これまでの法体系ではフランスで生まれた若者は成人時にフランス人になったが、そのためには一八歳の誕生日より前の五年間フランスに居住していたことを証明しなければならなかった。たとえば一五歳の時に一年間フランスから離れていた場合、フランス人になることはできなかった。委員会はつねに五年間の滞在を求めつつも、申請は一六歳から二一歳の間にできるようにすることを提案した。それは国籍取得の条件を柔軟にすることになる。もはや宣誓やごくわずかな有罪判決による国籍からの排除は問題とされていない。さらに意思の表明は最低限の形式で市役所や県庁、もしくは小審裁判所で行なえるようになった。それは自由な選択を保障し、フランス人になることを妨げないものだった。

ロン報告書は、シャランドン案で見たように、フランス人の配偶者がフランス人になりたいときに、帰化の手続きを課すこともはや提案していない。届出のシステムは維持され、国籍取得前の最低婚姻期間が六カ月から一年に延長された[38]。報告書は国籍法に関する多くの変更を提案している。未成年の子どもがフランス人であることを親が本人の意思表明なく届出できることの廃止、旧植民地出身者からフランスで生まれた子どもに出生時からフランス国籍を付与することの廃止である。

報告書はきわめて好意的に受け容れられた。右派ではもちろんのこと、左派も最悪な状態は避けられたと感じ、安堵する。メディアは成果を賞賛した。ロベール・ソレは「ル・モンド」紙で「将来、立法府はこの参考資料を無視できないだろう[39]」と認めた。ジャン・カトルメルは「リベラシオン」紙で「現行法の完全にリベラルな改正[40]」に敬意を表した。極右政党ではルペンが「非常にマイナスな[41]」報告書に嫌悪を示した。左派では主要な反対はSOSラシスムからやってくる。このアソシエーションはロンの「より容易にフランス人になれるだろう[42]」という発言には幻惑されなかった。アルレム・デジール代表によると、一部の若者はフランス人になるために一切手続きがいらないのに対して、他の者は「権利を行使する[43]」ために手続きをしなければならなくなる。SOSラシスムは、フランスで生まれた子どもすべてがフランス人であるべきだという「完全な」生地主義を主張した。

意思を表明する？

一九八八年の大統領選の数カ月後、シラク政権はロン委員会の提案を議題にあげないことにした。再選したミッテランはあらゆる改正案を凍結したが、それでもなお議論は続いていた。八九年から国籍委員会の委員だったジャン＝ジャック・ド・ブレッソンの支援を受け、ピエール・マゾーはロン委員会の提案を法案に「翻訳」した[44]。一九九一年九月、ジスカールデスタンは右派の議論を極端なものにしようとした。そして、「フィガロ・マガジン」で〔移民に〕侵入されるリスクを非難し、フランスでの出生によって国籍を与える生地主義にもとづく国籍法を廃止すること、ドイツ・モデルである血統主義を採用して血統による継承のみを国籍の根拠にすることを提案する。しかし、この国民戦線にも近いような提案はもはや説得力をもたなかった[45]。一九九三年、右派が政権に戻った際、マゾーは新首相エドゥアール・バラデュールからロン委員会の提案を国民議会の議題に載せる約束を取り付ける[46]。議会の司法委員会委員長は象徴的な変更のみにとどめることを望んだ。「自律した[47]」国籍法の制定を目的に、一九二七年、国籍に関する法制は民法から切り離されたが、それを再び民法に組み込むというものだった。議会はロンの案とその主要な提案を採用し、外国人の親からフランスで生まれた若者は成人時に自動的に国籍が付与されるのではなく、一六歳から二一歳の間にフランス人となる意思表明をしなければならなくなった。だがフィリップ・ド・ヴィリエ率いる与党の右派勢力の圧力の下、議会は当初の法文案をより厳しくする。婚姻による国籍取得に関して採択された法では、フランス人の配偶者が届出によってフランス人になりたい場合、結婚後六カ月の代わりに、以後二年の期間を求めた[48]。

最後に、明らかに侮辱的なものとして、一九六二年以前にアルジェリアで生まれた親からフランスで生まれた子どもが、出生時に加重生地主義の結果としてフランス国籍を付与されるには、親が少なくとも五年前からフランスに居住していることを証明しなければならなくなった[49]。新しい国籍法が採択されたその背景には、移民をめぐる新しい立法があり、コンセンサスはもはやなかった。左派はSOSラシスムが当時表明した批判を取り入れる。ミシェル・ロカールは社会党の名で、改正は「不安を抱かせる動機、不公正な意図、そして危険な規定をもつ悪法」だと評価し、SOSラシスムは「外国人の親からフランスで生まれた子どもだけに意思表明の行為を求め続けるのは、この法が、不自然で容認しがたい差別を認めることでもある[50]」と考えた。

左派は、歴史的な観点からの国籍法改正の意義を、一九八七年の国籍委員会の公聴会でのポール・ラガルド教授の意見聴取から明確に引き出していた。「立法者が考慮するのは、ある個人と国民とを結びつける絆の強さです。そうした絆が非常に強ければ、国籍は本人の意向を聞くことなく付与されることになります。個人の意志は、働きません。反対に、実際に絆はあるけれども十分に強くない場合には、単独では十分でなかった絆を強化するために、当事者の積極的な意志に訴えることがあります[51]」。

一八八九年以降、フランスで生まれ、成人時に居住していれば、フランス人であることを証明するために事足りていた。それが一九九三年の法律で、この条件ではもはや十分でないと判断され、意思の表明が帰属の補足的な証明として求められるようになる。イタリア人やポーランド人、さらには戦前・戦後の無国籍者に求めた以上のことを、九三年にモロッコ人やポルトガル人、トルコ人の子どもに求めることになった。このように根本的な原理であった平等主義的承認の実践と袂を分かつのである[52]。

移民の子どもが非ヨーロッパ系の出自であることや、伝統的な共和国の同化装置である軍隊と学校の効果の減退をめぐっての議論は、大いに異論の余地があるものだった。ロンが一九九七年の統合高等審議会〔一九八九年から二〇一三年まで移民・統合政策の検討と提言を行なった首相の諮問機関〕の報告書の結論で思い起こさせたように、形態は変わっても文化変容はなされていたからである。

学校は、かつてないほどに坩堝《るつぼ》の中心であり続ける。子どもは今でもなお小さいときから学校に通い、長い時間をそこで過ごす。［……］軍隊、特に兵役は久しく非常に大きな効力をもっていたが、もはやこうした坩堝の中心ではない。仕事ももはや同じ位置を占めてはいない。雇用へのアクセスはむずかしく、労働者の状況もしばしば不安定である。労働者の世界や労働組合、その活動家はもはやかつてのような影響を及ぼさない。［……］しかしこれらが後退するのに対し、この数十年で認められるのはアソシエーションやメディアの驚くべき発展である。それらは五〇年前は統合のとるに足らない要素でしかなかった。［……］しかし〔今日、〕共生やフランス語の口頭表現の理解において、そしてわが国に関する知識や社会、文化、職業、スポーツなどの活動形態へのいざないにおいて、重要な役割を果たし、［……］新たな坩堝の柱となっている[53]［……］。

新しい法律に反対し、アルジェリア系の若者たちが集結するが、法は彼らに実際的にというより、象徴的に関係していた。彼らの間では変化はすでに数年前に生じていたからである。アブデルマレク・サイヤードが緻密に分析しているように、彼らは「意志に反して」フランス人になることを拒否すると声高に訴えられるようになっていた。

あらかじめ要求せずとも得られる〔フランス〕国籍の受益者はそれに満足しており、反対派を説得できるのは当を得た抗議（なお、それはまったく真摯なものでもありうる）ではない。通常の手続きによる帰化の行為など認めないであろう彼らの周囲は、フランス国籍（「フランス人の紙《パピエ》」と呼ばれていた）が、けっきょく、このような集合的に押し付けられた強制のようにひとりでに生じたことにむしろ安堵した。それは全員に共通の運命であって、ある者が目立ち、他者と差異化をはかるような個人的で意志にもとづく行為の結果ではないからだ。［……］声高に叫ぶべきあらゆる種類の抗議にもかかわらず、また帰化者に取りつく罪悪感や単なる後ろめたさにもかかわらず、「強制された」といわれる帰化は満足感のようなものを生じさせる結果となった。その満足感は一連の理由から秘匿されること、もしくは諦めを要求していた。この態度の変化を証するものは、ほかでもない、国籍との関係で「分断された」これら家族のめいめいから次第に頻繁に表明される、家族のまとまりをつくり直し、そのために相対的な均質性を見出さなければならないという思いである。そうしなければならないのは（必然的にそうせざるをえないのは）、それが帰化に代わる代価だからだ。[54]

新たな綜合を求めて

一九九五年と九七年の選挙戦で、左派は以前の状態を回復する意志を表明した。九七年六月の国民議会選挙での勝利の後、首相リオネル・ジョスパンは、本書の筆者に「フランス国籍付与に関わる生地主義の適用条件[55]」についての報告書作成を依頼した。この検討作業の目的は、国籍の立法における特定の項目、つまり一九八六年から主要な対立の的となっていた、外国人の両親からフランスで生まれた子どもの地位に限定されていた。

「複数の左派」の政府の関係大臣たちは、先年の立法からの訣別を欲し、「生地主義」に戻ることを望んだ。右派は一切の法改正を拒否した。法律家の意見はさまざまだったが、国籍法の改正が繰り返されることには慎重だった。そこで、報告書は綜合を探ることになった。一九九七年七月、一九九三年法の最初の評価が可能になる。

一六歳から二五歳の間の新たな申請手続きは、フランス生まれでない両親からフランスで生まれた子どもの法的状況をわかりやすくした。一九八〇年代、一八八九年以降になされた幾度もの法の改正により、これらの子どもの状況は少なからず複雑になっていた。というのも一六歳より前に、

——アルジェリアもしくはフランスの旧植民地の一つで生まれた親をもっていれば、出生時にフランス人になれたが、その場合、フランス国籍は拒否できなかった。

——出生時からフランス人であることを親が届け出ることができた。本人がそれを知らず、自分の意見が求められることもない場合もあり、また国籍を拒否することもできなかった。

——親の帰化が決定されることによってフランス人になることができた。

一六歳でフランス人になっていなければ、次のような多様な選択肢があったが、それは必ずしも知らされていなかった。

——一六歳から一八歳の間に、親の許可の下でフランス国籍を申請することができた。

——一七歳六カ月から一八歳の間、すなわち成人になる六カ月前という短期間、フランス国籍を辞退することができた。

——一八歳で、それ以前にいかなる行動も起こしていなければ、フランス人になった。

最初の二つのケースは、未成年の状態にある場合で、外国人の親からフランスで生まれた子どもは家庭の事情で行動したり、また反対にそれが知らされていなかったため、フランス国籍を辞退する権利を「取り逃がす」ことがあった。三番目のケースでは、一八歳以前の五年間の継続した居住を証明しなければならなかったが、それはつねに容易ではなかった。

というわけで、意思表明の手続きは、ものごとを単純化した。また、一九九三年のその採択時にしばしば言われていた若者によるボイコットの懸念には、根拠のないことがわかり、彼らの大半がフランス国籍を申請した。とはいえ、成人時に当然の権利として獲得する代わりに、届け出なければならないシステムには欠陥があった。

一部の若者は彼らが望んだ時になかなか手続きができなかった。というのも、さまざまな種類の困難に直面したからである。まず、彼らは親の抑圧を受けることがあった。家族のなかで息子たちには意思表明が「許可」されても、娘たちには許されないこともあった。次に、最も問題が多い点として、意思表明をしたい若者は、その日より前の五年間の連続したフランスでの居住を証明することに苦労していた。[56]

一六歳で学校を出てから、失業したりして、制度とのつながりを証明できないことがある。大半の拒否理由（一九九六年に四二％）は、フランスでの常居所を明らかにする証明が不十分であることだった。届出の記録の任を負っていた小審裁判所はさらに、互いに異なった「対応《ポリティク》」を行なっていた。全国での拒否率は二年前から二・六％で動いていない。しかし一貫した説明はないが、地域によってきわめて大きな凹凸がみられた。七県は一九九六年に一〇％よりも高い拒否率を記録していた。すなわちモルビアン（四一・二%）、ジェール（二四・三%）、アルプ゠ド゠オート゠プロヴァンス（二〇%）、ドルドーニュ（一七・五%）、ムルト゠エ゠モゼル（一〇・九%）、ロット（一〇・四%）、オルヌ（一〇%）というように。また、バス゠ノルマンディ（七%）、ロレーヌ（五・三%）、ブルターニュ（六%）の三つの地域圏は、五～七%の拒否率であった。その反動として、意思表明の市場において、一方は寛容だが、他方は厳格だといった評判が立ったりし、裁判所の「相場付け」も実際に生じた。

最も深刻だったのはおそらく、手続きをしなかった若者たちのなかに一部、自分たちがフランス人でなくなることを知らなかった者がいたことである、というのも、すでに自分はフランス人だと思い込んでいたからだ。アルザスで行なわれた調査[57]はそれを物語っている。すなわち、フランスで生まれた若者の一部は自らをフランス人だと感じており、自分たちの外国人としての状況をよく知らされていなかったため、それに注意を払わず、二一歳の期限を逃してしまった[58]。情報は平等には流されていなかったからで、それは同じアルザス地方内で、意思表明の割合に大きな差があることから説明できる。ミュルーズ市でのその割合は六八%だったのに対し、ストラスブール市では四二%だった。情報への不均等なアクセス、それはおそらく最も恵まれない層の若者たちに不利に働いた。リスクは若者のコーホートそれぞれの一〇～一五%が、与えられた期間の最後に、フランス人になるのを拒否するわけではないのに、実際の地位に関する無知や手続きのむずかしさから、フランス人にならなかったことにある。非常に混乱していた旧法では、子どもはそれを知らずに、もしくは望まずにフランス人になることがあった。一九九三年法では、彼らは外国人であることを望まずに、また自らが外国人であると知らずに、外国人のままになるかもしれなかった。

一九九八年に採択された新しい法は、フランス国籍へのアクセスの平等原則（一八八九年法によって定められたもの）と、意志の自律（一九九三年に強化されたもの）を綜合しようとするものだった。外国人の親からフランスで生まれたすべての子どもは、フランスに間断なく、もしくは少年期に居住していれば、一八歳の時点でフランス人となることを規定している。そのため平等の原則は再度明確に示されることになる。ここでもなお求められる五年間の居住については、一一歳から一八歳の間の断続的な居住でも認められることになった。そのためフルシロン教授の勧告に従い、法は、単に在学証明書を提出するだけで居住を証明できるようにした。

しかし若者たちの意志の自律も、同じくより尊重されている。ごく少数の社会党グループが支持したルイ・メルマズ委員会報告者が提案したような、未成年の子どもがフランス人であることを親が本人の同意なく届け出る権限は、復活されなかった[59]。一八歳の誕生日、すなわち成人になる日の前の六カ月の間に、若者は外国人のままでいて、フランス人の資格を辞退する届出ができる。最後に、一三歳から一八歳までの間に、国家によるフランス人の資格の承認に先立ち、フランス人である意思を表明することができることとなる（一三歳から一六歳の間は親の許可が必要[60]）。

一五年にわたる激しい論争と二つの法改正の末、国籍法の他の条項に変更が加えられることがあったとしても、あの一八八九年に採択された移民の子どもや孫の段階的な統合の論理は今日、もはや問題にされることはないだろう。

第Ⅱ部の結論

一七八九年以来行なわれてきた多種多様な変化を系列的に分析してきたが、フランス国籍の発展は三つの大きな段階に分けることができる。革命期、フランス人の定義が初めて明確にされたが、それは市民の概念にはめ込まれていた。一八〇三年に最初の転換が、民法典と関連して生じた。国籍は自律性を獲得し、市民権とは区別して定義され、個人の権利となった。それは、姓のように血統によって受け継がれるものとなった。これが血統主義である。国籍が外国に居を移すことで失われることはもはやなく、外国籍取得を希望するフランス人の意志にもとづく行為によってのみ、喪失することになった。

一九世紀末、フランスが移民国になったとき、社会学的アプローチが国籍の家族的なアプローチに加えられ、やがてそれにとって代わることになる。生地主義への回帰がその発展の第二段階である。しかしそれは忠誠義務にもとづいた生地主義ではなく、社会化にもとづくものになった。以後、フランスで生まれた外国人の親からフランスで生まれた子どもは、フランス人の子どもと同じ資格で、出生時から決定的にフランス人となった。それが加重生地主義である。フランス生まれではない外国人の親から生まれた子どもについては、社会化、すなわち教育がなされたとき、つまり成人時にフランス人になった。第一次世界大戦後、人口減少が必然的に生じ、フランス国籍は人口政策の道具として使われる。発展の第三段階は、帰化が新来の移民に大きく開かれたことに画される。

移民の子どものフランス国籍への統合やその移民自身への開放と並行して、国籍の議論にレイシスト的なオプションが登場した。これは一九二〇年代から絶え間なくみられるもので、フランス国籍の入り口で、出自《オリジヌ》――国籍、民族、宗教、人種――による選別を設けようとするものである。たとえばそれは、一九八〇年代末を通して、反アルジェリア人、もしくは反ムスリムの危機のなかで表面化する。ただし、この選択肢が実際に勝利したのは、ヴィシー体制時の、反ユダヤ主義のかたちのみだった。

しかしながら、レイシャリズム（racialisme）とレイシズム（racisme）を混同するのは控えなければならない。エルヴェ・ル・ブラーズが強調するように[1]、フランスの国籍政策について記述した、もしくはその策定に関わった専門家の大半が、第二次世界大戦前後、外国人の価値の上下をその出自によって割り振っていた。専門家の意見は非専門家の考えに影響を及ぼし、政治家のほとんどが専門家と同じ考えをもつようになる。しかし、仮にすべての者が出自にもとづく選好をもとに考えるようになったとしても、なお、彼らの思考はそれに還元されるものではない。ジャン・ルカが指摘したように「およそ序列主義者は排他論者でもなければ、またそれだけ他者への差別的措置の礼賛者というわけでもない[2]」。レイシャリストたちは、人口、諸個人の平等の尊重、年齢、申請者の職業、家族の状況の諸目標とともに、その出自を、帰化者を選別する要素の一つとすべきと考えていた。レイシストはというと、他のすべての基準よりも出自を上に置き、それをフランス国籍の入り口での選別、というよりは排除の原則としていた。

一九二〇年代以降、レイシズム的選択肢はつねに存在し、専門家や政治家から、さらには国籍政策を担当する大臣や機関の一部にも抱懐されていた。しかしそれぞれの発展段階で、国籍政策はいくつもの意見が競合する対象であり、その産物であった。レイシスト的選択肢がヴィシー体制下でのみ支配的になったというのは、政府内でそれが主流を占め、制限主義的個人主義のみが競合するものとして残っていたということである。ヴィシー以外の時期にはそれは共和主義的、平等主義的な思想と衝突した。後者の概念は一九三〇年代にはシャルル・ランベールやアンドレ・オノラにより、一九四三年にアルジェリアでルネ・カッサンやフランソワ・ド・マントンによって、一九四五年にティトジャンによって体現され、そのたびに優位に立った。一公共政策の分析においては、行為、すなわち具体的な提案とそこから期待される効果が、しばしば発言や文書よりも重要である。

ジスカールデスタンの公的言説〔二四六－二四七頁を見よ〕は一見すると一九三〇年代の「レイシャリスト」言説よりも「レイシスト」ではないように感じられる。しかし一九九一年に生地主義の完全な廃止を強く説くことで、アルジェリアもしくはムスリム移民の子どものフランス国籍へのアクセスを妨げるべく、さらに歩を進めたことになる。これはいかなる共和主義政権も決して提案したためしのないものである。

諸々の危機にもかかわらず、こうして、一八八九年法はついぞ問題視されることはなかった、同法は、社会学的現実という原理によって移民の子どものフランス国籍へのアクセスを根拠づけようとするものであり、憲法院が誤って主張したように、徴兵の状況をにらんだ要請に応えるためのものではない[3]。一九二七年にも、四五年にも、七三年や九三年にも、一八八九年法の原則は変更されなかった。ヴィシー体制下でも同様で、思い出しておきたいが、そのとき司法省は、これへの異議に抵抗するため、「われわれの立法の伝統的精神としての論理」を前面に打ち出していた。

ただ、この一世紀以上にわたる生地主義の永続は、わが国の国籍法のみならず、フランス国民の独自のアイデンティティの反映であろうか、それは血統主義にもとづくドイツの民族的で閉じたアイデンティティと異なるものだろうか。ドイツの国籍法を研究することは、この仮説を実証もしくは否定することを可能にしよう。それはここまでわれわれが主要な局面をたどり直してきた国籍法の歴史を、別の角度から——比較と実際運用において——再検証する第一段階となるだろう。

III

比較と実際運用における国籍

La nationalité en comparaison et en pratique

7 生地主義対 血統主義
——フランスとドイツの法律を対比させることの誤り

比較歴史学は、知的努力の独立した分野であろうとすれば、歴史的プロセス、すなわち長期的な変化や長期的な発展を、他のプロセスと比較しなければならない。
私たちの目的が、発見をすることにあるならば、明らかに類似しているもの、または類似していないものを比較しても、相同性《オモロジー》の比較ほど実り多いものとはならない。［……］「相同性」とは、同じ相対位置にあるということである。比較歴史学者のボキャブラリーではそれは、最初の印象では異質で比較不可能である見かけとは無関係に、それでも並置することができる現象を意味する。それらは歴史的なプロセスや異なる国や文明において、または発展の異なる段階で、あるいはより単純に新しい制度的構造の確立において、同じような機能を果たすことができるのだ。

フリッツ・レートリヒ[1]

フランスの法律には、一世紀以上前から、そしてさまざま危機を乗り越えて、生地主義が存在している。だが、それをもって、ネーションの開かれた概念を反映していると結論づけることができるだろうか。生地主義と血統主義の対比は、自明なもののように思える。フランスは、一八八九年に生地主義をその法律のなかに再び導入し、これまで維持してきたため、移民やその子孫の統合に開かれたシヴィックなネーションのモデルであり、ドイツは一八四二年にプロイセンがそれを導入して以来、血統主義の技法に支配されたエスニックなネーションの本拠地をなすとされる。

しかし、血統主義＝エスニックな概念＝ドイツという等式を、生地主義＝非エスニックな概念＝フランスという等式に対比させることは、ドイツ、フランス、さらにはヨーロッパの国籍法の比較史的検証に耐えうるものではない。

ドイツの法律がプロイセンで一八三〇年から一八四二年にかけて形づくられる頃の歴史を入念にたどると、プロイセン的、ゲルマン的なネーションの概念の痕跡を見出すどころか、むしろ……フランスの影響を発見して驚くことになる。

プロイセンの法律にフランスが与えた影響（一八三〇―一八四二年）

プロイセンは一八四二年に臣民の資格を定義する法律を制定したが、それはドイツ連邦の三九の邦国のなかで初めてのことではまったくなかった。[2] たとえば一八一一年にはオーストリアが、そして一八一八年にはバイエルンが先行している。[3] しかし、一八七一年（プロイセン王を皇帝とするドイツ帝国の成立年〕にドイツ全体の法律に影響を与えたのは、プロイセンだった。したがって、それがどのように制定されたのかを理解することが重要である。[4]

プロイセンでは、一九世紀初頭までそうした法律を制定する必要性は感じられていなかった。コミューヌ〔ゲマインデ〕へ属していれば、それで十分だった。農民は領主の領地と結びつけられ、土地の所有者への世襲的従属（農奴制）により、居所は強制的に決められていた。一八世紀後半のプロイセンで効力があったフリードリヒ法典、すなわち一般ラント法（ALR）は、「市民」「居留外国人」「くにの居留外国人」「邦国の居留外国人」といった概念を含んでいたが、これらが首尾一貫して照応しているわけではなかった。[5] ALRは、各地方の法律に臣民資格（Angehörigkeit）を取得する原則の規制を任せていた。プロイセン外務省によれば、プロイセンの当該分野の法律の基となったのは、フリードリヒ法典、判例、そして通常法令集だった。[6]

生まれながらにしてプロイセン人ではなかった場合、事実上の居住原理（*jus domicili*）が、「臣民資格の取得のための主たる基準」[7]となった。この「居住原理」が粗っぽく適用されると、いくつかの問題が生じる可能性があった。たとえば、一八一七年にベルリンのフランス大使館は、プロイセンで商売をする目的で移住してきて、数カ月後にプロイセン軍の兵役に就かされることになった何人かのフランス人の置かれた状況につき、プロイセン政府に申し立てを行なっている。それに対する一八一八年六月一三日の回答で、プロイセン外務省は、プロイセン臣民資格を得るための基準は何かにつき、詳述している。

外国人は、［……］プロイセン国王陛下の邦国内に居住地を定める選択をするという意思を示した場合、プロイセン臣民となる。その意思は、明示的に、ないし暗黙裡に示され得るものである。国の法律は、プロイセン邦国内で、継続的に在住していることが求められる仕事に就いている、また商業や工業分野で働いており常に滞在していることが求められる、あるいは正規の世帯や、国内経済に属するものを取得した、すべての外国人に対し、このことを想定する。[8]

一八〇七年から一八二〇年にかけシュタイン＝ハルデンベルク政府により、ナポレオンの戦争とその勝利への反応として始められた改革は、次第に状況の変化をもたらした。一八〇七年一〇月九日の勅令[9]は、農奴制を廃止する。一八一一年九月七日には[10]、ギルドへの所属義務がなくなる。[11]こうした改革は、兵士の動員にプラスに作用し、さらにこれを容易にするものだった。それらは祖国愛や国家の統一、国家権力への愛着を強化した。[12]しかし、改革は、農民を領主の農場や畑での強制労働から解放し、また労働者・職人のギルド加入義務を廃止し、そうした人々がプロイセンのなかで自由に移動したり居住したりすることを可能にした。つまり、他のコミューヌに定住するのを妨げるものがなくなったのだ。[13]こうして人が移動しやすくなり、新しく生まれつつあった工業地帯に、プロイセンの農村出身の、またますます多くの（ドイツ連邦の）他の三八邦国出身の、しばしば貧しい人々を引きつけた。一八二三年から一八四〇年の間に、プロイセンは入移民によって、人口統計上七〇万人の増加を記録した。[14]すると、いくつかのコミューヌは、その土地に新参者が住まうのを拒否するようになる。[15]場合によっては公財政にとって負担になる恐れがあるという理由で追い出すようになった。こうした措置がプロイセン人に対してとられた場合には、違法だった。そこで、邦国は三つの相互に深く関わっている問題、すなわちプロイセン人の居住の自由、貧者を救済する義務、「プロイセン臣民」の定義について法律で定めることを決定した。そうすることで、ドイツ連邦の他の邦国からの移民をコントロールしようとした。

当初、一八三〇年四月二〇日にプロイセン国王は内務大臣フォン・シュックマンに、祖国プロイセンに関する新しい法律ができるまで、「好ましくない」移民に対して何らかの措置をとるように命じた。[16] しかしすぐに、外務大臣のアンツィロンが、優先的に取り上げるべきなのは外国人の問題ではなく、むしろドイツ連邦の他の邦国の法律と矛盾しないかたちでつくられた「臣従関係の獲得と解除」についての法律である、と同僚を説得した。一八三二年一一月五日、国王はけっきょく、かれにプロイセンの国籍法に関する法案の作成をゆだねた。[17]

ドイツ連邦の諸邦国は、臣民資格を明確に定義しようとして、それまで二つの異なるルートでこれを行なってきた。

——一方的に、直接的に国内法の規則を制定することによって。

——契約によって、他の邦国の領土内に不法に居住している各邦国の国民のうち、誰が本国へ送還されるべきかを決める邦国間条約を通じて。[18] たとえば、経済的に自立している人[19]が一定期間（多くの場合一〇年間）居住した場合、または市民と婚姻した場合に、追放できなくすることで、こうした条約は該当者を事実上自動的に帰化させた。

一八二〇年代、ドイツ連邦の諸邦国の大半はまだ国内法を整えていなかったが、居住の長さにもとづき国籍を事実上定義するそうした条約に署名していた。[20] この二つのルートが結びつくと、しばしば適用される法律は特に複雑なものになる。なぜなら、いくつかのケース（オーストリア、ブラウンシュヴァイク、ハンブルク、デンマーク領、ハノーファー、リッペとヘッセン・ダルムシュタット）では、諸条約は、国内法が想定していた、一〇年を超えることはない一定の居住期間が過ぎた後の自動取得を否定するものではなかったが[21]、別のケースでは、もっと厳しい、明示的な帰化という異なるルールの採用によって、国内法と条約の間にねじれを生じさせるからである。プロイセンで、そうしたことがまさに起こる。

国籍に関するプロイセンの法律が公布されたのは、一八四二年一二月三一日になってのことだった[22]。その間、関係省庁同士で、またその後国務院内の異なる分派間で、一〇年間にわたり論争が繰り広げられた[23]。それは、生来プロイセン人の定義について行なわれたわけではない。アンツィロンが「この法律はオーストリア民法典とフランス民法典を比較参照して取り入れている」と記しているように[24]、それはフランスやオーストリアの民法典の直接の影響を受けており、プロイセン人の父親から生まれたら、父方の血統によりプロイセン人になるという定義では、一致があった。対立したのは、生まれながらにしてプロイセン国籍をもたない場合に、それを取得する方法について、であった。フランスで帰化と呼ぶ、当局による明示的な決定を支持する者と、一八一一年のオーストリア民法典にみられる規定のように、プロイセンに一〇年間住めばプロイセン人となる資格が「自動的」に得られるという、居住の基準を支持する者、との間の対立である。

外務大臣のアンツィロンは、プロイセン領内に入って長期滞在することでその国籍を機械的に取得できるという原則を退け[25]、外国人と定義された者のうち、誰を強制退去に付することができ[26]、臣民と定義された者のうち、誰を徴兵の対象としたり、公務員として任用したりできるのかを容易に決められるような、識別のための明白で議論の余地のない証を定めることを望んでいた[27]。そのために、かれは次の四つの条件の順守による帰化のシステムを提案する。⑴他の国家への忠誠義務から自由になっている、⑵よい評判を得ている、⑶働く能力をもつ、⑷あるコミューヌの一員として定まった住所をもつ[28]。

司法大臣のフォン・カンプッツ男爵は、伝統的なシステム、すなわち一定期間居住した後にプロイセン人としての資格を自動的に得られるシステムを支持していた。移出民の臣民資格を自動的に取り消したり、同様に移入民にこれを与えたりすることで、かれによれば、不必要な多くの手続きを避けることができ、しかも国境の管理を厳しくすることで、好ましくない移民を防ぐ可能性を保持し続けるので、国家の安全を必ずしも犠牲にすることはないという。

一八三四年末には、四人の関係大臣のうち二人が外務大臣に対して断固反対の立場を表明していた。フォン・カンプッツ男爵のほか、内務・警察大臣のフォン・ロホーも、司法大臣と立場を同じくし[29]、プロイセン人としての資格を得るには、国内での長期滞在という基準を維持することを提言していた[30]。アンツィロンは、国務省[31]の集合的組織のなかで自分の法案を通すことが不可能であると考え、意見の歩みよりをはかるため、各関係省庁の代表者と法律改正委員会のメンバー、併せて九人の委員からなる委員会を立ち上げた。

けっきょく、決定的な評決は、次の問題、すなわち「政府による明示的な許可がない場合も含め、単に国内に実際に居住しているというだけで、プロイセンの臣民資格を得る権利が認められるべきか否か[32]」について行なわれ、外務省の立場は五票対四票で辛うじて勝ちを収めた[33]。すなわち、プロイセン人になるために明示的な帰化の行為が要求される「フランス・モデル」が、その代案である、滞在することで自動的に取得できる「オーストリア・モデル」を制して選ばれたのは、一票差によってだった[34]。

しかし、事はここで終わらなかった。それからなお三年を経て、国務院[35]は、一八四一年二月四日から七月八日にかけて[36]、法案を検討している。国務院への報告者のフォン・ウント・ツー・ミューレン[37]は、住所や滞在の長さ、不動産の所有によってではなく明示的決定によってのみ臣民資格を与えるなら、住所が決定的な基準となっている人の受け入れや貧者に関しての法案とも、現行の兵役義務や、裁判所の管轄地についての法律とも整合性がとれない、として法案に反対の立場を示した。

ミューレンは国務院のかれの同僚たちを説得しようと、一八三三年の時のアンツィロンと同じように、オーストリアとフランスの法律に依拠しようとしたが、まったく異なる読解をした[38]。かれはまず、国内に一〇年間滞在すればオーストリア人の資格を取得できるとしているオーストリア民法典の規定を挙げる[39]。オーストリアが住所の原則を放棄しないでいることは、ドイツの法律の統一を展望した場合、大事なことであるという。次にミューレンはフランスの法律にも注目し、法案を作成した者たちがそこから示唆を得ようとしていかに誤った解釈をしたかを示している[40]。フランス語で民法典の第八～一七条をそのまま引用して、こう明言する。

ここで問題となっている条文のうち、いちばん大事なのは（居住許可についての）第一三条である。フランスでは、外国人がすべての権利を享受するためには居住している必要があるということは、以前より確認されている。したがって、（帰化という）明示的な同意がなければフランス人の資格を得ることができないという法律があっても、政府による居住許可なしには帰化することはできない[41]。

しかし、居住許可はプロイセンの案のなかには入っていない。どんな外国人でもプロイセンに自由に居住することができ、ドイツ連邦の諸邦国間で署名した条約により、一〇年間滞在した後は、追放することはできないが、（帰化を申請しなければ）プロイセン人にはなれない。「国内の居住者を外国人と明確に区別するどころか、法案はむしろ、住民の資格をもたずにプロイセンに住む人々の階層を生みだすのを助長する[42]」とある。したがって、外国人がプロイセンに永続的に居住し、プロイセン人と同じ権利を享受しながらも、同じ義務、特に兵役の義務を負わないことになる恐れがある。ミューレンは誤って、フランスでは定住を欲するすべての外国人に居住許可が認められなければならず、居住許可が認められた者は、その一〇年後に帰化を申請しなければならないと思い込んでいる。しかし、これが正確ではないことをわれわれは知っている[43]。少なくともこのような永住し、優遇された外国人定住者の層ができるのを防ぐために、ミューレンは、自動的に帰化させる居住の原則に立ち戻るよう提案する[44]。だが、説得することができず、かれの提案する法文案の行政への差し戻しは拒否された[45]。一〇年間の法的議論の激しい応酬の末、プロイセンの国籍に関する法案は一八四二年四月二七日に最終的に採択され、新しい法律は一八四二年一二月三一日に発布された[46]。これ以降、プロイセン人の父親から生まれればプロイセン人となり、外国人として生まれた者がプロイセン人になろうとすれば、帰化をするしかなくなった。

レイシズムも、ナショナリズムもなく――法律家たちの支配

分析のこの段階では、二つのことが確認できる。すなわち、フランスとプロイセンは、その国籍に関する法律を制定する上で非常に近いルールを採用していたこと。そして、生まれながらのフランス人やプロイセン人を定義するのにともに血統主義を採用したのは、エスニックな理由ではまったくなかったことである。

フランスでは、血統主義は、「封建的な忠誠」のシンボルとしての土地への権利に対置され、家族としてのネーションへの権利として確立された。プロイセンでは、もともとはポーランド人やユダヤ人を含む血統主義に、フランスから輸入されるかたちで帰化の法的技法が加わった。それは、「好ましくない」移民、多くの場合プロイセン人でないドイツ人をよりうまく排除するためだった[47]。外国人という言葉は、法律ができた当時の文脈では、ドイツ連邦の他の邦国出身者に対して用いられていた[48]。

したがって、プロイセンの民法典は、プロイセンやドイツに固有のネーションの概念を反映したものとはほど遠く、報告者が用いたドイツ語が適合させること（Angleichung）であったことからわかるように、他の法律との比較や調和を気づかいながら、オーストリアの法律よりもフランスの法律をより参照しながらつくられていったのだ[49]。実は、一九世紀半ばという文脈を考えれば、プロイセンの国籍法は、「歴史主義」法学派、その祖であるフリードリヒ・カール・フォン・サヴィニーの影響の下で書かれてもおかしくなかった。同学派は、ローマ法と神聖ローマ帝国の古い法律、そして地方やローカルな慣習が入り混じった特有のゲルマン法を守ることに執着している[50]。実際、この学派は、自

然権にもとづいた普遍的、哲学的な法典編纂が行なわれたフランスのシステムと対立しつつ形成され、発展してきた。[51] しかし、プロイセン国王が臣民の定義についての法律をつくるプロセスを開始した当時国務院のメンバーであり、後に司法大臣、そして一八四二年三月からは法律検討委員会の委員長だったあのサヴィニー[52]は、有名な著書『現代ローマ法体系』のなかで、次のように指摘している。法律のあらゆる分野で、「諸々の著者の意見や裁判所の判決は、非常に際立った、そしてきわめて多くの分裂を露呈している。ドイツ人、フランス人、イギリス人そしてアメリカ人が互いに相争っている」と。しかしながら、「国籍の分野では、法律学では他に例を見ないような接近と和解の傾向が支配している。それは文明化されたすべての国家にとって共通の財産であるように思え、「国家間の対立・対照を万人に受け容れられる共同体へと融解させる」といわんばかりである」[53]と書いている。

特に国籍法を編むことをゆだねられた法律家たちは、相互に参照しあい借用しあっており、この収斂の確認と調和化の追求はよくみられることである。

プロイセンの例は実際、国籍法はまずもって複雑な法律であるから、政治、行政の指導者が法の編纂を下請けに出した、あるいは委任した専門の法律家によってしばしば練られたことを示している。こうした側面はしばしば忘れられるか、軽視されてきた。政治家が法律家を、政治的な目標を実現するための技術を抽出する助けとして使う場合には、後者の影響は間接的なものとなる。しかし、民法典の制定の際にトロンシェがその見解を押し付けたことからもわかるように、法律家の完全な支配となることもある。フランスではあの民法典以来、国籍法の改正はすべて法律家によって準備された。すなわち、司法関係や、印璽部の高官、コンセイユ・デタの評定官（一八八七年、一八九六年、そして一九一五年のカミーユ・セー)、法学の教授(一九二七年のレヴィ＝ウルマン[54]、一九四五年のジャック・モーリー)などがそれである。こうした諸カテゴリーの法律家が専門委員会において一堂に会することもある(実際、一九二二年に一九二七年の法律の基となる法案を準備するため、また一九七一年から七三年、そして一九八七年から九三年にそうだった[55])。

また、多くの国会議員が、法律学を修めた法学部教授や弁護士であったことも忘れてはならないだろう。たとえば、一八八九年のデュボスト、一九二七年のマラルメ、リスボンヌ、ランベール、一九七三年のフォワイエとマゾー、一九九三年も再びマゾー、が挙げられる。こうした法律家でもある議員は、すでに知っている、あるいは勉強して知った原則や判例に合致するように、何が「法律的」に可能なのかの限界を決めることができる。彼らは議会からの「要求」を法的に解釈することもできるのだ。

政治に対するこうした法律専門家の支配は、国籍法が政治からは独立した特別な法律であるという見方をみちびき、これが一九世紀には基本的な事実となる。一八〇三年から八〇年にかけて、執政政府、第一帝政、王政復古、七月王政、第二共和政、第二帝政、第三共和政と、七つの異なる政体が続いたにもかかわらず、また地理的大変動(植民地の獲得、拡大)、そして特に一八一八年から始まる変更への圧力(保守反動体制)にもかかわらず、民法典には大きな変更が加えられないままであった。法歴史学者のアラン・ワトソンは、ローマ法、ギリシャ法、ゲルマン法、ヨーロッパ法、(南北)アメリカやアフリカの法律を研究、比較した結果、政治的な出来事は、私法の規則の改正にほとんど影響を及ぼさないことを示した[56]。同じ法規則が、たとえば、カエサル、法皇、中世、ルイ一四世、ビスマルク、二〇世紀福祉国家のいずれの世界でも機能しうるのだ、という[57]。

借用と移転

プロイセンの例でいうと、外国の規定からの借用は、アラン・ワトソンが一般化したもう一つの指摘にあたる。時に、ワトソンはそれぞれの国家の法律における借用の度合いを強調しすぎているとの批判もあったが、それに対しかれはむしろ、十分に強調できていなかったし、それが達したレベルにも、そして法律家の独立性の度合いにも自身なお驚いている、と答えている[58]。借用は、法律家にとって経済的な利益とほぼ同じ意味をもつ。時間と知的なエネルギーの節約になるのである。くわえて、他の場所ですでにうまく運用されている法律からの借用は、新しい提案を正当化しなければならない際には、権威付けとなる。経験にもとづくことができるのだ。法律家は、外国でそれがうまく機能していることを「証明する」ことができ、それらの規則の歴史的正当性を証することもできる、そうした移転の職人であり、技術者である。借用は非常に多様な形をとる。すなわち、部分的であることもあれば、システム全体や法体系全体におよぶこともある。類推や、すでに内部に存在する（しかし単に付随的に、または地方レベルのみで）規則の広範な移転による場合もあり、また外国の立法にならうこともある。

プロイセンの法律同様、フランスの法律もこの二世紀の間に借用をしているが、それは多くの場合、帰化や、帰化の取り消し、国籍の離脱の禁止のためといった、国籍法の境界において介入するためだった。

たとえば、革命の初期には、帰化に関する国王大権から逃れるために、一七九〇年法は自動的帰化のシステムを考案しており、それが一七九三年憲法のなかで採用されている。外国人は、当初五年間、後に一年以上居住していて、不動産を購入するかフランス人女性と結婚した場合には、望もうと望むまいと自動的にフランス人になった。

この居住原理は、プロイセンやドイツの多くの法律でみられた。フランス人女性と結婚した者がフランス人の資格を取得するというのは、メッスの慣習法であり[59]、ストラスブールでも行なわれていた[60]。しかし、取得のメカニズムの詳細は、『コルシカ民法典』の第二巻の一二五頁に挿入されており、コルシカに適用された、一七七〇年六月のルイ一五世の王令から影響を受けているようである。

「コルシカを、かつて享受していた、そしてその恵まれた立地と土壌の豊かさが可能にする繁栄の状態に戻し」、「災厄によって被害を被った住民の損失」を軽減するために、国王は「外国人を呼び込み、その定住を優遇する」決意をした。そして、次のように命じた。

コルシカ島の女性と結婚するか、家を購入するか、六〇〇〇リーヴルの価値のものを購入することによって、あるいは居所を定めて、農場経営を行なったり、六年間続けて商店を営んだりすることにより、島の社会に参加する外国人は、コルシカの土地の者とみなされ、市民として、定住した場所の住民とみなされる。そして、その定住が続くかぎり、差異や例外なく、土着のコルシカ人やフランス人が享受しているすべての権利、特権、免除に与かることができるものとする。

ナポレオンは、民法典の採択から数年後、一八〇九年四月六日のデクレで、帰趨が読めないオーストリアとの新たな戦争の前夜、帰化して外国人となっている者も含め、フランスと交戦状態にある勢力に仕えているすべてのフランス人の帰還を命じた。これは、イギリスが一八〇七年、帰化している者も含めて、外国の海軍に仕えている全イギリス人兵士に対してとった施策にならってのことだった[61]。実際には、敵国の軍隊や行政機関に仕えているフランス人を奪いとることで、敵の組織に痛手を被らせようということだった[62]。しかし法律上、デクレはもう一つの意味をもっていた。すなわち、少なくとも当人が敵国に居住しているかぎり、民法典にあった国籍を変更する自由を認めないということである[63]。まもなく、一八一一年八月二六日の元老院決議が、この自由を所を問わず全面的に廃止する。以後、フランス人が皇帝の許可なしに外国で帰化することは禁止となった[64]。その結果、クロード・ゴアスゲンが言うように、法の条文でも原則の上でも、フランスに対するフランス人の永続的な忠誠義務がイギリスをモデルにして導入されたのであり、これは一八八九年まで続く。

その代わり国籍法に関しては、フランスは、ヨーロッパ中に民法典を輸出することになる。一九世紀半ばのヨーロッパで、国々の責任者が官辺の法律家たちを招集して、要するに「国籍法を編纂してほしい」と述べるとしよう。彼らは迷うことなくフランス民法典をコピーしたのだ[65]。フランス民法典の影響の下、血統主義という一大革新が、近代国民国家の法となり[66]、大陸ヨーロッパのさまざまな国が徐々に適用するモデルとなった。

ヨーロッパ大陸の多くの国での血統主義の普及ぶりがあまりに印象的だったため、アメリカ人の有名な法律家は一九一一年の「コロンビア法律雑誌[67]」のなかで次のように記している。「フランス革命前までは、イギリスでも大陸でも、ヨーロッパでのルールはほぼ普遍的なもので、ある国家の領土内で生まれると、そこで生まれた者はその国家の臣民か国民になるというものだった。ヨーロッパのコモン・ローを参照したり、公法のルールを参照することもあった。近代になって、初めて重大なルール違反を犯したのが、一八〇四年のフランス民法典であり、血統主義を出生により国籍を与える際のほぼ唯一のルールとした」。すると相次いで、オーストリア（一八一一年）、ベルギー（一八三一年）、スペイン（一八三七年）、プロイセン（一八四二年）、イタリア（一八六五年）、ロシア（一八六四年）、オランダ（一八八八年）、ノルウェー（一八九二年）そしてスウェーデン（一八九四年）が血統主義をその法律の基礎に採用した。[68] 法律家が国際的に互いに連絡を取り合い、比較法学がその頂点に達していた時期でもあった。[69]

これに対し、イギリスの「封建的な」生地主義の伝統も維持され、北米（アメリカ、カナダ）やヨーロッパ（アイルランド）、アフリカ（南アフリカ）、そしてオセアニア（オーストラリア）の植民地に移植された。それは、ポルトガルと、北欧諸国が一九二〇年代に共通のレジームを採用することを決めるまでのデンマークに、影響を与え続けた。[70]

この相違は、二つのタイプの法的レジームを生み出すことになったが、当初はエスニックな側面はなかった。すなわち、フランスにとって課題は、ローマ時代の伝統を再創出すると同時に、家族主義（*jus familii*）を、国家に対して国民《ナシオン》を優先させることで、イギリスが保ち続ける封建的伝統と訣別することにあった。

ネーション概念から独立した国籍法

ほぼ似たようなスタート地点から出発したフランスとドイツの法律であるが、一八八九年より分岐していき、フランスでは生地主義が重要な居場所を取り戻すのに対し、ドイツでは血統主義のみが続いた。そして二〇〇〇年のドイツでの改革〔生地主義を導入した新国籍法施行〕で再び収斂をみた。一世紀以上も続いたこの分岐を、どのように説明したらよいだろうか。この問いに答えることは、「同じスタート地点から出発して分岐した道をたどるという結果になる場合、差異の知覚に特に鋭い関心を」もてという、マルク・ブロックが比較歴史学者に対して与えた示唆に従うことになる。[71]

フランスでは、民法典に記された血統主義に対し、早くから異論が出ていた。すでに一八一八年には、国境地帯にあるいくつかの県から、フランス生まれの外国人の子どもをフランス国籍に、すなわち兵役の義務に服させるように、との要求が生じていた。しかし、民法典の法的威光のため、生地主義が国籍法で再び重要な位置を占めるようになるのは、フランスが移民国となった、というよりも、そうとはっきり認識されるようになった一八八九年になってからのことだった。

それに反し、ドイツでは血統主義が根を下ろした。一八七一年までは、一八四二年のプロイセンの法律は、プロイセン人を厳密に定義することよりも、ドイツ連邦の諸邦国の法律を統一するのに役立っていた。一八五一年のゴータ条約は、ドイツ連邦の他の邦国の出身者は、他の邦国に五年以上居住した後に臣民資格が取得できるとしていた。この条約は、その後あまり適用されていなかったが、ドイツ連邦市民権への道を開くものだった。一八六六年には、ドイツ連邦は各構成国の国民に他の邦国に居住することを許可することで、さらに一歩を踏み出した[72]。一八七〇年のアルザス・ロレーヌの併合により、ドイツ「小帝国」がかたちづくられ、一八七一年にはプロイセン国籍法が、ユダヤ人に対する制限条項が留保された以外（この条項は廃止される）、領土全体にそのまま広げられた。各邦国がその国籍や帰化の権限を保ったが、それぞれがプロイセンの法律を若干変更して採用したのだった[73]。一八四二年法の形式的な維持は、ドイツの「部分的な」統一という文脈のなかで、一八四八年革命後もプロイセンがオーストリアと締結した条約を維持することを可能にした。

けれども、アルザス・ロレーヌ地方併合の一八七一年以降、血統主義がエスニックな側面をもつようになったといえないだろうか。それは、ある個人にある国家をあてがう技法である国籍法を、特定のグループや集団を国民共同体に取り込み、同一化させるメカニズムと混同することにつながる。ビスマルクは、フランスに勝利した後、ベルフォールを除くアルザスとロレーヌの一部を併合した。それは、フランスがかれの眼には永遠の敵であって、将来ヨーロッパにおいて主たる役割を「演じる」能力（それまでドイツが複数の勢力に分裂しているのに助けられてきた）を弱める狙いがあった。「併合」はまた、アルザス・ロレーヌを統一の共通利益とすることで、ドイツ南部の諸邦国、特にバイエルンに、帝国とはプロイセンが他の邦国を併合して支配下に置くための単なる作戦と映らないようにすることができた[74]。

フランス側では、一八七〇年の戦争、フランス北部の戦場化、侵略そして占領が、ドイツに対する「非常におぞましいイメージを維持、コード化」することになり[75]、そのイメージの変遷においても主要な役割を演じることになった。フランスの歴史学者のエルネスト・ラヴィス[76]にとりプロイセンとは、「ドイツやヨーロッパのさまざまな場所の出身者が同じ人口のなかに溶け込んだ、根気よく巧妙に合成されたモザイク」であり、ヨーロッパにおけるメルティング・ポットのモデルとみられていたのだが、かれが感心していた「さまざまな人種が混合してつくられた〔……〕新しい人種」ではもはやなかった。

アルザス・ロレーヌを〔フランスから〕引き剝がしたことで、ドイツが異常で、フランスとは異なる国家、「人種的な」国家であるという感情がフランスでは生み出された。ドイツ人哲学者のダーフィト・シュトラウスとの書簡のやりとりのなかで、エルネスト・ルナンは次のように指摘している。

諸々の国籍はすべて「寸法がうまく裁たれていない」。〔……〕美しいフランス的な地方がフランスの一部ではない。これは、フランスにとってさえ大いに益のあることです。いくつかのスラヴ系の国がプロイセンに属している。こうした異常は文明にとって大いに有用です。たとえば、アルザスがフランスに統合されたことは、ゲルマン主義の宣伝に最も貢献した事実の一つでありますす。ドイツの思想、方法、書籍が私たちに届くのは通常アルザスを通じてです。アルザス人に質問すれば、大多数が、フランスと一体のままでいたいと述べることでしょう。特にストラスブールの破壊以来、反逆的で、いら立ち、和解不可能になっている美しい地方を、力づくで併合するのはドイツにふさわしいことでしょうか[77]。

フランスの法律やドイツの法律というが〔……〕しかし、私たちの政治は、国民の権利についての政治であり、あなた方のそれは人種の政治です。私たちは自分たちの政治のほうが価値があると信じています。人類を人種にあまりにも際立たせて分裂させると、真に純粋な人種をもつ国はほとんどないのですから、科学的な誤りの上に立つだけでなく、殲滅戦を、言わせてもらえば、さまざまなげっ歯類や肉食動物が生きるために繰り広げているのと似たような動物の戦争を、必然的にみちびくことになります。[78]

しかし、ルナンが告発した国民の「人種的」概念を、当時、血統主義と結びつけるような者はフランスにはいなかった。各自がまだ、国籍法（個人に国籍を与える手段）と国民の概念を区別していた。一八七二年にフランスで国籍法の改正が議論となった際、血統主義は維持された。一八八七年に、コンセイユ・デタで一八八九年法となるものの報告者だったカミーユ・セーは、民法典よりもさらにラディカルな血統主義を導入することを勧めたが、かれは同時に純粋で熱烈な共和主義者であり、アルザス人愛国者であり、「現地民とフランス人の同化を進めるために」完全なフランス市民権をアフリカ、アジア、オセアニアにあるフランスのすべての植民地の臣民に開くことを支持してもいた。[79]ルナンは、国民が集合的意志の表現によって自らの運命を選択する権利があることを訴える。「個人の存在が生命の絶えざる肯定であるのと同じく、国民の存在は日々の人民投票なのだ[80]」と。その一方で、元老院への法の報告者であり、ルナンに近い人物でもあったアントナン・デュボスト[81]は、同じ頃、一八八九年法によって、フランス国籍を欲しない外国人にそれを強制していた。

国籍を個人に与えるために使われたメカニズムと、国民を構成するために使われたメカニズムの完全なる対立は、革命期にすでに起こったことを思い起こさせる。一七九〇年から一七九五年の間、国籍はフランスに居住するすべての外国人に自動的に、その意志に反してでも与えられた。[82]同じ頃、フランス人に能動的市民としての資格を認めるためには、当人が宣誓をすることが前提となっていた。ヴァイスが言うように[83]、外国人に強制的に、断ることができないフランス人の資格を与えることと、フランス人に公式に意志が表明されることが前提の市民権を与えることの間には、齟齬があった。国民の概念と国籍法の間の区別、それぞれを形成するのに全き、そして容認された齟齬がみられることからして、一八七二年とその後のフランスで、ドイツがエスニックな国家であると思われていたとしても、それが血統主義のせいだと誰も思っていなかったといえる。

血統主義の人種的ドイツへの同一化――表象の分析

それから二〇年も経たない一八八九年、入移民の影響により、フランスは国籍法に生地主義の要素を再び加えるようになる。ドイツでは、出移民と植民地化が血統主義の維持を後押しすることになる。それにより、外国に移住したドイツ臣民は自分の子どもに国籍を受け継がせることができ、プロイセンを中心としたドイツ帝国はそうした人々と絆を保つことができた。こうした国外への移住は、ドイツ帝国成立後の数年間に大幅に増えていた。一八九〇年から一九一〇年の間に外国人住民の数は四三万人から一二六万人へと三倍になっていたが、外国に居住するドイツ人の数は三五〇万人に上っており、国外への移住者の数が圧倒的に上回っていた。ドイツは統一されたばかりなのに、移民送出国と植民国家になったように感じられた[84]。それに対し外国では、ドイツでみられた内部分裂による対立とは別に、プロイセン人、バイエルン人、ラインラント人は同じ国から来たドイツ人であるとみられ、と同時に、彼ら自身もそのように自覚していた。同胞の目には、移住者を統一のシンボルにするイタリアのように[85]、新しい国の統一を表しているように映った。問題は、帝国の法として統合された一八四二年のプロイセン法では、一〇年間国外に在ると、ドイツ国籍が自動的に失われることにあった。一八九五年からすでに、在外ドイツ人の団体が支援していた全ドイツ連盟は、一九世紀に外国に移住した何百万人ものドイツ人との絆を維持するために法改正を要求している。省庁間の議論は一八九八年から始まり、一五年間も続いた。ドイツ人の国外移住者が無条件にドイツ国籍を保持し、継承できることを望み、エスニックなアプローチを支持する側に、全ドイツ連盟と海軍省があり、それに首相のベートマン・ホールヴェーグが加勢した。移住者の一部が外国でのドイツの権益を守るために積極的に活動し、国籍を維持するのを容認してもよいが、彼らが真にそれを望み、ドイツ帝国に真の忠誠を示しているという場合に限って、とする側に、外務省とプロイセンの諸省庁があり、前者との間に対立がみられた[86]。

勝利したのは、後者の立場だった。一九一三年七月二二日法、通称デルブリュック法によって、外国にいるドイツ人は、帰化をしないかぎり、国籍を失うことはなくなった。ただし帰化をした場合でも、法律の第二五条第二項に規定されている通り、ドイツ政府の明示的な許可を事前に取得している場合に限りドイツ国籍を保持することができたが、それは兵役を行なうことに同意した場合のみに認められた。

全ドイツ連盟はそれで満足しなかった[87]。具体的にいえば、一九一三年法は、その一年前にイタリアで採択された法律よりもはるかに慎重だった。国外に在るイタリア人は、外国の国籍を取得しても、イタリア国籍は自発的行為によってのみ失われたため[88]、自動的にイタリア人のままでいられた。あるフランス人法律家は、デルブリュック法よりもその前のドイツの法律のほうが、「フランスに帰化したドイツ人はドイツ国籍を原則として保持した」[89]ため、ずっと危険だったとしている。おまけに、そのドイツ人が外国にある自国の領事館に登録されていれば、ドイツへの単なる観光旅行であっても外国での滞在が中断されていれば、国籍を失うことになる一〇年間の外国滞在期間として計算されなかった。つまり、フランス人になったドイツ人がドイツ人のままでいることを望むなら、新法律の下でよりも、旧法律の下でのほうが簡単だったのだ[90]。

ところが、外国に帰化したドイツ人がその国籍を保持する公然の権利についての条項の採択は、戦争が勃発するや、西側諸国で非常に強い反発を引き起こし、特にドイツ出身の帰化者を狙った国籍剥奪に関する法律の起草をうながすこととなった。

当初の一九一三年は、反発といっても、どちらかといえば穏やかなものだった。たとえば、イギリス、ロシア、アメリカ駐在のフランス大使たちは、フランス外務省から、この法律の負の影響について、それぞれの国の政府に控えめに働きかけ、関心を喚起することを託された。一九一二年二月二七日のリヒトホーフェン男爵の帝国議会演説の抜粋が翻訳され、大使たちに送られたりした[91]。しかし、イギリスの一八七〇年法には、外国で帰化したイギリス人の永続的な忠誠義務についての条項が含まれている[92]。ロシアも、「多数の重国籍をもつ臣民」を擁していた[93]。デルブリュック法にいくらかの疑問が呈されたのは、アメリカに帰化した者は外国への忠誠義務を永遠に放棄せねばならないとされていたアメリカにおいてだった[94]。しかし、反発が異なる次元に達したのは、戦闘の火ぶたが切られてからだった。

一九一四年七月以降、アメリカでは大物の法律家が「外国に居住するドイツ人がその国で帰化した後もドイツ国籍を保持できるという比較的新しい規定の導入」は、「重国籍の原則を、これまで行なわれていた以上のものに」していると みなしている。そして、戦争が勃発すると、反発はさらに激しいものになった。一九一五年六月には、かつての大統領セオドア・ルーズベルトが「いつアメリカ人がアメリカ人でなくなるのか」と題した記事のなかで、ドイツの法律に疑問を呈した。一九一七年六月二四日には、アメリカ海軍を退いた海軍少将が「ニューヨーク・タイムズ」紙で、この法律はドイツ人に認められたすべての帰化の有効性に疑義を呈するものであり、それらをすべて取り消し、デルブリュック法が廃止されるまで、米国籍をドイツ人に与えないことを提案している。同七月一六日には、地区の判事が一ドイツ人に帰化を認めず、その理由として、「［帰化についての］わが国の法律の意味についてのいかなる疑念も［ドイツ人がアメリカに帰化することの］不許可と解釈すべきである」としている。

イギリスでは、一九一四年八月七日法により、所管大臣が、虚偽の主張や不正によって得られた帰化証明書を取り消すことができるようになった。

フランスでは、一九一五年四月七日法と一九一七年六月一八日法が、敵国出身の帰化者に対する国籍剝奪の手続きを導入している。

フランスで、ドイツ的な「人種」国家と血統主義との関連づけが行なわれるようになったのは、こうした文脈のなかでであった。戦争はまず、アルザス・ロレーヌの強制的な併合以来受け容れられてきた、ドイツは人種的国家であるという見方を再活性化させた。デルブリュック法によりこの見方は強化された。そして、右派が（一八八九年法により注入される生地主義によってあまりに容易に移民の子どもが国籍に統合される、と反発して）戦前に始めた血統主義のための闘いを戦争末期に再開した際、左派は、右派は国籍の人種的・ドイツ的な概念をもっているとして反駁した。当時最も影響力のあった法律家の一人ジョルジュ・グリュフィーが一九一九年に「政治・議会雑誌」に発表した論文には、このような論理のすり替え、政治的な狙いをもった知的結びつけのよい例を見ることができる。「帰化と人種的偏見」と題したその論文は特に興味深い。なぜなら、グリュフィーはまず生地主義と血統主義の区別を、法律家がよくやっていたやり方で移民の状況と結びつけ、すなわち、ドイツとイタリアは移民送出国なのでどちらかというと血統主義で、フランスは移民受入国なのでどちらかというと生地主義なのだ、と紹介しているからである。

しかしその先で、生地主義を支持する左派と血統主義を支持する右派との間で対立がみられたフランス内部の論争を紹介する際、後者に対して次のような言葉を用いて疑義を呈している。「彼らはまるでフランス人種が存在するかのような一種のドグマから出発しているが、それをドイツ式に選ばれた人種だと好んでいう者もいるだろう」[99]と。以来、フランスの人々の精神のなかで、エスニックで人種的な国家観をもつドイツと血統主義とのリエゾンが成ってしまった。血統主義を支持することは、ドイツのように人種差別的であることとされ、この共和主義的な言説が、長らくフランスにおける血統主義の支持者の評判を落とすことになった。血統主義の支持者たちはその制限主義的、さらには外国人排斥的な闘いの矛先を帰化に向けることとなる。

二〇世紀のドイツ国籍法

しかし、血統主義がフランス人の想像のなかでドイツの人種差別的な特徴となったとしても、ドイツの法律が人種差別的になったのは、ヒトラーの登場以降でしかない。それは、ほぼそのままの状態で維持された一九一三年法によってではなく、特別法によってである。[100] 一九三三年七月一四日法は、その七年後の一九四〇年七月にヴィシー政権によって引き継がれたのだが、二通りのドイツ国籍の「失効」を想定していた。

一つは、帝国の解体の日である一九一八年一一月九日から、アドルフ・ヒトラーが政権の座に就いた一九三三年一月三〇日までの間に行なわれた帰化全体を対象にしたものだった。およそこの二つの日付の間で行なわれたすべての帰化で、もし「好ましくないもの」があれば、無効になりうるとされた。[101] この期間、一九一三年法は有効であり続け、[102] ナチの目にはリベラルすぎる適用がなされたというのだ。ある帰化が「好ましくない」とみなされるかどうかは、「民族国家的原則」に沿って判断された。一九三三年七月二六日付のこの法律の施行令は、こう定める。「第一に、帰化の無効を見通しての検査の対象になるのは、以下の者である。すなわち、

(a)東方のユダヤ人、ただし第一次世界大戦中に前線で戦っているか、ドイツの利益に鑑みて特別な能力を身につけている場合を除いて。

(b)重い軽罪や重罪を犯した者、国家や人民にとって有害な行動をとった者」。[103]

剝奪の二つ目のタイプは、外国にいるドイツ人に狙いを定めたものだった。

合計で三万八七六六人が、この二つの手続きによってドイツ国籍を奪われている。そして、一九四一年一一月二五日からは、集団的な剝奪の手続きにより、帝国の領土を去った全ユダヤ人がその対象となった。その間、数十万人の周辺国の「生粋のアーリア人」の民族的ドイツ人が、ナチの立法のおかげでドイツ国籍に編入された。

戦前のドイツの国籍法は、ここでは問題視されない。問題視するとすれば、ドイツの法律がもしそ

の他の法的原則により構成されていたのであれば、ヒトラーが行動するのに困惑しただろうと考えることにつながる。いずれにしても、ヴィシー政権が数年後に、生地主義と、フランス史上最もリベラルな法律の一つだった一九二七年法を維持しながら、人種差別的な特別法を適用できることを示すことになる[104]。国籍を与える技法は、それ自体が人種差別的でも、逆に「開かれた」ものでもあるわけではなく、それはつねにその文脈と実際の運用のなかで解釈されなければならない。

ナチ政権の崩壊後、ドイツ国籍を剝奪された者は再び編入されたが、一九一三年法は維持され、これへの反論も出なかった。というのも、それがあってこそ鉄のカーテンの向こう側にいるドイツ人との絆を保つことができたからである。一九六〇年代にはドイツ連邦共和国は移民国になる。一九七二年、バイエルン州の行政裁判所がドイツに五年間以上滞在した外国人労働者の滞在許可証を更新しないことを認めた判決を、カールスルーエの連邦憲法裁判所が憲法違反だとして破棄した時に、移民は合法的に永続的なものになった[105]。しかし、ドイツが再統一されないかぎり、このことは政治的に「言えない」ことだった。政治的な優先課題は依然として、鉄のカーテンの向こう側に住むドイツ人にあるため、公式にはドイツは移民国ではなかった。政治的にはまだそうなれなかったのだ。

一九九〇年以降ドイツは再統一され、大半のドイツ人は、安定した国境をもつ同じ領土内にまとまることになり[106]、そこに生地主義は正統的に構築され得るようになった。そこで、移民の子どもが置かれた状況に優先的に取り組む二つの改革が相次いで採択された。

一九九一年一月一日以降、すべての一六歳から二三歳の外国人の若者は、八年間ドイツに住み、そのうち六年間以上学校に通っていれば、届出によりドイツ国籍を取得できるようになった[107]。この改革はコール首相の保守・リベラル系与党によるものだったが、一九九九年にはさらに重要な改革が続いた。それは生地主義の導入であり、新しい与党である社会民主党と緑の党が承認し、リベラル勢力〔自由民主党FDP〕もそれに加わった。二〇〇〇年の一月一日以降は、滞在許可をもつ外国人の親〔八年以上滞在し、滞在権または無期限許可をもつ親〕からドイツで生まれたすべての子どもがドイツ人となった。しかし、親が他の国籍を受け継がせていた場合には、二三歳の時に、その国籍とドイツ国籍のどちらを選ぶか、決めなければならない〔この選択義務は、二〇一四年の法改正により事実上廃された〕。

ごく最近まで、一八四二年のプロイセンの法律は、若干の修正を加えれば、ドイツにおいて適用される文脈に適合可能だった。その文脈とは、まず、国境がさだかではない移民送出国であったこと、次に領土と人口が分断された国家であったこと、である。並行して、ドイツ国民の「人種的」な捉え方は、それを土台として、いくつかの集団や領土の編入を可能にした。アルザス・ロレーヌの併合の際がそうだった。ズデーテン地方、ボヘミアやモラヴィア地方、ハンガリーからドイツ領に合流したい民族的アーリア人をドイツ国民に編入するとするナチの政策の場合もそうだった。戦後、一九四九年一一月一七日の連合国の決定により、ヒトラーの命令で与えられたものであれ（一九四三年五月一九日の総統令がその国籍の法的な基礎をなした）、彼らが望めば、国籍を保持できることになった[108]。

こうした政策は、外国で、またドイツ自体でも、国籍法と国民の概念との混同を維持させるのに力を貸した。しかし、再統一の一〇年後には、その国籍法がエスニックな国民概念にとらわれているとされた国が[109]、ドイツ人でない移民の子どもたちをその国籍に統合することを可能にする措置を比較的簡単に採用した。一八八九年の時点のフランスと同じく、その一世紀後、今度はドイツが移民国になり、自らの移民の状況の新たな認識から結論を引き出したのだ。

移民と国籍――ヨーロッパでみられる収斂

国籍法が移民状況の認識に敏感なのは、なにもフランス、ドイツに特徴的なことではない。それはEUの一五カ国と北米（アメリカとカナダ）の法律の比較研究が示していることでもある。これらすべての国の法律は一九世紀半ばには、血統主義（フランス民法典の影響）か生地主義（イギリスの影響）に支配されていた。法的な伝統と移民状況の認識との間に矛盾がないかぎりは、当初の法律が保持された。アメリカやカナダのような移民国家では、「イギリス流の」生地主義が移民の子どもに、出生後すぐに、カナダやアメリカの国籍を自動的に得させることを可能にした。当時大陸ヨーロッパ諸国は大半が移民の送出国だったので、「フランス流の」血統主義が、在外自国民とその子との絆を存続させることを可能にした[110]。そして、国籍法と移民状況の認識との間に矛盾があることが明らかになった場合、機械的にではなく、各国に固有のプロセスと国内政治的な論争によって、変化がもたらされる[111]。

血統主義の法的伝統をもつ大陸ヨーロッパの国々に最も大きな変化が生じたのは、フランスのように、ただし多くはそれよりもずっと後になって、自らを移民国と認識するようになってからである[112]。オランダ（一九五三年[113]）、ベルギー（一九九二年[114]）、そしてスペイン（一九八二年）で、加重生地主義により、移民の孫に自動的に国籍を付与する規定が採択された。他の規定も、移民の子どもたちが国籍を取得しやすいようにしている。ベルギー、デンマーク、スペイン、フィンランド、オランダ、スウェーデン、そしてより限定的にイタリアと、ヨーロッパ諸国の大半で、出生とともにではないが、後に、社会化の証として、居住または／および自発的申告を条件として、居住する国の国籍も得られるようになっている[115]。けっきょく、ＥＵ諸国〔一五ヵ国〕のなかでは、ギリシャ[116]とルクセンブルクを除いたすべての国で、領土内での出生にもとづいて、帰化の手続きよりも容易に国籍を取得することが可能となっている。それは、あるアメリカ人の法律家の次のような予言的指摘を確認する状況となっている。すなわち、「およそ人を引きつける力を少しでももっていると自負する近代国家なら、その国に属さない多数の個人が世代を追うごとにその内で倍増していくのを放置することは耐えがたいことである[117]」。

それゆえ、ドイツとフランスの国籍法の比較史からは、一方で血統主義－エスニックな国民概念－ドイツの間に、他方で生地主義－シヴィックな・選択的な国民概念－フランスの間に、因果関係を見出すことはできない。一八四二年にプロイセンで採択された法律は、エスニックな側面などない血統主義にもとづいた、当時のフランスの法律にきわめて近いものだった。大陸ヨーロッパ諸国の法律家の多くが自国の国籍法を編もうとするとき、フランス民法典が影響を与えていた時代だった。出生時の国籍の付与に関して、血統主義と生地主義という二つの異なるレジームがつくられ、客観化されたわけだが、比較を行なってみると、一九世紀にあっては、国民ごとの非常に区々たる概念によりも、法律家の重みと自主性に負うところが大きいことがわかる。

それでも、法的な伝統に、または信仰の対象が法的な伝統になったこうした法律は、その適用において移民状況の認識との間に矛盾が生じた時には、大きく修正されてきた。フランスで、血統主義と移民国になったとの認識の間に矛盾が生じたのは、一八八九年のことだった。ドイツとＥＵの大半の国は長い間、出移民の国ないし移民送出国だったため、血統主義にもとづく国籍法が生地主義に開かれたのは、第二次世界大戦後、移民受入国と自認するようになってからである。

しかし、変動の因果関係や公開討論から浮かび上がる要求の型に変化がみられたことには注意しなければならない。たとえばフランスでは、一九世紀の後半には公的な負担や国防の面での平等の必要性から、移民の子どもに生地主義を強要するようになった。また一九四五年以降は、もともと国家が義務の平等を保証するために強要した生地主義が、領土における出生と結びついた権利としてますます要求されるようになる。かつては、国家が国籍を強要していた。国籍を道具として使い、個人を包摂していたのだ。今では、同じ諸個人が国籍を要求するようになり、ほとんど権利のようにそれを取得するようになっている。しかし、国勢のために編まれながら、個人の要求を軽んじることもなかったフランスの法律は、技術的にこの変容に特にうまく適応し、あまり変わることがなかった。強要された生地主義から要求する生地主義への移行は、国際法の新たなパラダイムから生じた「領域的」国籍の発展を意味するものとなっている[118]。それは後続の章で分析することになるが、国家と個人の関係の歴史的な変遷をも表している。

なお、移民の存在が法律を変化させるといった自動的な関係はみられない。国境が確定していなかったり、領土問題が存在していたり、伝統として、または継続して移民を送り出しているといったことの影響で、人口を構成する大きな部分が国境線の向こう側に住んでいるという感情が支配的であるケースもある。そのような場合、移民を法的に包摂する措置を採用することは政治的に非常にむずかしい。ドイツの場合は、長らくそのケースだった。そして、それが今日でもギリシャの置かれた状況であり、イタリアの場合も多少ともそうである。

それゆえ、国籍法は当初は法的な伝統に、次には移民状況の認識に影響された。事実と表象の面において、国民の概念と国籍法はこのようにそれぞれ別個に発展してきたものである。フランスとドイツは今世紀を通じて、人種差別的でエスニックな政策をとることもあったが、生地主義が、血統主義以上にその障害となることはなかった。反対に、国籍法の類似性の下に、非常に異なった国民の概念が隠されていることがある。イギリスとフランスは、きわめて近い国籍法をもっているが、それぞれの国民の概念は比較的異なるものである。カナダのような国では、同じ国籍法の下にありながら、一方でケベック州で、他方では英語圏の諸州で、国民についての異なるか、果ては正反対の概念が共存していることもある[119]。

移民国となった国々の国籍法は、生地主義に開かれ、収斂を示しているという客観的状況がわれわれに告げているのは、実際には一つのことである。すなわち、移民現象の発展によって、移民の子どもたちに閉じられていた国籍の境界が開かれたということである。である以上、残る課題は、この境界を越えるための具体的なメカニズムの分析である。

というのも、外国人の両親から生まれた子どもが、両親の国籍を保持できるか放棄しなければならないか、出生時から不可逆的に国民であるか、成人になるまで待たなければならないかによって、表面的には開かれた方向に収斂しているとみえる法が、実際には正反対の結果をもたらすからである。国籍に関する法律には、移民とその子どもが国籍にアクセスする方法が含まれるだけでなく、市民の配偶者についても同様で、また国籍の継承やその喪失のルールも含まれている。技術的には複雑な仕組みであり、各要素が互いに連動するものとなっている。いかなる要素であっても、たとえば生地主義も、施行の諸形態を考慮することなく、あるいは特有な関係の様態をなす他の要素を考慮することなく、解釈することはできない。たとえば生地主義や血統主義といった、それ自体では意味をもたない、何かしら孤立的な要素よりも大事なのは、行動と比較のなかでの関係の様態の研究である。それこそが、フランスの国籍法についてわれわれに最も多くのことを教えてくれる。

国籍法が発展してきた三つの大きな契機に立ち戻ると、各段階が、さまざまに異なるフランス人のカテゴリー、すなわち順に女性、植民地の被支配者、そして帰化者を犠牲にして越えられてきたことがわかる。

8　差別されたフランス人たち

フランス国籍法の発展における主要な段階のそれぞれは、特定のカテゴリーのフランス人を犠牲にして、またはその権利の切り下げや置かれた状況の悪化を伴いながら、乗り越えられてきた。

一八〇三年の民法典により、国籍は個人に与えられた権利となった。それは出生の際に恒久的に与えられ、外国に住所を移したために失うことはなくなった。そして家系、すなわち血統主義によって継承させることが可能となった。しかし、これは男性に限られた権利であり、その代償として女性の地位は長いこと低いものにされた。

第二段階は、生地主義によってフランス国籍を移民の子孫に開放した一八八九年法であった。フランス生まれの親からフランスで生まれた場合、つまり移民の孫にあたることになるが、フランス国籍は出生時に自動的に与えられた。加重生地主義である。移民の子どもの場合は、フランスで生まれ、成人になるまで住んでいれば、国籍が与えられた。世代が重ねられていくのにしたがって国籍の内に統合していくというこの社会学的アプローチは、フランスとアルジェリアのすべての人々に適用された。ただし、アルジェリアのムスリムの現地民《アンディジェーヌ》を除いて、である。彼らは形式的にはいかにもフランス人であるが、その子、孫がフランスで生まれたとしても、「帰化」の大変な手続きを行なわなければ、フランス人になることはできなかったのだ。

発展の第三段階は一九二七年法であり、フランス国籍は人口政策の一つの手段となった。すなわち、帰化によって、フランス国籍の取得を望む多数の移民にこれが開かれた。その代わり、帰化者は、一時的にだが、政治的権利を行使することも、特定の職業に就くこともできなかった。

フランス国籍法は、このように根本的に革新的であり、そして広く包摂しようというものだったが、その内に躊躇なく不平等をつくり出し、これを久しく受け容れてもきた。

国籍法における女性の地位——遅ればせの平等

一九世紀末、国籍に関して女性と男性で不平等があるのは国際的なルールだった。結婚するカップルで、男性と女性の国籍が異なる場合、女性が夫の国籍を得て、自分の国籍は失うことになっていた。このルールは、一八〇三年のフランス民法典に記されたもので、すでにナポレオン法典全体の影響を受けていた大陸ヨーロッパの国々だけでなく、イギリスやアメリカといった国々にも取り入れられた[1]。フランスでは、一九二〇年代半ば、フランス人として生まれた女性一五万人が、外国人との結婚によって、フランスに居住し続けながらも外国人になっている。こうして女性たちはフランスにいながらにして、外国人としての地位と夫の国の法律に従わなければならなかった。一九二七年法は、この国籍の自動的喪失のルールを終わらせる。しかし、男性に対する女性の平等と独立が確かに保証されるには、一九七三年を待たなければならなかった。[2]

　アンシアン・レジーム下では、外国人女性は帰化承認状を要求し、もらうことができ、[3]フランス人女性は外国人男性と結婚しても国籍を保持することができた。フランス革命の際には、外国人女性は男性と同じように、一七九〇年法や一七九一年と一七九三年憲法の影響力の下で自動的に帰化することができた。その後、一七九五年と一七九九年憲法により、フランスに住所を定めることを届け出れば、七年または一〇年間居住した後に帰化できるようになった。

　フランス人男性と結婚してフランスに居住する外国人女性は、フランス人とみなされる。これは、法律や憲法が規定していることとは違うが、一七九三年一〇月一六日に条約で「共和国が戦争をしている政府の臣民として生まれた外国人は、和平になるまで留め置かれる」と定められた際に起きた議論から推測できることである。というのも、条約では同時に、「フランス人男性と結婚した〔外国人〕女性は、〔……〕疑わしい人であるか、疑わしい人と結婚した者でないかぎり、この法律には含まれない」[4]と決めているからである。バレール〔原注六参照〕は次のように説く。すなわち、「フランス人男性が外国人女性と結婚すると、その妻はただちにフランス人になる。〔……〕妻が夫の境遇に従うということ[5]、これはあらゆる民族の法典で認められた、非常によく知られた公理である。〔……〕私が認めてもらうよう提案しているのは例外ではなく、権利である」[6]。

　外国人男性と結婚するフランス人女性は、自分の国籍を保持するだけでなく、婚姻により夫のフランス国籍取得に貢献することになる。実際、一七九〇年四月三〇日法は、フランスに定住するすべての外国人は「王国内に五年間継続して居住した後［……］さらにフランス人女性と結婚したならば、［……］フランス人とみなされる」と述べている。同じ仕組みが一七九一年憲法に採用され、五年間の居住期間は一七九三年憲法によって一年間に短縮された。

民法典における後退

それだけに、民法典の公布は、革命期だけでなく、アンシアン・レジームとも深い断絶をなすものだった。既婚女性は民法上は夫に従属する存在となったからである。コンセイユ・デタで「結婚について」という論題で行なわれた議論のなかで、ナポレオン・ボナパルトは次のように述べる。「果樹が栽培者のものであるように、妻は夫の財産である」。「自然が妻たちを私たちの奴隷にしたのだ！　夫は妻に次のように言う権利がある。すなわち、マダム、あなたは外出してはいけません。マダム、あなたは観劇に行ってはいけません。マダム、あなたはこの人やあの人と会ってはいけません！　つまり、マダム、あなたは身も心も私のものです、と」[7]。

国籍に関しても、妻は夫に必ず従属することになる。すなわち、フランス人男性と結婚する外国人女性は、フランス人になる。これとパラレルに、外国人男性と結婚するフランス人女性は外国人になる。フランス人の資格を取り戻すには、未亡人になった折、フランスに居住しているか、政府の承認を得て、フランスに定住する意思を明示してフランスに居住しないといけない[8]。国籍を子どもに継承させることができるのも男性のみである。フランス人の父親から生まれた子どもがフランス人となるのである。そして、外国人女性は帰化することができなくなる。それまでは、帰化は革命暦八年（一七九九年）憲法の第三条で規定され、「満二一歳になった後にフランスに定住する意思を表明し、それまで一〇年間継続してフランスに居住していれば、外国人はフランス市民になる」とされていた。この条項は一般的な意味で解釈され、女性にも適用されていたため、外国人女性も、フランスに居住する意思を明示すればフランスに帰化することができた。[9]しかし、民法典が公布され、その第七条で「民事的権利の行使は市民の資格からは独立しており、市民の資格は憲法の定めに従ってのみ獲得され、かつ維持される」[10]と示されたことで、革命暦八年憲法の第三条は、政治的権利を行使する市民、すなわち男性にしか適用されなくなった。その結果、外国人女性はもはや帰化することができなくなった。

この排除は、居住許可にも適用される。しかし、民法典第一三条には、「フランスに居住することを皇帝の許可により認められた外国人は、そこに居住し続けるかぎり、すべての民事的権利を享受する」と記されていた。

ストラスブールにおける居住許可の実際について研究したジェニファー・ホイヤーは、民法典以前の数年間をみると、外国人女性は男性と同じくらい許可されていると述べている。それはしばしばフランス人の資格を取得するための一段階であり、その請願書には、「憲法が定める期間の後に市民権を取得する」[11]願いについて言及されている。ストラスブール市長は、民法典のこの部分が公布されてから数日後に、県知事に、今までは、「フランスに居住することを願い出た外国人女性の許可の方式について、外国人男性と同じとみなす」[12]という規則が適用されていたが、それが新しい法律の支配の下でも有効であるのか、書面で問い合わせている。回答は、非常にはっきりしていた。知事にとっては、新しい法律は、「フランス市民の資格を取得する可能性がある外国人にのみ、すなわち男性にのみ適用されるものだった。なぜなら、女性はなんら政治的権利の行使ができないからである」[13]。

知事の解釈は、民法典が想定している範囲をはるかに超えていた。なぜなら、居住許可は帰化とは関係のない規定としてつくられたからである。しかし、実際にはほとんどの場合がこの解釈にならっており、ジェニファー・ホイヤーがその帰結について明らかにしている。すなわち、一八〇三年九月から一八〇四年九月の間、ストラスブール市の記録だけで九人のドイツ人女性の居住許可が認められている[14]。一八〇三年から一八四九年の間になると、フランス全土で、帰化または居住許可が認められた二七三二人のドイツ人のうち、女性は一一人だけだった[15]。

既婚女性の権利の変容――フランスとアメリカの比較

この劣等と従属のレジームは、一九世紀後半にわずかに緩んでくる。一八四九年一二月の法律は、外国人女性の帰化を再び可能にした。加重生地主義が一八五一年にこれといった議論もなく導入され、八九年には「フランス生まれの外国人からフランスで生まれた」子どもにこれが強制されたが、九一年に破毀院によって、フランス生まれの外国人の母親からフランスで生まれた子どもたちにも適用されるとの判断が下された[16]。行政の実務ではそれまで「外国人」という用語はもっぱら父親を指すとみなされていた[17]。こうした限定がより衝撃的に映ったのは、ほとんどがフランス人女性として生まれ、外国人男性との婚姻によって外国人となった母親を排除していたためである。これと同時に、フランス政府は、外国政府からの圧力にさらされたことで、フランス人として生まれた女性が「[……]外国人男性との婚姻により[……]失った元の国籍を子どもに継承させるのを認めることは、外国人の夫がフランス人の妻に継承させた国籍を子どもが受け継ぐのを妨げる」のであるから、「あまり論理的でない」、との見解を示した[18]。しかし、破毀院のへス判決〔右の一八九一年の判決〕を是正するために採択された一八九三年法は、それを覆すことはなかった。フランス生まれの母親からフランスで生まれた子どもは生まれながらのフランス人であるというのは破毀院の判決通り変わらなかったからだ。ただ、成人になった翌年にフランス人の資格を断ることができるようになった[19]。

しかし、女性と男性の権利の平等化は、国籍法のほんの限られた部分に影響を与えるにとどまる。二〇世紀初頭、既婚女性の身分という本質的なところは、一八〇三年以来何も変わっていなかった[20]。それどころか、このルールは、外国人男性と結婚するアメリカ人女性に適用するという一九〇七年の米国議会の決定が証明するように、非常に強固なものとなっていた[21]。しかしながら、一九二二年にアメリカ、そして二七年にフランスでこれが廃止されるのだ。それについては、フランスとアメリカの比較が特に意味深い。一九〇七年の投票は、アメリカ、そしてフランスで、国籍に関する既婚女性の身分にその後どのような特異な運命が待ち受けているのかを物語っていた。すなわち、一方では、平等を求める女性の闘いの、そして他方では、移民政策と人口政策の境界にある要素だった。

二〇世紀初めの数年間、アメリカでは移民がかつてないほどの規模に達した。一九〇七年がピークで、一二八万五三四九人の入国を記録した[22]。したがってこれを制限する方向に動くこととなり、一九〇七年二月二〇日、議会は最初の措置（入国税を二ドルから四ドルへ引き上げ、家族同伴でない未成年者、身体的または精神的劣等者、そして売春婦の排除）を採択する。同時に、移民委員会、通称ディリンガム委員会（委員長のディリンガム上院議員にちなんで名づけられた）に、他の措置も検討するように依頼した。一九一一年に提出された報告書（一九二一年に採択され、一九二四年により強化された）は、移民の上限の数の設定と、移民の民族的選別の導入に決定的な役割を果たした[23]。

その数日後の一九〇七年三月二日法の投票は、「連邦政府からみて、ある種の外国人との関係を維持または確立することで、市民の地位を危うくしているようにみえるアメリカ人の数を削減する」[24]という目的に応えているようにみえる。アメリカのフェミニストたちは、男性と同等の権利を獲得するための道のりにおいて、すでに多くの勝利を収めていた。しかしこの条項は、大した議論もなく、移民と国籍に関する法案の枠組みのなかで彼女たちの意に反して採択された[25]。その後数年間、そして第一次世界大戦の際にも彼女たちは参政権をすべてのアメリカ人女性に拡大するために行動を起こし続け、戦後数カ月後の一九二〇年にそれを獲得した[26]。

この憲法修正条項第一九条の採択を受けて、フェミニストたちは、外国人男性と結婚したアメリカ人女性にその国籍を喪失させる一九〇七年法の条項の改正のために動いた。一九二〇年の大統領選挙で共和党と民主党、両党の候補者に、この原則を〔公約として〕採用させたのである[27]。しかし、こうした動きは、一九二二年九月二二日のケーブル法の採決に決定的な影響を与えなかった[28]。

決め手となった主張は、逆に、参政権を獲得したことで、アメリカ人男性と結婚した外国人女性は、国籍変更の制度があるから、もし米語を話せなかったり、アメリカの文化を知らなかったりしても、アメリカ人となると同時に有権者になるのに対し、外国人男性と結婚したアメリカ人女性は、参政権と国籍を失ってしまう、というものだった。この主張は、フェミニスト運動によって持ち出されたが、当然、制限主義者の意に沿うものだった。したがって、ケーブル法は結婚と国籍を切り離すことになり、アメリカ人女性は外国人男性と結婚した後も国籍を保持することができるようになったが、それは米国籍男性と結婚する外国人女性の国籍アクセスをよりよく管理するためであった[29]。

一九二二年以前は、外国人女性は結婚後、自動的にアメリカ人になっていた。しかし以後は、政府のコントロールを可能にする帰化手続きを経なければならなくなる。[30]アメリカ的制限主義の人種差別は、アメリカ人女性が、たとえばアジア人といった「帰化不能」外国人と結婚した場合にただちに処罰されるとする条項にも表れている。この女性は、結婚している間は、米国籍を失ってしまうのだ。以来、こうした外国籍女性は、課される帰化によってのみ国籍を取り戻すことができた。[31]

フランスでは二〇世紀の初め、女性はアメリカよりもはるかに限られた権利しか獲得できていなかった。フェミニズムは一九世紀末以来、発展をみてはきたが、達成したものは限られていた。女性は独身の時は、男性と同じ市民的権利をもつ。しかし、結婚すると依然として男性に大幅に従属することになる。なるほど、一八八四年法は一八一六年五月八日に廃止された離婚を復活させた。[32]しかし、正当とされる離婚理由は限られており、民法典で認められていた双方の合意による離婚は認められない。[33]一九〇〇年の法律によって、女性も弁護士として仕事ができるようになる。一九〇七年以降は、女性が自由に給与を得、使うことができるようになるが、しかし〔結婚をすれば〕夫の許可なしに仕事をすることはできなかった。夫の許可なしには裁判に訴えること、契約を結ぶこと、〔不動産の〕売却も、その取得――たとえ無償であっても――もできなかった。民法典の第二一三条では、依然として夫が妻を保護しなければならず、妻は夫に従わなければならないとされた。

第一次世界大戦では、フランス人女性が祖国のために起ち上がる。武器を手に取ることができなかったから彼女たちは、たとえば赤十字で志願看護師という、もっぱら「女性らしい」仕事を担うだけでなく、その他すべての職業で、前線で戦う男性の代わりに働くようになる。彼女たちは戦争が終わるとヒロインとなっていた。[34]しかし、国籍に関しての身分はほとんど変わらなかった。また、結婚してドイツ人やオーストリア・ハンガリー人になったフランス人女性の状況も大いに懸念された。時には夫とともに拘束されたり、財産を没収されたりした[35]。そこで、「ラ・フランセーズ」紙がキャンペーンを始め[36]、一九一六年二月一〇日にルイ・マルタン元老院議員[37]が、フランス人女性が外国人男性と結婚した後も国籍を保持することを可能にする法案を提出する。しかし、それも不発に終わった[38]。

戦争末期、フェミニストたちは、出産と出生率の回復のための新たな神聖同盟に加担する。だが、彼女たちの勝利への貢献は忘れられ、反フェミニズム運動の台頭に直面することにもなる。一九二〇年には、法律により避妊についての情報提供が禁止され、中絶への抑圧はひどくなり、二三年には軽罪裁判所への移管の対象となった[39]。元老院は一九二二年一一月二一日、下院で一九年五月二〇日に採択された女性に参政権を与えるという法案を否決している[40]。しかし、こうした敵対的な文脈のなかで、議会は既婚女性の自立をアメリカよりもはるかにリベラルなかたちで認めることになる。一九二二年は、元老院がフランス人女性の参政権を否決したのとまさに同じ年だったが、フランス人女性が外国人男性と結婚した場合の自立を認めたのである。この権利要求は、女性について書かれた文書のなかでは比較的忘れられているが、女性の権利と人口学的要件との境界に位置している。

一〇万人以上のフランス人女性が外国人になっていた

一九世紀を通じて、外国人男性と結婚するフランス人女性はつねに増加する。フランス人男性と結婚する外国人女性の数は、たいていその半分ほどでしかなかった。入移民が進んだのに伴い、こうした国際結婚はその後、年に数百から数千、そして何万にと増加していき、フランス生まれの妻が、自分が誕生し居住している国で外国人になるという現象が拡大していった。

一九一九年だけで、外国人男性と結婚したフランス人女性一万七〇〇〇人が外国人になった[41]。時間が経てば経つほど、その数は増えていき、一九〇〇年から二六年までの間で、一九万人以上のフランス人女性がそうした結婚により、外国人になった[42]。同じ時期、再びフランス人となった女性は三万人弱で、多くの場合、夫が帰化した時や死亡した時、また別居や離婚をした際だった[43]。一九二六年三月七日に行なわれた国勢調査では、外国人女性の数は一〇〇万人だったが、おそらくそこにはフランス人として生まれたが外国人となった女性約一五万人が含まれていたと思われる。その数は外国人人口の約六・五％、外国人女性の一五％を占めていたことになる[44]。人口増加主義者が外国人を帰化させることに関心を向けていたのに、このような「国民」の喪失はばかげたことのように思える[45]。

現象は多数に関係していたため、外国人男性と結婚したフランス人女性にとって容認できない社会状況をつくり出していることが認識されるようになり、フェミニストの範囲をはるかに超えて人々を起ち上がらせ、憤慨させた。外国人男性と結婚することにより、フランス人女性はしばしばその意に反して、時にそれと知らずに、国籍を変更させられた。実際、このような結婚の自動的帰結に関する情報は、結婚の際の定められた手続きにまったく記されていないのである。身分吏（民法典第七五条）は、将来の配偶者の身分に関する書類を読み、婚姻契約が結ばれたかどうかを尋ね、その後、相互の約束の宣言を集める。それだけである！　だが、結婚が宣言されると、女性は国籍が変わるのだ。外国人となったのだから、一八八八年一〇月二日のデクレと一八九三年八月八日法に従ってただちに外国人登録をしなければならず、一九一七年四月二日のデクレに従って外国人の身分証明書を取得しなければならない。そして追放令の対象にもなりえた[46]。夫に服従する義務があるため、夫に同行するためにフランスを去らなければならないこともあった。

時に深刻な状況になることもある。一九一九年一〇月二日、内務大臣は市町村長に、フランス人女性との結婚を希望する中国人男性に対し「正妻がいないことを証明する証明書」を要求するよう命じた。それは、在中国フランス大使館の報告により、第一次世界大戦中にフランスに働きに来た中国人の夫によって中国に連れて来られた妻のうち、夫にすでに中国で正妻がいることを知った者が複数いたことがわかったからである。夫の収入が少なく、「彼女たちは言語も風習も知らない国で、貧困、そして想像を絶する苦難のなかで細々と生きることを余儀なくされ」、「隔離され、第二妻という劣位の状況に貶められ、正妻の専横な権威の犠牲にされる」[47]ことがあった。フランスに残った中国人は数千人おり、一九二六年の国勢調査では、フランス人として生まれ、中国人と結婚して中国人となった女性が何百人もいた。イタリア人男性と結婚したフランス人女性のケースはさらに多いが、そこでも問題がないわけではない[48]。夫の出身国が離婚を認めていないため、離婚ができないのである[49]。

外国人と結婚したすべての女性が、フランス人女性に限定されている社会保障の権利を失う。彼女たちはまた、フランス人しか就くことのできない職業に就く権利を失う。しかし、行政機関、たとえば郵便電信局で、また弁護士として働く女性の数は増えていた。実際、一九一四年には公立小学校の教師のうち、女性の割合はすでに五九%に達し、一九〇六年から二一年にかけて国の行政機関に雇用された女性の数は二八三人から三万三七八人に増加し、全就業者の半数を占めている[50]。外国人男性との結婚を希望する女性公務員の置かれた状況は、後に、一九二七年法の採決後に帰化委員会によって分析されている。

以前の法律は、時には非常に残酷な状況をつくり出し、苦情を生み出すことにもなったが、それらには世論も心を動かされた。外国人男性の求婚を受けている女性公務員のなかには、フランス人の資格を失い、結果的に仕事も失うという婚姻の実現を前にし、意思をひるがえす者もあった。そうしてあきらめることはそれだけでも大変な苦痛だったが、場合によっては非嫡出子の妊娠というスキャンダルによってさらに状況が悪化することがあった。過度に厳しい法律の犠牲者であるこの不幸な女性たちの立場は、わが国で同情の声と改善の願いをつくり出さずにはおかなかった[51]。

一九二七年法――フェミニストと人口増加主義者の同盟

戦争が終わるやただちに、フェミニスト運動は行動を起こす。女性参政権のための全仏女性会議の大会が一九一九年一〇月八日と九日にストラスブールで開催され、改革の採択が優先事項となる[52]。そしてすぐに議会が動く。ルイ・マルタン元老院議員が一九一六年に最初にフランス人女性が外国人男性と結婚した後も国籍を保持することを可能にする法案[53]を提出したが、アンドレ・オノラとアドルフ・ランドリーは一九一八年に、外国人男性と結婚したフランス人女性がフランスで暮らし続ける場合には自動的にフランス国籍が保持できるようにすることを提案した[54]。この人口増加主義的オプションは、女性を従属状態に保ち続けることになると批判する女性の権利の支持者と、提案には領土的要素が含まれるためこれを嫌う生地主義反対派の連携によって、阻止された[55]。けっきょく、一九二三年に採択された規定は、一九二七年八月一〇日法に組み込まれることになるが、フェミニスト元老院議員のルイ・マルタンの提案と左派の議員エルネスト・ラフォンの提案が結合したものだった。それには、フェミニストと人口増加主義者を満足させるという利点があった[56]。

当初は、フランス人女性は外国人男性と結婚した際に自分の国籍を保持できるが、望むならば夫の国籍を取得することができる、と決定された[57]。女性参政権のための全仏女性会議は一九二二年のセッションで、この採択を「数年で成し遂げた大きな一歩」とみなしたが、相互性の欠如、すなわちフランス人の夫と結婚する外国人女性によるフランス国籍の自動取得が維持されることに不満を示した。「大きな矛盾があり、起草者に影響を与えたもっぱら国家主義的感情をあまりにも公然と表出させている[58]」と。

そこでマルタン元老院議員は、外国人女性にも同じ地位を保証する新たな法案を提出し、採択させた。外国人女性たちも、自分の国籍を保持するかフランス人になるかを選択できるようになった。これを補う措置も加え[59]、過去に外国人男性と結婚したためにフランス国籍を失った女性は、法律公布後一年以内に治安判事に届け出ることにより、国籍を回復できるようにした。フランス国籍を失った何千人もの女性のフランス国籍への復帰を保証したことで、人口増加主義者の支持、そして法案の可決を確かなものにした[60]。

人口問題が手段として使われたことに疑問の余地はない。このことは、下院での報告者マラルメの発言によく表れている。「私たちが下院で採択することを提案している改革は、フェミニズムにとって大きな前進となるでしょう。ただし、フランス人女性に参政権を与えるわけではないので、最も熱心なフェミニストが欲するところの意味においてではありませんが。それでも、私たちは彼女たちに自らの人種の将来の利益のために社会的影響力を発揮する手段を確実に認め、フランスに小さなフラ

結婚による女性の国籍取得の状況と推移

結婚件数／年	外国人女性とフランス人男性		フランス人女性と外国人男性		フランス人女性の数の増減
		内女性がフランス国籍取得		内女性が外国籍取得	
1925	5,880		11,181		- 5,301
1926	6,282		11,556		- 5,274
1927	6,314		11,539		
1928	6,137	3,076	11,639	535	- 2,541
1929	6,136	3,273	11,301	563	+ 2,710
1930	6,490	3,482	12,100	601	+ 2,881
1931	6,364	3,955	10,956	553	+ 3,402

出所：Depoid, *op. cit.*, pp. 56 et 61.

ンス人たち〔子ども〕を残すことを可能にするのであります」[61]。

実際、人口増加主義者が満足するに足りる理由があった。（外国人男性との結婚により）国籍を失った女性が届出によって国籍を回復することを可能にする規定は、三万五〇〇〇人以上の女性をフランス国籍に再統合するという効果があった。さらに、毎年、フランス人男性と結婚する外国人女性の半分以上がフランス人になることを選択し、その割合は以後増加していくのに対し、外国人の夫の国籍を取得することを選択するフランス人女性は五％未満だった。その結果、結婚によるフランス国籍の取得の増減は、一九二七年以前はマイナスだったが、すぐにプラスとなり、その後も着実に増えていく。

それはフェミニストたちにとっての勝利でもあったが、議会における彼女たちの最良の支持者、ルイ・マルタン元老院議員も、彼女たちの要求を人口増加主義者や出産奨励主義者[62]の要求とうまく調整するのに成功したことで貢献した。人口増加主義的懸念がフェミニズムと結びついて、最もリベラルな条文の一つをつくり出したのだが、アメリカとは異なり、フランス国籍を外国人女性に付与することが、結果として、まだ参政権の付与につながっていなかったので、より容易だったといえる[63]。

フランス人女性の自動的帰化〔結婚相手の外国人男性の国籍に自動的に変わること〕が終わりを告げたことで、アメリカでのように、外国人女性が夫の国籍を取得する権利を制限されるというような代償は伴わなかった[64]。アメリカでは、アメリカ人男性と結婚しようとする外国人女性は、〔アメリカ人になるには〕もはや帰化申請をするほかなく、申請が連邦政府に却下されることもあった。フランスでは、フランス人男性と結婚する外国人女性と、外国人男性と結婚するフランス人女性は、以後は、夫の国籍を取得するのは義務ではなくなり、選択できるようになった[65]。国家が介入することなく自分の考えだけで決断ができるのだから、妻の率直な意志がただちに影響力をもつのである。

再び後退（一九二七―一九七三年）

一九二七年法のレジームはおそらくフランス行政当局の目には、過度にリベラルで、女性の権利に有利なものとみられていたのだろう。新しい法律が採択されるや否や、帰化政策について政府に提言するために司法大臣の下に設けられた「帰化委員会」の会議で、「批判に近いさまざまな疑義」を喚び起こした。一九二七年一〇月一三日の会議[66]で委員会は、「国籍の異なる家庭が増えることは、公序良俗にとって危険であるか、少なくとも心配の種」となることを懸念している。委員会は、公務員の女性が外国人男性と結婚する場合、各行政機関で事前に許可を得るようにすることも検討された。許可がないからといって結婚をやめさせられるわけではないが、キャリアへの影響はもちろんあった。けっきょく、もう少し柔軟な姿勢を示すことになった。すでにいかなる結婚に際しても事前に許可をとるように求めている行政機関（たとえば軍隊）は、配偶者の国籍を申告させることになった。その他のところでは、いくつかのカテゴリーの公務員を事前申告のレジームの対象とすることができるとした。事前申告がなければ、服務規程違反となり、処分の対象となりえた。それは、場合によっては外国人配偶者の国外追放や〔本人の〕部署の異動につながることもあった[67]。

一九三〇年代末、経済的、政治的危機もあり、フランス人男性と結婚した外国人女性のなかには、滞在の正規化のためや、国外追放から身を守るために結婚したのではないかと疑われる者もいた。「不正行為」を防ぐため、一九三八年一一月一二日に公布されたデクレ・ロワにより、結婚を機に国籍の変更を望む女性に対しては、挙式の前に明示的に届出を行なうように強制した。外国人女性のフランス国籍は六カ月後にしか有効にならず、その間であればコンセイユ・デタの意見にもとづいて政府は取得を却下することができるようになった。

こうした制限にもかかわらず、一九二七年法は、一九四五年の人口増加主義の法律家の目には依然として過度にリベラルなものと映る。そこで、フランス人であれ外国人であれ、女性が自由に選択できるとする規定を見直すことになる。一九四五年に採択された制度は全体として、国際結婚の場合にできるだけ多くの女性がフランス人になるようにつくられた。フランス人男性と結婚した外国人女性には、結婚する前に明らかに留保を示していないかぎり、自動的にフランス国籍が付与された。それに対しフランス人女性は、結婚する前に夫の国籍を取得したいと届け出ないかぎり、フランス人であり続けた。

国籍法の立案者レイモン・ブルベス[68]は、この後退について次のように説明している。「伝統的な原則に対する反動はあまりにも性急すぎるようにみえた。一九二七年には、妻が夫の国籍に従いたいかどうかを決める意志の自律の原則を理由に、女性の自由に任せようという思いがあった。［……］私たちのラテン・キリスト教文明の所与である国籍の一なることという原則を排除する必要はまったくなかった」[69]。実際には、法の目的はカップルの国籍の一なることという原則にもとづいておらず、それが適用されるのはフランス人男性と結婚する外国人女性のみとなっている。外国人男性と結婚するフランス人女性はフランス人のままでいられるため、夫と異なる国籍をもつことになる。実際、女性がフランス国籍を保持、取得するのをできるだけ優遇するのに、法的技法がこれほど駆使されたことはなかった。フランスの解放《リベラシオン》で、家族主義がフェミニズムに勝利を収めることになったが[70]、それは人口増加主義が極端に押し進められた時でもあった。すなわち、一九四五年から七三年までの期間は、人口の論理が最大の力で行使された期間であったといえる。

男性と女性の間の平等な扱いがやっと保障されたのは、一九七三年になってからである。一九七一年に、政府が一九四五年の国籍法を微修正することを提案したのが元だった。その願いはきわめてささやかなもので、国籍法を本土と海外領土で統一することと、フランス人の母親から生まれた非嫡出子に母親と同じ国籍が与えられるようにするということだった。既婚女性の身分はといえば、政府の計画は一切の修正を予定していなかった。

しかし、国民議会に指名された報告者ジャン・フォワイエのリードの下、法案は別の展開をみせることになる。一九六二年から六七年まで司法相だったジャン・フォワイエは、男女平等や後見に関わる領域、夫婦財産制や相続、親権や親子関係における非嫡出子と嫡出子の平等を保障する民法の改正に着手していた。[71] この男女平等が国籍法ではまだ保障されていなかった時から、ジャン・フォワイエは民法の問題として捉えた。すなわち、「夫の国籍、つまりこの場合にはフランス国籍が、結婚相手の外国人女性に継承されなければならないとする考え方は、かつての夫（親権の行使においては父親）の優位を夫婦間（または両親）の平等に置き換えた新しい家族法の原則と両立するものではない」と。「国籍法が示す解決法は、焼き尽くさねばならない汚点である」とかれは報告書に記している。[72] 司法省が呈した疑義、さらには圧力にもかかわらず、[73] かれは国民議会に国籍法における女性と男性の地位の完全なる平等化を採択させた。[74]

それ以降、国籍の異なる二人の結婚が、どちらかの国籍に自動的に影響を与えることはなくなった。それぞれが原国籍を保持することができた。[75] しかし、女性であれ男性であれ、フランス人の配偶者は結婚後、フランスに住んでいようが外国に住んでいようが、届出だけでフランス国籍を要求できるようになった。[76] 女性は完全に自由になり、フランス人女性と結婚する外国人男性も帰化をしなくてもよくなり、初めてこの自由の対象になった。最後に、配偶者が異なる国籍を保持し続けている場合、子どもにそれぞれの国籍を継承させることができるようになった。

一九七三年以降、女性は国籍に関して、結婚においても、子どもの国籍の継承においても、男性と同等であり続けている。[77] 一九二二年の人口増加主義者とフェミニストの連携により、フランス人女性の外国人の夫やフランス人男性の外国人の妻は、届出だけでフランス国籍を取得できるようになったのに対し、他のヨーロッパ諸国出身者やアメリカ人の外国人配偶者は、国籍を取得するには帰化しなければならない。フランスは一八〇三年に女性の不利益を顧みずに国籍を属人的権利として創造し、一世紀以上維持したのだったが、こうして今日、この領域では世界でも最もリベラルな法の一つをもつようになっている。

アルジェリアの植民地被支配者

フランス国籍の発展の第二段階にあたる一八八九年法では、生地主義の復活が鮮明となった。事情を振り返っておこう。一九世紀末、フランスはヨーロッパで最初の移民国となった。しかし、外国人の親からフランスで生まれた子どもたちは、その権利をもっているにもかかわらず国籍を要求しなかった。その結果、世代が進むにつれて、新しい移住の流れとは無関係に、血統主義のため、および帰化の少なさゆえに、外国人人口は自動的に増加していった。そこでつくられたのが、フランス人と外国人の境界を再編する一八八九年法だった。家族主義的な国籍のアプローチに対し、社会学的なアプローチが加わる、ないしは置き換わることになった。社会化にもとづき、生地主義の強制力が徐々に、世代が進むにつれて適用されるようになっていった。フランス国籍は、移民の孫に、その誕生とともに自動的に与えられるようになる。加重生地主義である。フランスで生まれ、居住している移民の子どもには、成人した際に与えられた。

この法律はフランスだけでなく、アルジェリアでも、このフランスの領土で選出された下院議員の執拗な要請を受けて、適用された。アルジェリアは実際、一八四八年憲法の名においてフランスの領土となった唯一の「近代的」植民地である[78]。そして唯一の移住植民地でもあり、フランス本土からフランス人を引きつけた。また、スペイン、イタリア、マルタやドイツからの外国人の流入がみられたが[79]、その子どもたちは一八八九年法によりフランス人になった。こうした「統合」のプロセスは、すでに一八七〇年のアルジェリア系ユダヤ人を対象としてみられたが、そこから排除されたのが、アルジェリア人の大部分を占める「ムスリムの現地民」である。公式的には、彼らはフランス臣民である。しかし実際には、その国籍はゆがめられ、権利は空っぽにされていて、一八八九年法によって、決定的に格下げされることになった。

閉ざされた扉から、少しずつの開放へ

フランスは、一八三〇年七月五日にアルジェの太守が署名した降伏条約で、「すべての階級の住民とその宗教の自由を侵害しない[80]」と正式に約束している。実際には、アルジェリアの住民は現地民《アンディジェーヌ》と呼ばれ、特別な、ユダヤ人であるかムスリムであるかに応じて区別された身分によって支配されたのだが、フランス人とはみなされなかった。すでに一八三一年より、アルジェ属州の、知事に相当する文民の長官が[81]、「その財産とよい評判からしてアルジェの最も重要なムーア人の一人」に対し、「公式にフランス臣民として認め、その資格で、いかなる場所や状況でも、フランスの保護を保証する」証書を要請している。そして、自らの名において次のように付け加えている。

フランスはこのくにをつねに所有し続けるとは限らない。［……］もしフランスが去ることになり、ムスリムの権力が確立されれば、私たちアルジェのムーア人は［……］自分たちの利益をフランスの利益に結びつけ、その権威の確立とヨーロッパの慣習が取り入れられるのに手を貸したというのに、安全が一切保障されなくなる。特にその場合、フランスの保護を保障してもらい、

自分たちの子どもや、アフリカやレヴァントの同宗者の内の、どこかに避難所を探すことをフランスに要請する権利を与えられる必要がある。[82]

長官は、政府に迅速に行動するよううながしている。[83] アルジェリアが一八三四年二月二四日の王令により併合された直後から、現地民のムスリムやユダヤ人はフランス臣民とみなされた。[84] しかし彼らは完全なフランス国籍をもたず、それを取得できる手続きもなかった。当時フランス本土では帰化するのに一〇年間を要していたが、この期間を短縮することで容易にしようという計画が、すでに一八四六年から実際にあった。しかし、この方法が用意されたのは、アルジェリアに住んでいる外国人に対してのみだった。

ムスリムの帰化は不可能である。なぜなら、民法は同時に宗教上の法律でもあり、それを覆すことなく、帰化することは不可能であろう。〔……〕コーランは、ムスリムの宗教法典であり、また民法や政治の法典でもある。それは、信じるべきことだけでなく、純粋に民事上何をすべきかについても指示を与えている。イスラームでは、民法と宗教法の間にそれほどの密接な関係があるため、他方に触れることなく一方に触れることができないのである。

陸軍省はユダヤ人を帰化させるという考えも拒否している。

政府がアルジェリアでおかす可能性のある最も深刻な誤りの一つは、堕落し、軽蔑された人々であるユダヤ人に、ムスリムに与えていないものを与えることだろう。後者と同じく、ユダヤ教徒の現地民は、われわれに対して、現在と同じ存在であり続けなければならず、もっぱらそうでなければならない。すなわち、フランス臣民であり続けなければならないのだ。ムスリムにとってのコーラン同様、タルムードはユダヤ人に、われわれが彼らのために維持した私権を与えている。[85]

この法案は、七月王政が崩壊したために日の目を見なかったが、一八五〇年代を通じて再三取り上げられ、成功することはなかったが、同じ方向性を示していた。すなわち、外国人の帰化を容易にするのはよいが、ムスリムとユダヤ人を「帰化」させることはありえないというものである。それでも陸軍省は、たとえば、一八五一年から一八六五年の間に、特例的にモハメド・ベンハセムを帰化させようと努めた。一八三〇年三月四日にアルジェで生まれ、アルジェリア小銃手連隊で中尉だったかれは、アフリカとイタリアの遠征に参加し、グリニョン農業学校の生徒となった。「優れた行為原則をもっているモハメド・ベンハセム氏は、知性と教養によって、大半の現地民将校よりも著しく優れている[86]」とある。一八六四年七月二五日、かれはけっきょく「ムーア出身者」として居住を認められ、陸軍省はただちに、フランスに重要な貢献を果たした外国人の定住期間を一〇年から一年に短縮することを認めた一八四九年一二月三日法第二条にもとづき、かれの特例的な帰化を要望した。しかし、コンセイユ・デタはそのようには判断しなかったため、数カ月後、一八六五年七月一四日の元老院決議により、かれは「帰化」して、フランス人になった最初のアルジェリアのムスリムの一人になった。[87]

イスマイル・ユルバン〔仏領ギアナ出身の奴隷のひ孫で、混血の有色自由人。ナポレオン三世の植民地問題の助言者〕に影響されたこの元老院決議は、「アラブ王国」[88]政策の一環としてナポレオン三世によって公布された。それは、ムスリムとユダヤ教徒の現地民が「フランス市民としての権利を享受する」ように要望することを可能にした。アルジェリアに三年間在留している外国人も、同じ手続きの恩恵を受けることができた。申請は予審に付され、適切とされた場合は、「フランス市民の資格」がコンセイユ・デタで発せられる政令によって与えられた。初めて、ユダヤ人とムスリムの現地民に完全な国籍が開かれたのである。完全なフランス人でなかったアルジェリアの住民の三つのカテゴリー、すなわち三万人のユダヤ人、三〇〇万人のムスリムと二五万人の外国人は、アルジェリアでいまや適用されるようになった特別な国籍法において、別々にではあったがほぼ同じ立場で扱われた。しかし、ユダヤ人の身分が修正された一八七〇年以降、「完全なフランス人でない」三つのカテゴリー間の形式的平等はすぐに崩壊した。

クレミュー政令とユダヤ人の「帰化」

一八七〇年一〇月二四日、セダンの戦いでプロイセンに敗れたことを受けて設けられた国防政府は、政令で、フランス国籍をアルジェリアの諸県に住むユダヤ教徒の現地民に与えることとし、彼らに関しては一八六五年七月一四日の元老院決議を廃止した[89]。

それは、アルジェリアのユダヤ人にとってはフランスによる征服後すぐに始まった同化のプロセスの最終段階であったが、かつてアルジェリアのベイ〔州長官〕の体制下で差別されてきたこの小さなマイノリティの大半の人々に歓迎された[90]。

一八三四年以降、フランス政府当局は、ラビの法廷から〔結婚、離婚、宗教に関わる権限のみを残して）ユダヤ人同士の争いを刑事上裁く権限を取り上げ、アルジェリアのユダヤ人を本土のユダヤ人に同化させる第一歩を踏み出した[91]。一八四一年には、ラビは同宗者に対するすべての裁判権を失い、以後は「フランスの裁判所のみの管轄」となった[92]。一八三八年八月九日の教皇勅書によりアルジェに司教区が創設され、また一八三八年一〇月三一日にプロテスタントのための宗務局教会がつくられたことを受け、フランスのユダヤ教長老会議は、アルジェリアのユダヤ人コミュニティを本土のナポレオン式モデルに合わせるための手続きを行なうようになった。一八四五年一一月九日のオルドナンスにより、けっきょく、アルジェに中央長老会議、オランとコンスタンティーヌに地方長老会議がつくられた[93]。一八五一年六月一六日法は、最終的に財産権の移転について、ムスリムの間で成立したものを除いて、したがってユダヤ人によって行なわれたものも含めて、すべてフランスの法律にゆだねた。

やがて、アルジェリアのユダヤ人の大多数が「集団的帰化」を要望した。一八六五年五月にアルジェリアを訪れていたナポレオン三世は、帰化を望む一万人のユダヤ人の署名を受け取る。一八六五年から一八六九年の間、アルジェリアの三県の、コロン〔ヨーロッパ系の入植者〕とムスリムが議席を占める県議会は、毎年全会一致でユダヤ教徒現地民の帰化に賛成する要望を出している。一八七〇年三月九日、アルジェリアでの調査から戻ったル・オン下院議員は、以来、コロンのスポークスマンとなる[94]。かれは議会で、アルジェリアのユダヤ教徒が集団で帰化を希望していることを証言すべく[95]、「彼らが求めている恩恵を断る正当な理由はなく、この法令を遅らせせない必要性は大である」と述べている[96]。この法令については、ナポレオン三世がすでにその原則を承認していた。政府は一八七〇年三月八日に集団的帰化の計画について伝達し、総督マクマオンによる調査と賛成意見を得た後、それは翌一〇月二四日に臨時政府が、アドルフ・クレミューの働きかけの下で発した七つの政令の一つとなった。[97]

クレミュー司法相は、世界ユダヤ人会議の会長でもあった。[98] アルジェリアを一七回訪れるなかで、同宗者について知ることとなり、この改革のために一二年間戦ってきた。[99] 臨時政府にしてみれば、セダンの戦いでの敗北と九月四日の第二帝政の崩壊から数日後で、優先事項は軍隊の再編成、人々の動員と領土の奪回の時だったが、[100] にもかかわらず、トゥール〔敗戦後、政府は一時トゥールへ、次いでボルドーへと移った〕で、アルジェリアについていくつかの措置を講じたのは、現地の状況がきわめて不安定だったからである。現地民びいきと考えられていたナポレオン三世の敗北は、共和国の到来を歓迎したヨーロッパ系の人々を喜ばせた。反乱の瀬戸際にあったムスリムの人々に対し、プロイセン人が不安定化のための行動を起こすのではないかと恐れられていたのだ。[101] 軍と行政機関の一部は、依然として皇帝に忠実だった。コロンたちはいら立ち、軍の指揮官の解任と文民の総督を要求するためにトゥールに代表団を送った。総督の任命が遅れたため、やがて防衛委員会が形成され、アルジェ市議会は、新たに選出されたばかりの市長ヴュイエルモーズを特別代行委員に任命する。[102] 不安定な状況が支配していた。一八七〇年一〇月二四日の七つのクレミュー政令の一つは、それゆえ、伝統的な共和国のプログラムを実行することによってコロンを満足させるはずだった。[103] すなわち、アルジェリアを行政的に本土に「同化」し、内務大臣付きの文民総督の下、それを三つの県に分割した。アルジェリアのユダヤ教徒の法的同化も、同じ方向性からのことである。すなわち、新しい政権への忠誠を確かなものにし、約九万人のフランス人人口に、新しく三万五〇〇〇人の市民の増強をはかったのである。それは、臨時政府を有利にすべく、アルジェリアの状況を補強するという同じ戦略の一部だった。[104]

しかし、この集団的帰化は植民地行政に反して行なわれた。コロンの一部も、それを一度は承認したが、後に反対するようになる。一八七一年七月九日の議会選挙では、アルジェのユダヤ人は保守党候補ヴァルニエの対抗馬であるヴュイエルモーズに多数が投票したが、その後、ティエール政府は一八七一年七月二一日にクレミュー政令を完全に廃止する政令を提案している[105]。下院に任命された特別委員会は、アルジェリアのユダヤ人が届出のみによって完全なフランス人となれるようにすることを提案した[106]。最終的に、クレミューとアルジェリアの新しい文民総督ド・ゲイドン海軍大将[107]の間で妥協が成立する[108]。すなわち、一八七一年一〇月七日の解釈政令は、一八七〇年一〇月二四日の政令が帰化させたのは、「フランス占領下のアルジェリアで生まれたか、そのことが起こった当時アルジェリアに定住していた親から、その時期以降に生まれたユダヤ教徒」であったことを確認した[109]。したがって、この集団的帰化は、一八七一年以降に植民地化された領土のユダヤ人は対象にはならない、と。たとえば、一八八二年にフランスの属領となったムザブ〔アルジェリア南部のオアシス地帯、自治を保障する条約を結んでいた〕がそうである。人々は、個人で帰化を申請しないかぎり、一九六二年〔アルジェリアのフランスから独立の年〕まで「現地民のユダヤ教徒」の身分に従った。

ムスリムよりも外国人を

ユダヤ人の集団的帰化に関するクレミュー政令は、ムスリムが「完全な国籍」にアクセスするための政策の端緒になりえたかもしれない。ところが、コロンたちはこの見通しを、一八七一年にただちに否定し、年月が経つにつれて、ますます拒絶するようになった。一八七一年三月には、フランス軍がプロイセンに敗北し、フランスで権力の崩壊が起きたのに続き、カビリア〔アルジェリア東部の地中海沿岸の山岳地帯で、住民はベルベル系〕で大規模な反乱が起きた[110]。ムスリムは、庇護者だったナポレオン三世を失った。彼らは、軍当局とアラブ局〔フランス陸軍統括下の現地民局〕にとって代わった民政が、コロンに無制限の行動の自由を与えるのではないかと恐れたのだ。部族の土地の分割を凍結する一八六三年の元老院決議が一八七〇年一二月一九日に停止されたことで、その懸念はいっそう増した。一八七〇年一二月二四日に、これまで軍の保護下にあった土地に文官の権限が拡大され、確かにコロンの手中にあることが確認された。[111] その後カビリアで起きた反乱は六カ月間続き、二〇万人の現地民と八万六〇〇〇人のフランス人の争いとなった。一八七一年五月五日、反乱の指導者ムクラーニーはフランス軍に殺され、九月一三日にカビリアは、最終的に屈服させられた。では、一八五〇年から七〇年にかけて要求され続けた集団的帰化は、それ以降どのように考えられたのだろうか。「〔それがムスリム現地民によって行なわれて〕一度に二〇〇万人の市民を生み出すことになれば、そのなかでフランス人はマイノリティとして窒息させられてしまう。そうなれば、われわれの支配の原則と基礎はどうなってしまうだろうか」とド・ゲイドン総督は一八七二年に総括している。[112] アルジェリアのコロンの「新ドクトリン」は決まった。多数での帰化は論外である。一八六五年の元老院決議により開かれた個人的帰化という細く開けた扉のままであり続けるべきだとされた。帰化は、しばしばイスラーム教徒からはよくみられていなかった（帰化を申請して認められた者をM'tourni、つまり背教者とみなしていた）ため、帰化の数は少なく、一八七五年の一三七件がピークで、年に二〇から七〇件程度であった。

しかしパリでは、「現地民びいき」の人々から、アルジェリアのムスリムにただちに、または徐々に完全な国籍を与えるべきだとの声が上がる。一八八一年に植民地の現地民庇護のためのフランス協会を創設したポール・ルロワ゠ボーリューは、はっきりと同化を支持していた。つまり、段階的に同化を進めることで、アルジェリアの人口のさまざまな要素を溶解させることができるという。[113] かれによれば、アラブ人に参政権を認めることは、「各部族の密度の高い集団を解体する、［つまり］われわれの考え方や法律が、より容易に実り、根づくことができる耕作しやすい土地を用意する」ことを可能にする。[114] 議会では、「現行身分」での集団的帰化が、一八八七年に二人の左派の下院議員、ミシュランとゴーリエによって提案された。[115] しかし、アルジェリアの行政機関は次のように反対した。

アラブびいきの人々のなかには、ムスリム自身の意思に反して、彼らを喜ばせようと考え、集団で帰化させるよう求める者がいる。一番よく引き合いに出される主張は、ユダヤ人の帰化の前例である。まるで、愚行を一段とひどい愚行を再びおかすことによって償えるかのように！　そのような措置は、必然的に兵役を伴うことになり、その結果、次のようなこととなる。(1)現地民が命よりも大事にしている個人身分の規定が混乱する。(2)無知で狂信的、また敵意のある大衆に参政権を与えることになり、そのなかでフランス人は埋没してしまう。(3)戦争における劣位をもっぱら戦略の現況についての経験不足とまとまりのなさに負っている、好戦的な人種を武装させることになる。[116]

マルティノーは、移行に配慮して、一八九〇年の法案で、「アルジェリアのすべてのムスリムの現地民にフランスへの帰化を段階的に認める」[117] ことを計画した。最初は、「フランス人の人口がムスリムの人口よりも多い」コミューヌに居住する人々のみを対象とし、他のコミューヌにおいては、次の者に帰化を認めることを提案している。(1)法律が公布されてから生まれるすべての子ども、(2)兵士として仕えたか、公務に従事していた者、(3)十分な教育を受けた者で、初等教育修了証書でそのことが認められる者。この案は、多くの支持を得、アンドレ・ヴァイスのように何人かの法律家も賛同した[118]。しかし、かれはアルジェリアのフランス人に選出された議員がやすやすと動員した議会の多数派と対立することになる。実際、下院には強力な植民地グループが形成され、一八九二年六月一五日のその立ち上げから数週間後には、「実に多様な党派の議席を占めているものの、全員が植民地と外地におけるフランスの力と権威を確保しようと願って結集した[119]」九一人の議員を束ねていた。この植民地グループはただちに、農業グループとともに、議会で最も有力なグループの一つに育っていった。一八九三年に選出された議会では一二〇人、一九〇二年は二〇〇人近く、そして一九三六年に選出された議会では二五〇人の参加者を数えていた[120]。

フランス人コロンに選出された議員たちは、実際には、ムスリムとは別の大儀のために動いていた。一八六五年の元老院決議は、アルジェリアに定住した外国人（スペイン人、イタリア人、等）に対して期待された効果をもたらしていなかった。手続きに費用がほとんどかからず、時間もかからなかったにもかかわらず[121]、一八六五年と八一年の間の帰化の数は四四二八件、すなわち年に二七六件にすぎない。そのため、外国人人口がフランス人人口を上回るまでに増えていた。そこで、ルイ・ティルマン総督は、「フランス人の人口を正規の植民によって増やす望みがもはやなくなった以上、解決策を外国人の帰化に求めなければならない[122]」と述べている。一八八四年九月三〇日に、ティルマンは政府に、アルジェ法律学校が作成した法案を提出したが、それは、アルジェリアで外国人の親から生まれたすべての者に（成人した翌年に、原有国籍を保持することを決意したのでないかぎり[123]）フランス国籍を与えるというものだった。しかし、「国籍は血統による絆の帰結である」という原則に拠る政府は、生地主義を認めることになる措置を拒否した[124]。一八八五年五月二三日にティルマンは、アルジェリアのための特別法案でもって要求を繰り返したが、再び拒否された[125]。やっと好機の窓が開かれるのは、（一八八九年に可決された）国籍に関する長大な法のテクストが下院で議論となった際である。ノール県と国境地域選出の議員が、移民の子どもたちにも義務の平等、特に兵役を義務づけるために、生地主義の復活を求めたのである。アルジェリアへの生地主義の適用を勝ち得たアルジェリア選出議員の助力は、一八八九年法の採択に間違いなく貢献したと思われる[126]。以後、アルジェリア生まれの親から生まれた子どもは、フランス生まれの親からフランスで生まれた子どもの場合と同じく、生まれながらのフランス人となった[127]。もし両親が外国生まれである場合には、その子どもは成人となった翌年中に放棄の手続きをしなければ、フランス人となった。法律は、しばしば二世代にわたって居住している外国人に適用されたため、すぐにその効果を発揮した。一八九〇年より早速、徴兵の登録者数は二六三一人から四七四〇人に増加し、翌年以降も同じ水準で推移した[128]。一八九一年の国勢調査では、フランス人二六万七六七二人に対し、外国人は二一万五七九三人だった。一八九六年には、差はさらに開いた（三三万一一三七人対二一万一五八〇人）。一八九八年にエドゥアール・ラフェリエール総督は、三八万四〇〇〇人のアルジェリアのフランス人のうち、二七万五〇〇〇人が「生まれながらの」フランス人で、一〇万九〇〇〇人は「帰化者」（そのうち五万三〇〇〇人がユダヤ教徒）であると推計している。一八八九年法は、まさに「アルジェリアのヨーロッパ人の出生証書」（アージュロン）となったのだ[129]。

ムスリム現地民の劣等的身分

ところが、アルジェリア選出議員の要求で、一八八九年法はムスリムの現地民には適用されなかった。彼らが完全なフランス人になるには、一八六五年の元老院決議に従うことになる。臣民であり続けると、特別な身分に従わされた。一八三〇年には、そうした身分、すなわち自己支配の権利は、勝者が敗者に与えた特権のようにも思えた[130]。しかし、すぐにこの特権は消えてなくなり、ムスリムは特別な劣等的身分に従わされることになる。

一八三〇年の降伏文書調印の後、アルジェの不動産が強制的に売買される際の条件は、降伏条約の条項を侵犯するものだった[131]。それは土地収用政策の最初の行為であり、アルジェリアの長く厳しい攻略の諸段階の節目となった。それは、ベイリク〔ベイ（州長官）の統治した地方行政区域〕地の没収と、聖都市やモスクなどの宗教法人へ寄進された土地からなる宗教施設の財産（ハブース）の押収に先行して行なわれた[132]。

そこで残ったのが二種類の土地である。私有地と、譲渡も借地もできない部族の共有地で、各構成員が自ら耕作している土地を占有するアルシュ地[133]である。アブデルカーデル〔カビリアの指導者で、フランス軍に抵抗する軍を組織し、一八三〇年代から四〇年代にかけ、広い地域に独自に統治を行なった〕の軍が一八三九年にミティジャのヨーロッパ人を虐殺した後、サヘルとミティジャの部族の土地は収用された。そして、一八四四年と一八四六年のオルドナンスにより、耕作されていない部族の土地、特にアルジェやボーヌ、オラン近郊の豊かな土地、また部族が正規の所有権証書を示せない土地は、所有者がいないものとされ、収用された。一八四七年にアブデルカーデルが降伏し、五七年にカビリアが完全に征服された後は、「現地民隔離《カントンヌマン》」により、農地の植民地化へ向けた新たな一歩が踏み出される。すなわち、征服された部族の土地の大半は、現地民が用益権者として使用していただけなので、フランス国家のものとされた。用益権は所有権と交換されたが、それは土地の一番豊かでない部分についてのみだった[134]。一八七一年のカビリアの反乱が抑え込まれた後、反乱者とその部族から[135]、一番豊かな土地のうち四四万六〇〇〇ヘクタールが収用された。けっきょく、一八六三年の元老院決議のレジームが「隔離された」部族[136]に「いかなる資格にせよ常態的、伝統的に用益権をもつ[137]」土地の所有権を認めていたのを、一八七三年七月二六日のワルニエ法が終わらせた。公式にはアラブ人に個人所有を認めるためにつくられたワルニエ法は、伝統的な不分割〔土地の分割譲渡が認められない〕をやめることを可能にした。不分割の土地を所有しているヨーロッパ人は、それがどんなに小さいものでも、その不分割の廃止を求めることができた。売却は、しばしば現地民の破産とその所有地の喪失につながった[138]。

実際、接収は、「フランスの法律で規定されていない現地民の特有の違反行為」に対し、現地民ムスリムに適用されうる処罰の一つである[139]。一八八一年に成文化された特別犯罪は、徐々に本格的な現地民身分法になっていった[140]。フランスの法律に反して犯される重罪や軽罪はフランスの法律の管轄下で、ムスリムが少数である陪審員により裁かれるが、それはそうした犯罪とは区別されなければならない。一八七四年には、現地民に特別に適用される二七の違反のリストが作成された。一八七六年と七七年に追加され、八一年には、たとえば、次のような違反を含むようになっていた。すなわち、許可なく集うこと、通行許可証を得ずにコミューヌの領域を離れること、無礼な行為、勤務中以外も含めて当局の役人をののしること、通常の解決策が示された後も同じ当局に対して故意に不正確な、また何度も苦情や申し立てをすること[141]。接収以外にも、現地民は罰金や拘禁の罪に問われることがあった。こうした個人の罪に加えて、森林火災の場合には、部族や村落（ドゥアール）に集団罰金刑が科されることがあった[142]。自治コミューヌでは、治安判事が罪を決定する権限をもっていた。混合コミューヌ、つまりヨーロッパ人が数人住んでいるような所では、コミューヌの行政官にその権限があった。

公的自由、つまり集会や通行の自由は、一八六二年から一八九〇年の間は完全に抑え込まれ、その後少し柔軟になったが、非常に制限されたものだったことはいうまでもない[143]。さらに、アルジェリアの選挙で構成される政治機関へのムスリムの代表は一八七〇年以降減少していった。一八八四年四月七日の政令は、各自治コミューヌの議会でムスリムが選出できる議員の数を四分の一までとし（それまでは三分の一）、六人が上限とされた。それは、議員の数が四〇人であったアルジェの市議会でも同様だった。そして、ムスリムの議員はもはや首長の選挙に参加できないことになった。

一八九七－九八年の反ユダヤ主義が絡む諸事件があった後、コロンたちは総督と議会の監督のもとアルジェリアの予算の決定権をもつ六九人のメンバーからなる議会を創設することに成功したが、それは現地民の身分の不当性を反映したものだった。すなわち、四八人（二四人が農業に従事するコロンに、そして二四人が当時六三万人いたコロン以外の人たちに選出された）がヨーロッパ人で、三六〇万人以上いたムスリムの代表者は二一人にすぎない[144]。税金に関しても、同じようなことがみられた。一九〇七年のアルジェリアの予算全体の四五％をムスリムが負担していたが、彼らに充てられたのは支出の四～八％でしかなく、特に教育費の少なさは、はなはだしいものがあった[145]。

国籍の変質

アルジェリアのムスリムは、現地民の身分から脱して、完全なフランス人になることを望むことはできる。だが、公式的にはすでにフランス人である。それでいて、フランスに住む外国人のための帰化の手続きよりもさらに束縛のある手続きに従わなければならなかった。

完全な国籍へのアクセスを求めるアルジェリアのムスリムの数が非常に少なかったのはなぜか。これを説明するのに最も一般的に挙げられる理由は、コーランが指示する個人身分（statut personnel）を維持したいという大多数の願いである。確かに一八六五年の元老院決議は、アルジェリアのムスリムにイスラームを否定することを強いるものではなく、これを道徳的な規範や宗教上の戒律集とみなし続けることはできたが、フランスの民法典を遵守することが求められた。それはとりもなおさず、民法典とは相容れない次の五つの慣習を行なえなくなることを意味した。すなわち、一夫多妻制、ムスリムの父親がわが子を特定の年齢まで結婚させることができる権利（djebr）、夫の裁量で離婚する権利、結婚の解消後一〇カ月以上五年以内に生まれた子どもの嫡出親子関係を認める「眠っている子ども」の論理、および相続に関する男性の特権、である。[146]

アルジェリアのムスリムを、コーランの規定に沿うかたちで個人身分の維持を認めながら、完全なフランス人であると宣言し、「現行身分」のままで帰化させることもできたかもしれない。しかしそれは想定されなかった。原則のためではなく、時宜を得ていなかったからである。なぜなら、現行身分のままの帰化ならすでにフランス植民地法に存在していたからだ。セネガルの四つのフランスのコミューヌの住民は、一八三三年四月二四日法と一八四八年の奴隷制度廃止を結びつけて、フランス人となっていた。一九一六年九月二九日法は後に、彼らとその子孫をフランス市民であると確認している[147]。また、インドの五つのフランスの町の現地民も同じように、一八四八年四月五日の政令により、個人身分とは無関係に参政権を与えられた[148]。個人の帰化とはまったく関係なくフランス人で、かつ市民となり、その参政権の行使は植民地の領土に限られていたとはいえ、下院議員選挙の際には他のフランス人と同じ有権者リストに掲載された。

ただし、ムスリムとしての個人身分（つまり民法典とは相容れない慣習）を単にあきらめさえすれば[149]、アルジェリアで完全な国籍[150]を獲得するのに足りたというわけではない。アンドレ・ボニションが研究した、カトリックに改宗したムスリムの例がその証拠となる[151]。かれの算定では、一九二〇年代にそうした者の数は数百人から数千人に上っていた[152]。大半の者は帰化していたが、全員ではなく、その理由は、時には年齢、すなわち二一歳以下でまだ帰化手続きを行なうことができないため、ということもあった。その場合、帰化していない改宗者は、「現地民身分法（code de l'indigénat）」、刑罰や警察の規定、抑圧的な現地民裁判所、またカーディ〔イスラーム教国の裁判官〕法廷が存在する場合にはそれにも従わなければならないムスリム現地民とみなされ続けた。この規則を正当化するために、アルジェの控訴院は一九〇三年に、ムスリムという用語には「純粋に宗教的な意味合いがあるわけではなく、むしろ、ムスリム出自の者全体を指しており、市民権を少しも認められておらず、ムハンマドの宗教に属しているか否かの区別なく、必然的にムスリムという個人身分を保持し続けた者」と規定した[153]。

このようなエスニックな出自や宗教の指定は、（公権力の決定に属する）帰化をしないかぎり、改宗したムスリムを現地民の身分に据え置くことになり、その身分が単に民事上、宗教上の性質だけでなく、民族・政治的な性質のものであることを示している。ムスリムは、自分から要求して、よくある帰化の手続きのときと同じような調査があった後に国家が認めるのでないかぎり、その身分を脱することはできなかった。一八六五年の元老院決議では、アルジェリアのムスリムはフランス人とみなされていたため、「帰化」という用語は使用されなかった。しかし、法解釈や控訴院、行政当局は、この手続きを「帰化」という本来の名で呼び続けた。その帰化は、司法省で、外国人の帰化を扱うのと同じ方式で、そして同じ課で管理されていた。ポール・ラガルド教授が一九八七年に、国籍付与のさまざまな技術について述べていたことを思い出しておこう。

立法者が考慮するのは、ある個人と国民とを結びつける絆の強さです。そうした絆が非常に強ければ、国籍は本人の意向を聞くことなく付与されることになります。個人の意志は、働きません。反対に、実際に絆はあるけれども十分に強くない場合には、単独では十分でなかった絆を強化するために、当事者の積極的な意志に訴えることがあります。[154]

もしその絆が疑わしいものであった場合には、個人の意志だけでなく、国家による管理にも訴えることになると付け加えてもよかっただろう。

インドのフランスの植民地では、現地民は完全な国籍を得る個人的権利を獲得していた。一八八一年九月二一日の政令により、完全なフランス人になるためには、自発的行為により個人身分を放棄し、フランス法の支配に従うことを宣言しさえすればよかった。[155]政府の自由裁量による決定はなかった。二一歳以上のインド生まれの男女全員が、結婚の際に、あるいは身分吏または居住地の治安判事の前でこの宣言をすることができた。

アルジェリアでは、ムスリムに対して、帰化という最もむずかしく、最も管理された手続きを維持することが選択された。そして、それを容易にすることは行なわれなかったのだ！　志望者の前には数々の難関が待ち受けていた。申請するには八つの異なる書類を揃えなければならず、そのうちの一つは人物証明書で、現地民は市町村長（一八六六年四月二一日の政令）または行政当局と面会して「いかなる個人身分も放棄し、フランスの民法上・政治上の法律によって管理されることを表明する」必要があった[156]。行政上の調査も、素行や前歴、そして特に申請者の家族状況について行なわれた。最後に、申請書は県知事と総督の意見を添えて司法省に、次いでコンセイユ・デタに送られ、そして政令に大統領が署名することになっていた[157]。

帰化のプロセスは、地方の行政当局がまれに見る悪意を示したため、いっそう困難なものになった。すべての証言が、この点で一致している。アルジェの元下院議員のガスチュは、一八七一年の反乱の数週間後の九月初めに、次のようなことがあったと報告している。

ブジー市の人々は、さまざまな部族出身の多くの現地民のグループが、帰化に関連する手続きを行なうために治安判事の許に行こうとやって来るのを驚きをもって見ていた。すると、そうした現地民が従うところの軍事当局は何をしただろうか。最も影響力のある人々を刑務所に入れて、その他の人々を怖気づかせたのだ。その後、アラブ局の騎兵があらゆる方角に送られ、カビール人に対して、伝染病の被害が出たために自宅から出ないようにと命じた。にもかかわらず、八二人のカビール人が市役所で登録し、治安判事から申請に必要な公知証書を手に入れるのに成功した。この部分的な成功は、ベニ・モハリ一族を後押しすることになり、部族の全員が手続きをするためにブジー市に向かった。しかし、軍当局の態度が先のようなものであったため、この種の計画はあきらめるしかなかった[158]。

ジュール・フェリーは、一八九二年に七人の元老院議員とともにアルジェを訪れた際に、「行政担当者は無条件に帰化に反対している」と述べている[159]。アルバン・ロゼ[160]は、一九一三年一二月二三日に下院で次のように証言している。「現地民が行政担当者か村長に会いに行って、帰化をしたいと申し立てたとします。すると、行政担当者か村長は「なぜ帰化をしなければならないのか。家族内で問題になるだろう。あなたの妻はおそらくそれを望んでいないだろうし、あなたの娘婿にも言いがかりをつけられるよ」と答えています[161]」。この証言は、一九一九年に社会党の下院議員ドワジー[162]によって、次いで一九三一年に元総督のモーリス・ヴィオレット[163]が「行政当局が帰化を容易にしたならば、その数ははるかに多くなっていただろう[164]」と記していることから、確認される。アンドレ・ボニションも、「カビリアの治安裁判所のケースでは、帰化申請書類七二通が二年、三年、四年間も放置されていたことが示されており[165]」、帰化申請を受け入れる熱意がほとんどみられないことを指摘している。

その結果、五〇年間（一八六五年から一九一五年）で、アルジェリアのムスリムでフランス人に帰化したのは、二三九六人のみだった。その大半は軍人か役人、またはカトリックに改宗したムスリムである。一八九九年までは、申請の却下件数は非常に少なかったが、それ以降、顕著に増え、申請の三分の一や半分、五分の三に達することもあった[166]。行政当局はそのことを、「志願者の資格を厳しく検討しており、フランス人の資格はフランスへの曖昧さのない愛着の証拠を示した者のみに与えようという配慮からである」[167]と正当化している。

フランス臣民、つまりアルジェリアのムスリムの置かれた状況を特徴づけるのに、しばしば一九一〇年のインドシナの控訴院の判決が参照される。すなわち、「フランス国民と外国人の間の中間的な状況にあり、国籍の面では国民に近いが、個人身分の面では外国人に近い」[168]のである。

アルジェリア人については、その国籍に関しては外国人に近いが、完全に対等な関係とはいえない状況にあり、個人身分に関しては、それよりも低い身分に置かれていた、といえるのではないか。アルジェリア人が完全なフランス人になるには、アルジェリアに来たばかりの外国人と同様に、帰化の手続きに従わなければならなかった。しかし、外国人の子孫は自動的にフランス人となるのに対して、アルジェリアのムスリムの子孫は、同じようにフランスの領土で出生しているのに、依然として帰化申請を必要とした。その上、外国人はフランスではフランス人と同じ民事的権利を得て、同じ刑法に従っていた。さらに外国人は、フランス（アルジェも含めて）においては領事がその代表となり、出身国家によって護られていた。ムスリムは、フランスが一方的に布告、管理する現地民身分法に従わされた。理論上は、外国にいるときにはフランス領事の保護の下にあったが、しかし自分の村を許可なく離れてはならなかったから、それは理論上の保護でしかなかった！

法的にはフランス人であるアルジェリアのムスリムが従わされた帰化の手続きは、ズイール・ブスハバの表現を借りれば、確かに「国籍の概念の変質」[169]を示すものである。アルジェリアのムスリムの国籍は、その権利と意味を空洞にされており、これを実際に「完全なもの」にするには、フランスの法律では最も「同化」していない外国人のための手続きを経なければならなかった。事実上、アルジェリア人は外国出身者のなかで最も「好ましくない」在留者で、少しずつしかその成員は受け入れられなかったのだ。

潰えた一九一九年の改革

世紀の転換期に、事態は進展したかにみえた。「青年アルジェリア人」運動が、青年トルコ人運動に影響を受けつつ出現し、フランス人学校出身者、小学校教師、商人、実業家といった何百人かの「開化民《エヴォリュエ》」が参加して、アルジェリア人に権利を付与する運動を再び活発にした。一八九二年にもすでに、ジュール・フェリーは教養豊かで政治意識をもつ若いムスリムを紹介され、「帰化の問題やムスリムの代表といった問題について聞かされていた」[170]。一九〇八年と〇九年には、フランス本土では兵役をアルジェリアのムスリムにも開こうとしていたが、「青年アルジェリア人」運動はこれに賛成した。なぜなら、そのことと引き換えに、徐々に公的自由の平等や市民の権利を獲得できると考えたからである[171]。

これとパラレルに、パリでは一九一一年に「現地民雑誌」(*La Revue indigène*)が「現行身分での帰化」を呼びかける複数の法学教授の意見を掲載していた。雑誌の編集長ポール・ブルダリによれば、それは「避けがたく必要なもの」となっていた[172]。同誌のこの特別号が運動の口火を切り、徴兵をムスリムにまで拡大した一九一二年一月三一日と二月三日の政令によって広がりをみせた。同年六月には、青年アルジェリア人運動の代表九人がパリにやって来て、アルバン・ロゼの同伴の下、ポアンカレ、内相のステーグやクレマンソーとも面会することができた。彼らは、一九一二年のマニフェスト「若きアルジェリア人」として知られる文書を手渡した。そのなかでは、現地民身分法を終わらせること、平等な課税[173]、そしてアルジェリアとフランス本土の議会においてより適切に代表されること、また兵役を済ませた者に現行身分のまま単なる届出によって帰化する権利を認めること、を要求した。

第一次世界大戦の勃発とともに、アルジェリアのムスリムは一七万三〇〇〇人の兵士と、動員された本土の労働力の代わりとして徴用された一一万九〇〇〇人の労働者を供給した。一九一五年一一月二五日、元老院と下院の外交委員会の委員長であるジョルジュ・クレマンソーとジョルジュ・レイグは、「個人身分を放棄することを求めない新しい帰化のレジームによって現地民を受け入れる」ことを要請している。クレマンソーが一九一七年一一月に首相に就任したことで、このプロセスは再び動き始める。社会党のマリウス・ムテ議員[174]は、戦時中に提出された複数の法案をまとめて[175]、下院の外交委員会の名において、完全な国籍へのアクセスを容易にすることを提案している。その提案とは、二五歳以上のすべてのアルジェリアのムスリムが、居住地を管轄する民事裁判所に申請しさえすれば、そして次の条件のうちの一つを満たせば、フランス市民になることができるというものだった。すなわち、フランス軍に従軍したか、戦争に参加した息子がいること、フランス語の読み書きができること、地主や農場主であるか営業税目録に記載されていること、現在または過去において正規の公務員であるか、議員であるか、勲章を授与されていること、フランス市民となった現地民[176]と結婚しているか、その子どもであること。さらに、民法典の遵守に伴う個人身分の放棄は、将来のことに対してのみ適用されるとした。新しい法律では、多妻の男性も完全なフランス人になることができ、ただ妻の数を増やすのをやめればよいということになる。

ただちに、「財政審議会」〔アルジェリア総督府の予算を審議する趣旨で設けられた現地議会〕に席を占める、コロンに選出された議員たちは、この「アルジェリアにおけるフランスの優位性の墓場[177]」のように映る提案に反対すべく動いた。いくつもの動議を採択し、政府と議会に対し、「過去については個人身分を保持しつつ、何千人もの現地民にフランス市民としての権利を行使できるようにすること、自分たちが従うことのない法律の制定に参加できるようにすること、そしていつの日かアルジェリアのフランス人の投票を現地民の投票が埋もれさせてしまうこと、による確かな危険について[178]」特に注意を喚起した。そこでクレマンソーは、シャルル・ジョナール総督に妥協案を見出すよう依頼した。そして、個人身分の問題に関しては、政府が譲歩した[179]。一九一九年二月四日法は、完全な国籍へアクセスするための新たな手続きを生み出したが[180]、その条件は非常に厳しいもので、ある意味では一八六五年の元老院決議よりもより制限的なもののように思えた。一夫一婦制や貞節以外にも、同じコミューヌに二年以上居住することが求められた。共和国検事や総督が、「不適格という理由」で、すなわちシャルル＝ロベール・アージュロンが指摘するように「不適合な事由[181]」により、要求に反対の意を示すことができた。したがって法の効果はあまりなく、手続きもまた、その恩恵に浴することができる者にも嫌気を起こさせるものであった。志望者が必要な書類を揃えるのはしばしばむずかしく、たとえば有効な出生証明書がない場合、六人の証人を得て作成された公知証書が必要で、そのための旅費や日当を支払わなければならない[182]。多くの者が、そうした費用が払えなかった。一九一九年から一九三〇年の間の帰化申請数は一五四七件で、帰化をしたムスリムは一二〇四人に上った。一八六五年の元老院決議の手続きは、アルジェリアの行政当局の反対があったものの、ムテ報告の提言により維持されたのだが、これによって帰化した七六〇人を加えることができる。この手続きは、主に軍人やフランス本土の住人、そして二五歳以下の若者に、現地からの管理や一九一九年の手続きの制限を逃れることを可能にするものだった[183]。

一九一九年法は、完全なフランス国籍を与えることでムスリムの権利を改善しようとする最後の試みとなった。それ以降は、その制限的な性質ゆえに、現地民身分法の廃止や税制上の平等、参政権といった、国籍を伴わない権利の獲得についての要求となった。完全なフランス国籍とは関係なく、実質的に権利のない臣民の状況から脱し、権利を獲得しようということだった。

一九二〇年から一九六二年――完全な国籍を伴わない諸権利

完全な国籍にアクセスするための措置が失敗に終わったことで、一九一九年二月四日法のもう一つの側面である、ムスリムの議員が市町村議会でその首長選挙に参加する権利がまず重要になる。

一九一九年法は、以前は市町村議会の議席の五分の一までとされていたのが三分の一までと引き上げられたムスリムの議員が、首長選挙に参加できると規定した[184]。財政審議会においてコロンから選ばれた議員たちは、この首長選挙に参加できる権利に激しく反対する動きをみせ、いくつもの動議を可決した。「この新しいやり方は、最も深刻なことのように思える。［……］フランス人マジョリティは［ママ］、その意思が、市民権を欲していない現地民の意思に支配されることを認めることはできない」や、「現地民の議員がフランスの首長や助役の選挙に参加する権利を認めることは時宜を得ず、尚早であり、危険である[185]」といったものである。財政審議会のセッションを注意深く聞いたリヨテは、友人に宛てて、「状況は救いようがないように思う。フランス人コロンの農業者は、真のドイツ野郎と同じメンタリティ、容赦なく搾取される運命にある劣った人種に関する理論をもっている。彼らには人情のかけらもなければ、知性もない[186]」と書いている。

コロンたちは「現行身分のままの帰化」の撤回を勝ち得たが、政府と議会はムスリムの議員が首長選挙に参加する権利については譲らなかった。一九一九年法のもう一つの大事な点は、参政権へのアクセスが拡大したことだった。県議会や財政審議会の有権者はそれまでの五〇〇〇人から一〇万人に増え、それは二五歳以上のムスリムの一〇・五％に相当した。自治コミューヌの議会や一九一八年に自治コミューヌに再編された村落（ドゥアール）の首脳者会議（djemâa）の場合は四二万五〇〇〇人で、四三％に相当した[187]。これらすべてが、アルジェリア市民権の第一歩をなしていた。実際、これは現地民身分法を免除されたムスリムの選挙民を生み出すことになり、「開化民」や名望家だけでなく、形成されつつあった農民の中間階層も[188]、依然として議会に代表者がいないパリとは別に[189]、これを活かしていくことになる。そして、一九一九年一一月の選挙では、七五％が投票し、選挙運動が行なわれ、植民地行政への反対勢力が県議会と財政審議会で議席の三二～四二％を獲得して勝利した。

時代は変わり、第一次世界大戦は、民族自決権を国際的な問題とし、アルジェリアのさまざまな政治組織を芽生えさせる。

首長《エミル》アブデルカーデルの子孫のハーリドは、一九一九年三月に「イクダーム（勇猛果敢）」紙を創刊し、一九一九年五月、ウィルソン大統領にアルジェリアのムスリムの要求を認めるように求めている。フランス本土では、一九一九年より（アルジェリアのムスリムの旅行許可証が必要でなくなったために[190]）移民が広がり、一九二六年にメサーリ・ハジが創設した「北アフリカの星」（ENA）がアルジェリアの独立を説いていた。フェルハート・アッバースやベン・ジェルール医師は一九二七年にアルジェリアで現地民議員連盟を立ち上げ、「若いムスリム」の権利の平等という要求を取り上げた。それと並行して、改革派のイスラーム神学者、ウラマーによる「アルジェリアの文化的」アイデンティティを守る運動も発展し、「アラビア語はわが言語、アルジェリアはわが祖国、イスラームはわが宗教」という標語が用いられた[191]。

一九三六年、モーリス・ヴィオレット元総督の助言もあってブルム政府は、二万四〇〇〇人ほどのムスリムの小集団が、個人身分を保持していてもそれとは関係なく、二〇万人のフランス人有権者とともに参政権を得られるようにすることを提案した[192]。一九一九年のムテ報告で提案されていた現行身分のままの帰化と比べると、この提案はささやかなものであった。しかし、それはアルジェリアではウラマーによる運動とフェルハート・アッバースの支持しか得られなかった。一九三七年にＥＮＡの解散を受けて創設され、独立を支持していたアルジェリア人民党（ＰＰＡ）は、ヴィオレットの計画に反対した。またこの計画は特に、コロンに選出された議員の反乱を引き起こした。アルジェリアの植民地化がよって立つ原則、つまりフランス市民とムスリム身分の臣民とを区別するという原則に背くことになるのを拒否したのである[193]。彼らが恐れたのは、下院議員の選出において選挙民が拡大することの影響よりも（ムスリムが下院議員一〇人と元老院議員三人を別の選挙母体で選べるようにする提案もしていた）、首長選挙への影響だった。

実際、一九一九年法は、市町村議会において「ムスリム」が多数派になる可能性を、メクラという小さなコミューヌですでに現実のものとしており、議員たちは他のコミューヌでも同じことが起きることを恐れていた。この混合コミューヌは、特別なケースだった。非常に少ない数の完全なフランス人は主として帰化したムスリムによって構成されており、完全な権利をもつフランス人に割り当てられていた一〇人の議員を選出する枠で、五人のムスリム出自の議員を選んだのである。議会の他の五人のメンバーは現地民だったため、合計一〇人の「ムスリム」が、「ヨーロッパ系」フランス人の首長を選出するのに一役買った。モーリス・ヴィオレットは一九三一年に回想録のなかで、アルジェリアの総督の要求で、県参事院（今日の行政裁判所）が、首長と助役の当選を無効にしたことを語っている。この二人はともにヨーロッパ系フランス人だったのだが、「現地民」の多数票を得て当選したという理由で、これが無効とされた。……判決の理由は次の通りだった。

新しく選出された議会は、フランス人五人と帰化してフランス人となった現地民五人、そして五人の帰化していない現地民、すなわちフランス人五人に対して一〇人の現地民から成っていた。［……］いかなる時も立法者は、帰化していない、たいてい読み書きができず、制限付き選挙で選ばれ、特に少数派と、時には秩序を乱す者と同盟を結ぶような現地民議員に、コミューヌの選挙結果を左右し、ゆがめることを許そうとは考えなかった。［……］制限付き選挙で選ばれた現地民議員が、フランスの普通選挙によって明白に示された意思に裁断を下し、ゆがめることをこれ以上許し、現在発展の真っただなかにあるアルジェリアのコミューヌに重大な行政上、経済上の混乱、特に国家主権のあらゆる原則を廃するような性質の混乱をもたらすことは、憲法に反するものであろう[194]。

ブルム＝ヴィオレット法案は、第一選挙母体におけるムスリムの数を四、五倍にするものだっため、メクラのような状況が他でも再現する「リスク」を増やすものだった。コロンに選出された議員は、そうしたことは何としても避けたいとし、計画を失敗にみちびいた。

第二次世界大戦とフランスの解放《リベラシオン》は、数年前には考えられなかったような進展をもたらした。一九四四年三月七日のオルドナンスは、現地民の刑事上の規定を廃止し、ムスリムをすべてのフランス人と同じ裁判所と法律に従わせることになった。さらに、六万人のムスリムを、個人身分を保持したまま帰化させたため、彼らが第一選挙母体の選挙権者となった。他方、二一歳以上のすべての男性のムスリム一二一万人が、第二選挙母体の選挙権者となった。一九四五年八月一七日のオルドナンスは、ムスリムの選挙母体と一般法の選挙母体の間に同数原則《パリテ》を導入し、それぞれが以後、下院議員一五人と元老院議員七人の計二二人の議員によって代表されることになった。一九四六年五月一七日のラミーヌ・ゲイェ法は、フランス国籍をもつすべてのフランス人に市民権を認めた。そして、一九四七年九月二〇日の規定は、すべての者に政治的、市民的平等と公務員への平等なアクセスの原則を定めたのである。

一九五六年からは、「統合」政策の枠組みにおいて、二重選挙母体で選ばれていたすべての制度が徐々に解消されることになった[195]。一九五八年一一月一五日のオルドナンスは、アルジェリアのムスリム（男女とも）に、アルジェリアの人口に占める割合に見合った、下院議員が六七人中四六人、元老院議員が三一人中二二人分の代表権を与えることになった[196]。

しかし、政治的、軍事的な側面では、あるプロセスがすでに始まっており、それが一九六二年のアルジェリアの独立につながっていった。当時、自らが帰化をしたか、両親の一人が帰化をしたことで完全なフランス人となっていたムスリムは、わずか一万人ほどだった。そのうち、ある者はアルジェリアに残り、新たなアルジェリア国籍を与えられ、他の者はフランス国籍のままフランス本土に渡った[197]。アルジェリアのムスリムの大半はといえば、フランス人のままでいることもできたが、それは、一九六七年三月二二日より前にフランス（つまりフランス本土か海外県）で、帰化担当大臣により正規に登録された国籍承認の届出をすることに同意しなければならないという条件の下で、である[198]。

歴史の皮肉というか、一九六二年からは、フランス本土で適用されていた加重生地主義により、アルジェリア生まれの親からフランスで生まれたすべての子どもが、出生と同時に出自の区別なくフランス人となることが可能となった。その子どもの身分に関しては、フランス人であれ、ユダヤ人やムスリム臣民であれ、アルジェリアのすべての旧住民は、過去に遡って平等であるとされた。

帰化者の欠格

一九二七年には、フランス国籍の発展の第三段階、すなわち人口問題が手段として使われる段階が始まった。一九二七年八月一〇日法は、帰化を、フランスにやって来て日が浅い大勢の移民に開いている。フランスでの最低居住期間は一〇年から三年に短縮され、その効果はただちに現れた。帰化数は倍増し、一九二五年から二六年は成人で平均一万人だったのが、一九二八年、二九年には、二万二五〇〇人に増加した。一九二八年から三三年までの間、合計で成人が一二万五〇〇〇人、そして子どもが一五万五〇〇〇人帰化している[199]。だが、まさしく一九三四年に、帰化者は公務に就く権利や弁護士になる権利を、一〇年間という、一九二七年法が選挙で選出される議員に定めていたのと同じ期間失うことになった。帰化者の参政権は一八一四年から制限されていたが、一九三四年法により、この制限は新たな段階に進むことになった。

帰化者の伝統的な劣位

ルイ一八世は、一八一四年六月一四日のオルドナンスにより「フランスの旧来の憲法に従って、本日以降、国家に対して多大な貢献をしたことで両院で確認された帰化状を得ている場合を別とし、外国人は貴族院でも下院でも議席を得ることができない」ことを決定した。それは、以後、議会で議席を得るには単純な帰化ではだめで、大帰化と呼ばれる帰化のみがこれを可能にすることを意味していた。この大帰化は、いかなる前提条件に従うものでもなく、指名された人物のためだけに策定される私法である。マセナ〔一七五八―一八一七年。ニース（サルデーニャ王国）出身。第一帝政下で活躍した元帥。一八一四年にニースがフランスからサルデーニャ王国に返還されたため〕が、大帰化が最初に適用された人物となる。かれ以後、一八四八年までに議会で選出される権利を得たのは、わずか二一人の帰化者だった[200]。一八四八年三月五日の臨時政府のデクレが、二五歳以上のすべてのフランス人は被選挙権資格を有すると決めたことで、暗にこの区別は廃止された。しかし、一八四九年一二月三日法がこれを元に戻すことになり、それを求めたのが共和主義左派だったことを思い返しておきたい。ジュール・ファーヴルは、下院が帰化の独占的権限を有すると主張し、ルイ＝ナポレオン・ボナパルトの司法大臣だったルエールは、共和国大統領と政府の権限だと主張した。論争は、妥協により決着し、政府が帰化の権限を最終的に保持することになった[201]。しかし、行政府が選挙目的で大勢を帰化させることを恐れていた左派は、下院のみが帰化者の被選挙権を付与することができることを認めさせた。この欠格は一八六七年に廃止されたが[202]、一八八九年に立法者が独立した規定としての居住許可を廃止し、帰化の扉をわずかに開いたその時に、再び元に戻された。帰化者には、議会が特別法によってその期間を短縮する場合は別として[203]、一〇年間は被選挙権が与えられなかった。

職業上の欠格は、大量帰化の代償なのか

一九二七年法により、別の時代、一時的な禁止の領域が拡大する時代の幕開けとなったが、それは帰化に対して人口問題（そして手段）としてのアプローチがとられたことへの明らかな代償である。一九二七年法は、一〇年間は選出される資格がないという状態を、選挙で選ばれるすべての職務や議員職に拡大した。対象とされたのは、政治的な職務だけでなく、職業上の権限（たとえば企業の従業員代表など）も同様だった[204]。

一九三四年七月一九日法は、選挙で選ばれる資格がないことに加えて、国家が報酬を支払う公職に任命されること、弁護士として登録すること、また（「フランス軍の徴兵の軍務に服したのでないかぎり」）司法関係の職に正規に任命されること、もできなくなった[205]。こうした措置を議会に可決させたのは、弁護士たちだった。ドイツやオーストリアから法律学を修めたユダヤ人の難民がフランスにやって来るようになったのを案じ、議会に席をもつ法律家の同僚の支持を得て、こうした措置の対象を公務員全体に広げ、それを難なく採択させたのだ[206]。

当時、一九二七年法は、しばしばレイシストでもあった制限主義者の目にはリベラルすぎると映ったため、これを再検討しようという圧力が強かった。しかし、同法が問題視されることはなく、帰化は続けられた。帰化者を対象とした新たな欠格が設けられたのは、この開放を維持する代償であるという考えが、包み隠すことなく表明された。

フランス人の資格は時に外国人に与えられることがあり、しかもその恩恵に十分に値する者も

おり、その市民のうちに、帰化が認められる時点では当事者の同化が完全でない者も、それ以上待つことなく迎え入れることがフランスにとって利益となるかもしれない。それゆえ、帰化者がフランス国籍を有しながらも、他の職務よりもフランスの考え方、習慣、そして言語への完全な同化が求められるいくつかの職務から一時的に遠ざけられる、ある種の過渡期を設けるのは、まったく自然なことである。[207]

一九三八年一一月一二日のデクレは、帰化者にすでに適用されていた、一〇年間被選挙権が認められず、ある種の公務に就くことができないという権利の制限に加え、五年間、選挙権も認めないとした。一九四五年のオルドナンスは、一〇年間被選挙権を欠格とすること、そして五年間、選挙で投票すること、公務に就くこと、また弁護士になることは不可（第八一条）という状態を維持した。一九五二年四月二八日法は、コミューヌの公務に就くことにも五年間の欠格期間を設けた。[208]

こうした措置全体は、一九二七年に可決され、戦後、国籍関連の政策に人口問題の論理が最高度に拡張された頃に確認されたものであるが、多くのフランス人が自分の好きな仕事に就くことを阻まれることになった。なかには、その才能を別の国で発揮するために、フランスを去る者もいた。[209]「能力のある」帰化者に対するこうした差別は、フランスの移民と帰化関連の政策の特徴の一つを表している。モコは、一九三〇年代、四〇年代、そして五〇年代に、移民はフランス社会においてフランス人がもはややりたがらない「低い」仕事に就くためにいる、としてこれを擁護していた。フランスは、当時はっきりと、そして今日でもしばしば暗に、エリートの移民に対して差別をしていたのである。

第二次世界大戦後、人権の発達とともに、こうした差別はただちに認めがたいものとみなされるようになった。そして一九七八年七月一七日、議会が職業に関連した欠格や五年間の選挙権の停止期間を廃止する法を可決した。ただし、帰化した後一〇年間は議員となる資格が認められないという状態は依然として保たれ、それが廃止されたのは、一九八三年一二月八日と二〇日法によってだった。

フランス人の間の差別が国籍法から消えるのは、この時を待たねばならない。すべてのフランス人が以後、法の下で平等となった。しかし、具体的には誰がフランス人となるのだろうか。血統、出生地、婚姻や帰化によってフランス人となることができるなかで、どのようにしてフランス人になったり、フランス人であり続けたりするのだろうか。今日実際に運用されている国籍法についての研究が、次の最終章のテーマとなる。

9 どのようにフランス人になり、フランス人であり続けるのか
——実際の運用におけるフランス国籍

この地上で最も美しい称号、それはフランス人であることだ。それは天から授けられた称号であり、地上のいかなる者にもそれを奪う力は与えられるべきではない。私は、生まれながらのフランス人も、よしんば外国人の十世であろうとも、そうありたいと欲するなら、なおフランス人であってもらいたい。さらに望みたい。ライン川の対岸に在っても、「フランス人でありたい」といえば、その前で障壁は低まり、勝ち誇って、共通の母の胸に抱かれんことを。

ナポレオン『セント＝ヘレナ覚書』第二巻

以来、すべてのフランス人は権利において平等である。しかし、出生時にフランス国籍を保持して

いないとき、人々はどのようにそれを取得するのか。法は、外国人の親からフランスで生まれた子どもや、フランス人の配偶者は、簡単にフランス人になれるとしている。同様にフランスに居住する外国人住民は帰化を申請できることも規定している。しかし、法とその実際の適用はしばしばかけ離れている。この終章の目的はそのため、フランス国籍の実際の運用を検証することにある。国籍を保持していないとき、人々は具体的にどのようにそれを取得するのか。外国籍を取得した場合、また外国に居住している場合、フランス国籍をどのように保持したり、継承したりするのか。今日、フランス国籍法は、その境界にいる人々をとても広く包摂し、保護していることに気づくだろう。この寛容さは重国籍への伝統的な無頓着によってさらに高まる。しかし、その構成上の代償として、国籍剝奪の特権も有するという、例外的なケースで行使される主権が留保されている。[1]

広く開かれた二つの手続き――結婚……

一九世紀、大半の国の法律には、フランス民法典にならい、女性が夫の国籍を取得することを規定する仕組みが含まれていた。だが、男女の待遇を平等にするために、ヨーロッパのすべての国はこの規定を廃止した。以来、多くの国はその国民の外国人配偶者が国籍を取得したいときは、帰化を求めるよう義務づけるようになる。[2] そこで求められる最低居住期間はしばしば、一般法の帰化と比べて短くされた（アメリカやオランダ、イギリスでは五年の代わりに三年）。[3] しかし大半の国は領土に居住することも義務づけている。

フランスはそうではなかった。二〇〇三年まで、外国人配偶者はフランスもしくは外国で結婚して一年が経てば、単なる届出でフランス国籍を取得することができた。二〇〇三年一一月二六日法から、期間は二年になり、「外国人が届出時に、婚姻から少なくとも一年間、フランスに継続して居住していることを証明できないとき」には、三年が求められることになった。届出が登録されてから一年後に、受理拒否や政府の反対がなければ国籍が取得できる。二〇〇三年、二万九六〇八人のフランス人の外国人配偶者が届出によって国籍を取得し、そのうち三八一四人（一二・九％）が取得時に海外に居住していた[4]。

二〇〇三年、二万九六〇八人に国籍が認められたのに対して、三〇二三人の受理が拒否された。それは決定全体の九・三％にあたり、婚姻履行の法的条件を満たしていないという理由からだった。たとえば、共同生活の欠如（決定の三八・二％）、もしくは婚姻の無効がある。さらに九四件の故障申し立てのデクレが政府によって署名された（コンセイユ・デタへの九九件の提訴のうち、九三件の故障申し立ては認められ、六件は認められなかった）。故障申し立てのデクレのケースとは、届出の受理は可能であったが、行政が同化の欠如（九〇％のケース）や品行不良（一〇％）のために異議を唱えたものである[5]。届出がなされた一年後に効力をもったのは、登録された届出のうち九〇％だった。

……そしてフランスでの出生

フランス生まれではない外国人の両親からフランスで生まれた子どもは、一一歳から五年間フランスに居住していれば、一八歳でフランス人になる。そこではフランス社会で教育を受けたことを確認するという方法がとられる。五年間の居住は連続していてもいなくてもよく、在学証明書の提出だけで簡単に証明できる。若者は一八歳まで待たなくとも、一三歳から届出によって自発的にフランス国籍を取得することもできる。一三歳から一六歳の間、この取得は両親の同意と八歳からの五年間の居住という条件の下でなされる。一六歳から一八歳では、一一歳から五年間居住していれば両親の意向にかかわりなく国籍を取得できる。[6]

もしその代わり、一八歳の時点で国籍を望まなければ、一七歳六カ月から一九歳の間にそれを辞退することができる。[7]二〇〇二年、一三歳から一八歳の若者三万二六二人が一八歳になる前にフランス国籍を取得することを選び、[8]約一万五二四五人が一八歳でフランス国籍を取得した。[9]そして、二〇〇二年に、一一〇人の若者が一七歳六カ月から一九歳の間に国籍を辞退した。一九九四年から九八年の間、この制度は中断していたが、その前年の九三年に、一六一一人の若者（男性一四三八人、女性一七三人）が同様の方法でフランス国籍を拒否したことを思い出しておこう。[10]

このように外国人の両親からフランスで生まれた子どもが、思春期にフランスに居住している場合、そのほぼすべてがフランス国籍を取得したと考えることができる。その大半が自発的な国籍取得である。またフランス国籍を申請したフランス人の外国人配偶者の九〇％がそれを獲得している。帰化は、原則として、外国で生まれ、フランスに居住しにきた外国人に関わるものである。七〇％以上の申請に許可の回答が与えられたが、居住と手続きの期間はとりわけ長いものとなる。

帰化の矛盾

帰化は自由裁量権に属するものではあるが、フランスでは、申請する大多数の外国人にいかなる最低居住期間の要件も課していない。

五年という一般法の期間は一九七三年以降、フランス語が公用語もしくは公用語の一つである領土や国の出身者には求められていない[11]。ベルギー、ベナン、ブルキナファソ、ブルンジ、カメルーン、カナダ、中央アフリカ、コモロ、コンゴ、コートジボワール、ジブチ、ガボン、ギニア、ハイチ、レバノン、ルイジアナ〔アメリカ合衆国の一州〕、ルクセンブルク、マリ、モナコ、ナイジェリア、ルワンダ、セネガル、セーシェル、スイス、チャド、トーゴ、ヴァッレ・ダオスタ〔イタリアの一州〕、バヌアツ、ザイールがそれにあたる[12]。

フランスが統治権や保護統治権、委任統治権もしくは信託統治権を行使した領土や国の（元）出身者に対しても、いかなる期間も求められることはなかった。行政は実際、それを適用しないよう指示を受けていたようだが[13]、この規定はほとんど知られていなかった。しかしそれは、一九六一年一二月二二日法によって導入され、今日では民法典第二一－一九条第五段落に記載されている。当初、政府の法案はこの規則の適用をモロッコとチュニジアを対象にし、一九三〇年という時間的な制限を定めていた。しかし元老院の法案報告者だったマルセル・プレロは一九六一年、「かつてフランスだった国の、ユリの花と三色旗の下で獲得されたフランスの伝統と文化を、長き歳月にわたって保持したすべての市民に対し［……］寛大な母、フランスは、国籍が申請されたとき、あなたたちに供されている特別な計らいによる地位を設けるべきです[14]」と主張した。かれは、かつてフランス国旗がはためいたすべての国と、この象徴的なつながりを維持することを強く訴えたので、元老院が、そしてすぐに国民議会がそれにならい、いかなる時間的な制限も廃することとした。その結果、この規定は、フランスが歴史上のさまざまな時に「統治権や保護統治権、委任統治権もしくは信託統治権」を行使したすべての領土に適用された。ベルギーやセネガル、ハイチなど前述のリストにすでに含まれているフランス語圏の国の一部や、カリブ地方の多くの国と領土[15]、カナダの大部分（ケベック州に加えて、ニューファンドランド州、プリンスエドワードアイランド州、ノバスコシア州、ニューブランズウィック州、オンタリオ州やマニトバ州、ノースウェスト準州の一部）、ルイジアナ州に加えてアメリカの二〇の州[16]、インドシナ、インド半島の南部、アルジェリア、チュニジア、モロッコ、マルタ、イオニア諸島、イリュリア地方、オランダ、革命期や帝政期にフランスに併合されていたドイツとイタリアの一部[17]、スイスの州、そしてカタルーニャである[18]。

今日、帰化した外国人のかなり多くは、フランス語圏もしくはフランスの主権下にあったこれらの国からやって来ている。原則上、彼らはフランスに住むようになってからただちに帰化を求める権利をもっていた。しかし、理論と実践の距離は遠かった。二〇〇〇年、二年以下のフランス滞在後に帰化を果たしたのは〇・四％の志望者のみで、五年の滞在前に果たした者は合計で三・六％である[19]。事実、帰化時点でのフランス滞在期間は平均一七・八年であった[20]。

このような期間の長さはどのように説明できるだろうか。まず、コンセイユ・デタの一貫した判例によると、帰化を申請した外国人の居所は実際のものであり、安定して永続的であることを示さなければならず、それは家族への愛着（配偶者や子どもなどの家族がフランスに住んでいなければならない）および職業活動の中心と符合するものでなければならない。ハイレベルのスポーツ選手やアーティスト、優先的カテゴリーなどの例外的なケースを除き、帰化の申請は、志望者が三年は滞在していないと、好意的に審査されない。次に、フランスでは、帰化はとりたてて奨励されているわけではないことも理由としてある。行政は、それが何よりも個人の自発的な手続きの結果であるべきだと考えている[21]。必要な情報が提供されるのは、一般に、外国人が自ら照会しようとするときのみである。時に県庁はこれ見よがしに申請者を思いとどまらせようともする。ある県庁では書類の受付時間を一週間に二時間しか設けていない。別の例では、申請者が記入した書類を提出するためのアポイントメントを、二〇〇四年末に一五カ月先まで取れなかった県もある[22]。さらに、書類を提出しても、処理期間は県庁で平均して七カ月かかっている。県庁はしばしば、手続き開始の日付を、書類の提出日ではなく、面談日や同化に関する調書作成日にすることで「いんちきをする[23]」。

移民、つまり外国で外国人として生まれた人々のなかでフランス人になったのは、一九九九年の国勢調査で三六%のみであるが（四三一万人中、一五六万人）、これは、帰化の扱いにおけるこの逸脱によって説明され、さらにその大部分がおそらく結婚後の届出によって国籍を取得したと思われる[24]。この割合は、たとえばカナダと比べると非常に低い。カナダでは一九九一年に六九・五%という高い水準を記録している。イレーヌ・ブロムラドの比較研究によると、カナダ当局は、帰化を統合プロセスの決定的な要因とするための制度的努力を行なっており、そのことがこの帰化の水準を説明してくれる[25]。フランスでは、前述した行政上の障壁を乗り越えれば、提出された大多数の書類は肯定的な回答を受ける。帰化は、判例からみると、恩恵なのである。しかし公権力がもつとみなされている相当な自由裁量や、絶対的な権力は、現実のものというより建前上のものである[26]。二〇〇三年になされた帰化課での書類処理手続きの改善によって、二〇〇二年には一六カ月だった書類の平均処理期間が、〇四年末には三カ月にまで短縮された。

帰化書類の流れる回路

帰化の申請書は県庁もしくは郡庁の窓口に個々に提出される。申請書類として、申請者は民事身分《エタ・シヴィル》やフランスでの居住期間の証明などさまざまな情報を提供しなければならない。しかし当事者に関する大半の情報は、憲兵隊《ジャンダルムリー》、警察、市役所の調査から集められる。もし家族の状況についての情報が必要なら、県の社会活動部局への照会がなされる。医師は健康診断書を作成する。予審では職業活動の正確な状態も明らかにしなければならない。最後に、同化に関する調書が作成される。この調書に、県知事が書類を総括し、その受理可能性について意見を表す報告書が添付される。書類が作成され、整えられると、すべての申請をまとめて扱う社会問題省の帰化課に送られる。

二〇〇三年まで、書類はまず少なくとも二名の担当者による調査と分析の対象となった。担当の一人は「起草官」であり、「手引き」にもとづいて可否の決定を提案し、その根拠となる要因を示す。もう一人は「監査官」であり、逐次、書類を検討し、起草官の提案を確認して、それを承認する。同意できないと、書類は部署の責任者に、場合によっては局長に送られる。現在は、問題がある書類のみが起草官と監査官による二重の検討の対象となっている。起草官によって直接処理されるその他の書類は、調査を通して定期的に検査される[27]。微妙な書類に関しては、課長、人口・移民局長、もしくは大臣官房が最終的に決定を下すことができる。この中央集権化には利点があり、類似した書類の扱いを統一できる。さまざまな通達や大臣指令に従いつつ[28]、一九九三年から民法典に組み込まれた国籍法を基に、すべての決定がなされる。九三年以降、さらに、拒否の理由を説明しなければならなくなり、決定を根拠づける事実や法的要因を列挙することになった。また、コンセイユ・デタの複雑な判例の変化は、非常に注意深くフォローしなければならない。行政判例は一九八二年以降、きわめて豊富になり、申請が拒否された者は、不服申し立てを行なう権利について知らされた。

申請者の書類はまず「受理可」の宣告をされ、次に帰化が「時宜を得ている」と判断されなければならない。受理不可の決定は法に記載されている要件に適っていない場合のみ下される。受理の最初の基準は居住である。帰化するためには、申請者は申請時に常居所を有しており、帰化決定が交付されるときにもフランスに居続けなければならない。居所は実効的で通常のものであり（破毀院、一九五七年一月九日判決）、当事者本人が住まうもので（破毀院、一九五七年一一月二五日判決）、家族のつながりと職業上の関心の中心と合致しており（破毀院、一九五七年一二月一〇日判決）、安定的に定まっていなければならない（コンセイユ・デタ、一九八六年二月二八日、アフラス判決）。

しかしながら、コンセイユ・デタのてこ入れで[29]、これらの条件はリベラルな方向に変わった。コンセイユ・デタは現在、家族のつながりも職業活動もケースバイケースで考慮している。そこでは申請者の居住期間や家計の状況、帰国につながる、もしくは反対にその障害となる家族や職業、政治的な理由に重要性を与えている。

同じく行政判例は、学生を居住者とみなすことを拒否してきた行政の実務を目に見えて変化させた。たとえば、ナントの行政控訴院は「フランスに永続的に居住する意思の欠如を、「当事者が勉学のためだけにフランス滞在が許可されているという唯一の状況のみ」から結論づけることはできない」との判決を下した。当事者の個人的事情に属するその他の状況を考慮に入れず、こうした申請を受理不可とすることで、行政は法的な過ちを犯した、と（ナント、行政控訴院、二〇〇〇年四月一四日、M・アジョミヴェ判決）。以前、コンセイユ・デタは学生として一九七二年にフランスに入国し、提出時にはアルバイトで働いていた若年女性による申請を、たとえ彼女の生活費の一部を両親が払っていたとしても受理できると考えた（一九八二年、ペライア判決）。同様の決定はホステスとして働き、月三〇〇〇フランの給与を受けていた女子学生にもとられた（一九八六年七月一一日、ガムスカ判決）[30]。実際、行政はケースバイケースで学生の書類を検討しており、学生にも、その他の申請と同じように、居住の安定性とフランスでの収入という基準を適用しうるとみなしている。

すべての申請者は、「フランス共同体への同化を、特に条件に応じてフランス語の十分な知識によって」証明しなければならなかった（第二一－二四条）。フランス語の知識がほとんどなかったり、言語の習得が「日常生活における必要」を満たしていないと、申請は受理不可と宣告される。この理由は不受理の四〇％のケースにあたる。法に記載されたその他の不受理の理由はめったに引かれない。たとえば、帰化のためには、当事者は「身元保証」がなければならないこと（民法典第二一－二三条）や重大な有罪判決を受けたことがあってはならないこと（民法典第二一－二七条）などがある。

受理可の条件が確認されると、それぞれの特殊ケースで、申請が時宜を得ているかどうかに関する多くの基準を満たしているのか評価される。その基準はまさに政府によって指示される政治的意思の表現とみなすことができる。

まず、いくつかのケースが優先される。難民や無国籍者、外人部隊の兵士（一年で約一〇〇〇件）、また公務員試験受験希望者など、国籍へのアクセスが職業参入を条件づける申請者もそれにあたる。同様に、フランスが「そこでさまざまな責任を行使した」国の出身者が、「われわれの国との密接な関係を維持した、もしくは維持しているいくつかの共同体[31]」に属しているとき、好意的な対応がとられる。レバノンやシリア、エジプトのキリスト教徒やマグレブのユダヤ教徒がそれにあたる[32]。

それぞれのケースにつき、行政は申請者のフランスでの居住と収入の安定性、振る舞い、フランス共同体への同化の度合いを検討する。

公権力が申請者の忠誠心に疑義を抱くときには、公安や領土監視局（DST）、対外治安総局（DGSE）、財政規則を順守していないときは税務総局（DGI）に補足情報や意見を求めることができる。労働組合への加入や政治参加は、過去には書類における否定的要因となることがあり、さらにはそれらが拒否決定を正当化することもあった。一九七六年以降は労働組合への加入が、八二年には政治参加がその対象にならなくなったが、その代わりにコンセイユ・デタは、「フランス社会の主要な価値を拒絶する」いくつかの過激な運動と結びついた組織への積極的な所属は、拒否を正当化すると確認した[33]。

コンセイユ・デタはその一方で、行政の慣例となっていた、家族の一体性を問題視した。申請がカップルの一方の配偶者からのみ出された場合、それは否定的評価の対象とされていた。だが一九八六年以降（ヴォ・ゴック・クエ夫妻に対する一九八六年九月二六日の社会問題省の決定）、申請が配偶者と一対ではないという理由では、受理不可を宣告できないとされた。他方、国籍へのアクセスは、個人に認められるもので、カップルや家族にではないことに注意を喚起している。そのため、帰化の申請は家族のメンバーひとりだけで行なうことができる。しかし実際上は、申請に配偶者が含まれていないと、もしくは配偶者が帰化できないとなると、行政にとってそれは拒否や保留の理由となった。

行政裁判官がこの分野に介入する前に、行政は高齢者からの申請へのアプローチもリベラル化させた。一九八一年まで、そうした申請は、国民共同体が最低老齢年金〔年金給付額が最低所得保障に満たない六五歳以上の高齢者向けの非拠出型の年金）の受給者数の結果的な増加を財政的に負担すべきではないという理由で、却下していた。一九八二年以降、拒否されるべきなのは、申請の明らかな動機がもっぱら最低老齢年金を受けることにあり、フランスでの就労期間によってそれを正当化できない場合とされた。今日、年齢を帰化への障害だと言うことは、もはやできない。反対に、年齢によってその他の帰化の基準に対する自由な解釈をもうながすことができる。たとえば同化の欠如が意志にもとづくものではなく、「申請者の年齢が年配であるため」であれば、もはやそれは帰化への障害とは考えられなくなる[34]。たとえば、二〇年といった居住の長さも、意志によらない同化の欠如を好意的に埋め合わせる評価要因となった。

コンセイユ・デタが繰り返し確認してきたように[35]、帰化は特別な計らいとしての命令であり、法的に絶対的なその領域における行政の権力は、社会学的には、付与することもあれば拒否することもある権力となる。だが総合的に公権力に課される制約は次第に多くなった。一九九八年以降、政府の決めた新しい指針のため、決定数と許可数は上昇した。同年、五万五三八五件の決定のうち、六七％が許可だった。九九年は六万七三六八件中七二％、二〇〇三年は八万四一三七件のうち七九％である[36]。二〇〇三年、決定の八・四％が不受理とされ、〇・六％が却下、一〇・八％が保留であった。同年、五万一四〇一人の外国人がデクレによって、二万五七〇一人の子どもは親の帰化の効力が彼らにも及ぶ一体的効果を受けることによって、合計で七万七一〇二人がフランス人になった。

一九九八年、生活環境調査研究所（ＣＲÉＤＯＣ）は[37]、一九九二年、九四年、九五年に許可決定を

受けた二九〇七件の書類をサンプルとして調査を実施し、帰化者の典型的な特徴を明らかにした。第一の要素は一目瞭然で、帰化者の若さである。一八歳以前にはいかなる申請もなされないが、五〇%以上の申請者が三五歳以下で、さらに、帰化者の三〇%近くが一〇歳になる前にフランスに入国しており、五歳になる前は一五%だった。しばしば彼らはまだ学生の時に、フランス国籍を申請しており、帰化者のなかでの学生の割合は、フランス人のなかでの割合の二倍を数える（一六・四%と八・三%）。この学生の存在によって、帰化者の学歴はフランスに住む外国人平均よりも、さらにはフランス人平均よりも高くなり、一四%が高等教育を受けている。これらの高学歴の人々は三つの集団に区別できる。すなわち、レバノン人、マグレブを除くアフリカ人、EU域外のヨーロッパ人である。高等教育を修了していない帰化者がきわめて多いのは、トルコ、ポルトガル、東南アジア出身者である。その他のこととして、帰化者の大半は就労人口である（七〇%）。実際には、中産階層が帰化者のなかでは少ない。大半はフランス人よりも熟練度の低い職に就く給与稼得者であり（労働者が四四%）、カードルはわずかながら少なく、アーティスト、小売商、企業主は明らかに少ない[38]。

重国籍の許容

二〇〇二年、フランスでの出生や結婚、帰化によって、一二万八〇〇〇人の外国人がフランス人になった[39]。外国人のフランス国籍へのアクセスは、フランスが重国籍という現象に無頓着であったことによってでも容易となった。形式的には、フランスは、加盟国間での重国籍のケースをなくすという欧州評議会の条約〔「複数国籍の事例削減に関する」一九六三年五月六日条約〕に調印し、人は唯一の国籍にのみ属するという古典的な概念を有効としてきた[40]。だが実際上は、イギリスのように、フランス国籍を取得した者が以前からの国籍を維持することを容認している。

重国籍に対するフランスの姿勢がかたちづくられたのは、第一次世界大戦の頃だった。外国で帰化したドイツ人が元の国籍を保持できるとした一九一三年七月二二日のドイツ法（いわゆるデルブリュック法）第二五条を受けてのものである〔一〇五頁参照〕。当初、外国国家がその国籍を残しておくだろうという理由で、フランス国家が移民の子どもに国籍を付与する権限を制限することは認められなかった。次に議会は、帰化者が出身国の国籍を保持するだろうという理由で、敵国出身の帰化者全員からフランス国籍を剝奪することを拒否した。そして一九二七年、大量帰化の政策が決定された。立法府は新しいフランス人が出身国の国籍を保持するかどうかに関心を払わなかった。後ほどその意味をみていくが、まさに戦時中に制定された権利剝奪の手続きをつねに有効にするつもりであった。

それ以降、フランスは重国籍を容認し、新しい帰化者に出身国の国籍を放棄することを求めない。実際のこととしていえば、この無関心はおそらく多くの移民のスムーズな統合に貢献したことだろう。なぜなら、使われることのない原国籍は世代を経るにつれて速やかに意味を失っていくからである。反対に、ドイツによって行なわれた原国籍離脱の要求は、しばしばつくられた、ないし想像上のアイデンティフィケーションを、警戒しつつ用心深く、維持させることになる。

二〇世紀最後の二五年間、重国籍は、フランスや主要な民主主義社会すべてで広く普及した。それは一九七三年に国籍に関して達成された男女平等の結果でもある[41]。女性は他の国籍の男性と結婚してももはや自分の国籍を失うことはなく、夫がその国籍を継承させるように、自分の国籍を子どもに継承させることもできる。この新たな状況は、この上なく保守的な法制を不安定にし、重国籍のケースを避けるために一九六三年に調印された先の条約を、見直させることになった。

血統主義よ永遠なれ！

重国籍は外国でも広がった。フランスは、外国で暮らす自国民が、フランス国籍を失うことなく外国籍を獲得し、そのフランス国籍を時間と世代の制限なく継承させることを許容している。それは、以前には権利が強く制限されていた外国におけるフランス人の地位をめぐる近年の変化である。

一八〇三年の民法典でフランス人はすでに、フランス人の資格を失ったり、さらにはアンシアン・レジームや革命期のように民事死を宣告されたりせずに、外国の地に定住する権利を得ていた。しかしその地で帰化することは自由であっても、フランス国籍は喪失する。[42]その上、一八〇九年四月六日のデクレによって、この帰化する自由はすぐに失われた。事実、ナポレオンはオーストリアとの新たな戦争の直前に、外国で帰化した者も含む、自国との戦争で敵対勢力となるすべての国民の帰国を命じている。法的には、一八一一年八月二六日の元老院決議がこの禁止をいたるところに広げる前に、デクレによって、敵国領土に住む者に対して、民法典に導入された国籍を変える自由を廃止した。[43]以後、フランス人が皇帝の許可なく外国で帰化することは禁止された。フランス人の祖国への永続的な忠誠が定められ、法文上も、原則においても、一八八九年までそれは有効とされた。[44]

一八八九年法はフランス人に外国籍を取得する権利を再び付与したが、フランス国籍はそのときに失われることになった。だが、男性がまだ武器を取ることができる年齢であるときは例外とされた。

外国籍を取得したければ、その者は政府に許可を求めなければならなかった。兵役義務導入時、国民がそれから逃れるために他の国籍を取得することを避けたかったのである。一九四五年まで、この規定はさまざまなかたちで効力を発揮していた[45]。そのため、一九四五年一〇月一九日のオルドナンスは、男性は五〇歳まで、外国籍取得について許可を求めなければならないと規定している（第九条）。

一九五四年四月九日法はさらに外国で帰化をした五〇歳以下の男性はすべて、フランス政府の許可が得られなければ、フランス国籍を失わないと確認した。しかし目的は変化していた。以前ならフランス人が兵役から逃れることを避けたいためだったが、一九五四年には「外国でフランスの文化や道徳的・経済的影響を伝播させられる状況にあるフランス人に、たとえ職業に就いている国の国籍を自らの意志で獲得したとしても、フランス国籍を保持させることは重要である。国籍の取得はしばしば何らかの役割行使の条件である[46]」とされた。さらに一九五〇年九月に遡る在外フランス人高等委員会の要求にも応えていた。しかし結果は矛盾を帯びていた。法的には外国籍を取得した男性は、政府の許可を得なければ（実際には求められていなかったが）、フランス国籍を保持し続けた。反対に女性は外国籍を取得すると、フランス国籍を失った。あらゆる領域での男女平等を保障した一九七三年法が、女性が「冷遇や差別[47]」と感じることに終止符を打ったのだった。

以来、外国籍を取得した場合、それが自らの意志によるものであっても、女性も男性もフランス国籍を失うことはなくなる。国籍の喪失はもはや当事者の特別な要求によってのみ生じる[48]。そのため、外国にいるフランス人の重国籍は完全に認められることになった。彼らは、この上なく外延的に、世代を超えても子孫にフランス国籍を継承させることができる。行政はその先祖が五〇年以上前にフランスを離れた場合のみ、異議を申し立てる権利を有している。

剥奪、リベラリズムの代償

重国籍のこのリベラルな容認は、その代償として、現代の法制にフランス国籍剥奪の条項を保持させている。ここでは不正行為に対しての国籍無効化[49]は論じない。無効化は一九〇六年からアメリカの法体制で[50]、一九一四年からイギリスで、フランスでは一九三八年から規定され、それらは同意の不備という考えにもとづく。国家は帰化の行為の際に法的諸条件がすべて整えられているものと信じるが[51]、ある程度時間が経ち、そうではないことが明らかになると、帰化は取り消され、それが決してなかったこととされる。

今日、フランス国籍を取得し、なお他の国籍も有するあらゆる個人は、フランス国籍を奪われることがありうる。一九二七年に国籍剥奪がフランスの法体制に決定的に採用されたとき、しばしば、公法ではなく私法ではあるが、「与えた後にとやかく言う[52]」ことを望まない法の伝統とかけ離れていると非難された。だが、フランスの法体制が重国籍を認め、次に帰化を大規模に開放した際の導入状況や、フランス法、さらにはイギリス法やアメリカ法でそれが残り続けていることは、剥奪はリベラルな国籍法とは相容れないどころか、それを構成するものではないかと考えさせるものである。

アメリカでは一九〇六年法で、すでに不正行為や帰化者の新たな国に対する忠誠の破棄による剥奪が認められた。一九〇六年から一九四〇年の間に、具体的に一万五〇〇〇件以上の帰化の取り消しがなされた[53]。それに対してフランス法では、イギリスの法制の系譜のなかで、一九一四年から一九二七年に及ぶプロセスを経てつくり上げられた[54]。

一九一四年八月七日のイギリス法第七条は、[55]虚偽の主張や不正行為によって獲得した帰化証明書を、所管大臣が撤回できるようにした。新しい一九一八年八月八日法は、英帝国での居住期間（七年以上）の不足、君主への忠誠心の欠如や、戦時中の敵国との共謀、一二カ月以上の自由剝奪刑、もしくは一〇〇ポンド以上の罰金刑を科されること、といった一連の新たな事案に対し、帰化取り消しを認めた。特にデルブリュック法といわれる一九一三年七月二二日のドイツ法第二五条を受けて設けられた一九一八年法の規定は、個人が、その君主と交戦状態にある国の法律によって当該国の臣民であり続ける場合、帰化撤回を可とした。[56]

外国で帰化したドイツ人がドイツ国籍を保持できるということ、これは、フランスで第一次世界大戦開始後すぐに非常に強い反発を引き起こした。議会では、激しい議論が生じた。カトリックで君主制主義者のジュール・ドライエは「ドイツ人移民からひとまとめにフランス人の資格を取り上げる」[57]ことを提案したが、議会は集団的帰化取り消しの提案には従わず、一九一五年四月七日法を制定した。この法では、フランスに対して武器を取ったり、徴兵義務から逃れるためにフランスの領土を離れたりした「出身国の国籍を保持している」敵国出身の帰化者に、コンセイユ・デタの見解に従い、フランス国籍を喪失させせられることを規定した。[58]行政は〔そうしたケースについての〕明白な証拠を提出するのがむずかしかったので、[59]議会は新しい法を採択した（一九一七年六月一八日施行）。その法は「帰化者が原国籍を保持しているとみなしうる状況」を明確にし、民事裁判所に剝奪の権限を与えた。[60]戦争末期、五四九名のドイツ、オーストリア・ハンガリー、オスマン帝国出身の帰化者が、[61]これら二つの法の適用によりフランス国籍を剝奪された。[62]そのうちの男性四七三名の大半がしばしば外人部隊の古参兵で、不服従のためにその対象となった。[63]

戦争が終わると、事はさらに進んだ。ヴェルサイユ条約は、ドイツ帝国への併合前や併合中のアルザス・ロレーヌ地方に移住したドイツ人が、再びフランスの領土となったその地に住み続ける場合、フランス国籍をとても簡単に取得できるようにした[64]。だが、彼らの忠誠心は疑問に付されていて[65]、とりわけデルブリュック法がつねに有効で、フランス人になったドイツ人がドイツ国籍を保持することが認められただけ、なおさらだった。ちょうどこの時、司法大臣と、元老院議員でストラスブール大学法学部教授のフレデリック・エカールの密接な協力によって[66]、重国籍問題に触れながら、剝奪に関する「共和主義的」見解がまとめられた。

一九一五年一月一四日にすでに、ジャン・ルロル議員は一八八九年法に、帰化を求める外国人に「フランス国籍取得によって出身国の国籍から離脱すること[67]」を証明する義務規定を加えようとした。法学教授やさまざまな省庁の法曹専門家から構成される司法省の立法委員会は、正当にフランス国籍を取得した人々や、外国人の親からフランスで生まれた子ども、またフランス人の外国人配偶者に対してとられるあらゆる措置を却下した。「外国人へのフランス国籍の付与」は、「フランスの立法府の見解では、もしそれが正当であれば、外国の諸規定との対立を避けたいという願望の犠牲にされるべきではない、という価値の規範的考慮」から影響を受けたものである。「外国の法が個人を忠誠義務の絆に引きとめておきたいというたびに、わが国の法は外国の法体制に屈服できないし、わが国の利益においてこの資格を付与することが時宜に適っていると判断した個人を、フランス人と考えることを断念することもできない[68]」。反対に、帰化について委員会は、国籍を保持させようとする国出身の申請者に対して、帰化を一切禁止することを提案している。

のち、一九二二年に議会が進もうとしたのはまったくこの方向ではなかった。事実、ドイツ人がフランス人になることは、彼らがドイツ国籍を保持していても妨げられなかった。

帰化者からフランス国籍を取り上げるのに、かつての祖国に愛着を抱いていることを探るのではまったく不十分でしょう。反証が上がるまでは、フランス国籍を取得した人が、その者が離れた国と道徳的・金銭的関わりをもち続けているという事実だけでは、疑わしくも危険でもないと認めなければなりません［……］。疑惑が具体性を帯びるためには、帰化者が選びとった国への忠誠心が欠けることを、目に見えるかたちで表明している必要がある。フランス人の資格と相容れない行動をしていなければならないのです。不適格であることは、怪しい挙動や発言、書かれたものの結果でなければなりません[69]。

そのため、帰化者はまさにもう一つの国籍をもてることになる。この保持は、国家の主権や安全を侵害するものではなく、フランスはそれを気にかけはしない[70]。二重のアイデンティティは私的領域に関わることである。国家はそれにかかずらうべきではない。しかし、この国籍の容認には限界がある。すなわち個人が、国家が認めがたいような方法で振る舞うときである。国家はその存在自体を問題とするかもしれないが、一九一四年にフランスと戦ったフランス・ドイツの二重国籍者は、フランス人にとどまることはできない。そのため、ここで国家は、国籍を剝奪する権力によって象徴される主権を行使する。「主権者は法秩序の限界を印づける（終わりと始まりの二重の意味で）」とジョルジョ・アガンベンはわれわれにいう。かれはまた、「主権者は事実、例外状態を布告し、それによって秩序の効力を宙吊りにするという権力を法的秩序によって認められている者である」[71]ことを想起する。われわれが関わっている状況のなかで、「例外状態で行使される暴力は、単に法を守っているのでもなく、法を根拠づけるのでもなく、法を停止してそれを守っているのである」。例外の権力は、ドイツと反対に重国籍を容認するフランスとイギリスのリベラル・レジームで、十全に行使される。出身国の国籍を保持しながらドイツ人になることを望む外国人は、ドイツ人になる権利を得られない。結果として、剝奪はドイツ国籍法には無縁のものである。イギリスとフランスは重国籍に注意を払ったためしはなく、両国家は、出身国の国籍の放棄を要求していない[72]。フランス人もしくはイギリス人になりたい者にとっての重国籍の権利は、結果的に、本質的な代償として、国家に例外的状況の下での主権の留保として、国籍の剝奪〔という手段〕を与えることになる。

それゆえ、一九二七年法の第九条と第一〇条は、本人の請求でフランス国籍を獲得した者は以下の三つの理由の一つによって国籍を失うと規定している。(a)フランス国家の内部もしくは外部の安全に反する行為を行なった、(b)外国のために、フランス市民の資格と相容れず、フランスの利益に反する行為を行なった、(c)徴兵法にもとづく義務から逃れた。しかしながら、決定はフランス国籍取得後、最大一〇年の間にしか行なわれない。一九二七年法における国籍剝奪は、一九一七年のように司法的な、それゆえ対審の手続きであり、行政が判事に申し立て、当の帰化者に弁明を許すものでなければならず、さらに、訴訟の途も開かれている[73]。

一〇年後、一九三八年一一月一二日のデクレ・ロワはコンセイユ・デタに剝奪の手続きの責任を戻した。特にそこでは、剝奪を帰化者のもう一つのカテゴリーにも広げ、忠誠の欠如に新しい剝奪の理由が加えられた。つまり、帰化後にフランスもしくは外国で一年以上の懲役刑にいたる犯罪や軽罪を犯した者が不適格とされることになった[74]。その背景には一九二七年法の施行によって、大量の帰化が行なわれたことがある。右派からは、法律を変更し、帰化件数を減らすべきだと主張されたが、フランス国家にとっての関心事は人口の増加であったため、帰化件数は減少せず、増加する。その代わりに、重罪もしくは軽罪を犯した個人から権利を奪えるという一つの条項が導入された（それはイギリス法にはすでに存在していた）。司法大臣は、一九二七年法は帰化のアプローチそのものに断絶を画するものであると考えた。一〇年という長期間をかけて「法的な同化が、事実上の同化を確認してきた」。それが三年間となることで、「過去の診断」が将来の「予測」[75]に置き換わる。剥奪の条項を加えることで、一〇年間、帰化は一種の契約へと性質を変える。すなわち、重罪や軽罪が犯されれば、事後的にせよ、解消もしくは無効とされる契約へ変わる、と。軽罪は、剥奪を正当化するにはいかにも小さい。それでも一九二八年から一九三九年の間で、二六万一〇〇〇人の成人帰化に対して、一六件のフランス国籍の剥奪があった[76]。

ヴィシー政権下では、帰化取り消しはもう一つの性質を帯びており、それは正反対の特徴だといえよう。なぜなら、剥奪、つまり排除が、例外から規則になったからである。それはもはやリベラルな政治を打ち立てるのではなく、リベラルな政治の帰結をひっくり返すものであった。過失や重罪、軽罪もしくは国家に対する個人の不実な振る舞いにつき、その当事者に独立した司法官の前で論拠を挙げて主張する機会を与えたのちに罰する、といったものではもはやない。一九二七年以降に行なわれたすべての帰化は、その時機のゆえに、不服申し立ての機会なく、いかなる犯罪行為とも関係なく無効にすることができた。そのため一九四〇年から四四年の間になされた成人帰化は、二〇〇〇件に届かず、一万五一五四件の帰化取り消しが決定されたのだ[77]。

一九二七年に制定され、三八年、次いで四五年に改正された剝奪の手続きが、「完全な規定」として機能したのは、実は第二次世界大戦後である。一九四七年から一九五三年の間に、四七九件の国籍剝奪が行なわれた。ただし一方で、逆説的ながら、手続きの範囲は狭められている。一九三〇年代はといえば、最も反響を呼んだのは、トーマス・オルシャンスキのものだった[78]。炭鉱労働組合と共産党の活動家であったかれは、地下の統一連盟の書記で、ポーランド人移民労働者の間でのプロパガンダを担当していた。そのアクティヴィズムやカリスマによって、三〇年代初頭、他の多くの移民アクティヴィストのように政治的理由で追放措置を受けた[79]。しかしオルシャンスキは一九二二年に帰化していたので、かれを追放するにはフランス国籍を奪わなくてはならなかった。一九三一年八月七日、行政はそのためドゥエーの裁判所に提訴した。ノール地方の隔週誌「ランシェネ」に掲載された記事をもとに、「フランス国内外の安全を妨げる行為」によって国籍剝奪を請求したのだ。裁判所は一九三二年七月二二日に判決を下し、一二月七日に同市の控訴院で、翌年三月七日に破毀院でこれが支持された[80]。アンドレ・マルロー、ポール・シニャック、ジャン・ゲエーノ、エリー・フォール、ルネ・クルヴェル、ベルナール・ルカシュ、ポール・ニザンが、フランス国籍の回復という司法大臣への要求を支援したが、何もなされず、一九三四年一〇月一七日、かれはベルギー国境に連れて行かれ、フランスに再び戻ることはなかった[81]。

一九四八年一二月、冷戦の開始時、内務省は「ストライキにおける暴力やサボタージュの行為でとがめられるべき帰化した外国人[82]」の国籍剝奪手続きを始める可能性の検討を司法省にゆだねた。しかし司法省は帰化した共産主義活動家に対してはほとんど手続きをしなかった[83]。戦後、ポーランドやブルガリア、チェコスロヴァキアのように共産主義国になった出身国に戻った人々のみが、時にその対象となった。行政によって告訴された七二二件の剝奪の手続きと、実際に剝奪にいたった四七九件の非常に多くは[84]、しばしばドイツやイタリア出身の、占領軍に協力した帰化者に関するものだった（武装親衛隊［ＳＳ］や他のドイツやイタリアの組織への参加者、ドイツでの自発的労働者、レジスタンス活動家の密告者、そして最も多かったのは、解放政府の法廷で有罪判決を受けた者だった[85]）。他方、七三件の国籍剝奪は、不服従によるものであり、四六件、すなわち一〇％弱は、一九四五年の国籍法によって剝奪の手続きとして今後求められる、少なくとも五年の懲役刑となる犯罪による処罰であった[86]。

以来、裏切り行為《デロワイヨテ》のための剝奪は、外国籍をもつあらゆるフランス人に、起こりうるものとなったが[87]、一九五〇年代末から行なわれなくなった。今日、剝奪が関わるのは時には一年で一件、五年以上の懲役刑を受けた者に対してである。しかし、それは絶えず国家が例外的な状況に介入できるようにする主権の留保であった。フランスの国籍法は、特に第一六条の重国籍に関する法におけるリベラリズムの基礎それ自体に、ふだんは休眠中の国籍剝奪を潜在させており、ある種の抑止力を象徴している。

どのようにフランス国籍を証明するか

親子関係、その地での出生、結婚、居住と、フランス国籍へのアクセスとその維持は今日、相対的に容易となっている。かつて、国家はとりわけ徴兵を逃れようとするフランス生まれの若者にフランス国籍を押し付けたが、今では、個人が国籍を要求し、国家がそれを簡単に与えることになった。しかし国家は逆説的な結果をもたらす証明手続きを定めている。

どのように国籍を取得しようとも、すべてのフランス人は平等である。すべての法体系が、血統主義や生地主義、結婚など国民になった手段が何であるかにかかわらず、国民の平等を認めている。とはいえ、しばしば、ある手段のその他の手段への優位を感じさせるものがある。アメリカでは、血統主義は、支配的である生地主義の補完物でしかない。この優位を象徴的に表すものとして、アメリカで生まれたアメリカ市民のみが大統領になれるというものがあろう。フランス法のパラドクスは、親子関係が理論的に支配的な原則であるという点にある。国籍はフランス人の親からの出生によって最初の世代から伝えられる一方、第二世代以降のみが領土での出生によってそれを取得する。だが実際には、加重生地主義もしくは結婚、帰化によってフランス人となれば、フランス国籍の証明書を提出したり、国籍証明書を取得するときに大いに有利となる。フランスの地での二世代にわたる出生は二通の出生証明書によって証明できるし、結婚による届出や帰化は記録され、さらには官報に公示される。反対に、もっぱらフランス人の子孫であったり、フランス生まれの親からフランスで生まれていない場合、国籍証明は容易ではなく、身分占有*を行使するために、司法の決定によってフランス人の資格を認めさせることもあった。

国籍証明書

国籍証明書は近年設けられたものである。第二次世界大戦までは、年金や社会保険もしくは雇用保険などを得るためにフランス人の資格を証明しなければならないとき、市町村長や、いくつかの自治体では警察署長が、個人のフランス国籍証明書を発行した。それが深刻な異議の対象でないかぎり、その証明はそのまま通った。司法省は例外的なケースにのみ意見を求められ、決断が下せなかったときは、裁判所に申し立てることを提案した[88]。第一次世界大戦中、国籍証明書を設けるための最初の運動が起こる。元老院議員オノラは、外国が在仏の自国民が兵役から免れられるようにするために発行する証明書がよく整ったものであることを確認し、国籍の証明をフランス化された出生証明によって、つまりフランス国籍が記載されている証書によってなされるよう提案した。かれはまた、今日の小審判事に相当する治安判事に、これらの証明書発行を一元化することを提案した[89]。司法省はそれに反対し、この件はごく下級の判事に託すには困難で問題が多いと主張した[90]。ただし一点では、司法省はオノラが正しいとした。すなわち郡・区の民事裁判所が国籍の問題を判断するのに唯一の能力をもつことに賛成の立場をとった[91]。

だが、法学教授たちの支持[92]にもかかわらず、戦間期にはいかなる計画も成功しなかった。なぜなら二つの問題が残り続けたからである。誰にこれらの証明書を発行する権限を与えるのか、そしてフランス生まれではないフランス人にはどうするのか、である。一九二七年法の準備の一環として、法学者ジョルジュ・グリュフィーは後者の問題への解決策を見出したとした。「フランスの外で生まれた個人には、フランスでの架空の出生地が必要である」と。かれはそのため、(「侵略や記録が廃棄される懸念から」)、まさにフランスの真ん中のコミューヌを提案し、リオンやリモージュ、ヴィシーから選ばせてはどうか、とした[93]。

実はまさしくヴィシー体制下で、「フランス人の資格の重要性と、これらの証明書発行条件の厳格さを合致させる」ことを目的として、司法相ジョゼフ・バルテルミーは、一九四一年一〇月一二日の通達において、治安判事に、検事局の監督下でこれらの国籍証明書を発行する独占的な権限を与えることを決めていた[94]。ヴィシー体制では、フランス人と外国人、ユダヤ人と非ユダヤ人、また同様に、たとえば上級公職にあてがわれたフランス人の父親から生まれたフランス人と外国出自のフランス人、といった区別がなされた[95]。それに関して司法大臣は、申請者の両親がフランス人の資格を有していないときは必ず、治安判事は決定を下すことを保留し、司法省に照会しなければならないと定めた。それまでとるに足らなかった照会は相当な量に達し、一九四二年は一万二九七三件、四三年は一万八八九六六件となった。

フランス解放後、一九四四年一一月一〇日の通達は、司法省から独立して証明書を発行するため、判事により大きな権限を付与した[96]。次に一九四五年のオルドナンスは今日でも効力をもつ国籍証明と訴訟の体制を設けた。国籍の問題に関する異議申し立てに対して、一般法の民事法解釈が、この場合は大審裁判所が、唯一の権限をもつとした。オルドナンスは同様に国籍証明書を設け、治安判事がそ

＊《三八五頁》身分占有（la possession d'état）　もともとはフランス民法典の定める制度。一般的には人にとっての一定の身分の外観を示すもので、その身分として生活し、かつ周囲からもそのようにみなされ、それに法定の効果が付与される状態のことである。これはとりわけ家族法のなかで、嫡出親子関係または自然親子関係の証明に用いられてきた。そのための要素として、その者が自己の占有する身分と一致する姓を称していること、近親者によって当該身分を有すると考えられていること、そして公衆の目から外観上の身分を有しているとみられていること、の大きく三点が挙げられる〔訳者〕。

の唯一の発行資格をもつことになった。[97] 証拠を整えるのは、フランス人であるかないかを主張する当事者に義務づけられた。[98] 証明書の利点は、その者が深刻な異議申し立ての対象にならないかぎり、証明できることである。それは個人がフランス国籍を証明するために提出した証拠にもとづいて発行される。フランス生まれの親からフランスで生まれたり、帰化したり、フランス人配偶者との結婚後にフランス人になるための届出を登録している場合、二つの出生証明書と官報の抜粋、もしくは裁判所文書課に記録された届出によって証拠は容易に提出することができよう。反対に、フランス人の親から外国で生まれた者は父親または母親がフランス人であることを、単なる親子関係とは異なる方法で証明しなければならない。それができなければ、父系の世代をさらに遡り続けなければならなくなる。それでもなおできない場合は、身分占有の司法手続きに訴えなければならない。

アルザス・ロレーヌ人と身分占有

戦後、国籍証明書は法律上義務ではなかった。[99] 行政は次第に国籍の証拠としてそれを求めるようになったが、同時に、たとえばアルザス・ロレーヌ出身者については固有の困難を生み出すことになった。

X氏の事例を考えてみよう。かれはアルザス・ロレーヌ地方（今日のバ＝ラン県、オー＝ラン県、モゼル県）で一九一七年に生まれた父から、一九四七年にパリで生まれた。[100] 一九七一年、公務員試験を受けるためにフランス人であることを証明したいと欲した。だが、父親が生まれた一九一七年、アルザス・ロレーヌ地方はドイツ領だったため、フランス生まれの父親からフランスで生まれたという事実による証拠を出すことができない。その上父親は、アルザス・ロレーヌ人の子である場合もあれば、一八七一年から居住するようになったドイツ人移民の息子である場合もあり、国際結婚（アルザス・ロレーヌ人とドイツ人）をした両親から生まれた場合や、外国人の息子だったことも考えられる。[101] 父親がアルザス・ロレーヌ出身であれば、一九一九年のヴェルサイユ条約によって当然の権利としてフランス国籍に復帰できたが、居を構えるアルザス・ロレーヌのコミューヌの台帳に登録することを義務づけられた。[102] 一九七一年に、X氏はしたがって、祖父が一九一九年に父親のフランス国籍復帰を記録したはずのコミューヌの台帳の抜粋を提出すればよいことになるが、それは困難だった。そのため、かれは一八七一年以前にフランス人だったアルザス・ロレーヌ人の子孫であることを証明しなければならず、先祖のつながりを遡る必要に迫られることになる。祖父は一八九五年に生まれた。曾祖父は一八七二年生まれ、その父親は一八五〇年生まれであった。この二人の先祖への一八八九年法の適用（フランス生まれの父親からフランスで生まれた子どもにフランス国籍を付与する）が、この一九四七年に生まれた彼らの子孫のフランス国籍を証明することになろう。

アルザス・ロレーヌ人の子孫たちは、一九七一年にはもはや、行政が彼らに対して行ない、本人たちは「難癖《なんくせ》や正当化できない差別」[103]と考える諸要求に従うのをよしとしなかった。一九七一年六月二二日法によって修正された一九六一年一二月二二日法は、一九一八年以前にアルザス・ロレーヌ地方で生まれた者の身分占有によるフランス国籍の証明を可能にした（すなわち当事者本人にのみ関係する）。

身分占有は家族法の概念であり、国籍の分野に取り入れられ、多少変更された。民法典第三一一・二条は、身分占有を、「世評」によって裏づけられ確証された個人の意思と定義している。父親の名前をもつ婚姻外で生まれた子どもは、父親が息子を認知し、第三者がその者の息子だと認めれば、非嫡出子として身分占有することができる。しかしながらフランス人と自己申告し、その届出が第三者の信条によって強化されたとしても、フランス人の身分占有を確立するのには十分ではない。国籍とは一個人と国家の間の公法的つながりであり、国家が個人を国民と認める必要がある。そのため、国籍に適用される身分占有とは、「個人とフランス国家とを結ぶ国籍のつながりを表見的に示す[104]」一連の事実である。当事者はフランス人がするように行動していなければならず、またとりわけパスポートや選挙人カードが発行され、兵役に就いていたなど[105]、国家や行政によってフランス人とみなされていた必要がある。そして次に裁判所で、この身分占有の存在をただちに判断させるような整合的な指標に照らし、その者にフランス国籍を認める決定がとられる[106]。

一九六一年と一九七一年法は、身分占有は「補足的」にのみ使われるとしている。多くの小審判事は、身分占有の手続きの行使を認める前に、国籍証明書発行のために親子関係の証拠を探すよう、引き続きアルザス・ロレーヌ地方の子孫に求めた[107]。一九九八年にようやく、この証明様式の補足的性格を廃し、これがアルザス・ロレーヌ人にとって「フランス国籍のこの上もない証明[108]」になった。

その数年前からアルザス・ロレーヌ人に、自分自身も外国で生まれたか、両親が外国生まれの大勢のフランス人が加わった。彼らは国籍証明書を要求され、自分たちの国籍を証明するのに非常に大きな困難に直面していた[109]。というのも、一九九四年から、行政はかつての紙の身分証明書を「偽造できない[110]」とされるプラスチックのカードに替え、そこで国籍の効力を保障するために、外国で生まれたか外国人の親から生まれたすべてのフランス人に国籍証明書を要求したのである[111]。「窓口では、証明書を要求され、怒りに満ちた人々と、国籍法の細かい点にあまり通じていない公務員との間での激しい口論が頻発した[112]」。そこで内務省は一九九六年二月二一日の通達で、公共サービス機関に、これらの人々にもはや画一的に国籍証明書を要求せず、フランス国籍を証明するのに自分の身分証明書と親の一人の身分証明書を示すことを求めるにとどめるよう指示した[113]。親子関係によってそれが証明できないときに国籍の証拠を提出することの困難、これがフランス国籍法に残る唯一の不平等となる。

現代の国籍に関わるすべての法制は、血統主義と生地主義、そして結婚と居住にもとづく権利といった要因を組み合わせたものである。フランス国籍はその特徴として、これらの技法を最も広くその内部に含められるように組み合わせてきた。そのため、これらの道具のいずれをとっても、これぞフランス法だ、と判別させるものはない。それらすべてが、異なる配置のなかで交替で使用されていたからだ。というのも、逆説的だが、大革命以降、中央集権的なフランスがつくり上げてきた法体制は、ドイツとは異なり[114]、それぞれの段階で、非常に多様で、しばしば地方や外国から取り入れた国籍付与の方法をどれも放棄することなく、保持してきた。そのため、一つの方法が支配的な原則になっても、他の方法は放棄されず、法的順応を行なう必要が生じれば、それらを再び活性化させることができたのである。

全体の結論

その死の数週間前の一八七二年三月八日、ニューヨークのコロンビア大学の教授、フランシス・リーバーは、マサチューセッツ州選出上院議員のチャールズ・サムナーに、三七年来ほとんど毎週行なってきたように、手紙を書き送っている。サムナーは上院の共和党急進派のリーダーで、かつ熱烈な奴隷解放論者である。[1]

フランシス・リーバーは、一八二七年プロイセンからアメリカ合衆国に移住し、統治の体系的研究、すなわちアメリカでいう政治学の基礎づけを行なった。なお、この科学のために一八五八年、ニューヨークのコロンビア大学に初めて設けられた講座に着任する。つねに意見を同じくしていたわけではないが、フランシス・リーバーはチャールズ・サムナーの親友だった。サムナーは久しくフランス礼賛者だったが、リーバーは自らの出自に愛着し、一八七〇年戦争においてビスマルクのプロイセンがナポレオン三世のフランスに勝利したことに喜んだ。この戦争時、かれは、ドイツ系アメリカ人を集めて、ニューヨークのセントラルパークでドイツ支持の集会を公然と行なっている。このドイツの勝利とドイツ帝国建国の数カ月後にリーバーがサムナーに書いたこと、それは次のようなことである。[4]

本日、私はベルリンから、シュトラスブルク〔ドイツ語読み表記。フランス語ではストラスブール〕大学におけるビスマルク基金の設立に賛同する在米ドイツ人に寄付金を求める訴えを、受け取りました。私は幾ばくか送金するつもりであり、義務を果たしてほっとすることでしょう。

ドイツ政府は明らかにシュトラスブルクを第一級の大学にすることに大いに熱意を示しており、このことは意味なしとしません。フランス人はあきれるほどこれを怠ってきました。彼らは、パリを除いては、すべてを打ち棄て、等閑に付してきたのであり、今も相変わらずそうです。ここでまたしても、自分の年来の疑問に立ち帰ります。何がフランス人をして、彼らだけが、征服した諸々の人民を帰依させることができると考えるようにしたのか、と。それらの人民は、フランスから何の利益も受け取らず、それでいてフランスのために弁じるのです。ドイツ人にあっても、イギリス人やアメリカ人にあっても……そういうことは起こらない。これは一体どういうことなのでしょう。

敬具

F・L

サムナーは、すでにこの疑問にある仕方で答えていた。かれは一八六〇年代を通じてずっとアメリカ憲法に「すべての個人は法の前に平等である。それゆえ何人も、他の者を奴隷状態に置くことはできない」[5]というフレーズを導入するために戦っていたからだ。その伝記作者、アメリカの歴史家、デイヴィッド・ドナルドによると、サムナーは、「法の前の平等」をフランスの「人及び市民の権利の宣言」から借りていて、自身、アメリカの憲法と法解釈へのその最初の導入者でありたいと欲していた[6]。かれが、この修正をアメリカ上院で提案した時、上院の同僚議員ハワードは、かれに懇願した。「フランス憲法やフランスの諸法典を引き合いに出すことはやめ、どうか一七八七年の布告でわが建国の父祖たちが用いたよき古きアングロ＝サクソンの用語法に立ち帰ってほしい[7]」と。サムナーは、保守派の面々が、平等はイギリス由来のものではないと見、「それというのも、この観念は地位の上下に基礎を置く同王国ではほとんど支持が得られないから[8]」として反対している、と考えた。フランス革命の基礎としての平等の観念は、フランスの旧王国にも無縁のものではなかった。デヴィッド・ヒュームはすでに一七七七年、絶対主義政府の収めた成功の一つは旧臣民と新臣民の間に相違がないという点にあった、という意味のことを書いている。「フランスに征服されたくにと、アイルランドを比較してみたまえ。このことが確信されよう[9]」。

ストラスブールのフランス人をフランスに愛着させたもの、それはストラスブールがパリと対等だということであり、それに対し、ドイツ人には、シュトラスブルクはプロイセンに対し、つまりベルリンのドイツ人に対し、下だった[10]。ちょうどスコットランド人やアイルランド人がイングランド人より下だったように。まさしくこの平等のコンセプト――アンシアン・レジーム下の諸地域間の、革命以来の諸個人間の――こそが、フランシス・リーバーが疑問視したあの成功の核心をなしたのだ。ところで、この平等に心惹かれてのフランスへの同一化は、征服され、もしくは統合された諸地方の住民に益を与えたとしても、それは個人の国籍へのアクセスにおいては何を意味するか。

筆者が本書で示したことは、国籍に関するフランスの法はさまざまな影響の下に積み上げられてきた規定によって構成されている、ということだった。たとえば、国家に対しての個人の解放の結果の下で、次いで人口に関しての国家の利害が考慮されて、あるいは男性と女性の平等を確保するために、など。そして国籍法はそれ固有の歴史をもち、いかなる場合でも何らかの国民の観念の転写物のようなものではなかったこと、である。

領土のなかに居住する外国人諸集団の国籍を無視し続ければ、たとえその集団が最終的には受け容れられるにせよ、差別と不平等の感情が生き続けるのを助長するのは見やすい事実である。これは、フランスの国籍法が生じさせたことではない。実際、今日では血統主義によっても生地主義によっても、結婚や居住によっても、帰化の権利に法技術がもたらすすべての手段によっても、人はフランス人になれる。それら技術の各々は今日、かなり幅広く展開されている。

〔二〇世紀の〕最後の四分の一世紀、フランス人の間の差別をなくし、結婚によるきわめてリベラルな国籍アクセスを維持し、帰化のコンセイユ・デタの管轄権を制御し、フランス国籍は広がった。今日では、人が生まれながらのフランス人でなくとも、領土内の出生、居住、そして特に結婚によるフランスとの絆が証明できれば、フランス国籍の境界は大した困難もなく乗り越えられる。この乗り越えは重国籍の許容によっても容易とされた。それだけではない。フランス人は自国籍を容易に外国生まれの子孫にも継承させられる。

それにしても、フランス人の間の差別、不平等はどうなっているのか。現在ではすべてのフランス人は平等である。なお、それに対し、たとえばドイツ人はそうではない。外国人の両親からドイツで生まれた子どもは、出生と同時にドイツ人となるが、それは暫定的な国籍であり、二三歳で、もし本人が両親から継承した国籍を保持するなら、これを失う可能性がある〔ドイツの一九九九年の国籍法は二三歳での一国籍の選択を義務づけたが、二〇一四年の法改正で二三歳以後の重国籍維持が大幅に認められた）。すべてのフランス人は、国籍の証明に関しては別だが、平等である。国籍証明書の付与という段になって突然難題が湧き上がり、「外国生まれのため、不正を犯したのではないかと疑われる何十万の人々に刻まれる深いトラウマ」を、フィリップ・ベルナールは指摘する。[11] このトラウマは、国籍証明書の付与の時に続くだけだとしても、「測り知れないもの」である。あの第二次世界大戦下のユダヤ人、さらに長い期間にわたる女性、植民地現地民、帰化者などを捉えた差別と過去のトラウマは、どれほどのものだったか。

一九四〇年に完全なフランス国籍から格下げされたアルジェリアのユダヤ人たちは、帰化を取り消され、またはフランス本土にいて取り消しの脅威にさらされて、経験したトラウマは、彼らにも、その子どもにとっても時が拭い去ってくれるものではなかった。ジャック・デリダ〔一九三〇－二〇〇四年。フランスの哲学者、アルジェリア出身ユダヤ系〕が当事者として証言している。[12] それでも彼らは、一九四三年にアルジェリアでクレミュー政令がどうにか回復され、四四年に本土で帰化取り消しが撤回され、共和国へのアイデンティフィケーションを保つ可能性をもった。

女性についても同じことがいえるだろうか。外国人男性と結婚したフランス人女性は、一八〇三年から一九二七年まで、その国籍を失い、フランスにいても外国人の地位に置かれた。この現象は、一九世紀を通じて毎年数百人の女性に関係した。それが、二〇世紀の初頭、とりわけ第一次世界大戦後、大量現象となると、一九二七年法が速やかにフランス人女性に国籍を保持し、またはすでに失っていればそれを回復する可能性を与えるようになった。このトラウマはおそらく当事者女性たちを深く捉えただろうが、集合的記憶からはすでに消え去っている。

帰化者たちはといえば、彼らは一九二七年から八四年まで、公選職や専門職については欠格とされた。それは彼らのうちの多くにとってある種の職業へのアクセスの禁止または延期を意味することがあった。けれども、それは五年とか一〇年と時間的に限られたもので、猶予期限が終われば消滅した。だが、アルジェリアの植民地現地民では、そうはいかなかった。一八三〇－一九六二年という期間を通してフランスの絶えざるプレゼンスがあり、彼らは劣等の位置に置かれ続ける。形式的にはフランス国籍を保有したものの、それは、権利の空っぽな異常な国籍だった。完全なフランス人になるには、原則として、ほとんど社会化されていない外国人のための帰化の手続きに従わなければならなかった。

アルジェリア独立後、フランスで生まれたアルジェリア移民の子は、ヨーロッパ系の、ないしアルジェリア出身ユダヤ系の両親から生まれた子どもと平等になる。フランス生まれ（一九六二年以前のアルジェリア生まれ）の両親からフランスで生まれたため、加重生地主義の効力によって、生まれながらのフランス人になったのだ。

しかし、一九八〇年代初め、「アルジェリア論争」が再度起こる。右派では、アルジェリアの子どもに対しフランス人となる意思の表示を求める声が上がる。これは、フランス本土に厳密に限っての議論のなかでならば、正当であるようにみえた。けれども、アルジェリアのムスリムの子どもたちからみると、これは彼らを、親たちがかつてくにで押し付けられていた地位に象徴的に引き戻すものでもありうる。実際、親たちは、申請しなければ、全きフランス人になれなかったのだ。左派には、しばしば国籍なしで市民権を認めるべきだと提案する人々がいて、しかしこれが、そうと気づかずに、アルジェリアの逆行の締め金を締め上げることになった。完全な国籍なしでも認められる市民権、これは、完全な市民権を与えることが不可能となった時にブルムとヴィオレット〔ヴィオレットについては第八章注一六三を見よ〕の提案したことである。バンジャマン・ストラが巧みな筆致で書いたように、過去にアルジェリアで行なわれた論争が、一九八〇年代、旧植民地から本土へと舞台を移して行なわれたかのようである[13]。しかし、同じ闘いが行なわれても、その結果はフランスでは、アルジェリアでのそれの逆であり、権利の平等が差異と劣等性に勝利した。

今日では、フランス生まれアルジェリア人の子どもは完全なフランス人である。ただしトラウマは前世代から引き継がれ、今日的論争のなかで押し返す波のように再活性され、権利の平等が認められても、単純に消失はしない。まさしく歴史が、知〔認識〕の二重作業を可能にする。本土のフランス人は次のことを理解しなければならない。フランスは、植民地アルジェリア以外のどこでも、これほど権利の言辞と経験されたものの混乱を極端にまで追いやったことはなく、これほど国籍、平等という言葉自体の中身を無内容にしたこともない。次に、権利なき臣民の地位から完全なフランス人への移行は、外国人からフランス人になることよりもはるかに複雑だった。アルジェリアのムスリムとその子どもたちは、語られ、公にされた歴史から、事実と諸々の表象を考慮に入れることができるにちがいない。フランスはアルジェリアではなく、もはやアルジェリアではないのだから。ここフランスでは、権利という言葉は、彼らがわがものにできる十全な意味をもつ。フランス国籍のこの二世紀の歴史は、外国人への漸進的な開放の、平等の獲得の、そして差別に対する相次ぐ勝利の歴史として読むことができる。彼らはこれからは、この歴史の完全な演じ手になるのだ。

謝辞

まず、フランス国籍の歴史を具体的に書籍の形にするにあたり、協力をいただいた方々にお礼を申し述べたい。司法省国籍課の課長サヴィニヤン・グリニョン＝デュムーラン氏とファビエンヌ・ルノー氏には、当時の民事・印璽局長アレクサンドル・ベンマクルフ氏の承認の下、同課に保存されている資料の閲覧を許可していただいた。人口・移民局長だったジェラール・モロー氏とその後任のジャン・ゲルマンク氏には、ルゼ所在の帰化部の資料を閲覧できるよう手配していただき、そこでジャン＝クロード・ラテイ氏から貴重な助力を得ることができた。

社会問題省調査・試験部（ＭＩＲＥ）とパトリック・デュ・シェイロン氏からは、ドイツ国籍法の歴史を調査するための財政支援を得ることができた。現在ベルリンのフンボルト大学で法学部助手を務めるフランツ・マイヤー氏には、ドイツの資料調査を依頼し、その結果特筆すべき価値のある資料を探し当てていただいた。フロリアーヌ・アズレイ、ステファーヌ・デュフォワ、アンドレアス・ファーマイヤー、ピエール＝オリヴィエ・フランソワ、アンドレアス・パウルス、ジェイ・ローウェル、ハワード・サージェントの各氏からは、ドイツ国籍法に関する一章を構成する上で、貴重な協力を得た。

また、国立公文書館歴史センター（CARAN）とフォンテヌブローの現代資料センターから認めていただいた特例措置がなければ、本書を執筆することはできなかった。フォンテヌブローおよびノール県公文書館の職員の方々、ジョージタウン大学資料館のマーティン・バリンジャー氏、そして破毀院図書館アシスタントのディディエ・フルニー氏に特に感謝を捧げたい。

この五年間、元老院図書館の司書と職員の皆さんには毎週迎え入れられ、しかも大きな価値のある蔵書の閲覧を許可していただいた。国立政治学財団の司書と職員の方々の友情と協力がなかったならば、私の仕事はより困難なものになっていただろう。キュジャス図書館にはかっていただいた便宜は、研究者にとって他に類を見ないものだった。特に感謝を申し上げる次第である。

ウッドロー・ウィルソン・センターとハーヴァード大学欧州研究センターには、一九九五年と一九九六年に招へいいただいた。そのお陰で、アメリカの公文書館と図書館で調査を行なうことができた。ここにお礼を申し上げる。

本書の執筆にあたっては、特に重要な点について、ヴィダ・アズィミ、アラン・バンコー、ロール・ブレヴィス、フランソワ・ガラール、クロード・ゴアスゲン、パトリス・ゲニフェイ、ボニー・ホーニグ、ポール・ラガルド、ローラン・レネ、セバスティアン・ローラン、エマニュエル・マクロン、ジェラルド・ヌーマン、ドゥニ・ペシャンスキ、ピエール・ロザンヴァロン、ピエール＝アンドレ・タギエフ、そしてジル・ヴァイヤンの各氏から情報をいただいた。

本書各部の初稿について、多くの方から実りの多い批判的意見をいただき、あるいは多くの方と意見交換を行なうことができた。フランス革命に関する章は、パリ・ナンテール大学でのジェロー・

ド・ラ・プラデル氏の博士課程のゼミで取り上げられた。ヴィシー政権に関する章はロバート・パクストン氏と、ハーマン・レボヴィッツ氏主宰のニューヨーク地区フランス史セミナー（New York Area French History Seminar）の参加者による討論の対象となった。さらに、女性の地位を論じた部分については、二〇世紀社会史研究センター（パリ第一大学）のCEPICのセミナーの枠内において、クリスティーヌ・バール氏による討論の対象となった。フランス国立科学研究センターの筆者の研究室では、執筆を行なうのに必要な落ち着いた雰囲気と刺激を享受することができた。

この仕事の期間を通じて、クレール・アンドリウー、オリヴィエ・ボー、ニコラ・ベルシアン、マリー＝クロード・ブラン＝シャレアール、ローラン・ジョリー、ジェイソン・レディントン、ジャン＝クロード・モノ、ジェロー・ド・ラ・プラデル、エマニュエル・サーダとアレクシ・スピールの各氏から与えられた知的支援は決定的だった。ピーター・サーリンズ氏と、本書の原稿を注意深くチェックしていただいたマルク・ジョリー氏には、特に感謝申し上げる。

オリヴィエ・ノラ氏には友情をもって、またプロフェッショナルな態度でこのプロジェクトを支えていただいた。グラッセ社のクリストフ・バタイユ氏には、丁寧に原稿を読んでいただいた。

最後に、終始筆者に付き合ってくれたアンヌ・シモナン氏には、筆者がどれほど多くを彼女に負っているか理解してくれていると信じるものである。

1945年から2002年の手続き別フランス国籍取得登録件数

	取得総数	意思の表明	デクレによる取得				届出による取得			
			合計	帰化	回復	親の帰化に伴う取得	合計	結婚	未成年期	その他
1945	17,884		4,983	3,377	903	703	12,258	976	11,282	-
1946	38,869		18,114	14,154	744	3,216	20,275	5,187	15,088	-
1947	111,736		85,243	67,737	1,899	15,607	26,087	11,992	14,095	-
1948	70,925		60,009	48,955	1,186	9,868	10,694	3,269	7,422	3
1949	61,270		52,407	41,701	1,411	9,295	8,642	479	8,137	26
1950	43,790		35,964	27,912	977	7,075	7,654	270	7,255	129
1951	25,257		19,462	14,897	502	4,063	5,645	194	5,386	65
1952	28,139		20,998	15,707	493	4,798	6,765	211	6,534	20
1953	34,824		26,477	19,078	650	6,749	8,103	188	7,880	35
1954	39,308		27,886	20,410	593	6,883	11,172	164	10,992	16
1955	44,972		29,577	21,506	452	7,619	14,933	248	14,658	27
1956	38,040		24,704	17,263	350	7,091	13,088	233	12,726	129
1957	36,890		25,590	17,620	514	7,456	11,118	377	10,549	192
1958	34,452		24,452	17,205	458	6,789	9,823	702	8,904	217
1959	34,098		24,780	17,278	497	7,005	9,113	924	8,113	76
1960	29,683		19,208	13,192	253	5,763	10,342	2,035	8,184	123
1961	25,954		15,952	10,774	167	5,011	9,845	1,770	7,993	82
1962	28,149		16,894	11,120	157	5,617	11,155	1,234	9,686	235
1963	30,648		20,307	13,443	115	6,749	10,240	917	9,167	156
1964	27,289		17,810	11,890	147	5,773	9,403	764	8,479	160

	取得総数	意思の表明	デクレによる取得				届出による取得			
			合 計	帰 化	回 復	親の帰化に伴う取得	合 計	結婚	未成年期	その他
1965	41,487		30,859	20,029	205	10,625	10,525	735	9,575	215
1966	30,488		22,874	15,652	204	7,018	7,522	635	6,707	180
1967	57,231		45,663	30,415	222	15,026	11,463	668	10,469	326
1968	38,287		29,935	19,876	520	9,539	8,273	520	7,299	454
1969	38,397		30,116	19,457	702	9,957	8,211	536	7,556	119
1970	35,000		27,986	18,002	784	9,200	6,962	372	6,498	92
1971	39,989		32,554	20,531	952	11,071	7,381	363	6,916	102
1972	35,254		27,851	17,235	823	9,793	7,321	282	6,945	94
1973	33,662		26,651	17,434	761	8,456	6,965	464	6,175	326
1974	36,050		24,028	16,241	711	7,076	11,955	5,984	5,226	745
1975	41,388		26,674	18,006	1,021	7,647	14,664	8,394	5,348	922
1976	45,131		30,667	20,140	1,538	8,989	14,421	9,181	4,107	1,133
1977	48,135		32,906	21,610	1,676	9,620	15,176	9,885	4,198	1,093
1978	50,977		34,105	22,439	1,670	9,996	16,833	10,849	4,623	1,361
1979	46,810		30,982	20,164	1,562	9,256	15,808	10,044	4,245	1,519
1980	52,129		31,504	20,203	1,977	9,324	20,599	13,767	4,836	1,996
1981	54,030		34,400	21,541	2,811	10,048	19,611	13,209	4,600	1,802
1982	48,835		28,459	18,073	2,349	8,037	20,368	14,227	4,473	1,668
1983	39,714		19,990	13,213	1,557	5,220	19,705	13,213	4,793	1,699
1984	35,575		20,056	13,635	1,599	4,822	15,517	10,279	4,201	1,037
1985	60,688		41,588	26,902	2,708	11,978	19,089	12,634	5,088	1,367

	取得総数	意思の表明	デクレによる取得				届出による取得			
			合 計	帰 化	回 復	親の帰化に伴う取得	合 計	結 婚	未成年期	その他
1986	55,975		33,402	21,072	1,986	10,344	22,566	15,190	6,312	1,064
1987	41,758		25,702	16,205	1,649	7,848	16,052	9,788	5,486	778
1988	54,313		26,961	16,762	2,251	7,948	27,338	16,592	9,937	809
1989	59,528		33,040	19,901	2,961	10,178	26,468	15,489	9,711	1,268
1990	64,991		34,899	20,827	3,462	10,610	30,077	15,627	12,041	2,406
1991	72,242		39,445	23,177	3,710	12,558	32,768	16,333	13,551	2,884
1992	71,601		39,346	22,792	4,205	12,349	32,249	15,601	14,383	2,265
1993	73,170		40,739	23,283	4,299	13,157	32,425	15,246	15,476	1,703
1994	126,341	33,255	49,449	28,936	4,946	15,567	43,633	19,493	21,750	2,390
1995	92,412	30,526	40,867	24,718	4,108	12,041	21,017	16,659	1,492	2,866
1996	109,940	29,845	58,098	34,650	6,525	16,923	21,880	19,127	156	2,597
1997	116,286	32,518	60,485	35,703	6,311	18,471	23,191	20,845	81	2,265
1998	112,461	25,549	58,123	34,697	5,753	17,673	29,089	22,113	5,300*	1,676
1999	136,435		67,569	39,832	6,512	21,225	68,866	24,088	42,433	2,345
2000	141,455		77,478	45,485	7,340	24,653	63,977	26,056	35,883	2,038
2001	121,631		64,595	39,394	5,765	19,436	57,036	23,994	31,957	1,085
2002[1)]	122,834		64,081	38,440	5,712	19,229	58,753	26,350[2)]	36,636	767

出所：人口・移民局、帰化課、司法省

* 推計

1). さらに 2000 年に 5,245 件の国籍証明書が外国人の両親からフランスで生まれ、18 歳に達した若者に発行された。そのため 2002 年の間に 128,000 人の外国人がフランス国籍を取得したと考えることができる。

2). 2001 年以降、フランス人との結婚に由来する国籍の届出に関するデータは、この手続きに結びついた一体的効果としての未成年の子どもの国籍取得を含んでいる。2001 年に 978 人、2002 年に 1,126 人であった。

EU と北アメリカ諸国における出生時の国籍付与

	生まれながらの国籍	
	生地主義（導入年）	血統主義（導入年）
アイルランド	有（1935）	有（1935）
アメリカ合衆国	有（憲法による、1868）	有（子どもの出生前にアメリカに居を構えていないかぎり、3 世には継承されない）
イギリス	有（居住条件付き）	有（子どもの出生前にイギリスに居を構えていないかぎり、3 世には継承されない）
イタリア	無	有（1865）
オーストリア	無	有（1811）
オランダ	有（3 世向け、1953）	有（1888）
カナダ		有（海外の 3 世は国籍を喪失）
ギリシャ	無	有（1856）
スウェーデン	無	有（1984）
スペイン	有（3 世向け、1982）	有（1837）
デンマーク	無	有（1898）
ドイツ	有（条件付き、重国籍、1999）	有（プロイセン、1842）
フィンランド	無	有（1941）
フランス	有（3 世向け、1889）	有（1803）
ベルギー	有（3 世向け、1992）	有（1831）
ポルトガル	有（居住条件付き）	有、最優先（単独の場合、申請者に意思表明の義務）
ルクセンブルク	無	有（1804）

移民の子どもによる国籍へのアクセス――EU ならびに北アメリカ諸国の比較

	国籍への権利	特別措置の有無	居住	年齢	その他の情報
アイルランド				-	-
イタリア	有	有	出生時から連続して居住	成人	-
オーストリア	無	有	10 年の代わりに 6 年もしくは 4 年	-	帰化
オランダ	有	有	少なくとも 4 歳から居住	18 歳から 25 歳	届出
カナダ		有	自動的	無	出生時
ギリシャ	無	無	-		
スウェーデン	有	有	5 年	5 歳から 20 歳	届出
スペイン	有	有	1 年	18 歳から 20 歳	届出
デンマーク	有	有	10 年	18 歳から 23 歳	届出、前科なし
ドイツ	国内での生まれ：有	有	親が永住者	出生時	23 歳で、重国籍の放棄
	国外での生まれ：有	有	8 年（そのうち初等教育で 6 年、中等教育で 4 年）	16 歳から 23 歳	重国籍の放棄、届出、前科なし
フィンランド	有	有	10 年	21 歳から 23 歳	届出
フランス	無	有	5 年（断続可）	13 歳以降	13 歳では親の同意の下で、16 歳で申請で、18 歳で自動的に付与
ベルギー	有	有	親が 10 年間居住	12 歳前、18 歳から 30 歳	届出
ポルトガル	有	有	無	いつでも可	親が 10 年の居住、もしくはポルトガル語圏出身の場合は 6 年
ルクセンブルク	有	有	5 年	18 歳	届出
イギリス	有	有	親が正規の居住者	出生時	
アメリカ合衆国	有	自動的	無	出生時	

帰化による国籍へのアクセス——EU ならびに北アメリカ諸国の比較

	居 住	歴史の知識	言語の知識	忠誠の宣誓	十分な収入	品行調査	前科なし	前国籍の放棄
アイルランド	申請前に連続して 4 年以上、もしくは申請前 8 年	-	-	有	-	有		
イタリア	10 年	-	-	-	-	-	-	-
オーストリア	10 年	-	有	有	有	-	有	有
オランダ	申請前継続した 5 年間の永住もしくは通常の居住	有	有	-	-	-	-	-
カナダ	申請前 4 年のうち 3 年の永住	有	有	有	-	-	有	
ギリシャ	申請後 5 年、もしくは申請前の 12 年のうち 10 年と申請後 1 年の居住	-	-	-	-	-	-	
スウェーデン	5 年	有	-	-	-	有	-	無
スペイン	10 年	-	-	-	-	-	-	-
デンマーク	7 年	-	有	-	有	-	有	-
ドイツ	8 年の永住	-	有	-	有	-	-	有
フィンランド	5 年	-	-	-	有	-	有	-
フランス	5 年	-	有	-	有	有	有	-
ベルギー	3 年	-	-	-	-	-	-	-
ポルトガル	10 年	-	有	-	有	有	-	-
メキシコ	5 年	有	有	-	-	-	-	有
ルクセンブルク	10 年の連続した滞在	-	有	-	有	-	有	有
イギリス	5 年	有	有	有	-	有	-	-
アメリカ合衆国	5 年の永住	有	有	有	-	有	場合によって	有

結婚による国籍へのアクセス——EU ならびに北アメリカ諸国の比較

	特別措置の有無	居住	期間	その他の要求
アイルランド	有	-	3年	-
アメリカ合衆国	有	3年	-	他の外国人と同じ規定
イギリス	有	3年	-	-
イタリア	有	イタリアに6カ月もしくは外国で3年	-	いくつかの軽罪で有罪判決を受けていないこと
オーストリア	有	4年の居住があれば結婚後1年、3年であれば2年	1年	-
オランダ	有	3年	-	-
カナダ	無	-	-	-
ギリシャ	無	-	-	
スウェーデン	有	永住（3年）	2年	-
スペイン	有	-	1年	-
デンマーク	無	-	-	-
ドイツ	有	5年	-	-
フィンランド	有	3年	2年	-
フランス	有	無	2年（フランスに住んでいない場合は3年）	簡易化された帰化（届出による）
ベルギー	有	3年	-	-
ポルトガル	有	3年	-	-
ルクセンブルク	有	3年	-	共同生活の証明

Liberal, New Orleans, Louisiana State University Press, 1947.

(3) 以下を参照。Bernard Crick, *American Science of Politics : Its Origins and Conditions*, London, Routledge & Kegan Paul, 1959, pp. 15-18.

(4) Charles Sumner papers, microfilms, box 84, letter of the 8th March 1872, *Library of Congress*.

(5)〔英語原文〕« All persons are equal before the law, so that no person can hold another as a slave. »

(6) Donald, *op. cit.*, p. 149.

(7)〔英語原文〕« To dismiss all reference to French constitutions or French codes and go back to the good old Anglo-Saxon languages employed by our fathers in the (Northwest) ordinance of 1787. » Congressional Globe, 38th Congress, first session. pp. 1488-1489.（David H. Donald, *op. cit.*, p. 151 からの引用による。）

(8)〔英語原文〕« For the idea itself finds little favor in that hierarchical kingdom. » しかし、サムナーは、この概念〔平等〕が、「われわれの独立宣言のなかで宣された人権の観念に正確さ」を与えた点で、アメリカの伝統に属していると考えていた。Donald, *op. cit.*, p. 149 からの引用。

(9)〔英語原文〕« *Compare the* pais conquis of *France with Ireland and you will be convinced of this.* » ヒュームはさらに付言する。〔以下、英語原文より訳出〕「君主が征服によってその支配を拡大するとき、かれはただちに旧、新の臣民が同じ立場にあると考えることを学ぶ。というのも、現実にそのすべての臣民はかれにとっては同じものだからだ。[……]。絶対君主制の下での諸地方は、自由な国家の諸地方よりもつねによい扱いを受けている」(David Hume, « That Politics May be Reduced to a Science », 1777. *in* H. D. Aiken (ed.), *Moral and Political Philosophy*, Oxford, 1963, 298-299. Sahlins, *op. cit.*, p. 130 より引用)。

(10) David Blackbourn, *Fontana History of Germany 1780-1918 : The Long Nineteenth Century*, London, Fontana Press, 1997, pp. 261-262.

(11) Philippe Bernard, « Le renouvellement de la carte d'identité est devenu une course d'obstacle », *Le Monde*, 6 février 1996, pp. 261-262.

(12) クレミュー政令とそれがアルジェリア・ユダヤ人とフランスの関係にもたらした帰結については以下を参照。Jacques Derrida, *Le Monolinguisme de l'autre*, Paris, Galilée, 1996, pp. 32-37.

(13) Benjamin Stora, *Le Transfert d'une mémoire. De l' « Algérie française » au racisme anti-arabe*, Paris, La Découverte, 1999.

p. 8.

(104) Circulaire n° 94/16 du 27 juin 1994, BO Justice n° 54, 1er avril-30 juin 1994 を参照。

(105) Cass. 1re civ., 22 mars 1960, (*JCP* 61 II 1 1917) を参照。

(106) 1995 年 2 月 8 日法 n° 95-125 は小審判事から主任書記官へと、国籍証明書の発行権限を委譲した。それは行政の管轄となり、裁判所のものではなくなった。

(107) Lagarde, *op. cit.*, p. 246 を参照。

(108) Circulaire n° 98/14 du 20 août 1998, relative aux modalités d'entrée en vigueur de la loi du 16 mars 1998, *JO*, 21 août 1998.

(109) 作家ジャック・ローランは 1985 年 7 月 11 日に「ル・モンド」紙で、身分証明書の単なる更新の際に 11 区の裁判官から受けた不運な出来事について話している。Jacques Laurent, « Jacques Laurent est-il français? », *Le Monde*, 11 juillet 1985.

(110) Philippe Bernard, « Afin de lutter contre la multiplication des contrefaçons et falsifications, la carte d'identité informatisée sera généralisée en 1995 », *Le Monde*, 4 février 1994, p. 10 を参照。

(111) 1991 年、身分証明書更新時に「深刻な疑い」がある場合に、国籍証明書を要求できると通達が明示したので、混乱が増加した。Philippe Bernard, « Français suspects », *Le Monde*, 27 mai 1992, p. 10 を参照。

(112) Philippe Bernard, « Le renouvellement de la carte d'identité est devenu une course d'obstacles », *Le Monde*, 6 février 1996, p. 9.

(113) 1995 年から国籍証明書を発行するのは主任書記官であり、小審判事ではない。また 1998 年 12 月 25 日の通達（n° 98/17）によって発行の条件は改善された。だが、親子関係によるフランス人でない者は、なおも国籍を証明するより多くの困難を抱えている。

(114) プロイセンが血統主義を選択し、それをドイツ帝国に強要した際、生地主義はドイツ法から姿を消し、それが再び現れたのは 2000 年になってからであった。

全体の結論

(1) サムナーについては、以下を見よ。David H. Donald, *Charls Sumner and the Rights of Men*, New York, Alfred A. Knopf, 1970 ; Auguste Laugel, « Le sénateur Charles Sumner, un homme d'Etat américain », *Revue des Deux Mondes*, 15 juin 1874, pp. 721-749.

(2) フランシス・リーバー（1798-1872 年）。法律家、サウスカロライナ大学法学・政治学教授（1835-1856 年）、コロンビア・カレッジ（1857-1865 年）、コロンビア・ロースクール（1865-1872 年）の各教授。著作には特に以下のものがある。*The Political Ethics, nationalism and internationalism*, New York, Charles Scribner, 1868. アメリカ合衆国政府のために書いたものが、1868 年に最初の戦争法規集となった。これについては以下を参照。Franck Freidel, *Francis Lieber : Nineteenth Century*

(93) AN, 50 AP 27, Lettre de G*ruffy du 6 août 1926* à André Honnorat. ニボイエは解決策を探るのはきわめてむずかしいと認め、専門委員会にこう提案した、「私はそれが現実的であれば、いかなるシステムにも喜んで賛同します」と。
(94) AMJ.
(95) Jacques Maury, « Les lois récentes sur la nationalité. II. — Les droits réservés à certains Français », *La Semaine juridique Études doctrinales*, n° 169, 11. 40 を参照。
(96) 判事は3つのケースに関してのみ司法省に問い合わせるべきとした。すなわち暗黙の選択肢による国籍取得（外国人の両親からフランスで生まれ、成人前に宣誓していない子ども）、志願兵、そしてフランス人男性との結婚によってフランス人になったと申し立てる外国人女性である。
(97) このことは、訴訟（重罪裁判を除く）で国籍の問題が生じたとき、裁判所は裁判を保留し、その問題を治安判事に付託しなければならないことを意味する。
(98) ある者が自分に対する追放命令の施行を妨げるためにフランス人の資格を申し立てるとき、国籍の証明はその者がしなければならない。
(99) Maury, 1945-46.
(100) これらの県はドイツ帝国に併合され、ヴェルサイユ条約によってフランスに返還された領土にあたる。1870年以前のフランス4県は、1871年5月10日のフランクフルト条約によって認められたドイツ併合の影響を受けている。それはバ＝ラン県全体、ベルフォール小郡・デル小郡・フォンテヌ小郡・ジロマニー小郡を除いたオ＝ラン県、ブリエ郡を除くモゼル県、最後にムルト県のシャトー＝サラン郡とサールブール郡である。そのため、ムルト＝エ＝モゼル県とベルフォール県は1871年に、一方でムルト県とモゼル県の、他方でオ＝ラン県の残りの領土からつくられた。
(101) 1910年の総人口183万1000人のうち、アルザス人とロレーヌ人の出自をもつ者は108万2000人、帝国が特に東プロイセンからの移動を推奨したドイツ人移民は51万3000人、外国人は18万3000人、国際結婚から生まれた人々は18万3000人と見積もることができる。
(102) 条約は届出によってフランス国籍を要求する手段を規定した（フランス人の子孫と配偶者、1871年以前に外国人の両親から生まれたすべての者とその子孫、連合国軍に参加したドイツ人）。要求は1921年1月15日前に下級裁判所で行なわれなければならず、個別に拒否決定の対象となった。そして、それ以外の住民は、ドイツ出身が最も多いのだが、1914年以前にアルザス・ロレーヌにやって来て、1918年11月11日の休戦から3年間、居住していれば、帰化の簡易手続きに従うことになった。他の外国人はそのとき有効であった帰化の標準手続き、すなわち休戦から数えてフランスで10年以上の滞在にもとづく手続きに従った。
(103) 下記を参照。Rapport n° 1676, annexé à la séance du 28 avril 1971, de M. Zimmermann, tendant à compléter les dispositions de l'article 7 de la loi du 22 décembre 1961 relatif à la reconnaissance de la nationalité française aux personnes nées dans les départements du Haut-Rhin, du Bas-Rhin et de la Moselle avant le 11 novembre 1918,

デタの事前の意見なしに、単なるデクレによって撤回した。これは司法省の留保を生じさせただろうか。

(84) 1947年から1953年の間に、審査に入っていた143件の書類が、司法省によって放置された（たとえば共産党員の書類）。560の書類がコンセイユ・デタの承認を求めたが、81件が却下された。出所：ASDN.

(85) AN, F1a3255.

(86)

国籍法の条項	通達後、放置された書類	コンセイユ・デタの意見	デクレに記載
96	40	158	149
981	34	181	151
983	7	77	73
984	72	86	60
985	8	58	46
合 計	161	560	479

出所：ASDN.

(87) 1938年以降、裏切り行為《デロワイヨテ》に対する剝奪の可能性はさらに、外国籍をもつすべてのフランス人に広げられた。現行の法はそのため、「実際は、外国国民のように振る舞うすべてのフランス人は、その国の国籍を保持している場合、コンセイユ・デタの同意意見を得た後、フランス人の資格を失うと宣告されうる」（民法典第23-7条）と明記している。この条項のある種の補足として、第23-8条は、「外国の軍隊もしくは公役務もしくはフランスが参加していない国際機関で職務に就くか、もしくはより一般的にそれらを援助し、政府によってその者になされるだろう命令にもかかわらず、その職を辞さなかったか、支援をやめなかったすべてのフランス人は、〔コンセイユ・デタのデクレによって〕フランス国籍を失う」と明確にしている。

(88) AN, BB30 1741, ドーテ報告。

(89) Proposition de loi n° 3053, présentée par André Honnorat, Chambre des députés, 23 février 1917 を参照。

(90)「国籍の問題はそれ自体むずかしく、しばしばかなり複雑なものであり、治安判事にはそれへの準備のための職業教育がなされていない」。

(91) これまではそうでなかった。それは、法のしかじかの規則の適用で国籍を明確にすることが重要となった訴訟で、他の裁判所では外国人であると宣言されたのに対して、重罪院もしくは軽罪裁判所はX氏がフランス人であると宣して問題を明快に解決できたことを意味した。

(92) 以下を参照。Champcommunal, « Une réforme législative nécessaire, la preuve de la nationalité à organiser », *RDIP*, 1919, p. 234 ; Gruffy, *Nationalisation et Francisation*, Clunet, 1916, pp. 1106 et 1526 ; Ed. Lévy, « Preuve de la nationalité », *RPP*, avril 1920, p. 108.

(75) Ministère de la Justice, Direction des affaires civiles et du sceau, *Commentaire de la loi du 10 août 1927 sur la nationalité*, Paris, 14 août 1927, p. 3.

(76) 出所：Depoid, *op. cit.*, p. 45. 国籍剥奪の統計は下記のなかから発見した。*Liste alphabétique des personnes ayant acquis ou perdu la nationalité française par décret, années 1921-1930, 1931-1940, 1941-1950, 1951-1960*, Paris, Imprimerie nationale.

(77) ジェラール・ノワリエルは別の見地から、ヴィシー政権と第三共和政の政治の連続性を主張している（Gérard Noiriel, *Les Origines républicaines de Vichy*, Paris, Hachette Littératures, 1999）。同じく、ヴィシー政権下では、1927 年から 1938 年の剥奪の手続きが、これらの法文の枠に含まれる事例に対して公共機関によって維持されていたことも記しておかねばならない。これは 100 人以上に関係するもので、剥奪は、帰化取り消しと異なって、フランス解放時にも無効にされることはなかった。

(78) この節は、Janine Ponty, *op. cit.*, pp. 196-197 et 297-299 から多大の示唆を得ている。

(79) ジャニーヌ・ポンティは、パ゠ド゠カレー県で 1931 年、53 人のポーランド人を含む 70 人の外国人が政治的理由によって追放されたこと、32 年にはこれが 90 人、うちポーランド人は 68 人であったことを報告している。

(80) オルシャンスキが「1930 年から 1932 年に掲載された新聞記事で［……］300 万人のフランスに住む外国人労働者の協力を得て、労働者にフランス国家警察隊との戦いに参加するよう呼びかけたこと、同じ新聞に、フランスのプロレタリアはロシアの労働者がツァーリのコサック出身の騎兵と戦ったように、機動憲兵隊と戦うことを学ぶべきであるとも書いたこと、地方部隊が不足するなかで公権力がその警察を集中させなければならなくなるよう、それぞれの地方においてその場で運動することをうながし、外国人労働者の追放への抵抗を強く勧めたこと」、これらの事実が 1927 年法第 9 条と第 10 条の適用を正当化する。ただし、これらの事実が、法が全フランス人のために制圧している、国家の安全への侵害といえるかどうかは別である（1881 年 7 月 9 日法、1893 年 12 月 12 日法によって改正）。Cass., Chambre Civile 7 mars 1933 (1er arrêt) Dal. D. H. 1933 217.

(81) モスクワと東部の戦線で 11 年過ごした後、1945 年にポーランドに帰り、政党役員の要職に従事し、1959 年に死亡した。

(82) CAC, 1995 0165/10, 1948 年 12 月 14 日付民事・印璽局から内務大臣宛て書簡。司法大臣の回答は、第 98-4 条第 1 段落が「1）外国国家の利益となる行為、2）フランス人の資格に相容れない行為、3）フランスの利益を害する行為」という 3 つの条件が満たされていることを前提としていることや、これらの条件が揃っていることを認めるコンセイユ・デタの同意意見が必要であることを想起させ、内務大臣に慎重であるよううながした。

(83) 1945 年 9 月 27 日のオルドナンスはすでに 1939 年 9 月 9 日のデクレを廃止し、「強大な外国に居留する」者として振る舞ったとして複数の共産主義指導者、特にモーリス・トレーズが受けたこのデクレ適用による剥奪措置を、コンセイユ・

dans le droit contemporain, Paris, Librairie du recueil Sirey, 1933, pp. 275-294.

(66) エカールはアンドレ・オノラと国籍の問題に関して連携して取り組んでいた。AN, オノラ関係資料、50 AP 27 を参照。

(67) Chambre des députés, onzième législature, annexe n° 511 au procès-verbal de la séance du 14 janvier 1915, proposition de loi tendant à modifier les conditions de la naturalisation, Jean Lerolle député.

(68) 出所：AMJ.

(69) フランス人の資格の剥奪に関する法案についてのエカール報告書（Rapport de M. Eccard sur le projet de loi relatif à la déchéance de la qualité de Français, Doc. Parl. Sénat, 7 décembre 1922, n° 734）。Correspondance entre M. Eccard et le ministère de la Justice in CAC, 1995 0165/10 を参照のこと。

(70) 離婚もしくは子ども引き取りに関する外国法の適用可能性を認めた破毀院決定（Géraud de Geouffre de la Pradelle, « Nationalité française, extranéité, nationalités étrangères », in *Mélanges Dommique Holleaux*, 1990, pp. 134-155 を参照）、もしくはポール・ラガルドによって近年支持された複数国籍の実定的抵触に対する機能的アプローチ（à propos de l'arrêt Dujacque de la 1re Chambre civile du 22 juillet 1987 RC DIP, 1988. 29）はそのため、イヴ・ルケットが示したのと反対に完全にこの二重国籍のフランス的概念のなかに組み込まれている（« La nationalité française dévaluée », in *Mélanges Terré*, pp. 350-392）。

(71) Giorgio Agamben, *Homo Sacer, le pouvoir souverain et la vie nue*, Paris, Le Seuil, 1997, traduit de l'italien par Marilène Raiola, p. 23〔ジョルジョ・アガンベン、高桑和巳訳『ホモ・サケル――主権権力と剝き出しの生』以文社、2007 年、25 頁〕.

(72) イギリス法は絶えず 3 つの剝奪のケースを規定している。帰化後 5 年の期間で、イギリスまたは他の国で 1 年以上の刑に処せられた場合（その者が無国籍者であるときは除く）、不正行為の場合、そして君主への忠誠の欠如もしくは戦時中の敵国との共謀の場合である。1981 年イギリス国籍法 40 節。Nicholas Blake, « British Nationality Law », *in* Bruno Nascimbene (dir.), *Le Droit de la nationalité dans l'Union européenne*, Butterworths et Giuffré Editore, Milan, 1996, pp. 708 et 742-743 を参照。

(73) 1927 年法で規定された帰化令から 10 年、もしくは 1938 年のデクレによって規定された刑罰を受けた事実から 10 年の期間を超えて、1927 年以降のあらゆる取得は、異議申し立てできると定めている。

(74) 不品行のための剝奪という考え方は、1848 年 4 月 27 日のデクレに見出すことができる。同デクレは、この罰則を奴隷取引に関連づけたのであり、1945 年 10 月 18 日のオルドナンスまでほぼ 1 世紀にわたりこれは有効だった。Henri Batiffol, *Traité élémentaire de droit international privé*, 1949, LGDJ, Paris, p. 149 を参照。この自動的な剝奪によって、たとえば、キューバに定住したルペール・ド・トリュファンという人物の子孫が 1928 年にフランス人の資格を請求できなかった。AD, Contentieux, Affaires diverses, 377 を参照。

が10年の滞在期間を過ぎると、1870年ドイツ法によって自動的に国籍を喪失させられた。この法解釈を考慮に入れ、ドイツに定期的に帰国するあらゆるドイツ人は、そのドイツ国籍を保持すると考えることができると判断された。だがそれは国務院が認めていないことだった。

(60) Maurice Bernard, annexe 2291, Doc. Parl. Ch., séance du 7 juillet 1916, p. 1057 を参照。1917年6月18日法第1条は「下記に当てはまらないかぎり、出身国の国籍を保持するとみなされる。つまりその者が戦争時に、フランス軍の兵役に就かないもしくは就かなかったか、フランス国旗の下で戦った息子がいないもしくはいなかったか、さらには帰化者が帰化後に出身国で滞在をする、財産を所有する、農業、金融・商業・工業の企業の利益に与かる、永続的な住所や住居をもつ、またその国へ変わらず愛着をもっていることが、外面的な表明によって明確で整合的に推定できること、がないかぎりである」と示している。

(61) 94人が1915年4月7日法第2条によって、29人が同法第1条で、そして427人は1917年法によるが書類は1915年法のレジームで審理され、国籍を奪われた。Depoid, *op. cit.*, pp. 42-43 et Maurice Bernard, *op. cit.* を参照。

(62) 以下を参照。Georges Gruffy, « La naturalisation et le préjugé de la race », *RPP*, 1919, p. 8, n. 3. これらの剝奪に関する情報の部分的要素に関してはAD, CAC, n° 324も参照。

(63) 1918年末、1917年法が規定した「破毀院への訴えと上告という二重の権利を兼ね備えた骨の折れる手続きの担保」を避けるため、まさにより迅速な手続きを採用し、「素行不良や国家的観点からの態度の問題を理由に」単なるデクレによるよりは早く剝奪できるようにしているところだった。1915年に規定されたコンセイユ・デタでの審理や、次に1917年に規定された判事の面前での対審による議論や上告の可能性の保証は削除される。訴えは、とられた決定がそのすべての効力をもつようになった後にのみ、コンセイユ・デタに対して可能とするとされた。法案は1918年10月31日に下院で採択された。それに先だって、ラフォンとマリウス・ムテの間の、より一般的には社会党と人権同盟の間の対立が激しさを増し、審議を遅らせた。しかし1918年11月11日に調印された休戦協定は法案審理を中断させた。*supra* p. 72を参照。

(64) 下記を参照。

(65) 1921年12月29日、共和国代表委員は、アルザス・ロレーヌ地方に居住するドイツ人に帰化の申請を許可するヴェルサイユ条約の第3部、セクションV、附録3によってもたらされた問題を、審議会議長に提訴した。バ゠ラン県知事は、ドイツ国籍剝奪証明書を要求することを提案した。代表委員は「ドイツが、何らかの資格でフランス人だと宣告された者について、いかなる時、場所においても、ドイツ在外国民だと主張しないことを約束する」ことを規定するヴェルサイユ条約第53条で十分であると考えた。AD, Contentieux, Affaires diverses, 377 を参照。この点に関しては次が参考になる。Marcel Caleb, « De la perte de la nationalité », *in* Institut de droit comparé de l'université de Paris, *La Nationalité dans la science sociale et*

(déchéance)」という用語を使っている。同じく剝奪をめぐって、他国ではさまざまな用語法がある。

(50) アメリカでは、最高裁判所が明確な立法は存在しないと判示しており、1890 年からすでに連邦政府が不正行為に対する帰化の取り消しのために、法廷で自国民を訴えることができると判断を下した。U. S. v. Norsch 42 Fed., 417. 今日でもまだアメリカ法は、1906 年法の第 15 条を根拠に帰化取り消しを認めている。それは不正行為もしくは不法になされた帰化の取り消し手続きを可能にし、この手続きにはいかなる時効もない。ただしそれは最高裁の非常に厳しい制御に服している。以下を参照、T. Alexander Aleinikoff, David A. Martin et Hiroshi Motomura, *Immigration Process and Policy*, St Paul, Minn., West Publishing Co., 1995, 3e éd., pp. 1015-1045.

(51) 今日、民法典第 27-2 条に従って、個人が法的条件を満たしていないことが明らかになった場合、帰化は 1 年間、デクレによって繰り延べされることができる。不正行為があった場合、決定は不正行為発覚後 2 年の期間に、そのため帰化決定後からの制限はなく行なわれることができる。Lagarde, *op. cit.*, pp. 141-144 を参照。

(52) たとえば、条件付きでの寄付を禁止するために、民事法に適用できるこの規則が、1927 年法の議論において社会党議員のオーギュスト・レイノーによって引き合いに出された。*JO*, Déb. Ch., 31 mars 1927, p. 1212.

(53) John L. Cable, *Loss of Citizenship, Denaturalization, The Alien in Wartime*, National Law Book Company, Washington DC, 1943.

(54) 他のいくつかの立法における剝奪に関する規定の比較として、Catherine Kessedjan, « Un fondement international au droit des déchéances », *Les bons sentiments, Le Genre humain*, n° 29, 1995, pp. 149-162 を参照。

(55) Jules Valéry, *La Nationalité française, commentaire de la loi du 10 août 1927*, Paris, LGDJ, 1927, pp. 74-75 を参照。

(56) Robert Kiefe, *La Nationalité des personnes dans l'Empire britannique*, Paris, Librairie Arthur Rousseau, 1926, pp. 69-80 を参照。

(57) *JO*, Déb. pari., Ch. des dép., séance du 28 janvier 1915, p. 9. ジュール・ドライエ（1851-1925 年）は 1889 年から 1893 年までアンドル＝エ＝ロワール県選出のブーランジストの、1907 年から 1919 年までメーヌ＝エ＝ロワール県選出の議員で、パナマ事件に関する調査委員会設立を取り付けたことで有名になった。1906 年には、大きな成果は残せなかったが、政治的計画にカトリック教徒を集結しようとした「カトリック教徒のレジスタンス同盟」の主催者となった。かれにとってはヴェルサイユ条約は、ドイツを一つの単位とし続けるという欠点をもっており、その批准の票決を棄権した。

(58) 元老院の求めに応じて、1915 年 4 月 7 日法は、1913 年 1 月 1 日以降に付与された 758 件の帰化の見直しを定め、そのうち 94 件が取り消された。Maurice Bernard, annexe 2291, Doc. Parl. Ch., séance du 7 juillet 1916, p. 1057, n. 1 を参照。

(59) ドイツの法解釈では、在外ドイツ人はたとえ観光の滞在であっても、その帰国

(CRÉDOC), 1998, p. 101.
(38) *Ibid.*, p. 43.
(39) 出所：統合高等審議会の統計報告。
(40) なお、「複数国籍の事例削減に関する」1963年5月6日条約は、この領域ではるかに開かれているヨーロッパ評議会条約（1997年11月6日）に置き換えられつつある。
(41) Karen Knop, « Relational Nationality : On Gender and Nationality in International Law », *in* T. Alexander Aleinikoff, Douglas Klusmeyer (ed.), *Citizenship Today : Global Perspectives and Practices*, Carnegie Endowment for International Peace, Washington DC, 2001, pp. 89-124 を参照。
(42) その者は、外国で与えられた公職や、生まれの違いを前提とするような外国ギルドへの加盟を、政府の許可なく引き受けたとき、もしくは「帰国の精神なく」外国に居を構えたとき、同じく国籍を失う（民法典第17条）。
(43) この規定の効果に対する懸念から、ライン河左岸で生まれた、したがって形式的にはフランス人だった多くの人々が、プロイセンもしくはオーストリア国家に仕える自らの職から離れた。この点については以下を参照のこと。Andreas Fahrmeir, « National Colours and National Identity in Early Nineteenth Century Germany », *in* David Laven et Lucy Riall (ed.), *Napoleon's Legacy : Problems of Government in Restoration Europe*, Berg, Oxford, New York, 2000.
(44) Claude Goasguen, *Les Français au service de l'étranger sous le Premier Empire: législation et pratique*, thèse de doctorat de droit, Université de Paris II, 1976, pp. 133-139. 違反した者は、財産の喪失や相続の禁止、そして帝国の境界外への追放を受けた。しかしながら、帰化の結果はすぐにその実質的な効力を失った。1814年6月4日のコンセイユ・デタ判決は、「1809年4月6日のデクレと1811年8月26日の元老院決議を施行する判決や裁判、オルドナンスは効力がない」と宣告した。同様に以下も参照のこと。Jules Herbaux, *De la naturalisation acquise par un Français en pays étranger* (Extrait de la *Revue pratique de droit français*, t. LXVIII), Paris, A. Marescq Aîné, 1880.
(45) 1927年法は、許可は個人が21歳から現役軍への編入後10年の間に求められると明記している。1940年3月9日のデクレは、その日付は50歳の年であると規定している。
(46) Assemblée nationale, session de 1952, rapport n° 4485 fait par M. Henri Lacaze, député, au nom de la commission de la Justice et de la législation sur le projet de loi portant modification de l'ordonnance n° 45-2441 du 19 octobre 1945, annexé au procès-verbal de la séance du 24 octobre 1952, p. 2.
(47) Lagarde, *op. cit.*, pp. 150-151.
(48) 2000年に96名がこのように民法典第23条の適用によってフランス国籍を放棄した。
(49) いくつかの国では、フランス法が「無効化（retrait）」と言うところを、「剥奪

(23) 帰化課課長ガラール氏とのインタビュー（2004年7月2日実施）。
(24) 出所：Recensement de la population de 1999. Julien Boëldieu et Catherine Borre, « La proportion d'immigrés est stable depuis 25 ans », *Insee Première*, n° 748, novembre 2000. それは1990年に31.4%だった。
(25) Irene Bloemrad, « The North American Naturalization Gap : An Institutional Approach to Citizenship Acquisition in the United States and Canada », *International Migration Review*, 2002, 36 (I).
(26) 民法典第21-25-1条は、書類の処理期間を最大18カ月とし、必要に応じて3カ月延長できると定めている。
(27) 社会問題相官房参事官ブノワ・ノルマン氏（2004年7月1日）と帰化課課長フランソワ・ガラール氏（2004年7月2日）とのインタビュー。
(28) 帰化の処理や再統合〔国籍の回復〕、公権力の決定によるフランス国籍の喪失に関する最新の指令は、雇用連帯大臣マルティーヌ・オブリによって2000年2月28日に出されている。
(29) コンセイユ・デタは1836年8月1日の破毀院の判決によって、帰化の不服申し立てについて独占的に権限を有すると宣告された。Alauzet, *op. cit.*, p. 152を参照。
(30) Georges Olekhnovitch, avec la collaboration de Christian Quaglia, *La jurisprudence actuelle du Conseil d'État en matière d'acquisition, de retrait et de perte de la nationalité française*, Ministère des Affaires sociales, de la Santé et de la Ville, Direction de la population et des migrations, Sous-Direction des naturalisations, février 1994.
(31) 前掲、2000年2月28日の指令、1頁。
(32) 2000年10月17日の通達DPM/SDN n° 2000/530によって、内閣は6歳以前にフランスに入国し、学校教育をすべてフランスで受けた18歳から25歳の若者の帰化を簡易化し、速めることを決めていた。同化を確認するための面接や警察の調査は免除され、書類が帰化課に送られると優先的に審査された。そのため、3203件の「若者」の書類は、2001年度最初の9カ月間に処理され、そのうち92%に好意的な見解が付された。手続きの成功はおそらく、簡易化に加えて、同じく兵役義務が終了した〔2001年に廃止された〕ことから説明できるだろう。過去には、兵役のために多くの若年男性が30歳以前に申請することを思いとどまっていた。兵役の回避が申請延期の最大の動機だったのだ。しかしこの優先処理はまた、その他の書類の処理の遅延や、警察の調査の廃止に関する内務省の留保を引き起こした。これは2003年9月1日の通達n° 2003-418によって廃止された。
(33) Arrêt Ben Mansour, 5 mai 1999.
(34) 前掲、2000年2月28日の指令、9頁。
(35) たとえば、Conseil d'État, 30 mars 1984, Ministre des Affaires sociales et de la Solidarité nationale c/M. Abecassis, n° 40735を見よ。
(36) 出所：帰化課。
(37) Bruno Maresca et Isabelle Van de Walle, *Les caractéristiques socio-économiques des naturalisés*, Centre de recherche pour l'étude et l'observation des conditions de vie

報関連のH-1Bビザで滞在を6年間延長すると、最低でも15年の滞在をしなければ帰化を達成できないことになる。

(12) またフランス語が母語であること、もしくは少なくともフランス語が使われる学校に5年間通っていた必要がある。後者は1993年の法律によって導入された。

(13) この指示は、係官に、「セーシェル出身者にのみ第64条第5項の規定」を適用する許可を与えた。「その他の国や、国の一部の出身者には、これらの規定を適用することは時宜を得ず、有害であろう」。Note de la Sous-direction des naturalisations : 23 mai 1995.

(14) *JO*, Déb. Parl., Sénat, 2e séance du 20 juin 1961, p. 595.

(15) より正確には、セントクリストファー・ネイビスの一部、グレナダ、セント=ヴィンセント、ドミニカ、トバゴ、セントルシア島、サント=ドミンゴである。

(16) アラバマ州、アーカンソー州、イリノイ州、インディアナ州、アイオワ州、カンザス州、ケンタッキー州、ミシガン州、ミネソタ州、ミシシッピ州、ミズーリ州、モンタナ州、ネブラスカ州、ノースダコタ州、サウスダコタ州、オハイオ州、オクラホマ州、テネシー州、ウィスコンシン州、ワイオミング州である。旧フランス領ルイジアナの一部にあたるアーカンソー州出身のビル・クリントン元アメリカ大統領へのこの条項の適用については、Patrick Weil, « Bill Clinton : the French Years », *New York Times*, 10 January 2001を参照。

(17) イタリアについては、ピエモンテ（1802年）、リグリア（1805年）、パルマとトスカーナ（1808年）、ローマ国（1810年）である。

(18) 1812年1月26日のデクレに添付。この規定の対象となる領土のリストは、1984年11月29日および1985年3月27日の社会問題相と司法相の間の書簡交換の対象となった。

(19) 5万2382人の帰化者のうち（〔親の帰化に伴う〕一体的効果によって帰化した未成年の子どもは含まない）、248人が2年より少なく、1543人が3年から5年の期間のあと、帰化を達成した。Sous-direction des naturalisations, *op. cit.*, pp. 112-113を参照。

(20) *Ibid.*

(21) 過去において、東南アジア系難民やユダヤ宗派のモロッコ人やチュニジア人といった特殊なケースに、行政はより積極的な手続きを採用した。後者は、ストレール合意と名づけられた秘密協定のため、1978年から82年の間に、滞在・就労許可の申請と同時に帰化申請を行なわなければならなかったようである（非公式の公文書より）。

(22) これは2000年5月12日の通達DPM 2000-254の規定のもつ「逆」効果である。そこでは「特別な注意が払われるべきは、外国人が県庁に出頭してきたときに与える情報である。受付担当の職員は、情報の概要を伴った申請書式を渡すだけにとどめず、書類作成のための支援を提供しなければならない」と明記している。「申請者が県庁に何度も出頭することや書類が不完全で差し戻されることを避ける」という目的は、このようにゆがめられた。

1995 年以降のフランス人配偶者との結婚にもとづく届出による国籍取得

	男 性	女 性	合 計
1995			16,659
1996			19,127
1997			20,845
1998	11,842	10,271	22,113
1999	12,559	11,529	24,088
2000	12,925	13,131	26,056
2001	11,243	11,773	23,016
2002	12,513	12,711	25,224

出所：DPM.

(5) *Ibid.*

1999 年から 2003 年における民法典第 21.2 条による届出の登録拒否の推移

	1999 年	2000 年	2001 年	2002 年	2003 年
登録された届出	24,088	26,056	23,016	25,225	29,608
登録拒否	1,123	1,134	1,462	1,878	3,023
審理された届出のうち拒否の割合（%）	4.5	4.8	6.0	6.9	9.3

(6) またこの日よりも前にフランス人になることができる。すなわち両親が帰化をすれば、親の帰化決定に記載される。

(7) 1998 年 3 月 16 日法第 3 条、民法典第 21. 8 条。

(8) 1999 年から 2002 年までの成人前国籍取得者数

取得方法	1999 年	2000 年	2001 年	2002 年
13 歳から 16 歳未満	19,399	17,593	16,807	18,413
16 歳から 18 歳	23,034	18,290	14,264	11,869
合 計	42,433	35,883	31,071	30,262

出所：司法省。

(9) 18 歳での取得は自動的であるため、直接的な統計の対象とはならない。しかし、これらの若者が 18 歳に達した時に発行される国籍証明書の数から概算がなされている（民法典第 21. 7 条）。

(10) Ministère des Affaires sociales, *La Politique de la nationalité en 1993*, Paris, 1994, p. 55 を参照。

(11) この期間は、前年度までの地位の条件なしに適用される。たとえばアメリカではそれとは異なり、同じように求められる 5 年間の計算は、グリーンカード、すなわち永住者の地位を獲得した時からのみなされる。つまり、学生の地位でアメリカに入国した外国人が、たとえば 4 年滞在し、次にグリーンカード取得前に情士の学位を取得している者に限られた。医師（または歯科医や医学生、歯科学生）から帰化の申請があった場合には、保健省や当該地域の医師や歯科医の労働組合への意見聴取の対象となった。そして、たいていの場合、否定的な意見が示された。以下を参照。Rémy Estournet, *La Pratique de la naturalisation depuis la loi du 10 août 1927*, Montpellier, 1937, Imprimerie de la presse, p. 5.

(207) *JO*, Doc. Parl. Ch. des députés, annexe 3737, Rapport de M. Louis Rolland, 30 juin 1934, p. 1117.

(208) しかしながら、国籍法第 64 条によって帰化した外国人は、それが免除された。

(209) たとえば、アメリカのハーヴァード大学の著名な政治学教授であるスタンリー・ホフマンが、こうしたケースに当てはまる。オーストリア出身のユダヤ人で、1930 年より母親とともにフランスに居を定めている。フランスの学校で教育を受け、戦争を生き延び、そして 1947 年にフランス人となった。1952 年以前は国立行政学院の試験を受験できなかったため、法学の分野で博士論文を書くこととした。ハーヴァード大学の授業を受講し、そこで 1950 年代後半から教鞭をとった。以下を参照。Stanley Hoffmann, « Être ou ne pas être Français » (I et II), *Commentaire*, n° 70, été 1995, pp. 313-323 et n° 71, automne 1995, pp. 571-581.

9. どのようにフランス人になり、フランス人であり続けるのか

(1) Olivier Beaud , « Le souverain », *Pouvoirs*, 67 を参照。

(2) 附録の比較表を参照〔本書 410 頁〕。

(3) カトリックの国は、プロテスタントの国よりも好意的な仕組みを定めている。オーストリアでは通常の手続きでは 10 年のところを、4 年の居住があれば結婚後 1 年、3 年の居住があれば 2 年としている。スペインでは 10 年の代わりに 1 年、ポルトガルでは 10 年の代わりに 3 年である。

(4) 届出は、それが署名された日付から（いわば遡及的に）効力をもつことには注意が必要である。結婚と届出日の間の平均期間は 2000 年に 5 年 2 カ月であり、ヨーロッパ人はアジア人よりも長かった（6 年 7 カ月と 4 年 1 カ月）。出所：Sous-direction des naturalisations, *La Politique de la nationalité en 2000 : données chiffrées et commentaires*, Ministère de l'Emploi et de la Solidarité, 2001, p. 55.

参照。

(194) 1929年の県参事院の決定は、以下に再録されている。Maurice Viollette, *L'Algérie vivra-t-elle ? Notes d'un ancien gouverneur général*, Paris, Félix Alcan, 1931, pp. 430-436.

(195) そして1958年2月5日法が、単一選挙母体を制定した。

(196) 1958年7月のデクレが、ムスリム女性に参政権を与えた。Collot, *op. cit.*, pp. 16-17.

(197) 1865年の元老院決議に関していえば、これにより1865年から1915年の間に2396人の帰化が認められている（「ムテ報告書」参照）。1919年から1942年の間は1176人で、合計3572人となる。これに、1915年から1919年の間と、1943年から1962年の間に下された判断を加える必要がある。1919年の手続きに関しては、毎年公表される統計（*Exposé de la situation générale de l'Algérie*, Alger, Publication annuelle du gouvernement général de l'Algérie）によれば合計で2395人に達する。したがって、6000人を超えるくらいのアルジェリアのムスリムが、この2つの手続きのいずれかにより、完全なフランス国籍を取得しており、それを子どもにも継承させている。1907年12月30日の判決により、実際、破毀院は、アルジェの裁判所の判決を覆して、家長である現地民の父親が帰化をした場合、その未成年の子どもの帰化をもたらすことを認めている。1949年6月23日に破毀院は、片方の親が一般法の身分に従っていれば、その子どもは正当なフランス人であると判断した。1972年には、アルジェリアのムスリムでフランス国籍を享受している者の数は、2万人に上ると推計された。*Le Monde*, 26 août et 11 octobre 1972を参照。

(198) 1962年7月21日のオルドナンスの文面に従えば。そして、「特別身分」にあった人々でアルジェリア国籍が認められなかった者（クレミュー政令の対象にならなかったか、証明できなかったユダヤ人の場合がこれに当てはまる）は、フランス人のままとされた。Lagarde, *op. cit.*, pp. 217-220を参照。以下も参照。Simone Massicot, « Effets sur la nationalité française de l'accession à l'indépendance de territoires ayant été sous la souveraineté française », *Population*, 3, 1986, 533-546.

(199) 出所：Depoid, *op. cit.*, p. 45.

(200) I. Alauzet, *De la Qualité de Français, de la naturalisation et du statut personnel des étrangers*, Paris, LGDJ, Marchai, Billard et Cie, 2e éd., 1880, p. 137を参照。

(201) しかしながら、その際下院からの委任でコンセイユ・デタの意見が求められた。

(202) 1867年6月29日法の第2条。

(203) 1889年法の第3条で、最低期間は1年と定められた。

(204) 軍隊で兵役を行なった帰化者は、全般的に特例を認めてもらうことができた。

(205) フランス革命暦10年7月18日の法によって、職業上の欠格はすでに存在していた。その第16条によれば、司教の座に就くことができたのは、生まれながらのフランス人のみだった。Despagnet, *op. cit.*, p. 299を参照。

(206) R. Schor, *op. cit.*, pp. 600-602を参照。1933年4月の法律は他方で、医療行為を行なえるのは、フランス人か、フランスの保護国の出身者でフランスで医学博

(178) 対外関係・保護国・植民地委員会の名において、アルジェリアのムスリム現地民の参政権の取得に関する法案についてまとめられた報告書のなかで引用されているモリノー動議。Marius Moutet, annexe n° 4664, *JO*, Doc. Parl. Ch., séance du 2 août 1918, p. 1309.

(179) アルジェリアのムスリム現地民の参政権の取得に関する法案。Annexe n° 4663, séance du 14 mai 1918, *JO*, Doc. Parl. Ch., pp. 613-615.

(180) Ageron, *RHMC*, 1959. 4-6, pp. 121-151.

(181) Ageron, *Histoire de l'Algérie contemporaine, 1871-1954*, t. II, *op. cit.*, p. 275. Dominique Colas, « La citoyenneté du risque de la nationalité », *in* Marc Sadoun (éd.), *La démocratie en France, 2 : Les limites*, Paris, Gallimard, 2000, pp. 182-183 も、特に破毀院による 1919 年法の制限的な適用の他の例を示している。

(182) André Bonnichon, *La conversion au Christianisme de l'Indigène Musulman Algérien et ses Effets Juridiques (Un cas de conflit colonial)*, thèse pour le doctorat en droit, Paris, Sirey, 1931, p. 3.

(183) フランスの統計年鑑より計算した。

(184) それは、いくつかのコミューヌでは、人口の 5% 以下のヨーロッパ系の人々が引き続き市町村議会の 3 分の 2 の代表を得て、人口の 95% を占める人々が 3 分の 1 の代表しか得られないことを意味した。

(185) パスリュー動議「ムテ報告書」2、1309 頁。

(186) アージュロン引用の未刊書簡。Ageron, *op. cit.*, vol. 2, p. 1208.　ユベール・リヨテ（1854-1934 年）は、当時ラバト〔モロッコ〕で総督を務めていた。

(187) Guy Pervillé, « La politique algérienne de la France (1830-1962) », *in* Le Genre humain, *Juger en Algérie 1944-1962*, Paris, Le Seuil, pp. 27-37 を参照。

(188) Ahmed Henni, « La naissance d'une classe moyenne paysanne musulmane après la Première Guerre mondiale » ; *RFHOM*, t. 83, n° 311, pp. 47-63.

(189) Ageron, *Histoire de l'Algérie contemporaine, 1871-1954*, t. II. *op. cit.*, p. 276.

(190) フランス本土へのアルジェリアからの移民は、19 世紀後半にみられるようになった。第一次世界大戦前夜、4000 人から 5000 人のアルジェリア人が滞在していることが、行政の行なった調査で明らかになっている（その大半がマルセイユか、パ゠ド゠カレー県かパリでカウントされた）。こうした点については、以下を参照。P. Laroque et F. Ollive, *Le Problème de l'émigrarion des travailleurs nord-africains en France*, Rapport du Haut Comité méditerranéen et d'Afrique du Nord, document ronéoté, mars 1938.

(191) Stora, *op. cit.*, p. 4〔邦訳、前掲 26 頁〕.

(192) アルジェリアのある種のカテゴリーのフランス臣民による参政権の行使に関わる法案 Ch. des dép. Doc. Parl. annexe 1596, séance du 30 décembre 1936 を参照。

(193) Jean-Louis Planche, « Le projet Blum-Viollette au temps du Front populaire, et du Congrès musulman », *in* Françoise Gaspard (dir.), *De Dreux à Alger. Maurice Viollette, 1870-1960*, préface de François Mitterrand, Paris, L'Harmattan, 1991, pp. 135-150 を

ムスリム2万人に市民権を与えることを目的とした法案を提出した。

(164) Maurice Viollette, *L'Algérie vivra-t-elle? Notes d'un ancien gouverneur général*, Paris, Félix Alcan, 1931, pp. 425-438.

(165) Bonnichon, *op. cit.*, p. 14.

(166) Victor Piquet, *Les Réformes en Algérie et le statut des Indigènes*, Paris, Émile Larose, 1919, pp. 59-64 所収、1919年のムテ報告書の統計表を参照。

(167) *JO*, 21 février 1900. 1899年の、国籍に関する法や政令の適用結果についての司法大臣への報告書、p. 1198. アルジェリアで行なわれた帰化申請の多数の却下は、イタリア人、特に、フランス人に限られていた漁業の仕事に就くためだけに帰化を申請しているのではないかと疑われたアルジェリアに住むイタリア人漁夫へのそれであることを記しておく必要がある。

(168) インドシナ控訴院における1910年10月27日の判決。Werner, *op. cit.*, p. 45.

(169) Zouhir Boushaba, *Être Algérien hier, aujourd'hui et demain*, Alger, Éditions Mimouni, 1992, p. 45. アルジェリアのムスリムの状況に関わる法律用語の使用上の混乱については、Laure Blévis, « Les avatars de la citoyenneté en Algérie coloniale ou les paradoxes d'une catégorisation », *Droit et Sociétè*, 48, 2001, pp. 557-580 も参照。

(170) アージュロンが以下で引用している。Ageron, « Le mouvement "Jeune-Algérien" de 1900 à 1923 », in *Études maghrébines, Mélanges Charles-André Julien*, PUF, 1964, p. 219, n. 4.

(171) それゆえ、コロンたちはこの兵役に反対した。

(172) 以下の教授に意見を求めている。ウジェーヌ・オーディネ、シャルル・ド・ベック、アルチュール・ジロー、エドガー・ルアール・ド・カール、アンドレ・ヴァイス（*La Revue indigène*, juillet-août 1911, n° 63-64）。著者たちは、特にフランスの慣習と異なるムスリムの実践が衰えつつあることを引き合いに出している。すなわち、1891年には14万9000件あった一夫多妻婚は1911年には5万5000件しかなく、1912年には、行なわれたムスリムの結婚のうち、二重婚、三重婚、四重婚であるのは10%以下である（出所：「ムテ報告書」）。

(173) Ageron, *op. cit.*, pp. 230-232.

(174) マリウス・ムテ（1876-1968年）。弁護士。1898年の人権同盟の創設者。社会党の下院議員で、1914年から1929年までローヌ県選出、1929年から1940年までドローム県選出。1918年より、あらゆる植民地問題で発言を続け、1936年6月4日に人民戦線政府の植民地相に任命された。

(175) 対外関係・保護国・植民地委員会の名においてまとめられた報告書。Marius Moutet, annexe n° 4383, séance du 1er mars 1918, *JO*, Doc. Parl. Ch., pp. 314-363.

(176) 加えて、ある種の刑を科されていないこと、そしてフランスか、フランスの植民地または保護国に2年以上居住している必要がある。

(177) René Gantois, *L'Accession des indigènes algériens à la qualité de citoyen français*, Alger, lmprimerie La Typo-Litho, 1928, p. 75 で引用されている、次の議員の発言の引用。Morinaud et Barris du Penher, *Procès-Verbaux des délégations financières*, mai-juin 1918.

の序文で使用している用語である。*La Revue indigène*, n° 63-64, juillet-août 1911, p. 403.

(151) André Bonnichon, *La conversion au christianisme de l'indigène Musulman algérien et ses effets juridiques (Un cas de conflit colonial)*, thèse pour le doctorat en droit, Paris, Sirey, 1931. このテーマに関しては、以下も参照。Larcher, « Des effets juridiques du changement de religion en Algérie », *RA*, 1910, pp. 1-34.

(152) Bonnichon (*ibid.*, p. 12) はその数をカビリアで 700 人と見積もっており、フランス本土にも一定数がいたことを記している。Jean Bastier, « Le droit colonial et la conversion au christianisme des arabes d'Algérie (1830-1962) », *Annales de l'université des sciences sociales de Toulouse*, 1990, pp. 33-104 では、1910 年に 2000 人という数字が挙げられている。

(153) アルジェ、1903 年 11 月 5 日、*RA*, 1904. 2. 25.

(154) 国籍委員会の報告書 *Être Français aujourd'hui et demain 1*, Paris, 1988, p. 115.

(155) Werner, *op. cit.*, pp. 111-119.

(156) 前掲「ムテ報告書」334 頁。

(157) 1870 年 10 月 24 日の 7 つのクレミュー政令のうちの 1 つは、ムスリムの、1865 年の元老院決議にもとづく手続きを変更した。以後、中央政府の介入なしに総督が帰化を決定することになった。しかし、この政令の第 3 条で、総督が判断する前に、諮問委員会に事前に意見を求めることになっていた。1871 年 1 月 1 日の政令によりこれが廃止されると、それは 1870 年 10 月 24 日の政令の事実上廃止であると考えられた。Edgard Rouard de Card, *Étude sur la naturalisation en Algérie*, Paris, Berger-Levrault, 1881, pp. 114-116 を参照。

(158) M. Gastu, *Le Peuple algérien*, Paris, Challamel Aîné, 1884, p. 9. フランソワ＝ジョゼフ・ガスチュは、1834 年生まれでアルジェ弁護士会所属の弁護士。1870 年 9 月 4 日後に、アルジェ市議会の議員として選出された。県議会の議長となり、1876 年 2 月に共和党の候補としてアルジェの下院議員に選出され、1877 年に再選されたが、1881 年に急進社会党の候補に敗れた。

(159) Ageron, *op. cit.*, vol. 1, p. 451, n. 3.

(160) アルバン・ロゼ（1852-1915 年）は、1889 年から 1915 年までオート＝マルヌ県選出の急進社会党下院議員。下院のアルジェリア委員会の書記として 1902 年からすでにアルジェリアのムスリムの権利のために戦っていた。

(161) Jean Mélia, *Le Triste Sort des musulmans indigènes d'Algérie*, Paris, Mercure de France, 1935, pp. 33-34.

(162) アンリ・ドワジー（1869-1952 年）は、1910 年から 19 年までアルデンヌ県選出の社会党下院議員。

(163) モーリス・ヴィオレット（1870-1960 年）は弁護士で、1902 年から 19 年まで、そして 1924 年から 30 年までドゥルーの市長兼下院議員。1930 年から 39 年までウール＝エ＝ロワール県選出の上院議員。下院では植民地問題の専門家となり、1925 年から 27 年までアルジェリアの総督を務めた。1936 年には、エリートの

〔バンジャマン・ストラ（小山田紀子・渡辺司訳）『アルジェリアの歴史――フランス植民地支配・独立戦争・脱植民地化』明石書店、2011年、58頁〕.

(137) Julien, *Histoire de l'Afrique du Nord, Tunisie, Algérie, Maroc, op. cit.*, p. 668.

(138) Yves Lacoste, André Nouschi et André Prenant, *L'Algérie, passé et présent, le cadre et les étapes de la constitution de l'Algérie actuelle*, Paris, Éditions sociales, 1960, pp. 379-380 および Julien, *Histoire de l'Afrique du Nord, op. cit.*, pp. 674-675.

(139) Ageron, *op. cit.*, vol. 1, p. 171.

(140) Jean-Claude Vatin, *L'Algérie politique, Histoire et société*, Paris, Presses de la FNSP, 1978, p. 133.

(141) Ageron, *op. cit.*, vol. 1, p. 175.

(142) Collot, *op. cit.*, p. 193.

(143) *Ibid.*, pp. 296-298.

(144) 財政審議会は、1898年8月23日のデクレにより設けられた。Collot, *op. cit.*, pp. 218-219を参照。

(145) *Ibid.*, pp. 224-227.

(146) マリウス・ムテにより、外交・保護国・植民地委員会の名でまとめられた報告書。Annexe n° 4383, séance du 1er mars 1918, *JO*, Doc. Parl. Ch. pp. 314-363. 正確にはp. 330. 以下の注では、「ムテ報告書」という名でこの文書を参照していくこととする。

(147) ダカール、サン・ルイ、ゴレ、ルフィスクの4つのコミューヌ。1833年4月24日法はその第1条で、次のように規定していた。「自由人として生まれたか自由を法律上獲得した者は、フランスの植民地において、1）市民的権利、2）法律が規定する条件の下での参政権、を享受する」。1848年の奴隷制の廃止により、この4つのコミューヌの旧奴隷には、完全な市民権が与えられたと考えられていた。しかし、セネガルの現地民の個人身分に関して、1858年から1910年まで矛盾する施策がとられたことで、法解釈では、1857年5月20日の政令までは市民であったが、4つのコミューヌの現地民は臣民に戻ったとされた。1916年9月29日法は、「セネガルの4つの自治コミューヌの生まれの者とその子孫は、フランス市民であり、1915年10月19日法が規定する兵役の義務を負う」と明確に、そして決定的な形で示した。後に、1932年11月20日のデクレはその市民権の枠内において、ムスリムの法廷や通常裁判所が扱う個人身分、婚姻、相続、贈与、遺言に関して「民事身分の留保」を認めた（Werner, *op. cit.*, pp. 133-140）。

(148) 1819年1月6日付の地裁判決の文書によれば、彼らは自らのカーストの法、慣例、慣習によって裁かれる権利を保持した。それは、当人たちにとっては、個人身分をなした。Weiss, *op. cit.*, pp. 474-477.

(149) Christian Bruschi, « Droit de la nationalité et égalité des droits de 1789 à la fin du XIXe siècle », in Smaïn Laacher, *Questions de nationalité, Histoire et enjeux d'un code*, Paris, CIEMI-L'Harmattan, 1987, pp. 58-79.

(150) ポール・ブルダリが『現地民雑誌』の特別号「ムスリムの現行身分での帰化」

(122) 1884年11月20日の演説。Weiss, *op. cit.*, pp. 436-437で引用されている。1886年の国勢調査は、かれの分析を裏づけ、強化した。すなわち、アルジェリアのフランス人の数は21万9627人、モロッコ人1万7445人を除いた外国人の数は20万2212人に上った。

(123) *RA*, 1885, 1, p. 21とティルマンの司法・宗教大臣に宛てた1884年9月30日付の書簡。CAOM, F80 2043.

(124) 司法相のアルジェリア総督に宛てた1884年12月6日付の書簡。CAOM, F80 2043.

(125) ティルマンの首相、司法大臣に宛てた1885年5月23日付の書簡。CAOM, F80 2043.

(126) 本書第2章を参照。

(127) 1889年法第2条。

(128) Jean Olier, « Les résultats de la législation sur la nationalité en Algérie », *RPP*, 1897, pp. 551-560を参照。ムスリムの母親と非ムスリムで身元がわからない父親から生まれたメティス〔"混血"の意味で使われる言葉〕の子どもの問題も起こる。1889年6月26日法の第8条により、子どもには母親の身分が与えられるとされたが、ボニションによれば、1921年までは、こうした子どもはムスリム社会の一員とされ、父親に育てられた。1921年になると、こうした子どもは、エル・ゴアにある白衣宣教師（Pères Blancs）の農業孤児院に引き取られるようになった。アルジェリア総督のヴィオレットは、1926年4月2日の通達により、こうした子どもは親の身元が不明として民事身分（état civil）に記載され、民法典の第58条と付随的に第8条の恩恵を受けられると決めた。これにより、メティスの子どもがフランス国籍に属する時代が始まった。Bonnichon, *op. cit.*, p. 24を参照。

(129) Charles-Robert Ageron, *Histoire de l'Algérie contemporaine, 1871-1954*, t. II : *De l'insurrection de 1871 au déclenchement de la guerre de libération*, PUF, 1979, p. 118.

(130) Werner, *op. cit.*

(131) Julien, *Histoire de l'Afrique du Nord, Tunisie, Algérie, Maroc*, Paris, Payot, 1931, préface de Stéphane Gsell, p. 646.

(132) Julien, *ibid.*, p. 658では、こうした財産（ハブース）の押収は1843年からであるとしているが、1830年9月8日からすでに始まっていたようである。

(133) *Ibid.*

(134) 1863年に「現地民隔離」が行き過ぎた行為を理由に中断されたとき、行政措置によって「隔離された」16部族の土地は、34万3400ヘクタールから28万2000ヘクタールに縮小していた。残りの6万1000ヘクタールは最も豊かな土地で、多くの場合、民間の投機家に譲られていた。Ageron , *op. cit.*, t. II, pp. 11-12.

(135) Charles-André Julien, Histoire de l'Algérie contemporaine, t. I, La conquête et les débuts de la colonisation, 1827-1871, Paris, PUF, 1979, p. 492. 罰金の額は6500万フランに上り、関係者80万人の頭上にのしかかった。

(136) Stora, *Histoire de l'Algérie coloniale (1830-1954)*, Paris, La Découverte, 1991, p. 26

reddition d'Abd El-Kader », *RFHOM*, t. 82 (1995), n° 307, pp. 129-147.

(104) Glais-Bizoin, *op. cit.*, pp. 171-187.

(105) Ageron, *op. cit.*, vol. 1, p. 7.

(106) M. de Fourtou 報告書、*JO*, 4 septembre 1871, p. 3195.

(107) ルイ゠アンリ・ド・ゲイドン海軍少将（1809-1886 年）は、共和国政府がアルジェに任命した最初の文民総督。1871 年 3 月 25 日から 1873 年 6 月 17 日の間、その職にあった。

(108) Jacques Cohen, *Les Israélites de l'Algérie et le décret Crémieux*, Paris, Arthur Rousseau, 1900, pp. 204-211 を参照。

(109) *Journal du droit international*, 1951, n° 1, Chronique de jurisprudence française, J-B Sialelli, pp. 596-598 を参照。

(110) Charles-Robert Ageron, in *Politiques coloniales au Maghreb*, Paris, PUF, 1973 を参照。

(111) Charles-Robert Ageron, *Les Algériens musulmans et la France (1871-1919), op. cit.*, p. 11 を参照。

(112) 後にかれは、集団的帰化により、「われわれはアラブ王国による圧迫を逃れたと思ったら、アラブ共和国になろうとしている」と付け加えている。1871 年 7 月 4 日と 1872 年 2 月 3 日のド・ゲイドンによる 2 つの報告書の抜粋。*Ibid.*, p. 346 から引用。

(113) ポール・ルロワ゠ボーリュー（1843-1916 年）。経済学者（1872 年に自由政治学院で経済学の教員となる）。経済週刊誌「エコノミスト・フランセ」（*L'Économiste français*）を創刊。多数の著作がある。たとえば、*Le Travail des femmes au XIXe siècle (1873), Traité de la science des finances* (1877), *De la colonisation chez les peuples modernes* (1908)。1880 年にコレージュ・ド・フランス教授に選ばれた。

(114) Paul Leroy-Beaulieu, *L'Algérie et la Tunisie*, Paris, Guillaumin, 1887, p. 292.

(115) 1887 年 6 月 16 日 の 提 案。Annexe 1846, *JO*, Doc. Ch. des députés, session ordinaire de 1887. アンリ・ミシュラン（1847-1912 年）は、1885 年から 1889 年、そして 1893 年から 1898 年の間、パリ 14 区選出の下院議員だった。

(116) CAOM, 8 H 10,「現地民の帰化」に関する筆者不明の覚書、1887 年。

(117) 1890 年 7 月 21 日の法案。Annexe n° 857, session de 1890, *JO*, Ch. des Dép. doc. parl. アルフレッド・マルティノーは、1889 年、パリ 19 区選出のブーランジェ将軍支持の下院議員。植民地省の局長を務めた。後に、コレージュ・ド・フランス教授となった。

(118) André Weiss, *Traité théorique et pratique de droit international privé*, 2e éd., t. I : *La Nationalité*, Paris, Sirey, 1907, p. 465.

(119) *Bulletin du Comité de l'Afrique française*. Ageron, *France coloniale ou Parti colonial*, Paris, PUF, 1978 からの引用。

(120) Ageron, *France coloniale ou Parti colonial, op. cit.*

(121) 印璽税は、フランス本土では 175. 25 フランであったが、1866 年 4 月 21 日のデクレの第 20 条により、1 フランと定められた。

plurielles, Paris, Éditions Stavit, 1998, pp. 35-36.

(93) 陸軍大臣は、ジャック＝イサーク・アルタラス（マルセイユのユダヤ教長老会議の会長）とジョゼフ・コーエン（エクス＝アン＝プロヴァンスの若い弁護士）が1842年にアルジェリアで2カ月間調査してまとめた報告書を受けて1843年、ウジェーヌ・ジャンヴィエ（コンセイユ・デタ評定官）を長とする、アルジェリアのユダヤ人に関する規定を提案する任を帯びた委員会の委員を任命した。コンセイユ・デタは、1843年末からすでに、政令案について意見を求められていた。その依頼を受けて、アルジェリア総督府が意見を求められたが、そこでビュジョーの猛烈な反対に直面することになる（Schwarzfuchs, *op. cit.*, pp. 42-52を参照）。ユダヤ人コミュニティを帰化させるというオルドナンスの第1条は、コンセイユ・デタの否定的意見を受けて取りさげられた。AN, BB30 1604.

(94) Charles-Robert Ageron, *Les Algériens musulmans et la France (1871-1919)*, Paris, PUF, 1968, vol. 1, pp. 44-45.

(95) 1865年から1870年の間に帰化したアルジェリアのユダヤ人は、わずか142人だった。以下を参照。Laure Blévis, *Citoyenneté et nationalité en Algérie coloniale, Réflexion sur une singularité juridique en République (1870-1919)*, mémoire pour le DEA « Action publique et sociétés contemporaines », ENS Cachan, 1999, p. 7.

(96) *Le Moniteur*, 1870年3月9日、p. 355.

(97) コンセイユ・デタは3月18日に、この措置がムスリムにどのように受け止められるかについて、調査を依頼した。調査の結果を受けて、マクマオンは集団的帰化に賛成した。集団的帰化の強制的な性質は、クレミューではなくマクマオンに負っている。3月8日の計画では、「あらゆる現地民のユダヤ教徒は、1年間の猶予期間内であれば、帰化の恩恵を放棄することもできるとされた」。Ageron, *op. cit.*, vol. 1, pp. 14-15とCAOM, F80 2043.

(98) アドルフ・クレミュー（1796-1880年）は、法学博士でニームの弁護士。パリに移住し、1842年にアンドル＝エ＝ロワール県選出の下院議員となる。1848年2月24日から6月5日の間、臨時政府の司法大臣。奴隷制廃止の政令に署名した。1870年9月4日から71年2月19日の間、国防政府の司法大臣。1872年10月20日から、75年12月14日に終身元老院議員に選ばれるまで、アルジェ選出の議員。ユダヤ人の解放と権利の擁護者。世界ユダヤ人会議を創設し、1863年から死去するまで会長を務めた。

(99) Charles-André Julien, *Histoire de l'Algérie contemporaine*, t. I : *La conquête et les débuts de la colonisation (1827-1871)*, Paris, PUF, p. 467.

(100) Stéphane Audoin-Rouzeau, *1870. La France dans la Guerre*, Paris, Armand Colin, 1989, préface de Jean-Jacques Becker を参照。

(101) Ageron, *op. cit.*, vol. 1, p. 6.

(102) Alain Glais-Bizoin, *Dictature de Cinq mois, mémoires*, Paris, Dentu, 1873, p. 176.

(103) このテーマに関しては、次の教えられるところの多い論文を参照。Philippe Darriulat, « La gauche républicaine et la conquête de l'Algérie, de la prise d'Alger à la

tions de l'Algérie durant la période coloniale, Paris et Alger, Éditions du CNRS et Office des publications universitaires, 1987, p. 35 を参照)。

(82) AN, BB30 1604, ジャンティ＝ドゥ・ビュッシー(主任調査官、アルジェ属州の文民の長官)の陸軍省に宛てた1832年9月9日付の書簡。ピエール・ジャンティ＝ドゥ・ビュッシー(1793-1867年)は、軍事行政の経歴のほかに、1829年5月13日にコンセイユ・デタの特命の調査官に任命された。1832年5月12日から1834年8月12日までは、アルジェで文民の長官を務めた。次いで、陸軍省での経歴を経て、1844年から1848年までモルビアン県選出の下院議員となる。

(83) かれは次のように告げている。「彼らがわれわれの完全な一員になりたいと述べているのにそれを拒絶することは、われわれが自らの言葉の権威をただちに打ち砕くのと同じであり、抱かせようとしている信頼を消し去ることである。われわれの呼びかけの対象である人々に、中途半端に、恐々と、それゆえ下心をもって、今後のため翻意するかもしれぬ雇主と和解する方法を用意することのみを考えながら取り組むのを強いることになる」。

(84) アルジェの裁判所による1862年2月24日の判決。以下で引用されている。Werner, *Essai sur la réglementation de la nationalité dans le droit colonial français*, thèse de doctorat en droit de l'université de Genève, Toulouse, Imprimerie Boisseau, 1936, p. 144.

(85) AN, BB30 1604, pièce 38. 陸軍省の責任者の一人は、「われわれの政治的、市民的集団への一切のアクセス」を閉ざすという過度の行為に対しては、確かに反対の態度を表明している。「彼らが市民になることを許せば、われわれは彼らに対し、市民として保護する義務を負うことになるほかない。臣民とは、いつでも反逆者になりうるものだということを忘れろというのか」。

(86) 陸軍省から司法省に宛てた1864年6月28日の書簡。AN, BB30 1604.

(87) 正確な日付は、1866年10月30日である。AN, BB30 1604.

(88) 皇帝ナポレオン3世は、1863年、ペリシエ総督に宛てた書簡のなかで、アラブ王国について考えを述べている。「アルジェリアは、厳密な意味での植民地ではなく、アラブ王国である。コロン(入植者)と同じく、現地民も余の保護を受ける権利がある。余はフランス人たちの皇帝であるとともに、アラブ人たちの皇帝でもあるのだ」。Collot, *op. cit.*, p. 9から引用。

(89) 政令136号。*Bulletin des Lois n° 8 de la Délégation du Gouvernement de la Défense nationale hors de Paris, République Française, XIIe série. Tours et Bordeaux, du 12 septembre 1870 au 18 février 1871*, Versailles, Imprimerie Nationale, juin 1871, p. 109.

(90) Simon Schwarzfuchs, *Les Juifs d'Algérie et la France, 1830-1855*, Jérusalem, Institut Ben Zvi, 1981, pp. 13-20.

(91) アルジェリアのユダヤ人は、1830年より、「民族《ナシオン》」として組織されるようになり、その長は軍当局に任命された。宗教に関しては、ラビの権威の下に統べられていた。

(92) Doris Bensimon et Joëlle Allouche-Benayoun, *Les Juifs d'Algérie, mémoires et identités*

(67) 帰化委員会の1927年11月14日のセッション。オノラ関係資料、50 AP 67. 司法大臣への提案であるが、その後の展開については不明。

(68) 本書第5章を参照。

(69) R. Boulbès, *Commentaire du Code de la nationalité française (ordonnance du 19 octobre 1945)*, Paris, Sirey, 1946, p. 17. n. 1.

(70) Christine Bard. « Le triomphe du familialisme », in *Un siècle d'antiféminisme*, Christine Bard (dir.), préface de Michelle Perrot, Paris, Fayard, 1999, pp. 169-192.

(71) さまざまな改正については、以下を参照。Jean Carbonnier, *Essai sur les Lois*, Paris, Répertoire du Notariat Defrénois 1995, 2e éd.

(72) ジャン・フォワイエ「フランス国籍に関わるいくつかの措置に関するフランス国籍法を補完し、改正する元老院で採択された法案についての司法委員会の名による報告」AN, Quatrième législature, première session ordinaire de 1972-1973, n° 2545, 29 septembre 1972, p. 5. かれは次のように付け加えている。すなわち、「夫婦の国籍を統一することに関してはといえば、便利ではあるだろうが、良い仲を保つのに必要な条件ではない。少なくとも、もはやその条件ではない。ちなみに、それは今日婚姻の解消をより容易にするという要請と相容れるだろうか」。

(73) 2000年12月4日のジャン・フォワイエとのインタビュー。こうした圧力は、司法委員会の部長だったオディール・ピシャへのインタビュー（2000年12月14日）で確認された。

(74) この改革の経緯と内容については以下を参照。Paul Lagarde, « La rénovation du Code de la nationalité par la loi du 9 janvier 1973 », *RCDIP*, 1973, pp. 431-469.

(75) 婚姻前に反対の意思を示さないかぎりにおいて。

(76) 行政当局は、その後1年以内であれば、異議を申し立てることができた。それ以降は、フランス国籍は自動的に取得された。

(77) 配偶者間の完全な平等を実現した最初の大国はソ連だった（1918年の家族法典第103条）。Calbairac, *op. cit.*, p. 225を参照。

(78) フランスの植民地の歴史に関しては、次のような区別をしている。すなわち、最初は1815年までの植民地化の時期で、古い植民地の大半は獲得された後に失われている。続いては、1830年にアルジェリアで始まり、第一次世界大戦の直後までで、アフリカやアジアへと広がっていった近代的な植民地化の時期である。以下を参照。Jean Meyer, Jean Tarrade, Annie Rey-Goldzeiguer et Jacques Thobie, *Histoire de la France coloniale. Des origines à 1914*, Paris, Armand Colin, 1991.

(79) 1889年の国籍に関する重要な法律は、（その第2条で）同法律がアルジェリアとグアドループ、マルティニーク、そしてレユニオンの植民地に適用されると述べている。

(80) 1587年に始まった〔オスマン〕トルコによるこの地域の支配に終わりを告げるものだった。

(81) アルジェの文民の長官は当時、本土でいう知事に相当した。ただし、警察、出版、宗教、そして国有地に関わる問題は扱わなかった（Claude Collot, *Les Institu-*

(56) Lafont DP Ch. Dép. 1919, annexe 5716, p. 1935.

(57) マルタン議員は、逆の措置を提案していた。すなわち、フランス人女性は、フランス国籍を保持したいという意思を表明しないかぎり、夫の国籍を取得する、というものである。

(58) Conseil National des Femmes Françaises, 1920-1922, 1922, p. 29. Section de Législation を参照。

(59) 1922 年 7 月 6 日 の 法 案。Doc. Parl., Sénat, sess. Ordinaire, 1922, annexe 511, p. 559. 1923 年 6 月 21 日の元老院での採決によって加えられた、*JO*, Déb. Parl. Sénat, p. 1040, 21 juin 1923.

(60) このテーマに関する最もすぐれた論文は以下。Elisa Camiscioli, « Intermarriage, Independent Nationality, and the Individual Rights of French Women, The Law of 10 August 1927 », *French Politics, Culture and Society*, vol. 17, n° 3-4, summer-autumn 1999, pp. 52-74.

(61) *JO*, Doc. Parl. Ch. des dép., 1927 年 3 月 31 日の最初のセッション。

(62) この用語は、1921 年より使用されている。以下を参照。Françoise Thébaud, « Le mouvement nataliste dans la France de l'entre-deux-guerres: l'Alliance nationale pour l'accroissement de la population française », *RHMC*, avril-juin 1985, pp. 276-301.

(63) 採択された法は、外国人男性と結婚したフランス人女性はフランス国籍を保持したならば、フランスで生まれた子どもにフランス国籍を継承させる、と規定している。父親が独占してきた国籍の継承には、こうして突破口が開かれた。

(64) 司法大臣ルイ・バルトゥーは、「国籍に関する 1927 年 8 月 10 日法に関わる知事および検事局宛ての通達」で次のように述べている。「この改正では、外国人男性と結婚したフランス人女性の国籍を保持することに限定すべきではないかということが問われた。そうした限定は、国の人口の状態からして正当化されるように思われ、他国の法律でもいくつかの例がみられた［……］。立法者には、一般に良心や思想に関わる分野で夫の優位を妻に強いるのは耐えがたいことであるように思われ、フランス人女性が外国人男性と結婚した後も自らの国籍を保持する権利が、その必当然の結果として、フランス人男性と結婚する外国人女性にも自らの国籍を保持する権利がなければならないと思われた」。*JO,* 14 août 1927, p. 8706.

(65) しかし、この選択の自由には 2 つの例外がある。フランス人女性については、外国に居住する場合には夫の国の国籍を取得する義務が生じる（第 8 条）。外国人女性については、自国の法律で夫の国籍を取得しなければならないと規定されている場合には、フランス国籍を取得しなければならない義務が生じる（結婚が 1931 年 12 月 9 日以前、または 1938 年 6 月 1 日から 11 月 13 日の間に執り行なわれた場合、とりわけドイツやオランダ、スイス、チェコスロヴァキアやスペイン出身の女性がこのケースに当てはまった）。

(66) AD, Fonds CNT, série 38, article 372. 帰化委員会については、本書第 3 章 114-117 頁を参照。

人として生まれて外国人との婚姻により外国人となった多くの女性が、最初の選択肢のみを選んだ可能性がある。「あなたは、生まれながらのフランス人ですか……または帰化したフランス人ですか。外国人ですか……出身国は……」

(45) Sauteraud, *Revue politique et parlementaire*, 1919, p. 197.

(46) 1893 年法は婚姻によって外国人となったフランス人女性には適用されなかったため、この登録が義務となったのは 1917 年以降のことである。Frantz Despagnet, *Précis de droit international privé*, Paris, librairie de la Société du recueil général des lois et des arrêts, 4e éd., 1904, p. 3.

(47) 内務大臣通達 1919 年 10 月 2 日、*JDIP*, 1920, pp. 365-367.

(48) 1924 年にイタリア人がベルギー人を抜いて、フランス人女性と結婚する外国人男性の国籍でトップとなった（1 万 1363 人中 3208 人で 28. 2%）。フランス人男性と結婚する外国人妻の出身国籍の変遷については、以下を参照。Francisco Muñoz-Perez et Michèle Tribalat, « Mariages d'étrangers et mariages mixtes en France : Évolution depuis la Première Guerre », *Population*, 3, 1984, pp. 427-462.

(49) Trinh Dinh Thao, *De l'influence du mariage sur la nationalité de la femme*, Aix-en-Provence, Éditions Paul Roubaud, 1929, pp. 92-93.

(50) Yvonne Delatour, « Le travail des femmes pendant la Première Guerre mondiale et ses conséquences sur l'évolution de leur rôle dans la société », *in* Institut historique allemand, *Francia, Forschungen zur westeuropäischen Geschichte*, München, Artemis Verlag, vol. 2, p. 495. 以下も参照。Madeleine Guilbert, « L'évolution des effectifs du travail féminin en France depuis 1866 », *Revue française du travail*, septembre 1947, pp. 754-777.

(51) 1926 年にバルトゥーが創設した委員会で、アンドレ・オノラが委員長を引き続き務めていた。1927 年 10 月 13 日のセッションの議事録。AD, Fonds CNT, série 38, article 372.

(52) Conseil national des femmes françaises, Congrès des 8 et 9 octobre 1919, Strasbourg, 96 p. Paul Smith, *Feminism and the Third Republic, Women's Political and Civil Rights in France 1918-1945*, Oxford, Clarendon Press, 1996, pp. 179-181.

(53) 前記の注 38 を参照。

(54) 外国に居住している場合には、夫の国籍が取得できるとした。*JO*, DP, Ch. Dép., 1918, annexe n° 4904, p. 2143. 政府はこの法案に反対した。AN, オノラ関係資料、50 AP 27 を参照。

(55)「この提案の主たちは、生地主義を法律に導入するつもりはないと反論したが、彼らの提案がわが国の法律に領土的な要素を導入する傾向があったことは否めないだろう。この提案は、多くの法律家が生地主義について抱いていたよからぬ評価に直面することになった。さらに、これは外国人男性と結婚する女性の多くが置かれた状況を改善するものだったものの、女性の意志の自律を認めなかったことをもちだすこともできた。こうした理由により、この提案はけっきょく諦められ、女性の国籍を女性の自由意思に任せる制度になったようである」。Gaston Calbairac, *Traité de la nationalité de la femme mariée*, édition de 1929, Sirey, Paris, p. 32.

ると認められているからこそ、その二人の外国人女性は、フランスに家族がいない他のドイツ人女性同様、スイスに帰国させられる代わりに、結婚が実現するまで、強制収容所に留め置かれたのです。私はといえば、法律の現状に鑑みて、フランス人とドイツ人の間の結婚に反対できるとは考えていません。そして、収容所の規則がいかに厳しいものであったとしても、必要な際には、身分吏の前に現れるに足る自由を、未来の妻たちに与えていることを付け加えておきます」。AN, F7 12731.

(39) Françoise Thébaud et Christine Bard, « Les effets antiféministes de la Grande Guerre », in *Un siècle d'antiféminisme*, préface de Michelle Perrot, Paris, Fayard, pp. 150-166 (p. 154).

(40) Christine Bard, *Les Filles de Marianne*, pp. 147-148 を参照。

(41) Depoid, *op. cit.*, p. 95.

(42) この数字は、Depoid (*op. cit.*, pp. 59-61) の表にもとづいている。1920 年から 1960 年の期間に関しては、正確な数が示されている（8 万 1619 人）。1914 年から 1919 年の期間に関しては、4 万 4600 人と推計されている。1907 年から 1913 年の期間に関しては、外国人の夫についての統計しかなかったため、1888 年から 1891 年の間の外国人男性とフランス人女性との婚姻の割合である 60% を適用した（Depoid, *op. cit.*, p. 59）。1914 年から 1919 年の期間では、受理された婚姻の 68% であったことから、この推計はおそらくそうした結婚の実数を少なく見積もっている。そして、1900 年から 1906 年の期間については、最小数が年 4300 人であることから、少なくみて 3 万 100 人となる。合計 19 万 814 人と推計されるが、おそらく実際よりも少ない数字となっている。

(43) 正確には、2 万 9378 人。Depoid, 1942, *op. cit.*, p. 5 を参照。これに、1900 年以前に結婚した数千人の女性も加え、夫とともにフランスを去った女性を差し引く必要がある。

(44) 国勢調査による外国人女性の数は 100 万 4522 人だったが、そのうち 47 万 1983 人が結婚していた。14 万 4765 人が調査地の県で、4 万 2837 人が他県で生まれており、18. 2% がフランス生まれということになる。外国人男性の場合は、フランス生まれは 9. 5% のみである。以下を参照。Statistique générale de la France, *Résultats statistiques du recensement général de la population effectué le 7 mars 1926*, t. I. 5e partie, *Étrangers et naturalisés*, Paris, Imprimerie nationale, 1931. 1881 年より国勢調査では「フランス人の両親から生まれた者」が区別されるようになり、それは後に「フランス人として生まれた者」となった。そして 1921 年には、「生まれながらのフランス人」(Français de naissance) が「帰化者」、そして「外国人」から区別されるようになった。フランス人として生まれたが、婚姻により外国人となった女性は、2 つの選択肢から選ばなければならない。Alexis Spire et Dominique Merllié, « La question des origines dans les statistiques en France », *Le mouvement social*, n° 188, juillet-septembre 1999, pp. 119-130 を参照。しかし、質問票（t. 1, 1er partie ; *Introduction*, 1928, p. 11）が、次の通りあまりはっきりしていないため、フランス

(32) 1792年9月20日法によって可能となった。この可能性は民法典においても維持された。

(33) 1）姦通、2）暴力行為、虐待、重大な侮辱、3）配偶者の一方に体刑または加辱刑の宣告、4）3年以上別居。

(34) Françoise Thébaud, *La Femme au temps de la guerre de 1914*, Paris, Stock/Laurence Pernoud, 1986を参照。

(35) 1914年12月、ギャレゾン（オート＝ピレネー県）の強制収容所で、女性たちは自由の身になれた。彼女たちは、ドイツやオーストリア・ハンガリー帝国の夫の家族の許に帰るか、フランスの自分たちの家族の許に帰らなければならなかった。しかし大半が、収容所にいる夫の傍にとどまることを選んだ。以下を参照。Jean-Claude Vimont, « La population du camp d'internement de Garaison (Hautes-Pyrénées), 1914-1919 », in *Les Malheurs de la guerre*, II : *De la guerre réglée à la guerre totale*, dir. André Corvisier et Jean Jacquart, Paris, Éditions du Comité des travaux historiques et scientifiques, 1997, pp. 93-108.

(36) Elisa Camiscioli, « Intermarriage, Independent Nationality, and the Individual Rights of French Women, The law of 10 August 1927 », *French Politics, Culture and Society*, vol. 17, n° 3-4, summer-autumn 1999, p. 4.

(37) ルイ・マルタンは、1859年1月15日、ピュジェ＝ヴィル（ヴァール県）生まれ。法学博士、パリ弁護士会所属の弁護士。トゥーロンの第2選挙区から、共和主義的、反ナショナリスト的政策綱領にもとづいて議員に選出され、民主急進左派－急進社会党グループに属した。1909年1月に元老院議員となり、1936年まで議席を占めた。フランス女性の権利連盟（LFDF）や女性相互扶助連合の名誉委員会のメンバー。女性の境遇改善のための協会やフェミニズム運動委員会、LFDFやフランス女性参政権連合（UFSF）の会議の議長を務めた。女性参政権を求める会議への参加記録をもち、1918年より、女性の権利のための議員団のリーダーを務め、1936年には、LFDFの名誉会長に選ばれた。主著は、*Considérations générales sur la législation civile et pénale de la Révolution française, mémoire au Conseil Municipal de Paris*, Paris, Giard et Brière, 1894や概説書 *Droit civil*, Paris, Dunod et Vicq, 1896.

(38) *JO*, DP, Sénat, 1916, annexe n° 35, pp. 81 et 1920, annexe 229, p. 195. 1917年に、「敵国の臣民である」外国人女性は、フランス人男性との婚姻が事前に司法大臣より許可された場合に限り、フランス国籍を取得することができる、という制限措置のみが採択された。1917年3月18日法、*JO*, 21 mars 1917. それまでは、ドイツ人女性とフランス人男性との結婚は認められていた。司法省は、1915年3月30日、4月17日と26日に、収容されているドイツ人女性が、フランス人男性との結婚を予定しているケースが複数あることを報告している。結婚すれば、強制収容所から出ることができた。内務省は、こうした結婚に反対しないことを、次のように明らかにしている。「サントに収容されている人々に対しては、国としていかなる疑いもかけていません。結婚の予定があり、それがまじめな話であ

て国籍を与えるのであり、向き合うのは権利を付与する唯一の要素、領土内における出生であるため、両親の国籍を考慮する必要がなくなる。« De la nationalité de l'individu né en France d'une étrangère qui elle-même y est née », *Journal du droit international privé et de la jurisprudence comparée*, 1892, t. 19, pp. 78-103.

(20) 1889 年までは、民法典の第 19 条「外国人男性と婚姻したフランス人女性は、その夫の条件に従うものとする」が、時には夫側の〔国の〕法律が婚姻により国籍に影響を及ぼさない場合があることを配慮することなく、適用された。1844 年以前にイギリス人男性と結婚したフランス人女性は、イギリス国籍を取得することなく、フランス国籍を喪失した。1889 年法では、「結婚により、夫の国籍が与えられない場合を除いて」と付け加えられた。

(21) Sect. 3, Act of March 2, 1907 (34 Stat. 1228).

(22) Pierre Wurtz, *La Question de l'immigration aux États-Unis*, Paris, L. Dreux & M. Schneider, 1925 を参照。

(23) Lawrence H. Fuchs, « Immigration Reform in 1911 and 1981 : The Role of Select Commissions », *Journal of American Ethnic History*, autumn 1983, pp. 58-89 を参照。

(24) Candice Lewis Bredbenner, *A Nationality of Her Own : Women, Marriage and the Law of Citizenship*, Berkeley & Los Angeles, University of California Press. 1998, p. 8 を参照。「アメリカ婦人参政権協会」(NAWSA) の後の会長キャリー・チャップマンは、帰化した男性や、アメリカにとって脅威である街のゲットーに住む男性の参政権を、女性の参政権と交換することを、躊躇なく提案している。

(25) *Ibid.*, pp. 63-64.

(26) 下院は法案を 1918 年に、必要な 3 分の 2 の多数で可決したが、その批准には州議会の 4 分の 3 の多数が必要だった。テネシー州が 36 番目の州として、1920 年 8 月 26 日に法案を可決した。Françoise Bach, « Les Droits des femmes et le suffrage aux États-Unis 1848-1920 », in *Encyclopédie politique et historique des femmes, Europe, Amérique du Nord*, dir. Chrisitine Fauré, PUF, 1997, pp. 505-534 を参照。

(27) Chrystal MacMillan, « Nationality of Married Women : Present Tendencies », *Journal of Comparative Legislation and International Law*, 3e sér., 7 novembre 1925, pp. 142-154.

(28) 42 Stat., part. I, p. 1021, chap. 411.

(29) 外国人男性と結婚したアメリカ人女性は、米国籍を放棄しなければ、それを失うことはなくなった。

(30) しかしながら、アメリカ領内における定住期間は、5 年間から 1 年間に短縮された。

(31) この条項は 1931 年に廃止された。男性と女性の間の完全な平等が成立したのは 1934 年のことだった。まず、外国で生まれた子どもの国籍の継承であるが、以後、アメリカ人の母親でも父親でも、お互いに関係なく、子どもが生まれる前にアメリカに居住したことがあれば、国籍を継承させることができるようになった。片親のみがアメリカ人の場合は、子どもは 18 歳になる前にアメリカに 5 年間居住した場合のみ、アメリカ人となる。

l'Académie de droit international, 1937, II, 60, pp. 115-242.

(3) Peter Sahlins, « Fictions of a Catholic France : The Naturalization of Foreigners, 1685-1787 », *Representations*, 47, été 1994, pp. 85-110.

(4) AP, t. 76, 641.

(5) AP, t. 76, 643.

(6) ベルトラン・バレール・ド・ヴュザック（1755-1841 年）は、トゥールーズ高等法院付きの弁護士。三部会の第三身分の代表に選出され、憲法制定議会の穏健自由主義派の議員を務めた。破毀裁判所のメンバーで、国民公会の公安委員会委員。恐怖政治に加担。テルミドール 9 日のクーデタでは中立の立場をとったが、流刑となった。しかし、刑が執行されることはなかった。

(7) ルネ・カッサンが引用している。René Cassin, « L'inégalité entre l'homme et la femme dans la législation civile », *Annales de la faculté de droit d'Aix*, nouvelle série, n° 3, Marseille, 1919, pp. 1-28 (引用は p. 18)。

(8) 民法典の第 12 条と第 19 条。

(9) 本書第 2 章、63-64 頁を参照。

(10) Fenet, *op. cit.*, t. VII, pp. 32-33.

(11) Heuer, *op. cit.*, pp. 240-241 ; Heuer, « "Afin d'obtenir le droit de citoyen. . . en tout ce qui peut concerner une personne de son sexe" : devenir ou cesser d'être une femme française à l'époque napoléonienne », *CLIO*, 2000, 12, pp. 15-32.

(12) ADBR, 8M25. ホイヤーが引用。*CLIO*, *art. cité.*, p. 26.

(13) *Ibid.*

(14) Heuer, *op. cit.*, p. 244.

(15) Varnier & Dietrich, *op. cit.* は、帰化を認められたのが 3 名、居住許可を認められたのが 8 名との数字を挙げている。特例として、何人かの外国人女性が帰化や居住許可が認められたのだが、それは（たとえば女性が修道会に入っていたり、年老いた寡婦であるなどで）結婚できないか、結婚適齢期ではなくなっているためだった。

(16) Affaire Hess, Sir. 92. 1. 81 とピイェの文書。Pandect. franç. 92. 1. 129 とヴァイスの文書。Gérardin, *op. cit.*, p. 20.

(17) 行政当局によってこの法解釈がただちに適用され、1892 年に行なわれた帰化申請の一部は意味のないものになった。許可された帰化の数は、1891 年に 5371 件だったのが、1892 年には 4537 件に減少した。破毀院の判断の影響は年約 1100 件と推計されている。ファルシメーニュ（民事・印璽局長）の司法大臣への報告書。*JO*, 11 octobre 1893, p. 5079, n. 1.

(18) 1889 年法の 1892 年における適用について、司法大臣への報告書の抜粋。*JO*, 11 octobre 1893.

(19) 1993 年 7 月 1 日法第 1 条。*JO*, 23 juillet 1893. ルイ・ル＝スュールとウジェーヌ・ドレフュスは、血統主義と異なり、生地主義は両親の性別に関して、またその国籍に関しても中立であると強調している。立法者は、客観的事実の名におい

Alien in American Polity, New Haven, Yale University Press, 1985 を参照。

(113) オランダでは、母親からの継承のみ可能である。

(114) 親は、子の出生前の 10 年間に 5 年間以上居住していることを証明しなければならない。

(115) EU 諸国における移民の子どもの国籍取得に関する法的条件については、附録、408-409 頁を参照。

(116) ギリシャでは、帰化の際に考慮している。

(117) John Fisscher Williams, *International Law Association*, Report of the thirty-third Conference, 1925, p. 35 をポール・ド・ラ・プラデールが以下で引用。« De la nationalité d'origine », in *La Nationalité dans la science sociale et dans le droit contemporain*, Benjamin Akzin et Suzanne Basdevant (dir.), Paris, Sirey, 1933, p. 216. すなわち、「およそ人を引きつける力を少しでももっていると自負する近代国家なら、その国に属さない多数の個人が世代を追うごとにその内で倍増していくのを放置することは耐えがたいことである。[……] そして私は、ほとんどの国家がそうであるように、力強い一般的文明を有し、魅力のある国家というのは、その国にやって来て恒久的に居住する移民を非常に素早く同化すると言ってよいだろう、とも考える」(原文英語)。

(118) Diane F. Orentlicher, « Citizenship and National Identity », in *International Law and Ethnic Conflict*, David Wippman éd., Ithaca et Londres, Cornell University Press, 1998, pp. 296-325.

(119) さらに、エレーヌ・トーマスが指摘しているように、「国籍法の諸条項は、一国民共同体の性質への、理論的には矛盾することもある異なったアプローチに結びついていることがありうる。そしてそのことから、当の共同体の一員であることが何を意味するのかが示されるのである」。Elaine Renee Thomas, *Nation after Empire : The Political Logic and Intellectual Limits of Citizenship and Immigration Controversies in France and Britain, 1981-1989*, Ph.D. Dissertation, Université de Californie, Berkeley, 1998, p. 1.

8. 差別されたフランス人たち

(1) 1844 年以降、イギリスはイギリス人男性と結婚したすべての外国人女性をイギリス人とみなすようになった。1855 年には、同様にアメリカもアメリカ人男性と結婚した外国人女性をアメリカ人とみなした。1870 年には、そうした状況とパラレルに、外国人と結婚したイギリス人女性は外国人とされた。以下を参照。Virginia Sapiro, « Women, Citizenship, and Nationality : Immigration and Naturalization Policies in the United States », *Politics and Society*. 13, no. 1 (1984) pp. 1-26.

(2) Alexandre N. Makarov, « La nationalité de la femme mariée », *Recueil des cours de*

定住にいたる可能性がある、というものだった。

(106) ある意味では、ドイツのナショナリストの目標は達成されているが、汎ゲルマン主義者やナチの目的や戦略には反したかたちになっている。すなわち、人々の居住区域や植民地化した場所の大部分を内包するためにドイツの国境を東方へ、西方へと拡張することではなく、それらの地域のドイツ人をドイツ国家のより限定された境界内に、つまり今日存在する国境内に移し入れることで実現している。Richard J. Evans, *Rereading German History : From Unification to Reunification, 1800-1996,* London et New York, Routledge, 1997, p. 217 を参照。

(107) Simon Green, « La politique de la nationalité en Allemagne », *in* Weil et Hansen, *op. cit.*, pp. 29-54. 申請者は他に3つの条件を満たさなければならない。すなわち、6年間の就学期間のうち4年間は中等教育でなければならない；原国籍を放棄しなければならない；最後に、重罪や軽罪を犯していてはならない。

(108) ドイツ国籍を（アルザス・ロレーヌの）フランス人またはルクセンブルク人に強制的に賦与することを目的としたヒトラーの決定のみが廃止された。Ruby, *op. cit.*, pp. 272-284, 817 を参照。この一節を書く上で貴重な情報を提供してくれたフロリアーヌ・アズレイに感謝申し上げる。

(109) Brubaker, *op. cit.*, Chap. 6 を参照。ブルーベイカーへの適切な批判については、以下を参照。Christian Joppke, *Immigration and the Nation-State : The United States, Germany and Great Britain*, Oxford, Oxford University Press, 1999, pp. 271-276.

(110) イギリスとアイルランドは移民の送出国で、自動的生地主義をとるものの、永続的忠誠義務を求めていた……これは、これらの国が大規模な移民受入国にならないうちは有効であり続けることができた。両国は、外国に定住した自国出身者との絆を保つためだけに、血統主義の条項もその法律に加えた。

(111) Weil et Hansen, *op. cit.* を参照。

(112) もう一つの変化は、自動的生地主義であったところにある種の制限がもたらされたことにある。たとえばイギリスでは、生地主義は第二次世界大戦の前までは、大英帝国の全領土まで広がっていた。帝国のすべての臣民は、インドやカナダ、あるいはジャマイカ生まれでも、イギリスの領土に住むだけでイギリスの国籍を得ることができた。イギリス「市民権」が創設された1981年以降は、生地主義が関係する領土は、厳密な意味におけるイギリスでしかなくなった。イギリスの永住者であることを条件に、イギリス人以外からイギリスで生まれた子どもにも、市民権が自動的に賦与される。2004年6月11日にアイルランドの国民は国民投票により、それまでアイルランドの領土で出生することで自動的に賦与されていた国籍の取得を制限することを目的とした憲法の改正を認めた。自動的生地主義はアメリカで生まれた非正規滞在の移民の子どもたちにも米国籍を与えることになるため、この生地主義の制限がアメリカでも主張されているが、それはありえない。なぜなら、そのためには憲法の改正、すなわち米国議会の3分の2と50の州議会の4分の3の支持を得る必要があり、それはほとんど不可能だからである。Peter H. Schuck et Roger M. Smith, *Citizenship Without Consent : The Illegal*

(93) 1913年12月31日、デルカッセ大使の外務大臣宛ての書簡。AD, Série CA Contentieux, n° 354.

(94) 1913年12月27日、ジュール・ジョスラン大使の外務大臣宛ての書簡。AD, Série CA Contentieux, n° 354.

(95) Richard W. Flournoy Jr, « Observations on the new German Law of Nationality », *American Journal of International Law*, july 1914, vol. 8, no. 3, p. 478.

(96) « Quand est-ce qu'un Américain n'est pas un Américain? », *Metropolitan Magazine*, 15 juin 1915, n° 2.

(97) Casper F. Goodricht, « Why Stranger in Our Gates remains an Alien », *New York Times*, june 1917, no. 24.

(98) アンリ・レヴィ＝ウルマンは、たとえば次のように記している。「1913年までは帰化は最終的なものと考えられていた。それが1915年4月7日法と1917年6月18日法は、わが国の法律に帰化の取り消しを導入したのだ」。« Rapport sur le projet de loi portant refonte des textes relatifs à l'Acquisition et à la Perte de la Nationalité Française », extrait du *Bulletin de la Société d'études législatives*, Paris, Rousseau, 1918.

(99) Georges Gruffy, « La naturalisation et le préjugé de la race », *RPP*, 1919, pp. 5-19, en l'espèce p. 8.

(100) 1934年に、ドイツ諸州の国籍が廃止された。

(101) この条項は1935年12月31日まで適用された。

(102) 各邦国は、以前は自由に帰化させることができた。プロイセンは、他の各邦国における帰化の制限管理を確実にするために、諸邦国の内務大臣が連邦の他の邦国における帰化の決定に拒否権を行使できるようにした。より管理されるようになったが、他の規定にも注意する必要がある。すなわち、未成年でも帰化が申請できる；既婚女性は、夫の許可が必要なものの、夫とは無関係に帰化を申請することができる（法の第7条）；ドイツで生まれた外国人は、帰化申請書を提出する連邦内の邦国に満21歳まで恒常的に居住し、成人後2年以内に帰化申請した場合、他の連邦内の邦国から拒否権を行使されることはない。1913年法の第9条第2項。Ruby, *op. cit.*, p. 426を参照。しかしプロイセンだけでも、1919年から1931年の間に13万人の外国人が帰化している。Gosewinkel, *op. cit.*, p. 373を参照。

(103) 以下を参照。Ruby, *op. cit.*, pp. 87-95.

(104) 1842年にプロイセンが、そして後にドイツが、10年間の居住の後に帰化させるという居住原理を保持し、領土内で生まれた外国人の子どもにも同じことをしていたなら、ナチの法律は、ヴィシー政権の法律のように、これらの子どもたちに「帰化取り消し」の可能性を広げていたと考えられる。

(105) Daniel Kanstroom, « Wer Sind Wir Wieder? Laws of Asylum, Immigration, and Citizenship in the Struggle for the Soul of the New Germany », *The Yale Journal of International Law*, 1991, vol. 18, no. 1, p. 194. バイエルン州の裁判所の判決理由は、許可が延長されると、「ドイツは移民国ではないのだから、国家の利益に反して」

ンケルは1885年以降ドイツの人口の移住による増減については、初めて移入が移出よりも多くなっていると指摘している（Gosewinkel, *op. cit.*, p. 185）。

(85) 以下を参照。Ada Lonni, « Histoire des migrations et identité nationale en Italie », *Revue européenne des migrations internationales* (1), 1993, pp. 29 s. ; Ferrucio Pastore, « Droit de la nationalité et migrations internationales : le cas italien », in Patrick Weil et Randall Hansen, *Nationalité et Citoyenneté en Europe*, Paris, La Découverte, 1999, pp. 95-116.

(86) この一節は、「移民、統合、市民権のための政治センター」(CEPIC : Centre politique de l'immigration, de l'intégration et de la citoyenneté) の学術大会で行なわれた以下のすぐれた報告にもとづいている。Howard Sargent, « Framing the German Citizenship Law », *Droit de la nationalité, immigration et intégration en Europe*, Paris, 25-27 juin 1999, 17p. 引用することを許可していただき、感謝申し上げる。捨て子の法的資格について議論が行なわれたが、最終的に反証が示されないかぎりドイツ人とみなすとされた。

(87) 以下を参照。Michel Korinman, *Deutschland über alles, Le Pangermanisme 1890-1945*, Paris Fayard, 1999, pp. 46-47.

(88) 1891年にブラジルが、共和制樹立宣言の日、つまり1889年11月15日に国内にいたすべての外国人は、6カ月以内に原国籍を保持する意思を表明しないかぎり、自動的にブラジル人になることを憲法で定めたことに対し、イタリアは対処しようとした。以下を参照。Gianfosto Rosoli, « La crise des relations entre l'Italie et le Brésil : la Grande Naturalisation (1889-1896) », *Revue européenne des migrations internationales*, n° 2, 1986, pp. 69-90.

(89) Alfred Weil, « Des ambiguïtés de la dénationalisation allemande », *JDIP*, 1916, pp. 69-72. この条文のため、フランス人はドイツ出身の帰化者に対して警戒するようになり、彼らがその対象となりうる国籍剥奪の措置が正当化される。司法省の外国法および国際法局の担当官アルフレッド・ヴェイユの文書を参照。CAC, 95065110.

(90) 同様に、アメリカ人に帰化した場合にドイツ国籍を保持する方法はなかった。以下で非常に説得的に示されている。Theodore H. Thiesing, « Dual Allegiance in the German Law of Nationality and American Citizenship », *Yale Law Journal*, February 1918, no. 4, vol. XXVII, pp. 479-508.

(91)「私は、イギリスではドイツ人ブローカーがロンドン証券取引所への立ち入りを認められるのは英国籍を有する場合に限られる、とのみ指摘したい。ロンドン証券取引所でビジネスをしたいドイツ人はすべて自らの国籍を棄てなければならないというのは確かに非常に苦しいだろう。さらに、南米のラテンアメリカ諸国では、国籍をもたないドイツ人が国籍を取得した者と競争するのは容易ではない」。AD, Série CA Contentieux, n° 354.

(92) 1913年11月24日、ジュール・カンボン大使の外務大臣宛ての書簡。AD, Série CA Contentieux, n° 354.

(70) 以下を参照。Patrick Weil, « Access to Citizenship : A Comparison of Twenty-Five Nationality Laws », *in* T. Alexander Aleinikoff and Douglas Klusmeyer (ed.), *Carnegie Endowment for International Peace*, Washington, DC, 2001.

(71) Marc Bloch, « Pour une histoire comparée des sociétés européennes », in *Mélanges historiques*, t. 1, Paris, SEVPEN, 1963, pp. 16-40、より正確には p. 23.

(72) Fahrmeir, *op. cit.*, pp. 37-39.

(73) バイエルンは、ドイツの他の邦国の領土内における居住の自由に関する条項が適用されないとする条項を勝ち得ている。*Ibid.*, p. 69.

(74) Lothar Gall, *Bismarck*, Paris, Fayard, 1984, pp. 460-462.

(75) Stéphane Audoin-Rouzeau, *1870, La France dans la Guerre*, préface de Jean-Jacques Becker, Paris, Armand Colin, 1989.

(76) Ernest Lavisse, *Études sur l'Histoire de Prusse*, Paris, Hachette, 3e éd., 1890, pp. 279-301.

(77) Ernest Renan, « Lettre à M. Strauss » in *La Réforme intellectuelle et morale*, Paris, Calmann-Lévy, pp. 180-181.

(78) Ernest Renan, « Nouvelle lettre à M. Strauss », *ibid.*, pp. 197-199.

(79) 以下を参照のこと。コンセイユ・デタ、総会、1896 年 4 月 23 日木曜日の会議；行政規定ならびに 1889 年 6 月 26 日法の国籍に関する規定がグアドループ、マルティニーク、レユニオン以外の植民地に適用される条件と植民地における帰化の手続きについて定める草案に関するカミーユ・セーの報告 n° 108114。セーは、アルジェリアの元老院決議の手続きを、スー＝ル＝ヴァン諸島、仏領ソマリ、そしてマダガスカルの臣民にも広げることを提案している。AN, AL 2357. カミーユ・セーについては、本書第 2 章の注 79 を参照。

(80) Ernest Renan, « Qu'est-ce qu'une nation? »〔鵜飼哲訳「国民とは何か」E. ルナン・J. G. フィヒテ・E. バリバール・J. ロマン・鵜飼哲『国民とは何か』インスクリプト、河出書房新社、1997 年〕. 1882 年 3 月 11 日にソルボンヌで行なった講演。

(81) 1884 年と 1885 年に、公教育省の予算の報告者アントナン・デュボストはまず、カトリック神学部に割り当てられた予算を廃止することを取り付けた。次いで、高等研究実習院に宗教学のセクションをつくる計画を支援した。「それを検討、比較、批判にゆだねる」ために、エルネスト・ルナンをその長にすることを提案した。そして、それが実行された。以下を参照。*JO*, Déb. Ch. 30 juin 1885, p. 1255. デュボスト、ルナン、そしてマルスラン・ベルトゥロは、1885 年 2 月 22 日に科学アカデミー内のベルトゥロのアパルトマンで夕食を共にしている。ADI, 1J 940. 以下も参照。*Correspondance entre MM. Renan et Berthelot*, Paris, Calmann-Lévy, 1898.

(82) 以下を参照。*supra* pp. 23-25.

(83) André Weiss, *Traité théorique et pratique de droit international privé*, 2e éd., t. I : *La Nationalité*, Paris, Sirey, 1907, p. 355.

(84) Brubaker, *op. cit.*, p. 184〔邦訳、前掲 194 頁〕. しかし、ディーター・ゴーゼヴィ

(56) 特に以下を参照。Alan Watson, *Legal Transplants*, Edinburgh, Scottish Academic Press, Charlottesville, University Press of Virginia, 1974 ; *Source of Law, Legal Change and Ambiguity*, Philadelphie, University of Pennsylvania Press, 1984 ; *Failures of the Imagination*, Philadelphie, University of Pennsylvania Press, 1988 ; *Legal Origins and Legal Changes*, Londres (Royaume-Uni) et Rio Grande (Ohio, É. -U.), Hambledon Press, 1991.
(57) William B. Ewald, « Comparative Jurisprudence (II) The Logic of Legal Transplants » *The American Journal of Comparative Law*, vol. 43, 1995, p. 490.
(58) Alan Watson, « Aspects of Reception of Law », *The American Journal of Comparative Law*, 1995, vol. 44, pp. 335-351.
(59) Dubost et Sahlins, *op. cit.*, p. 88.
(60)「あらゆる民の判例に反し、夫の居所や住所を定めていたのは妻であった。なぜなら、夫が市民的諸権利をすべて享受するには、ここではストラスブール出身かフランス出身の女性と結婚しさえすればよかったのだから」。ストラスブール市立公文書館、Police 48。Heuer, *op. cit.*, vol. 1, p. 3 の引用による。
(61) 以下を参照。Robert Kiefe, *La Nationalité des personnes dans l'Empire britannique*, Paris, Rousseau, 1926, p. 13.
(62) もっとも、1809 年 5 月 24 日にオーストリア皇帝は、自分に仕えているフランス人が脱走するのを防ぐため、所属の軍団から脱走したなら死刑に処するという政令を発した。
(63) Goasguen, *op. cit.*, p. 139.
(64) 背いた者は、財産の没収、遺産相続の禁止、帝国外への追放を科せられた。以下を参照。Goasguen, *op. cit.*, pp. 133-135.
(65) その影響については、以下を参照。Jean Gaudemet, « Les transferts de droit », *L'Année sociologique*, vol. 27, 1976, pp. 29-59.
(66) ユーワルドは、アメリカ独立革命期を研究した後、民法の分野では移転はほぼ自動的に行なわれたが——英国法と米国法の間での移し替えはそのまま行なわれた——、公法の分野では多少異なっていたことを指摘している。William B. Ewald, « The American Revolution and the Evolution of Law », *The American Journal of Comparative Law*, vol. 42, 1994, pp. 1-14.
(67) Dudley O. McGovney, « American Citizenship » *Columbia Law Review*, vol. 11, n° 3, mars 1911, p. 241.
(68) Weiss, *op. cit.*, 1907. 19 世紀の前半は、モデルとなったのは直接フランス民法典だったが、世紀の終わり頃になるとドイツやイタリアの影響のほうが大きくなった。以下を参照。Anthoine de Saint-Joseph, *Concordance entre les codes civils étrangers et le code Napoléon*, Paris, Charles Hingray Libraire-éditeur, et Leipzig, Brockhaus et Avenarius, Libraires, 1840 ; Rodolfo Sacco, « Legal Formants : A Dynamic Approach To Comparative Law », *The American Journal of Comparative Law*, vol. 39, 1991, pp. 1-34.
(69) Fritz Redlich, art. cité.

(42)「フォン・カンプツ司法大臣の回想録」を明示的に参照している報告書 GStA I HA Rep. 80 I Druckschrifften Nr. 286 Anlage V, p. 20.

(43) 本書第 2 章を参照。

(44)「外国人は帰化することなしに国内に居住できないとするフランスの法律に類似した規定があったならば、[……] 受け入れ証明書の制度を導入することができたであろう」。Protocole du 17 juin 1841 ; Rep. 80 StR. Aa. BgA., feuille 269, p. 100.

(45) 共同報告者フォン・メディングとアイヒマンの二人とも否定的だった。GStA I HA Rep. 80 I Druckschrifften Nr. 286 Anl. VII, VIII.

(46) 1841 年 11 月 6 日から 1842 年 4 月 27 日にかけて、国務院はこの法案を 25 回本会議で検討した末 (Rep. 80. StR. Aa. BgA., feuille 287)、一つの重要な改正のみを採択したが、ドイツ連邦の他の邦国との間で締結した条約に従うために、プロイセン人の資格の得喪の方法の整合化を犠牲にした。すなわち、法律は資格取得のための帰化制度を規定しているが、国務院は、外国に 10 年間滞在すると自動的に資格を喪失することを了承したのである。Protocole du 27 avril 1842 ; Rep. 80. StR. Aa. BhA, feuilles 324 et 325.

(47) しかしながら、ユダヤ人である外国人に対する差別が指摘される。外国人の帰化は地方警察当局が決定することができるのだが、ユダヤ人の場合は「内務大臣の事前の同意を求めなければならない」とされた（1842 年 12 月 31 日法の第 5 条）。Ruby, *L'Évolution de la nationalité allemande d'après les textes (1842 à 1953)*, Wervereis GMBH, Baden-Baden, 1953, p. 483.

(48) Fahrmeir, *op. cit.*, pp. 214-217. なお、時は民族主義運動の高揚期ではなかった。それは野党勢力の側にあり、法を練っていた君主側から攻撃されていた。

(49) Vortag über das Gesetz wegen Entstehung und Auflösung des Preussischen Unterthanenverhältnisses, GStA HA I Rep. 80 I Nr. ad 62a, p. 50R.

(50) L. -A. Warnkoenig, « De la science du droit en Allemagne depuis 1815 », *Revue étrangère et française de législation, de jurisprudence et d'économie politique* t. 8, VIIIe année, Paris, 1841, Joubert, Libraire-éditeur, pp. 25-52.

(51) Donald R. Kelley, *Historians and the Law in Postrevolutionary France*, Princeton, Princeton University Press, 1984 を参照。

(52) フォン・カンプツ男爵の後を継いだ。

(53) かれの *Traité de droit romain* の第 8 巻序文。ドイツ語からの翻訳は Ch. Guenoux, Paris, Firmin-Didot, 1840-1851, pp. 1-2.

(54) レヴィ゠ウルマンの役割に関しては、以下を参照。Hélène Morère, *La loi du 10 août 1927 sur la nationalité*, mémoire de maîtrise en histoire, Université de Paris I, Centre de recherche et d'histoire des mouvements sociaux et du syndicalisme, p. 79.

(55) マルソー・ロン委員会には、法律家とそうでない者が半数ずつ含まれていた。さまざまな法律家の職務と、法律の周到な準備において果たした役割については、以下を参照。Géraud Geouffre de la Pradelle, « La réforme du droit de la nationalité ou la mise en forme juridique d'un virage politique », *Politix*, n° 32, 1995, pp. 154-171.

p. 51.

(36) 法案のすべてのパラグラフを次々とレビューするには、週 14 回のセッションが必要だった。たいてい、12 人のメンバー――会長の Dr. ボイト、内務省からライマン、フォン・メディング、Dr . ルッペンタール、フォン・ベルヌース、フォン・ロホー、フォン・パトー男爵、外務省からアイヒマンと Dr. アイヒホルン（同時に司法省を代表するグループのメンバーでもあった）、司法省からフォン・ウント・ツー・ミューレンとシェーファー――が諸省協議に参加した。臣従関係に関する法についての協議の際は、軍事省のクラウゼンベックとナッツメールが出席したため、メンバーは一時的に 14 人となった。*Handbuch über den königliche Preussischen Hof und Staat für das Jahr 1841*, p. 49 と Rep. 80, StR. Aa. BgA. feuille 221, p. 3 と feuille 236, feuille 34 と BI. 268, p. 8.

(37) GStA I HA Rep. 80 I Druckschrifften Nr. 286 Anlage V. *Vortrag über das Gesetz wegen Entstehung und Auflösung des preussischen Unterthanverhältnisses*, von v. u. z Mühlen vom 26 mars 1840.

(38) 本書の初版〔2002 年、Grasset 刊〕に記したことに反して、アンツィロンはフランス民法典の第 13 条を引用していない（この間違いを指摘してくれたエリ・ナタンに感謝申し上げる）。しかしかれは明らかにオーストリアとフランスの法典にもとづいて法案を書いている（それに対し、「ドイツの他の邦国の最近の法律［……］学術研究［……］や法律の政治法理論には興味深いものは何も見つからず、哲学的原則の一般的な観点から始まり、市民資格に関する一般的かつ抽象的な結論にみちびくだけであると残念がっている」Rep. 77 (Innenministerium), Titel 227, Nr. 4, Bd. 1）。報告者のフォン・ウント・ツー・ミューレンが、フランス人の資格に関するフランス民法典の条文を略さずにそのまま引用し、居住許可に関する第 13 条について長々と論拠を示しながら論じていることから、この条文が省庁間の議論で援用または言及されたのではないかと考えられる。いずれにしてもそれがハンス・ハインリッヒ・リッペ（Lippe, *op. cit.*, p. 160）によって提起されている仮説であり、筆者もそれに賛同する。

(39) オーストリア一般民法典（*Allgemeines Bürgerliches Gesetzbuch*）の第 29 条では次のように定められている。すなわち、「外国人がオーストリアの市民権を取得するのは、公務に就いた場合；その国にきちんと居住することが求められる職業に就いた場合；それらの国に 10 年間中断することなく居住していた場合。ただしその間、その外国人が罪を犯して罰を受けていないことが条件」。第 28 条「市民権によって、民事的権利を完全に享受できるようになる。これら世襲国における市民権は、生まれながらのオーストリア市民の子どもたちに固有のものである」。

(40) ミューレンによれば、12 回目の「うんざりするような法改定作業」の改定者は、それらの法律を踏襲して、市民資格の得喪の条件を提案していた。GStA I HA Rep. 80 I Druckschrifften Nr. 286 Anlage V, p. 7.

(41) これらの条文の解釈に関する出典は以下である。Merlin, *Répertoire de jurisprudence*, t. IV, p. 19.

Angehörigkeit, in : Hirth's Annalen des Deutschen Reiches, (1892), pp. 230-231.

(28) 1832年2月13日の記事、p. 6, *in* Rep 77 Mdl Titel 227. Nr. 4 vol. 1gb.

(29) 当時内務省が2つ存在しており、一方（内務と商業）はフォン・ブレンが率い、他方（内務と警察）はフォン・ロホーが率いていた。1837年からは、両者が再統合されている。司法省も2つ存在し、一方をミューラー、他方をフォン・カンプツが握っていたが、それは、プロイセンが新しく獲得し、まだ古い法律、特に「一般ラント法」が効力をもっていない地域において法律を運用し、改正する必要性があったことから正当化できる。

(30) フォン・ロホーは、臣従関係が生じる条件として以下を提案していた。1) プロイセン人の両親から出生、2) 外国人女性のプロイセン人男性との婚姻、3) 公務に就任、4) 実際の居住、5) 一定期間国内に滞在。フォン・カンプツは、当局の決定による取得は、公務に就いた外国人に限定されるべきだと考えていた。Rep. 77 Mdl. Ind. Tit. 227, Nr. 4, vol. II, p. 2.

(31) 国務省は、ハルデンベルクの死後、首相府を代替するような集合的機関として機能していた。Thomas Nipperdey, *Germany from Napoleon to Bismarck, 1800-1866*, Princeton University Press, 1983, pp. 292-293.

(32) Rep. 80 StR. Aa. BgA B1. 176, p. 4. フォン・カンプツは説得に成功し、新しい論拠を用いて勝利目前まで行った。すなわち、それまではすべての外国人領主は、「従前市民権」を保持しながらも国王に忠誠を誓うことを義務づけられていた。しかし法案が現状のままならば、この誓いは新法と矛盾することになるか、廃止されなければならず、プロイセン国家にとってはよいことはまったくない。なぜなら、後者の場合、外国人は国王の臣民になることなしに公衆となることができるようになるからである。「その原則がなくなったならば、すべてのポーランド人はポーランド臣民のまま居住用の地所を買えるようになり、忠誠義務や服従を求められたり、全般的に臣民の国王に対する義務を負うことなく、ただ税金と所有地に関する法的規則に従うだけでよくなる」。

(33) Rep. 80 StR. Aa. BgA BI. 176, p. 4.

(34) オーストリアは実はその間、1833年に法律を改正していた。10年間滞在した人々はオーストリア国籍を要求する権利があったが、10年間滞在しても自動的に取得するのではなくなっていた。Hannelore Burger, « Passwesen und Staatsbürgerschaft », *in* Waltraud Heindl und Edith Saurer (dir,), *Grenze und Staat, Paßwesen, Staatsbürgerschaft, Heimatrecht und Fremdengesetzgebung in der österreichischen Monarchie 1750-1867*, Vienne, Böhlau, 2000, pp. 3-172 を参照。

(35) Rep. 80 StR. Aa. BgA., feuilles 154/158, p. 4/10. この機関はハルデンベルク首相によって、国王の直属の評議会として設けられた。国務省の傍で独立した自律的な方法で働いていたが、閣僚を同等の権利をもつメンバーとして評議会に受け入れていたこと、またプロイセン首相が評議会の議長を務めていたことの両方によって、これと結びついてもいた。Schneider, Hans, *Der Preussische Staatsrat 1817-1918. Ein Beitrag zur Verfassungs-und Rechtsgeschichte Preussens*, Munich et Berlin, 1952,

その法案の審議のために国務大臣の前で発表することを求めた。Ordre de cabinet du 3 novembre 1817 ; Gesetzessammlung 1817, p. 291.

(17) 内務省は1831年7月15日にプロイセンの領土内における外国人の定住に関する法案を送った (Rep. 77 Mdl. Ind. Tit. 227. Nr. 4, vol. I, 4 p.)。それに対し外務省は、1832年2月13日に、優先的に取り上げるべきは外国人の問題ではなく、それよりもむしろ「臣従関係の獲得と解除」についての法律であり、それは他の邦国の憲法と矛盾しないかたちで、つまり、長期的にはドイツの法律を完全に収斂させるために、相互主義のシステムにもとづいて考案されたものでなければならない、と回答している。このアプローチは1832年11月5日の閣議で了承され、すべての省庁が外務省の指示の下に法の制定に取り組むようになった。したがってプロイセン臣民の定義に関する法律のイニシアティヴは外務省が、より正確には法律顧問のアイヒホルンが法律の公布の10年以上前にとったのであり、宮廷の私設顧問長のフォン・ウント・ツー・ミューレンが1840年3月26日に行なった演説で述べた国王フリードリヒ・ヴィルヘルム3世がとったのではなかった。GStA I HA Rep. 80 I Druckschriften Nr. 286 Anlage V, p. 1/32。

(18) 国籍を条約によって一方的に、または契約にもとづいて決定する可能性については、Olivier Beaud, *La Puissance de l'État*, Paris, PUF, 1994, pp. 125-126 を参照。

(19) 理論上は人口の一部、すなわち召使や農業労働者、日雇い労働者等を除外していた。実際には、たとえばドイツ南部の邦国では、この条項は召使の身分の者のみを排除していたので、少数だった。Fahrmeir, *op. cit.* を参照。

(20) この種の最初の条約は、バイエルン、ヴュルテンベルク、バーデンの間で1816年に締結され（他の邦国もこの条約に加わるよう呼びかけていた)、1817年にヘッセン大公国、そして1818年にナッサウ公国が続いた。1820年代には、ドイツ連邦のすべての邦国がほぼ同様の条約を締結した。

(21) Fahrmeir, *op. cit.*, p. 4.

(22) 1842年法に関してこれまで参照されてきた学位論文は、以下である。Lippe, *op. cit.*

(23)「国務院の設置に関する1817年3月20日の政令」の第2条と第28条で、国王が決定を下す前に、この機関が法律の草案を検討することが想定されていた。ハンス・シュナイダーの論文 « Die Entstehung des preußichen Staatsrats 1806-1817. Ein Beitrag zur Verfassungsreform Preußens nach dem Zusammenbruch », *Zeitschrift für die gesamte Staatswissenschaft Band* 102, Mai 1942 を参照。

(24) GStA PK Berlin, I. HA, Rep. 77 (Innenministerium), Titel 227, Nr. 4, Bd. 1.

(25) 並行して、臣民資格の喪失は、これまでのように自動的にではなく、行政上の決定後に決まることになった。

(26) 国家は、18世紀の頃のようにその臣民が罪を犯した場合に強制退去させる権利をもはやもっていなかった。

(27) これらの2つの務めは19世紀前半に急速に重要性を増しており、臣民資格の明確な定義を前提としていた。H. Rehm, *Der Erwerb von Staats — und Gemeinde —*

(6) 以下を参照。note du ministère prussien des Affaires étrangères à l'ambassadeur de France en Prusse, Berlin, 13 juin 1818, AD, Fonds Berlin, Série C, article 84.

(7) 国務院への報告者フォン・ウント・ツー・ミューレンの表現による。GStA, I HA Rep. 80 I Druckschriften Nr. 286 Anlage V. 同時に、プロイセン臣民の出移民と外国による帰化に関する1812年7月12日の勅令と同じく出移民に関する1818年9月15日の規則は、初めて臣民資格の得喪の理由について列挙している。それらはグラヴェルトによれば、「1842年の臣民法への道につながる法典化の最初のステップ」だという。1812年の勅令は、プロイセンの臣民資格の取得条件について詳しく述べている。すなわち、1）諸邦国内で誕生していること、2）領土内に住居をかまえていること、3）兵役またはプロイセンの公務員のポストに就いたこと。Dieter Gosewinkel, in *Einbürgen und Ausschließen. Die Nationalisierung der Staatsangehörigkeit vom Deutschen Bund bis zur Bundesrepublik Deutschland*, Göttingen, Vandenhoeck & Ruprecht, 2001, p. 30 は、この居住原理の優位に疑問を呈している。

(8) Note du ministère prussien des Affaires étrangères à l'ambassadeur de France en Prusse, Berlin, 13 juin 1818, AD, Fonds Berlin, Série C, article 84.

(9) Gesetzessammlung 1806/10, pp. 170/173, Nr. 6 ; G. H. Pertz, *Das Leben des Ministers Freiherrn von Stein*, Berlin 1850, t. 2, pp. 23-27 にも所収。プロイセンにおける農奴制とその廃止については、Godefroy Cavaignac, *La Formation de la Prusse contemporaine, les origines — le ministère de Stein*, Paris, Hachette, 1891 を参照。

(10)「営業警察関係法」(« Gesetz über die polizeilichen Verhältnisse der Gewerbe ») による。

(11) Gesetzessammlung 1810/11, pp. 263/280, Nr. 1.

(12) Hans Heinrich Lippe, *Die preußische Heimatgesetzgebung vom 31. Dezember 1842*, 2 t., iur. Diss. Göttingen, Hannover, 1947.

(13) 後の1820年には、国家は商業を管理する可能性をほぼ完全に放棄している。1820年5月30日の「免許の支払いに関する法律」の第20条の規定のおかげで、「あまり誠実でなく」、資本や特別な能力ももたないため、市場で競争する能力がほとんどない人でさえ、ビジネスを開始することができた。Gesetzessammlung 1820, pp. 147-154, Nr. 619 を参照。

(14) E. Wappäus, *Allgemeine Bevölkerungsstatistik*, Leipzig, 1859, p. 100.

(15) 居を構えたならば、もし貧困におちいった場合、「援助居住区」(Unterstützungswohnsitz) の基準が効力があったため、コミューヌがその世話をしなければならなかった。コミューヌの自立性は、1808年12月26日の政令によって強化されていた。Cavaignac, *op. cit.*, pp. 415-420 を参照。

(16) 1850年1月31日憲法の公布までは、国王がプロイセンで唯一の立法者だった。したがって、かれは立法のプロセスにおいて助言を与えてくれる人々や機関を自由に選ぶことができた。また、新しい規範の策定を担当する省庁の選択も、少なくとも法律上は、国王如何によった。したがって、1813年11月3日の政令は、各大臣に、その権限の範囲内で新しい法律の準備や変更を滞りなく行ない、次にるために課される期間は、2年から1年に引き下げられた。フランス生まれのアルジェリア人の親からフランスで生まれた子どもを対象とした差別は廃止された。

第Ⅱ部の結論

(1) Hervé Le Bras, *Le Sol et le Sang*, La tour-d'Aigues, éd. de l'Aube, 1994.
(2) ジャン・ルカは、ルナンとその著 *L'Avenir de la science*〔『科学の未来』〕の前書きでの「驚くべき宣言」に対して、こう指摘する。「神の不在と人種の不平等はもはや、科学的に証明された」と。In Jean Leca, *Pour (quoi) la philosophie politique, Petit traité de science politique 1*, Paris, Presses de Sciences Po, 2001, p. 54.
(3) 共和国の法によって認められた国籍の根本原理の特徴が「加重生地主義」にあることを否認するため、憲法院は1993年に「生地主義は1889年になってから、特にもっぱら徴兵の要請に応えるためにフランス国籍法に導入された」という事実を判決理由で取り上げた。ジョルジュ・ヴェデル最古参判事は後にこの決定に言及し、「院は慎重にあるべきである。[……] 自分たちの決定を動機づける根拠として、実際上の状況を引き合いに出すときには。それらを知るにはほとんど手段をもっていないのだ」と述べた。Georges Vedel, « Excès de pouvoir législatif et excès de pouvoir administratif », *Les Cahiers du Conseil constitutionnel*, n° 2, 1997, p. 87.

7. 生地主義 対 血統主義——フランスとドイツの法律を対比させることの誤り

(1) Fritz Redlich, « Towards Comparative Historiography. Background and Problems », *Kyklos*, vol. XI, 1958, fasc. 3, pp. 362-389.
(2) 1815年のウィーン会議以来、ドイツ連邦は39の主権国家から構成され、相互にかなり緩い絆で結びついていたが、ますます統合される経済によって、よりいっそう統一されていった。Brubaker, *op. cit.*, p. 53〔邦訳、前掲53頁〕.
(3) 1829年以前は、7邦国が国家市民権に関する法律を採択していた。1830年から1835年の間は8邦国；1836年から1848年の間は5邦国。Andreas Fahrmeir, *Citizens and Aliens : Foreigners and the Law in Britain and the German States 1789-1870*, London and New York, Berghahn Books, 2000, p. 57, n. 30を参照。
(4) 1848年に国民自由主義運動が勝利していたなら、ドイツの歴史はその後みられたもの、すなわち、ナショナリズムの取り込みとオーストリア・ハンガリーに対する予期せぬ勝利の後、ビスマルク率いるプロイセンの権威の下での小ドイツ主義による統一（ドイツ関税同盟の諸邦国のほとんどがかつてオーストリアの同盟国だった）、というものとはおそらく異なっていただろう。
(5) Rolf Grawert, *Staat und Staatsangehörigkeit. Verfassungsgeschichliche Untersuchung zur Entstehung der Staatsangehörigkeit*, Berlin, Duncker und Humblot, 1973, p. 124.

の裁判官の下で裁判所から本人の出廷後に言い渡され」、そしてそれはつねに取り消されうるものとされていた（第 11 条）。

(46) ピエール・マゾーとのインタビュー（2001 年 10 月 9 日実施）。元老院は 1990 年 6 月 21 日に法案を可決した。*Le Monde*, 22 juin 1990 を参照。

(47) この提案は 1986 年 12 月 2 日にピエール・マゾーによりアルバン・シャランドンとの会談の際にすでになされていた。CAC, 2000 0145/23.

(48) ロン報告書は 1 年を提案していた。

(49) この措置は他方で、象徴的な結果のみをもたらしたわけではない。1994 年 1 月 1 日以降に生まれたすべての子どもが成人に達して国籍を証明しなければならないときに、問題を引き起こすものであった。

(50) *Le Monde*, 23 juillet 1993.

(51) Rapport de la Commission de la nationalité, *Être français aujourd'hui et demain 1*, Paris, 1988, p. 115.

(52) Pierre Milza, *Voyage en Ritalie*, Paris, Plon, 1993 を参照。

(53) In *Affaiblissement du lien social, Enfermement dans les particularismes et Intégration dans la Cité*, Rapport du Haut Conseil à l'intégration, 1997, La Documentation française.

(54) Abdelmalek Sayad, *La Double Absence. Des illusions de l'émigré aux souffrances de l'immigré*, préface de Pierre Bourdieu, Paris, Le Seuil, 1999, p. 352.

(55) Patrick Weil, *Rapports au Premier ministre sur les législations de la nationalité et de l'immigration*, Paris, La Documentation française, 1997. 1997 年 6 月 28 日に通知された、ヴェイユ・ミッション〔ヴェイユによる答申作成のためのワーキンググループ〕は、サンドラ・ラギュミナ、エレーヌ・ロリヌ、ミシェル・ドゥジャゲール、ローラン・デュボワ、アレクサンドル・ゴイエ・デル・レ、ジェローム・ゲジュ、マティアス・ギュイヨマール、ジャン＝クロード・モノ、トマ・ピケティ、ニコラ・ルヴェル、レミ・シュヴァルツから構成されていた。またマリズ・レスコー、ロニー・アブラアム、イヴ・カルスナック、ベルナール・アジェルスティーン、ステファン・エッセル、ジェラール・モローは諸省から専門家として任命された。報告書は 1997 年 7 月 31 日に首相に提出された。

(56) Hugues Fulchiron (dir.), *Être Français aujourd'hui…premier bilan de la mise en œuvre du nouveau droit de la nationalité*, Presses universitaires de Lyon, 1996, p. 8 を参照。

(57) *Cahiers de l'Observatoire régional de l'intégration et de la ville*, Région Alsace, 1997.

(58) たとえば、Cécile Prieur, « Les mésaventures de Nadia, empêchée de devenir française », *Le Monde*, 31 juillet 1997 を参照のこと。

(59) この措置もしくは領土内での単なる出生によって国籍を付与する措置への回帰は、54 票対 74 票で否決され、外国人の親からフランスで生まれた若者が 13 歳から届出によってフランス国籍を取得できる措置が選ばれた。*Le Monde*, 14 novembre 1997 を参照。

(60) 新しい法は、ロン委員会が最初に提案したものに立ち戻らせるため、1993 年の立法を修正したものである。フランス人の配偶者が届出によって国籍を取得す

(28) *Libération*, 5 novembre 1986 を参照。
(29) フランス国籍法改正のための法案第 1 条。Assemblée nationale, n° 444, 12 novembre 1986.
(30) Brubaker, *op. cit.*, p. 236〔邦訳、前掲 360-361 頁〕.
(31) *Ibid.*, pp. 237-238〔同上、249 頁〕.
(32) アルバン・シャランドンとのインタビュー（2001 年 1 月 25 日実施）。
(33) Miriam Feldblum, *op. cit.*, p. 101.
(34) Yvan Gastaut, *op. cit.*, pp. 556-569 を参照。
(35) *L'Express*〔「レクスプレス」〕誌におけるインタビュー（30 octobre 1986）。
(36) In *Plein droit, op. cit.*, 1988, p. 27（Feldblum, *op. cit.*, p. 114 を参照）.
(37) *Être Français aujourd'hui et demain*, rapport de la Commission de la nationalité au Premier ministre, Paris, Éd. UGE, 1988, t. 2, p. 245.
(38) 1984 年 5 月 7 日法は、左派が与党であった議会で可決されたが、それにより届出による国籍取得を望むフランス人の外国人配偶者に、結婚後 6 カ月の待機期間を義務づけたことを思い出しておこう。それまでは届出は結婚後すぐに行なうことができた。
(39) *Le Monde*, 9 janvier 1988.
(40) *Libération*, 22 octobre 1987 et 17 février 1988.
(41) *Le Monde*, 9 janvier 1988.
(42) *Ibid.*
(43) *Libération*, janvier 1988.
(44) ピエール・マゾーはロン委員会の報告書のさまざまな措置を、外国人の滞在や入国条件に関する法案への修正案という形で提出した。それは 1989 年 6 月 3 日のジョックス法と呼ばれるもので、ド・ブレッソン氏の協力の下で準備された。以下を参照のこと。*JO*, Déb Parl., AN, 1989, pp. 1684-1701 ならびにピエール・マゾーとのインタビュー（2001 年 10 月 9 日実施）。
(45) ジスカールデスタンの法案は、国民戦線の提案との類似性以上に、祖父でありピュイ＝ド＝ドーム県選出の元老院議員であったジャック・バルドゥーが、ヴィシー体制下での憲法的法律案のなかに提示し、第四共和政下でそれぞれの立法期の初めに判で押したように提出した法案〔236 頁参照〕の焼き直しだった。2 AG/450 et 1re constituante, 1945 : doc I-458. 2e constituante, 1945 : doc. Parl. II-77. AN, 1946 : doc. parlementaire n° 166. 1951 doc. parlementaire n° 51 を参照。この憲法的法律案は特に（第 3 章第 3 条）、フランス人の父親から生まれた嫡出子にのみ「全き意味で」フランス国籍を与えるとしている。外国人の父親とフランス人の母親から生まれた嫡出子は「フランスに居住し、法定成人年齢に達した際にフランスで一個の職業に就いている場合」にのみフランス人となるとされた。そして、帰化は 15 年の滞在後に初めて請求できるようにするものだった。だが外国人が複数の子どもの父親である場合は 10 年に、さらにフランス人女性と結婚した場合は 8 年に引き下げるとした。帰化は「司法大臣令によって選任された 3 人

(14) Jean-Yves Le Gallou et Jean-François Jalkh, *Être français, cela se mérite*, Paris, Albatros, 1987 を参照。

(15) Yvan Gastaut, *L'Immigration et l'Opinion en France sous la Ve République*, Paris Le Seuil, 2000, pp. 546-547 を参照。

(16) 第 65 回人権同盟大会（1985 年 4 月 20 日）の大会宣言。

(17)「BVA パリ・マッチ」誌が 1981 年 8 月 12 日・13 日に実施した世論調査では、58% のフランス人がこの措置に反対しており、賛成は 35% だった。*Le Monde*, 21 août 1981. Weil, *op. cit.*, chap. VI を参照。

(18) Proposition de loi tendant à réformer le Code de la nationalité, n° 183, 4 juin 1986. 以下も参照。Le Pen, n° 82, 21 avril 1986 ; Mayoud, 23 avril 1986, n° 70.

(19) この 3 つの段階は、ミリアム・フェルドブラムが詳しく記述している。Miriam Feldblum, *Reconstructing Citizenship : The Politics of Nationality Reform and Immigration in Contemporary France*, SUNY Press, Albany (NY), 1999, pp. 78-128.

(20) 本書第Ⅲ部第 8 章を参照。

(21) 本書第 9 章を参照。

(22) 1986 年 8 月 14 日付シャルル・パスクワの司法大臣宛て書簡。CAC, 2000 0145/21.

(23) 1986 年 7 月 24 日のアルバン・シャランドンの記者会見より。CAC, 2000 0145/23.

(24) シャルル・パスクワは計画の残りの部分、特に婚姻に関する条項に賛成していた。「現在の立法は、形ばかりの結婚により容易にフランス人になることを煽るものである。そこにはフランスから出発し外国の領土で犯される殺人も含めたテロ行為の犯人との婚姻も含まれる」。外務省は婚姻後の届出による取得を維持することに好意的だったが、その期間を 2 年に延長した。

(25) 1973 年法第 23 条により「出生時にフランス共和国の植民地もしくは海外県の地位をもった領土で生まれた親」をもつフランス生まれの子どもに加重生地主義が適用された。84 年、外務大臣は本条項の削除および、外国人の親からの 10 歳になる前の子どものフランス国籍の届出をできないようにする対策を提案した。Patrick Weil, « La politique française d'immigration (entre 1974 et 1986) et la citoyenneté », *in* Catherine Wihtol de Wenden (dir.), *La Citoyenneté*, Paris, 1988, Edilig, pp. 191-200 を参照。

(26) 宣誓の様式は下記のものであった。「私はフランス共和国に忠実であり、国家の憲法と法律を順守し、忠誠をもってフランス市民の義務を果たします」。Brubaker, *op. cit.*, p. 236〔邦訳、前掲 360-361 頁〕から引用。

(27) 1986 年 10 月 30 日の議会で合議された覚書。同年 11 月 5 日の「リベラシオン」紙に議事録の抜粋が掲載された。コンセイユ・デタは同様にフランス人の配偶者に関して、届出の手続きを帰化の手続きに置き換えることにも反対した。「現存の措置に長期間の異議申立期間を導入することで必要に応じて補完すれば、不正行為を頓挫させるに十分である以上、それを廃止する理由はない」とみなした。

« Les lois du retour (avril 1977-mai 1981) », pp. 158-211 で詳しく説明されている。アルジェリアとの交渉の最終局面の 1979 年 12 月 18 日、ジスカールデスタンはエリゼ宮での出席者を絞っての会議の議長を務めた。会議はこの段階で、5 年の間、毎年 3 万人のアルジェリア人成人を帰国させるとの目標を定めた。弁理公使は議事録に「〔帰国における〕子どものクオータについて語るのは避けられた」と注を付した。それが数週間後の 1980 年 1 月、交渉に転換点が生じた。1979 年 12 月 18 日の会議の結論に反し、レイモン・バール首相はパリ訪問中のアルジェリアの外相ベンヤヒアに、フランスが強制帰国という目標を放棄することを伝えた。

(6) コンセイユ・デタは、1945 年 11 月 2 日のオルドナンスの起草者の意志や「共和国」の価値、そして強制帰国政策の支払うきわめて高い国際的コストに論及し、これを失敗に帰せしめるのに決定的役割を果たす。

(7) Lochak, *op. cit.*, p. 168 ; Weil, *La France et ses étrangers, op. cit.*, pp. 287-318.

(8) 外国生まれの外国人（モロッコ人もしくはポルトガル人）の親からフランスで生まれた子どもは、成人になる 6 カ月前にフランス国籍を放棄することができる。1962 年以前にアルジェリアで生まれた親からフランスで生まれた子どもは加重生地主義のシステムのため、他に選択の余地もなくフランス人となった。

(9) 1983 年、758 名が忠誠義務の絆からの解放を申請し、544 件が却下されている。行政の伝統的な政策は、フランスに住んでいる者がそれを放棄することを認めない。84 年は 2949 名のうち 2506 件が拒否の決定だった。85 年は 1034 件中 732 件、86 年は 872 件中 385 件がそうである。アンドレ・ルボンによる。ただし Brubaker, *op. cit.*, p. 219〔邦訳、前掲 369-370 頁〕から引用。

(10) 外国人の子どもすべてに、予定された期間、成人になってから 6 カ月以内に単なる届出によってフランス国籍を放棄できる権利を与えるという選択肢も同じく断念された。もしフランス育ちのアルジェリア人にこの放棄の権利が認められていたなら、フランス国籍証明の単純で実際的な手順を検討し直すという結果をもたらしただろう。フランス人であることを示すには今日、フランス生まれの親からフランスで生まれたことを証明するだけで十分である。だが、放棄の権利が採られていれば、国籍の証明を望むフランス人のそれぞれがひどく複雑な作業を経験することになっていよう。APWE/FNSP による。

(11) Martin Schain, « Immigration and Changes in the French Party System », *European Journal of Political Research*, vol. 16/1998, pp. 603-609 et David S. Blatt, *Immigration Politics and Immigrant Collective Action in France, 1968-1993*, UMI, 1996.

(12) 以下を参照。Club de l'Horloge, *L'Identité de la France*, Paris, Albatros, 1985. また Pierre-André Taguieff, « L'identité nationale : un débat français », *Regards sur l'actualité*, n° 209-210, mars-avril 1995, pp. 13-28 も参照のこと。

(13) Éditions Plon. ブルーベイカー（Brubaker, *op. cit.*, p. 245, 邦訳、前掲 358 頁）が指摘したように、1 年前の 1983 年にアラン・メイユの行なった提案は同じような反響を呼ばなかった。

員会の名の下に行なわれた報告。フランス国籍法を補完・修正する、またフランス国籍についての若干の措置に関係するもの。AN, Quatrième législature, première session ordinaire de 1972-1973, n° 2545, 29 septembre 1972.

6. フランス国籍のアルジェリア危機

(1) 小学校教師で社会党の活動家であったアドリアン・ティクシエは第二次世界大戦前、国際労働事務局局長だった。1940 年から自由フランスに加わり、41 年から 43 年の間、ワシントンでその代表を務めた。国民委員、次にフランス共和国臨時政府で労働・社会保障大臣（1943 年 6 月 7 日から 44 年 9 月 9 日）、さらに内務大臣（44 年 9 月 9 日から 46 年 1 月 26 日）を歴任した。

(2) アレクサンドル・パロディ（1901-1979 年）は 1926 年にコンセイユ・デタに入った。1938 年 8 月から、労働大臣官房参事官、39 年 1 月に同省の労働・賃労働局長に就任する。この資格で外国人労働者の地位を担当し、39 年に設けられた人口問題高等委員会の省代表となった。40 年 10 月にその職から罷免され、コンセイユ・デタに戻り、レジスタンスのリーダーの一人となる。44 年 9 月から 45 年 11 月までドゴール政府の労働・社会保障大臣を務めた。

(3) コンセイユ・デタの常任委員会は 10 月 22 日から 25 日に最終的な解釈を提出するために管轄省の代表を招集した。コンセイユ・デタのメンバーで初期のドゴール派レジスタンス活動家であったルネ・カッサン、ティシエ、パロディは人口問題高等委員会の「専門家」が不在の場でともに仕事をする機会をもった（1945 年 11 月 11 日付のピエール・ティシエの司法大臣宛て書簡。AMJ, Direction des Affaires criminelles et des Grâces, Service Législatif, dossier 1086-2 を参照）。また以下も参照のこと。Patrick Weil, « Racisme et discriminations dans la politique française de l'immigration : 1938-1945/1975-1995 », *Vingtième Siècle*, juillet-septembre 1995, pp. 74-99.

(4)「労働者のための住宅建設全国協会（SONACOTRA）」と「社会活動基金（FAS）」は、今日すべての移民とその家族の統合を支援する機関であるが、当初は宗主国に出稼ぎにきたムスリムがアルジェリアに残した家族を養うのを援助するために設けられたものだった。「アルジェリア人労働者のための住宅建築全国組合」が 1956 年に設置された。「移民労働者とその家族のため社会活動基金」はその 58 年 12 月 29 日の創設時、「宗主国におけるアルジェリア・ムスリム労働者とその家族のための社会活動基金」という名称であった。オルドナンス第 1 条には、基金は「アルジェリアの家族手当レジームの対象とされる職業にフランス本土で従事し、子どもがアルジェリアにいる賃金労働者のため」に設けられたと記されている。Vincent Viet, *La France immigrée, Construction d'une politique 1914-1997*, Paris, Fayard, 1998, pp. 200-208 を参照。

(5) 移民政策史上のこのエピソードは Weil, *La France et ses étrangers, op. cit.*, chap. V

(120) 以下を参照。Alexis Spire et Suzanne Thave, « Les acquisitions de nationalité depuis 1945 », in *Synthèses, Regards sur l'immigration depuis 1945*, publication de l'INSEE, n° 30, pp. 35-57.

(121) Lagarde, *op. cit.*, pp. 84-85.

(122) この法については、本書第9章を参照。

(123) ジャン・フォワイエ（1921年4月27日、メーヌ＝エ＝ロワール県コンティニェに生まれる）。法学博士、ルネ・キャピタンの官房、次いで国民教育大臣ピエール・ジアコッビの官房の技術顧問（1944-1946年）。パリ弁護士団に登録。法学部教授資格を得、次いでリール大学法学部教授（1955年）、ナンテール校（1968年）、パリ第二大学（1972年）の各教授。1958年、メーヌ＝エ＝ロワール県選出の新共和国連合（UNR）代議士。1960年以降、ミシェル・ドゥブレ政府の海外協力省閣外相、次いで同大臣。1962-67年には司法大臣。1968-72年、1973-81年、国民議会法務委員会委員長。

(124) 行なわれたさまざまな改革については、Jean Carbonnier, *Essai sur les lois*, Paris, Répertoire du Notariat Defrénois, 1995, 2e éd. を参照。

(125) 国籍における女性の地位については、本書第8章を参照。

(126) ジャン・フォワイエへのインタビューは2000年12月4日に行なわれた。それらの圧力は、法務委員会の部長だったオディール・ピシャによって確認されている（2000年12月14日のインタビュー）。

(127) この改革とその内容の経過を追った記録としては以下を参照。Paul Lagarde, « La rénovation du Code de la nationalité par la loi du 9 janvier 1973 », *RCDIP*, 1973, pp. 431-469.

(128) ただし、彼女が婚姻前にそれに反する希望を表明している場合を除いて、である。

(129) 結婚後1年以内に、政府は理由を明示し、その取得を停止させることができる。

(130) フランス人のひとり親から生まれた子どもは出生とともにフランス人であるが、もし子どもが外国で生まれていれば、成年に達した時、フランス国籍を放棄することができる。もし外国人の両親からフランスで生まれ、その親の一人がフランス生まれなら、子どもは出生とともにフランス人となるが、成人に達した時にまたフランス国籍を放棄できる。これにつきフォワイエは指摘する。「国籍拒否の権能の拡大は、だれに気を遣ってのことなのか。これに答えるのは容易であり、近代法は、国籍に関しても個人の意志に第一級の役割を回復させるということである。ただし、当人たちはもっぱら節度をもってリーズナブルにこれを用いるようである。すでに示したような往時の区別は、維持するには恣意的すぎた」。Foyer, *op. cit.*, p. 27.

(131) ジャン・フォワイエはさらに進んで、帰化の学習期間を5年から3年へと短縮し、帰化者になお及んでいた欠格を、全面的に廃止したいとした。だが、これらの点では，政府と国民議会の与党の多数の同意を得られなかった。

(132) ジャン・フォワイエによる、元老院によって可決された法案に関する法務委に翌年に先送りさせたか、を示している」(Maurice Loisel, « La politique française en matière de la naturalisation depuis la Libération », *Revue de défence nationale*, t. XV, juillet 1952, pp. 303-309)。

(110) 1re constituante, 1945 : doc I-458. 2e constituante, 1945 : doc. Parl. II-77. AN, 1946 : doc. parlementaire n° 166/1951 : doc. parlementaire n° 51.

(111) 2/AG/450. かれは、ヴィシー政府の国民評議会のメンバーとして、一憲法案を草して、特に「全き意味での」フランス国籍は、フランス人の父親から生まれた嫡出子にしか付与されないとしていた(第Ⅲ章第3条)。外国人の父親とフランス人の母親から生まれた嫡出子は、「フランスに居住し、法定成人年齢に達した時に一個の職業に就いている」場合にのみフランス人になれる。そして、帰化の申請は、15年間の滞在の後に初めて可能になる、とした。ただし、当該外国人が複数の子どもをもっている場合には10年、くわえて、フランス人の妻をもつ場合には8年とする、と。帰化は、「司法大臣の命令によって構成される3人の判事の法廷により、申請者の出頭をまって宣せられ」、つねに取り消されうるものとした(XI条)。

(112) Mérot, *op. cit.*, p. 51.

(113) かれはこう付言する。「遠隔の国の国民、特に珍しい異国の外国人からなる者の申請は最大限慎重に扱わねばならない」(Mérot, *ibid.*, pp. 59-60)。ポール・リベイル(1906-1988年)は、アルデシュ県選出代議士、次いで1959-1981年まで同県選出上院議員。1949年にビドー政府の副官房長官、次いで1953年から54年に司法大臣。教育の自由のための議員連盟の会長となり、また、元ユダヤ人問題委員で服役中だったグザヴィエ・ヴァラの釈放に決定的役割を演じる(Laurent Joly, *op. cit.*, p. 320)。

(114) 出所は以下。Évolution du taux de naturalisations, A. Spire et S. Thave, *op. cit.*, p. 51.

(115) 1953年11月22日付訓令の抜粋。Mérot, *op. cit.*, p. 60から引用。

(116) *Ibid.*, p. 66.

(117) かつて1961年法は、国籍への権利を滞在の権利から切り離していた。1938年法は、帰化するためには外国人は3年の滞在許可証の保有者でなければならなかった。1945年オルドナンスは、滞在についてはその正規性(1年の滞在資格といった)しか要求していなかった。以来、たとえばフランス人男性と結婚した外国人女性が結婚の時点でこの資格をもっていると限らず、そうした往々にして困難な状況に考慮を加え、何の滞在資格も要求されなくなる(1961年12月22日の61-1408号法)。

(118) Mérot, *op. cit.*, p. 70.

(119) 5年間の滞在期間というこの要件は、行政の側の法の適用の拒否を引き起こす。たとえば1969年には、第64条の10を利用する出身国籍の者には事実上、5年間の延長が要求されている(イタリア人、英国系マルタ人[チュニジアからの])、モーリシャス人の手続きを懸念して)。

documentation de la DPM.

(99) Janine Ponty, « Le problème des naturalisations », *Revue du Nord*, n° 7, hors série 1992, collection Histoire, pp. 99-113.

(100) この基準は、1973年法の施行令では削られている。同施行令から原国籍の削除が決定されたのは、1973年3月8日の省間会議においてである（AMJ）。

(101) *La Défaite des vainqueurs*〔『勝者の敗北』〕、これが1947年にルイ・ロンジエの著した著作のタイトルであるが（Édition du Cheval Ailé, Genève）、これは「ヒトラーの人口学的な勝利」を宣したものである。イギリスの社会保障制度の提唱者、ベヴァリッジ卿は46年8月18日付「ニューヨーク・タイムス・マガジン」のなかですでに、第二次世界大戦でヨーロッパ諸国（イギリスは含まず）の被った喪失を比較し、こういう結論に達している。ドイツを除き、すべての国は人口減少をみていて、ドイツは人口増加をもって戦争を終えている、と。「ドイツは、ゲルマン系人口の増加を確かなものとし、その結果をめざし綿密に考えられたプランに従い、諸隣国の人口の極端な削減をはかり、人口上の大勝利を収めた」。C. L. サルツバーガーは、1947年1月15日付「ニューヨーク・タイムス」の一記事で、これを確認している。実際、ドイツの出生率はフランスのそれに比べ高い水準であり続けた。それだけではない。ドイツの人口は、民族的ドイツ人によって増加するわけで、それをドイツ国籍に編入するのであるが、これが連合軍によって承認された。

(102) Abbé Glasberg, Centre d'orientation sociale des étrangers, *À la recherche d'une patrie, la France devant l'immigration*, Éditions Réalités, Paris, 1946, pp. 250-251. グラスベルは「新法は、人口問題への懸念から編まれたというが、臆病で、保守的で、不完全である」と付言している。

(103) 1946年4月2日通達。

(104) 1947年9月30日付のプリジャンのノート、Mérot, *op. cit.*, p. 53から引用。

(105) *Ibid.*

(106) *Ibid.*, p. 51.

(107) この比率は申請の行政的処理の指標をなすものであり、帰化の魅力の指標ではない。

(108) 民族の選好順位〔モコの主張する〕の観点からみても、その後の推移はモコの述べた、CINもそれに同調した選好の方向には向かっていないことを、他の統計資料も示している。すなわち、1948年と50年になされた帰化者の比率のある分類では、国内に在る者については上位はアルメニア人、トルコ人、ブルガリア人であり、北方系は最下位のほうにある。

(109) たとえば帰化課の法律係長のモーリス・ロアゼルは、1947年の却下のパーセンテージの非常な低さについてこう記している。「この直近の年のパーセンテージは特に示唆的である。それは、1947年を通じて、わが国経済に顕著に益するところのある外国人（鉱業や金属等の労働者）の書類の優先的審査が、益するところのより少ない帰化申請をいかに却下し、または審査延期の配慮の下いか

なった割合の修正を行なう」手段を見出していた。内相から官房長官に送られた覚書による。

(87) 1944 年 12 月、保健人口相がその省の組織化のプラン（ただし、承認されなかった）を提示した際、移民政策とフランス化政策を担当する人口局第 6 課は、それに加えて、帰化のみならず移民の受け入れ・分類・選別・社会的支援への振り分け、さらに帰化のための予備調査（たぶん社会的な）も所管することになっていた。

(88) AN, FIa 3255.

(89) かつては「人口」は、保健省に属し、大臣は共産党のフランソア・ビルーだった。プリジャンは 1946 年 12 月 16 日まで人口大臣だった。1 カ月の間を置いて、社会党（SFIO）のピエール・セジュリーがこれを襲い、47 年 1 月 22 日にはラマディエ政府のなかで共産党のジョルジュ・マラヌが保健人口相に就き、同年 5 月 4 日の共産党諸大臣の退陣まで、その地位にあった。ロベール・プリジャン（1910-1995 年）は、ノール県選出 MRP 代議士、CFTC（フランスキリスト教労働者同盟）の元組合活動家。1947 年 5 月 9 日、再度保健人口相となる。かれを引き継いで 1947 年 5 月 9 日から 48 年 7 月 26 日までジェルメーヌ・ポアンソ゠シャピュイ（1901-1981 年）が同相を務める。

(90) AN, Fonds Jean Donnedieu de Vabres, 539 AP 1.

(91) AN, Fonds Jean Donnedieu de Vabres, 539 AP 1. これは 1945 年 11 月 30 日から 46 年 1 月 18 日までに行なわれた「ジョクス会議」文書に含まれている。1945 年 11 月 10 日の会議の議事録。

(92) AN, Fonds Mauco, 577 AP 3. モコは引き続き毎年、子どもに関する課、係を一つに統合し、これを人口省に属させることを主張し続ける。

(93) AN, BB30 1741.

(94) Maury, *op. cit.*, année 1946-1947, p. 23.

(95) 第一案の想定では、人口省と司法省の間の権限の分有が明瞭ではなく、むしろ司法省寄りだった。実際それは、人口省に、外国人のフランス人への同化を容易にし、かつコントロールすることをゆだね、特に帰化を保障することとした。ただし、帰化申請書が完全に作成され、国籍の構成の法的条件が満たされているかどうか検証するため司法大臣によってなされる検査には従うものである。Conseil d'État : séances de commission : 12 et 14 décembre ; d'assemblée générale : 17 décembre 1945. AN, Cote AL4570, dossier 237804.

(96) MRP の国会議員団会議の議事録。Archives Sciences Po, MRPS 50.

(97) Janine Ponty, « Les rapatriments d'ouvriers polonais » (1945-1948), in *Les Ouvriers en France pendant la Seconde Guerre mondiale*, (Denis Peschanski et Jean Lous Robert dir.), Paris, 1992, ©IHTP, supplèment au cahier n° 20, pp. 71-80.

(98) 以下を参照。Jacques Mérot, *Les orientations de la politique des naturalisations 1945-1973,* mémoire de DEA d'histoire soutenu à l'Université de Nantes sous la direction de Jean-Clément Martin, octobre 1992, doc. ronéoté, 121 p., Centre d'information et de

(78) 以下を参照。Danièle Lochak, « La doctrine sous Vichy ou les mésavantures du positivisme », in Centre universitaire de recherches administratives et politiques de Picardie (CURAPP), *Usages sociaux du Droit*, Paris, PUF, 1989, pp. 252-285.

(79) リチャード・ワイスバーグは、次のなかで、モーリー教授の勇敢さに触れている。Richard H. Weisberg, *Vichy, la Justice et les Juifs*, Amsterdam, 1998, pp. 54-55. また Danièle Lochak, pp. 15-16 の序文も参照。

(80)「いま列挙したさまざまな法は、遡及効をもつ。通常、法の不遡及の原則（民法典第 2 条）によれば、法はもっぱら未来のために働かねばならず、法の発効後に確保された雇用または職業にしか適用されない。すなわち、法は、すでに就いていたこれこれの雇用、しかじかの職業には適用されるべきではなかった。[……] だが、ある措置がとられ、それの及ぶ人々が、そのために準備をしてきた生計を立てる可能性を、時にすべての、またはほとんどすべての資源を奪われることがある。そうした措置は例外的性質のもので、重大だとあえて強調する必要はない」（Jacques Maury, *Droit international privé*, 3e année, Faculté de droit de Toulouse, année 1942-1943, pp. 60-64）。

(81) 1945 年 6 月 14 日布告により設けられ、6 月 23 日から 7 月 30 日の間に会議は 15 回開催された。そのメンバーには、印璽部の旧司法官で、パリ控訴院判事のシュザンヌ、ブルベスの職階上上役にあたる司法省民事局長のボダールも入っていた。

(82) Maury, *op. cit.*, année 1946-1947.　1945 年から印璽部の司法官だったエイモン氏の娘のタン夫人の証言。「父は言っていましたが、ブルベスには 7 人の子どもがあり、そのうち 6 人はかれの妻と国籍法によって得たのだそうです」（1997 年 4 月 30 日インタビュー）。

(83) Raymond Boulbès, *Commentaire du Code de la nationalité française (ordonnance du 19 octobre 1945)*, Paris, Sirey, 1946, p. 5.

(84) Jean Foyer, *Rapport fait au nom de la commission des lois sur le projet de loi adopté par le Sénat complétant et modifiant le code de la nationalité française et relatif à certaines dispositions concernant la nationalité française*, AN Quatrième législature, première session ordinaire de 1972-1973, n° 2545, 29 septembre 1972, p. 6.

(85) 外国人の両親からフランスで生まれた子は、成人に達し容易に国籍を取得するとされるが、ただし、それに先立ち 5 年以上フランスに居住しているという条件が新たに付け加えられ、更なるコントロールの意思が働く。帰化によりフランス国籍を得る者への同化の学習期間というものがすでに採用されていて、この考え方が、このようにフランス生まれでない親からフランスで生まれた子の国籍取得の場合にも一般化されている。なぜなら、委員会によれば、「フランス生まれの外国人の子どもには、フランスの地への定住が安定的で、同化の効果が上がっているという保証があるからである」。国籍委員会の作業に関する報告書、AMJ.

(86) ソーヴィが望んだような 10 年ではなく、5 年となったが、それは司法省が内相とともに提案していた通りであり、内相は、この 5 年に「現在の体制によりかまざまな行政分野の調整に携わる。国民経済大臣の代理として CIN にも席を与えられた。

(64) CIN の 1945 年 5 月 4 日の会議の議事録より。AMJ.

(65) 以下のすべての発言・指摘は、4 月 20 日の CIN 会議のなかで行なわれたもので、同会議の議事録による。AMJ.

(66) CIN の会議の議事録。2000 年 5 月 11 日。

(67) きわめて急を要する補償として帰化の維持を提案したのは、パジェスの意見に従った司法省だった。第一のカテゴリーとして強制収容所送りになった者を挙げるのはやめになったが、CIN は「優先性を認められるべきこの人々は、すでに積極的レジスタンという資格で対象とされていると考えた」。CIN, 1945 年 5 月 25 日の会議の議事録。

(68) *Ibid.*

(69) *Ibid.* 国籍による序列化〔という基準があること〕が外に漏れた場合に引き起こされる結果を、CIN は推定している。というのも、県知事に与える指示を秘密にしておくのは不可能だろうと意識していたからであり、「それはただちに諸外国政府の知るところとなり、外国政府はこれを利用しフランスにいる同国国民の間にある種のプロパガンダを行なう可能性があるからである」。

(70) CAC, 1986 0269, art. 3.

(71) 内相の内閣官房長官宛ての覚書、1945 年 10 月 2 日。AN, F60 493.

(72) この決定がなされたのは、オルドナンス案が 1945 年 10 月 8 日にジュール・ジャヌネーを議長とする人口省・家族省間委員会の協議に付された上でのことである。出席者はティトジャン、パロディ、ビユーであり、プレヴァン、ティクシエ、タンギー＝プリジャンは欠席した。AN, F60 493.

(73) AN, BB30 1741.

(74) 達成すべき職務がいかに大きかったか、おおよそを示せば、司法省国籍課に寄せられた照会・相談の求めは、1999 年、2381 件、1998 年には 3348 件である。これについては以下を参照。Ministère de la Justice et de l'Emploi et de la Solidarité, *Les Acquisitions de la nationalité française en 1999*, ©Justice, 2000.

(75) CAC, dossier du Personnel, Levadouxs.

(76) 1929 年公刊の Niboyet et de La Pradelle, *Répertoire de droit international*, 15 volumes のなかで、かれは国籍法に関する 1 巻（*Théorie générale et Droit français*）を書いている。学部長のジョルジュ・ヴェデルはアカデミー会員栄誉剣の授与式の際の挨拶で、「超えることのできない模範としてのジャック・モーリー」に言及している（Université Panthéon-Assas Paris II, *Remise de l'Épée d'Académicien au Doyen Vedel*, samedi 13 mars 1999, brochure, 42p）。「ジャック・モーリーは私にとり最も心に残る教授であり［……］法についてこの上なく堅牢な知・教養（それは技術のなかに入り込み、一般的観念にいたる）の持ち主でありました」（1998 年 9 月 26 日付のジョルジュ・ヴェデルから著者への手紙）。

(77) *La Semaine juridique*, Études doctrinales n° 165, 10. 40 et n° 169, 11. 0.

こう指摘している。「帰化者の4分の3近くは、地中海系と東洋系（イタリア人、スペイン人、アルメニア人）であります。その多くは都市住民で、アルメニア人の職業といえば、特に商人、事務員など雇い人、映画人です」。告示を調べると、9人のアルメニア人は、石炭商1人、映写技師1人、靴職人1人、靴修理工2人＋その妻1人、事務員1人、商人1人、時計職人1人だった。

(57) CAC, 1986 0269/3.

(58) P. H. ティトジャンは1908年5月29日にレンヌに生まれる。弁護士、次いで法学教授。1940年、捕虜となるが、脱走し、コンバ運動のなかでレジスタンスに加わる。フランス解放とともに人民共和運動の創立に参加、1952年から56年まで同党議長。1944年9月9日から情報相。司法大臣には1946年12月16日までとどまる。

(59) 書簡はドゴールまたは官房長官によって受け取られ、ジャン・ドヌディユー・ヴァブルに回され、これには「ドヌディユーからパレウスキー氏にこれについて話すように」という但し書きが添えられていた。Archive Donnedieu de Vabres, AN, 539 AP 2.

(60) AMJ.

(61) パジェスはレジスタンス参加者だった。1940年9月、労働省の課長だったが、局長のアレクサンドル・パロディを説き、フランス当局とあらかじめ協議なしで、ドゥセーヴルのフェルト司令部から724名のスペイン人難民を本国に帰国させた（CAC, 1977 0623/68）。パジェスは1947年11月24日、労働省次官のルージューの高等法院における裁判でこう証言している。「ルージュー氏は私の人事局長任命に反対だったが、この時期にかれが私がレジスタンスに属していることを知っていたとは思わない。しかし氏が、ヴィシー政府と占領軍に対して私がどんな意見をもっているかは確実に知っていたと思う」。内務省次官のエミール・ラフォンがアドリアン・ティクシエに任命を進言し、後者がそれに同意し、それに次のような手書きメモを添えた。「10年来私はパジェス氏を識っており、かれは労働省の粛清によって異動させられたのです」（AD, Papier d'Agents, Laffon, 1）。

(62) CINの1945年4月20日会議の議事録より。

(63) アルフレド・ソーヴィ。理工科学校卒業、1922年にフランス総合統計に入る。これはフランスの統計、とりわけ国勢調査の実施、作成に携わる公的機関である。1938年、財務大臣ポール・レイノーの官房の一員となる。きわめて早い時期から人口及び移民の問題にも関心を寄せ、たとえば、1927年以来、La population étrangère en France et les naturalisations〔「フランスにおける外国人人口と帰化」〕を *Journal de la Société de statistique de Paris*, no. 2, février 1927, pp. 60-72 et no. 3, mars 1927, pp. 89-97 に発表。1943年には *Richesse et Population*〔『豊かさと人口』〕、（Payot, Paris）、1946年にはロベール・ドゥブレとの共著 *Des Français pour la France*〔『フランスのためのフランス人』〕（Gallimard, Paris）、そして少なからぬページが移民の問題に割かれている2つの著作を公刊した。解放後、1945年4月4日をもって保健人口省の家族及び人口担当局長となり、この資格で、移民に関わるさチームに保持されていたこれらの研究と会合のオリジナルな記録書類は、この機関の資料室にではなく、人口問題高等委員会のそれに、CAC, 1986 0269/7 で保存され、表題は、国民経済省「フランスにおける外国人の導入とその地位――移民政策の定義に関する試論」となっている。これら資料の一部は、以下にも保存されている。AD, unions internationales, 1er versement n° 277.

(50) CAC, 1977 0623/68. 1945 年 6 月 6 日付指針案。

(51) モコは 1945 年 4 月 3 日に外国人及び行政協定部長のブスケに送った書簡でこう言っている。「貴台が私にお伝えくださった［……］メモに対し、これといった記すべき批判はありません。しかし、次のことは指摘したい。1) 従前のようにフランスに流入し続ける可能性のある難民に対してとるべき態度には、疑問の余地はありません」。AN, F60 493.

(52) 国土整備企画庁嘱託チームの移民問題研究担当の G・ド・ロンジュヴィアルのノート（1944 年 4 月）、8 頁。同チームの報告書は、国籍政策をめぐってヴィシー政府を揺さぶっている論争にも関心を向けている。すなわち司法省によって示唆された法案の最終バージョンを批判して、特に次のように言う。「テクストは、われわれが導入したいと思う、好ましい同化を示す外国人と、そうでない外国人の基本的な区別を考慮に入れていない」。G. ド・ロンジュヴィアルは「フランス国籍への自動的アクセスについては、これが可能性であって、あらゆる場合に当然に行なわれるべきものではない、と条項を修正する」よう提案していた。

(53) このことは、個々のケース次第でしばしば緊急に扱い、処理することを意味する。たとえば、1945 年 5 月 11 日、陸軍省官房長のブザンソン将軍は司法大臣に、外人部隊の第 13 半旅団の 200 人の軍人がフランス国籍の取得を希望している、と訴える。「当事者たちはすべて 3 年間近くも、ほとんどは 4 年以上、この栄光ある部隊で軍役に就き、少なくともエルアラメインの戦闘、チュニジア、イタリア、フランスの戦争に身を挺し、その血をもってフランス軍史上最も輝かしいものとして残るであろうページを書き綴ったのであります」。彼らは特に功績の大きい志望者であり、わが軍の勝利がまだ不確かだった時にわが軍旗の下にはせ参じ、わが国への忠誠の証をめざましいかたちで示したので、本省としては、「極度に簡略化された手続き」を求める、と。すなわち、県知事の意見の代わりに第一師団司令官の意見をもってし、登録手数料を免除するというものである。その 11 日後の 45 年 5 月 22 日、司法大臣フランソワ・ド・マントンは、これらの申請を「最短の時間で」、要求された例外的な手続きで扱うことに同意する。いわく、「本人がフランスに住んでいれば、県知事への諮問は必要であり〔本土外に居るので必要はなく〕」、「登録手数料は、当人の財産状況によって定められ、場合によっては困難な財政状況にある者、特に輝かしい貢献をなした者には、登録手数料の全額免除が認められる」。SHAT, 3R 598/2.

(54) これらすべての資料は CAC, 1986 0269/3 に含まれている。

(55) ジョクスの注意をうながすための文書（日付なし）。CAC, 1986 0269/3.

(56) それゆえモコは、1945 年 7 月 2 日付 33 号告示を選び出し、ルイ・ジョクスに道社長、1937年から39年までフランス国鉄（SNCF）副総裁。マルセイユ市の特別行政官を経て、1939年から40年にはブーシュ＝デュ＝ローヌ県知事、44年から45年にかけては国土整備企画庁長官。1944年3月9日にコンセイユ・デタの特任評定官、次いで45年4月26日には巡回評定官に任命されている。この代表と計画本部との関係については、以下を参照。Henry Rousso, (dir.), *De Monnet à Massé. Enjeux politiques et objectifs économiques dans le cadre des quatre premiers plans*, Paris, Presses du CNRS, 1986.

(47) 人間問題研究フランス財団の1943年活動報告では、この協働についてこう記されている。「移民問題は、特に理事と国土整備企画庁移民部長の間に種々の対話を生んだ。その結果、国土整備企画庁への一ノートがまとめられ、それは今日の人類学がフランスに適合した移民の理論の形成においてなしうる貢献に関するものである」（*Cahier 2 de la Fondation*, pp. 26-27）。なお、アレクシス・カレルは、私的書簡のなかで同じ時期に移民がフランス社会、というよりはリヨン社会の変化に及ぼしている効果について見解を示している。「リヨンのブルジョアの強固さは真に驚くべきものです。その野心のなさ、ほどよい豊かさ、ピューリタニズム、結婚における賢明さのゆえに、彼らは堕落することはなかったのです。あるいは少なくとも彼らのうちの若干は、その18世紀の祖先とほとんど変わるところがありません。われわれリヨンのブルジョアおよび近隣の小貴族はほとんど親戚です。ジュルネル一族のなかには一人、アイルランド系の祖先がいましたが、7世代も前のことで、その忌まわしい影響は三世代までで消え去りました。これら古い家族のなかには、プロテスタントやユダヤ人や、例のアイルランド人を別として、外国人の侵入はあったためしがありません。一人としてイタリア人のそれもありませんでした」（1944年5月13日付書簡、Fonds Alexis Carrel, box 81, Université de Georgetown）。

(48) ルイ・シュヴァリエ（1911-2001年）、歴史学、地理学教授資格、1941年、自由政治学院教授。国土整備企画庁嘱託。次いで1945年から74年まで国立人口学研究所（INED）の研究者。1952年以来、コレージュ・ド・フランスで「パリの歴史と社会構造」教授職にある。この報告、およびロベール・ジュッサンとロベール・サンソンの報告がINEDにより、*Documents sur l'immigration*, coll. Travaux et Documents, Cahier n° 2, Paris, PUF, 1947のなかで公刊されたことは指摘に値する。ジュッサンとサンソンのそれは増補されているが修正はない。それに対し、シュヴァリエのテクストは自身により修正されていた。「人種の（racial）」というタームは、ヴィシー期のバージョンでは幾度も繰り返し使われていたが、解放《リベラシオン》時には「人間の（humain）」になっていた。特にシュヴァリエは、1945年公刊のテクストで、民族出自の事細かな優先順位や、かれの持していた北アフリカ系やポーランド人の常雇移民への否定的評価（「ポーランド人については、フランス民族のなかに大量に統合するのは不適当と考えねばならない」）は削っている。ただし、政治難民には好意的だった。

(49)「専門家」がほとんど物理的に移動したことの証拠に、国土整備企画庁の嘱託研究所の創立者となる。著者として移民、精神分析、子どもの教育に関する多数の著作があり、自伝 *Vécu 1899-1982*, Paris, Editions Emile-Paul, 1982 もある。以下も参照。Patrick Weil, « Georges Mauco: un itinéraire camouflé, ethnoracisme pratique et antisémitisme fielleux », in *L'Antisémitisme de plume 1940-1944, études et documents*, dir. Pierre André Taguieff, op. cit., pp. 267-276.

(37) AN, Fonds Mauco, 577 AP 5.

(38) AN, 2W/66.

(39) Mauco, art. cité., p. 6.

(40) *Ibid.,* p. 1.

(41) *Ibid.*

(42) *Ibid.,* p. 4. 戦後、この論文は、その著者〔モコ〕にとり国民教育省の調査委員会を前にして正当化しなければならないものとなる。一個の証言の援けを得てかれが行なったのは、かれが *Annales de Géographie*〔「地理学年報」〕の事務局長のモリス・グランダッツィについて書き、自身で修正したとしたことである。CARAN, 577 AP 5. モコと精神分析については、以下を見よ。E. Roudinesco, « Georges Mauco (1899-1988) : un psychanalyste au service de Vichy. De l'antisémitisme à la psychopédagogie », *L'Infini*, automne 1995, pp. 73-84.

(43) この命題は、1944 年にアルジェで、「人口の保持と増加のための諸委員間委員会」のなかで展開された考察と符合する。なお、この委員会は移民政策と帰化政策を定めるため、国家委員のビユーを中心に集まったものである (AD, Papiers 1940, Bureau d'études Chauvel, vol. 5)。そこではビユーは、帰化については次のような検討プログラムを採用させている。「帰化する外国人を全体に同化させる必要、帰化をもっぱら身体の状態と能力が国に利益をもたらすような応募者に限る必要を考慮に入れ、帰化の一般的な原則を確立すること、状況次第では、帰化の一定の割当制をめざす可能性、ヴィシー政府によって帰化が無効とされた人々のフランス国籍への再統合、その態度が反フランス的であるような者の帰化の抑止」。

(44) ルイ・ジョクス (1901-1991 年) は、1943 年 6 月 3 日以来、CFLN の書記局、次いで書記長となり、43 年 10 月 2 日から 46 年まで委員会の、次いで政府の会議に出席。外務省次官 (1956-1959 年)、1959 年から 68 年までドゴールの下で大臣を務め、1977 年から 89 年まで憲法院委員。以下を参照。Jean Massot, « L'installation du Gouvernement d'unanimité nationale du 9 septembre et de l'Assemblée consultative provisoire », *in* Fondation Charles de Gaulle, *Le Rétablissement de la légalité républicaine-1944*, Éditions Complexe, Bruxelles, 1996, pp. 389-417. また以下も参照。Roselyne Py, *Notes et Études documentaires*, Le Secrétariat général du Gouvernement, Paris, La Documentation française, 1985.

(45) かれ自らの使命・職務については以下を参照。L. Joxe, *Victoire sur la nuit, mémoires 1940-1946*, Flammarion, Paris, 1981, pp. 13-16.

(46) この作業は、その代表である県知事フレデリク・シュルソー (1884-1972 年) の唱道により進められた。かれは土木技師で、1935 年、アルザス・ロレーヌ鉄

失を被るものとした1939年9月9日のデクレに関しては、もともとフランス人でありながら強大な一外国に属するように振る舞う者がいると、特別な問題を生じた。それは共産主義者たち、わけてもモーリス・トレーズ〔1900-1964年、フランス共産党書記長、1940年党が非合法化され、一時ソ連に滞在。フランス解放とともに帰国〕に適用されたが、人々は彼らを国民共同体に再統合させることを欲した。1945年9月27日オルドナンスは、1939年9月9日のデクレを廃止するものとし、単純なデクレ（あらかじめコンセイユ・デタの同意を得ない）によって、同デクレの適用によってとられた剝奪措置を撤回させる。剝奪の措置、手続きは特に占領軍と協力した元ドイツ人の帰化者に対しても開始されているようである。

(31) 本書第9章も参照。

(32) 1944年10月29日付のフランス司法省の司法官たちに宛てられた文書。ASDN.

(33) それは作業が過重の時に限られた。司法相は「場合によっては」として彼らに、すでに決まっている帰化に加えて、ある種の申請書は優先的に扱ってほしいと要請する。それは、連合国の軍隊で戦った者、捕虜になった者、国の感謝を受ける非の打ちどころのない資格をすでに得ている1914-1918年戦争の旧従軍者、民間人で重要な貢献をなした者、といった申請者である。さらに、家族の状況ゆえに国家的関心事となる人々、いわゆるフランスで生まれた複数の子どもをもつ両親などは、再度優先性を認められる。

(34) 1945年4月10日の官報に掲載されたデクレ。

(35) その構成は1945年4月18日の布告（1945年4月19日の官報）によって定められている。参加しているのは、ブロック＝マスカール（国民抵抗評議会メンバー、臨時諮問会議代表）、ボヴラ（強制収容に反対する国民同盟副議長）、コレット（最大規模家族の相互扶助委員会議長）、ドブレ教授（医学アカデミー）、ドゥラビ（CGT書記委員会メンバー）、ドゥブレ（コンセイユ・デタ調査官）、ランドリー（元大臣）、モンセイジョン博士（家族活動調整全国センター議長）、プリジャン（臨時諮問議会代表）、モコ（文学博士、政府官房長官の特任で、高等諮問委員会の事務局長に任命された）である。ランドリーとボヴラはすでに短命に終わった人口問題高等委員会のメンバーだった。後者は、1939年2月23日のデクレによって首相直属で設置され、その事務局長を務めたのはジャック・ドゥブレだった。

(36) ジョルジュ・モコ（1899-1988年）、地理学者、1932年に博士論文審査を受け合格。*Les Etrangers en France, leur rôle dans l'activité économique*〔『フランスにおける外国人――経済活動における彼らの役割』〕(Paris, Armand Colin, 1932)。ほどなくして移民問題の最良の専門家とみなされ、カミーユ・ショータン首相の下で、移民及び外国人行政担当の閣外相補の官房に入り、1938年1月18日から3月10日まで在任。人口・家族高等諮問委員会事務局長に任命され、1970年までその地位にとどまる。精神分析学にも関心を寄せ、クロード・ベルナール心理教育学える作業を担う。それに次ぐデクレ、すなわち1944年11月14日のそれ（23日の官報に掲載）以降は、アルジェで予審に付された書類（多くはオラン居住者に関する決定）とフランス本土でヴィシー体制末期数カ月に予審に付された書類とは合体される。

(17) 同法は次いで、補足的措置によって補われる。9月10日、国籍剝奪は海外領土から離脱したフランス人にまで拡大された。1941年2月23日、これは「本土外に在って、その行為、言論、あるいは文書によって国民共同体の成員として課せられた義務に背いた」すべてのフランス人に適用されることになる。そして、ついに41年3月8日には、「1940年12月1日以降、反乱者地域〔自由フランスが拠点を築いた地域〕に赴いた、または赴くであろう」すべてのフランス人に適用される。

(18) フランス軍司令部長官命令。*JO*, n° 17 du 22 avril 1943 に掲載。

(19) ジローは、1943年3月14日の命令で、40年7月22日以降ヴィシーによってとられた措置はすべて無効であると宣した。公式にはクレミュー政令の廃止は1940年10月7日付だったが、これも無効とされた。日付は43年3月14日だが、別の命令で、ジローは再びクレミュー政令を廃止している。これらの命令の全体については、次のCD-ROMで参照できる。*La Persécution des juifs de France 1940-1944 et le rétablissement de la légalité républicaine*. Recueil des textes officiels 1940-1999, La Documentation française, 2000.

(20) 以下を参照。Marrus et Paxton, *op. cit.*, pp. 276-277.

(21) Michel Ansky, *Les Juifs d'Algérie du décret Crémieux à la Libérarion*, Paris, 1950, Édition du Centre, p. 298.

(22) *Ibid.*, pp. 318-319 も参照。 このユダヤ系の地位回復はまた、ムスリムの劣った地位をどうするかという問題を再度提起する。宣言は、将来「決定的な仕方でアルジェリア土着のユダヤ人の地位ばかりでなく、他の諸種のアルジェリア現地民の地位を」定める全面的な自由の余地を残している。本書第8章も参照。

(23) この件についてのボダールの作成した報告はやはり、廃止するか否かの二者択一の解決を提起している。

(24) コンセイユ・デタ、法務委員会資料、9912/1。

(25) 法務委員会は、1943年8月6日のデクレによって創設され、当初ルネ・カッサン、ピエール・ティシエ、P. ロディエール、P. コスト＝フロレ、M. グロジエールによって構成された。その機能は、法の原案に法律家としての意見を述べることにあった。

(26) この資料は、法務委員会の文書資料のなかにあった。同委員会資料、ACE, 9912/1.

(27) 法務委員会の第42回会議の議事録、ACE.

(28) ACE, 法務委員会資料、9938/2。

(29) 1944年5月24日命令（フランス共和国官報45号、1944年6月1日付に掲載）。

(30) コンセイユ・デタに合致した見解にもとづくデクレによってフランス国籍の喪

のフランス代表だった。1940年6月23日、ロンドンのドゴール将軍の下に加わり法律顧問となり、次いで法務委員会の議長となる（1943年8月から1945年7月まで）。1944年から1960年までコンセイユ・デタの副院長。

(4) AN, ルネ・カッサン文書、382 AP 74. フランソワ・マリオンは、1912年セーヴル（92）生まれ。法学博士。1940年夏にロンドンに加わる。1941年1月「自由フランス」の法律部門に配され、43年8月にはフランス国民解放委員会事務総局の事務部長となり、次いで、44年4月、法務委員会のメンバーとなる。1944年コンセイユ・デタの調査官、1962年同判事。

(5) ASDN.

(6) 1942年1月6日、初めてイギリスの外での申請が受理された。それはダマスカスのフランス領事館においてである（n° 88）。1943年1月15日にはベイルートの自由フランスのレバノン代表事務所に申請があった。これらの申請書類はその後ロンドンに送られた。

(7) 1938年11月のデクレによって修正された1927年8月10日のデクレの第8条。

(8) 自由フランス軍志願兵のイギリスにおける結婚に関する通知（1940年8月23日付）にも従って。

(9) ASDN.

(10) 同委員会は最初、1943年6月6日、アルジェでドゴール、ジロー両将軍を共同議長として構成されたが、同年11月9日を期してシャルル・ドゴールのみを議長とするようになる。

(11) 法学部のアグレジェ教授のフランソワ・ド・マントン（1900-1984年）は、戦前は民主人民党所属の市会議員だった。大尉として捕虜となり、脱走後、敗北を認めない法学教授たちと接触をとる。ティトジャン、コスト゠フロレ、キャピタン、ルネ・クールタンらであり、彼らとともに1940年11月に非合法の新聞「自由」を発行する。このグループは1941年11月、アンリ・フルネーの国民解放運動と合流し、そこから「コンバ」紙が生まれ、フルネーとマントンがこれを共同編集する。もともと解放後に国がどのような一般的方向をとるべきかを考察しようとする検討総合委員会基金に属していた。1943年9月7日、ジローの割当分として司法委員に任命されていたアバディ博士の後任としてアルジェに招へいされる。

(12) それは1944年8月26日の官報に掲載された。1944年6月3日以来、フランス共和国臨時政府がフランス国民解放委員会にとって代わった。

(13) AN, 382 AP 74.

(14) かれは1944年10月30日、強制的に退職させられた。

(15) ルイ・ボダール。1894年生まれ。1940年の休戦後ドイツ人によってこの町から追放されるまでメッスの弁護士だった。40年12月31日、アルジェの控訴院判事に任命され、43年7月23日以来アルジェの司法部の民事課長、次いで同年10月2日民事部長に任命される。

(16) 1944年10月4日、パリの司法省はアルジェで準備された一デクレの形式を整人の生命を救うことができると考えたのは理由がなくもない。Marrus et Paxton, *op. cit.*, p. 456.

(161) CDJC, XXVII-35, Steinberg, *op. cit.*, 151.

(162) AN, F60 1480/2.

(163) 1945年8月7日のペタン裁判第14回公判におけるルーセルの証言。この時、ルーセルは、1942年3月24日と43年8月28日の2回、ペタンと会見したと述べている。

(164)「自分の調査のなかでこの特別審査が有用であることを個人的に確認した。[……] たとえば1937年の15件の書類を対象とした調査では、それらのうちの5件が1944年2月20日の委員会にまだかけられていず、依然として一般分類のなかに置かれていた」(AN, BB30 1741, ドーテ報告、9頁)。

(165) 1943年第三四半期の数字は、1808件、第四四半期は334件、1944年第一四半期は477件、そして第二四半期は448件である。

(166) AN, F60 1485.

(167) AN, BB30 1741, ドーテ報告、前掲、43頁。なお、1941年7月31日、司法相は、コンセイユ・デタを通して、帰化者以外に国籍剝奪を拡大するための措置に同意を示す。すなわち、出生後にフランス国籍を取得したすべての個人、つまりは第二世代の子どもたちに対して、である。

(168) Klarsfeld, *Le Calendrier, op. cit.*, p. 868.

(169) 388件の措置が廃止された。国籍の分野での作業を維持するという見解が再審査委員会から示され、それは65万1440人に対するものであり、とすると、最終的には66万6594件が審査されたことになる。諸々の統計は、帰化課から予審委員会3W46に移管される。

(170) ベルナール・ラゲール(art. cité., pp. 13-14)は帰化を取り消されたテッサロニキ〔ギリシャ北部の地域〕出身の183人のユダヤ人の状況を詳細に調査し、うち38人が移送され、そのなかの17人は1943年9月1日のことで、フランス国籍が比較的彼らを移送から保護していた時期に、その国籍を奪った後にこれを行なった、としている。

(171) この時期、外務省が国籍政策に関して通常ありえないほど重要な役割を演じている。

5. 容易でなかった共和国的法制への復帰

(1)「自由フランス」のカールトンガーデンズにおける行政事務の開始時の状況については、以下を参照。Jean-Louis Crémieux-Brilhac, *La France Libre, De l'appel du 18 juin à la Libération*, Paris, Gallimard, 1998, pp. 171-189.

(2) René Cassin, *Les Hommes partis de rien*, Paris, Plon, 1974, p. 138.

(3) 法学教授のルネ・カッサン(1887-1976年)は、1924年から38年まで国際連盟

否認されなかった一人種として再統合〔国籍の回復〕された、と記されている。

　二つのものはけっきょく一つなのだ。または、昨年は人々は勘違いしていて、新しい審査官が旧審査官を正したということなのか。もっとありそうなことは、この再統合が“示し合わせた共謀者たち”の勝利だということである。その上、11 人の帰化のうち 8 人のそれが 1936 年以後であることを知れば、今回また車輪がどの方向に回転したのか疑いようがない」。

(150) 委員会はこう付言する。「医業を行なうことの禁止を受けて、かれはあるフランス企業のなかである職を託され、これを雇用主を満足させるように果たした。戦時中、医療補助者として使われ、きわめて献身的にその役目を果たしたのであり、特に 1940 年 6 月 16、17 日にはあの空襲の下、かれはわが身を顧みず負傷者を手当てして回った」。

(151) 1916 年ボルドー生まれ。1934 年 6 月 26 日以降、届出によりフランス人となり、1940 年 11 月 1 日に帰化を取り消される。カトリック教徒と称している。実際、1920 年に洗礼を受け、フランス生まれで、フランスで教育を受けている。1933 年には非移民のフランス人男性と結婚し、この結婚から二人の子どもをもうけている。

(152) これらすべての情報は司法省の公文書館で収集した。

(153) Marrus et Paxton, *op. cit.*, p. 451.

(154) CDJC, XXVII-24, XXVII-26, Lucien Steinberg, *Les Autorités allemandes en France occupée*, Paris, CDJC, 1966, pp. 148 et 149.

(155) 以下を参照。Serge Klarsfeld, *Le Calendrier de la persécution des juifs en France*, Paris, Les Fils et filles des déportés juifs de France, New York, The Beate Klarsfeld Foundation, 1993, pp. 853-854.

(156) CDJC, XXVII-39, Steinberg, *op. cit.*, p. 152.

(157) Marrus et Paxton, *op. cit.*, p. 453.

(158) AN, F60 1485. 1943 年 9 月 8 日の ブリノン宛ての書簡のなかでジョルジュ・デイラスは、その帰化申請書類が再審査委員会で審査されたか、または審査中であるユダヤ人の概数を示す統計資料を含む一覧表をつくっている。「したがって、1927 年から 1940 年までのユダヤ人の帰化総数は 2 万 3640 件に達し、すでに 9039 件が委員会にかけられ、うち 7055 件が、剝奪の決定の対象となりました。そこで、およそ 1 万 4601 人のユダヤ人のケースが決定を待っているわけであります」。委員会にかけられたユダヤ人の 78% が、帰化取り消しの対象になったのだ。

(159) このことは、反ユダヤ人の立法の準備と CGQJ の設立の際のグザヴィエ・ヴァラの態度を思い出させる。これについては、Laurent Joly, *Xavier Vallat, du nationalisme chrétien à l'antisémitisme d'État*, Paris, Grasset, 2001, pp. 247-248 を参照。

(160) パクストンとマリュによれば、この拒否はひとりペタンだけでなく、ラヴァルの限界を画するものだった。当時、一般に帰化ユダヤ人の数は過大に見積もられていて、そのため、彼らが拒否すれば一時的にせよ数千人のユダヤ系フランス

引用による。

(137) セリーヌおよびかれとモンタンドンの関係については、以下を参照。Annick Duraffour, « Céline, un antijuif fanatique », in *L'Antisémitisme de plume 1940-1944, études et documents*, dir. Pierre-André Taguieff, Paris, *op. cit.*, pp. 147-197.

(138) *JO*, 4 avril 1941. 同じモデルについては、1940年7月23日法の作成のために設けられたデュフィユー委員会が、少なくとも、帰化取り消しの告示を報じる一デクレを発している。1943年2月12日、1941年4月30日のアンドレ・カーンのフランス国籍剥奪を告げる告示が報じられている。CAC, 1977 0904/133.

(139) チアラッゾ判決。CE, 1942年3月6日。訴訟部第一および第二セクションはコンセイユ・デタ副院長ポルシェによって個人的に指揮されたが、これはまったく例外的である。

(140) 1948年5月14日付「フランス・ソワール」紙によって公表されたテクストの抜粋。

(141) デイラス委員会の長の秘密報告。AMJ.

(142) Laguerre, art. cité., pp. 7 et 8.

(143) ユダヤ人種の外国籍者に関する法律（*JO*, 18 octobre 1940）; 経済における外国人過剰状況に関する法律（*JO*, 1er octobre 1940）。

(144) すでに引用した「フランス・ソワール」の記事。

(145) ラヴァルとペタン宛ての1943年8月2日のブリノンのメッセージ205。これは、ブリノンのガボルド、デイラスとの対話の摘要である。デイラスの文書に付されたメモにはこう記されている。「ユダヤ人関係のこれらの書類のほぼ3分の1は分類がかなりむずかしい。その民事身分（état civil）の欄で配偶者を調べてみても、なんの人種の記述もないからである。対象の53万9280件の書類のうち、1万6508件を調べてみると、そのうち6307件がユダヤ人のものだった」。

(146) 1945年4月19日。これは司法大臣直属の司法部門の監察官だったドーテの弁明書の抜粋。AN, BB30 1741.

(147) ユダヤ人に関するフランス国籍剥奪の最後の告示を行なったデクレの日付は、1942年8月28日である。

(148) CDJC資料、XLVI, ホルダーXYZ。

(149) 再帰化に関する当初のデクレは1941年3月22日や7月29日のそれで、1941年8月3日の官報に公示されたが、この時は占領当局の反発を引き起こさなかった。ところが、8月14日、当局は「ラ・ジェルブ」誌の「後退」と題する辛辣な記事をもって反応する。理由は、42件の決定のうち、11件がユダヤ人に関するものだったことにある。「国民革命というが、それはヴィシー政府が戯れに車を前方に、後方にと動かしているのに似ている。前に一回転するかと思うと、後ろに3回転する。ただ、後退には注意をされたい。それはわれわれを殺めるかもしれない。1940年11月1日の官報で、11名のユダヤ人の名がフランス人共同体から抹消された。その同じ刊行物に、1941年8月3日、これら11名がヨーロッパ産として、というよりは、今回まったく罪なき者とわれわれに呈示され、

ら、ヴィシー体制に加担。ヴィシー体制の構成要素の若干はフランスの再建に必要な支えになると考えた。1941 年 2 月以来、ベルギーの情報ネットワークと接触。それゆえ、ヴィシー派でありながらレジスタンでもあるという位置に立つ。1944 年 9 月 3 日にヴィシーで逮捕されたが、速やかに釈放され、共産主義の歴史家の一人となる（出所は以下。Notice bibliographique de Denis Peschanski, *in* Maitron, *op. cit.* t. 42, pp. 47-51）。

(130) マルク・リュカール（1893-1964 年）。1928 年以来ヴォージュ県選出急進社会党議員。1936 年 6 月 4 日から 1940 年 3 月 20 日までに相次いで成立した政府で司法大臣、保健大臣を務める。1946 年 5 月 27 日、全国抵抗評議会の第一回会議に参加。ピエール・ヴィエノ（1897-1944 年）。アルデンヌ県選出議員。第一次レオン・ブルム内閣の次官（1936 年 6 月 4 日－1937 年 6 月 22 日）。1943 年 4 月 27 日、ロンドン〔自由フランス〕に合流。

(131) タスカ文書、19770889 art. 165.

(132) 1940 年 11 月 11 日にベランは、こう証言している。タスカ氏は「道徳的になんら非難の余地はなく［……］、フランスに対して忠誠で、私の識って以来、法や規則に違反するような行為はなんら知らない。［……］その哲学的基礎においてはかれは徹底した斬新なマルクス主義の批判と実践行動により、フランス国民の深い変わらざる要求に触発されつつ、労働する者の思想を支えようと努めてきて、共産主義とそのさまざまな分派には精力的に敵対している。それゆえ、タスカ氏はフランス国籍を有するのにまったくふさわしく、そのすぐれた教養と経験によって国民の刷新の努力への貴重な貢献をもたらすことができると考える」。

(133) 1940 年 11 月 26 日にベルジュリは書いている。「かれは 1931 年以来、公許社会主義に対して、まったく非正統のテーゼを支持しているようだ。外から見ると、かれは反全体主義的な好戦主義と闘い、イタリア人亡命者として他の仲間と同じように怨嗟の念に身をゆだねるというメリトをもっていたように見えるが、内から見ると、正統派マルクス主義の錯誤と闘い、西欧社会主義の精神的伝統を再発見しようと努めていた」。

(134) モンタンドンの伝記としては、マルク・クノーベル「ジョルジュ・モンタンドンとエスノ゠レイシズム」（Taguieff, *op. cit.*, pp. 277-293）が参考となろう。ジョルジュ・モンタンドンは、1933 年以来人類学学校の民族学講座正教授を務め、ヴァシェとラプージュの伝統に従い、フランスのレイシスト学派の音頭取りの一人となる。ドイツの人類学者ハンス・ギュンターの友人。1941 年、ユダヤ人問題委員会のグザヴィエ・ヴァラに協力する民族人種問題の専門家となり、43 年以来、ユダヤ人および民族人種問題研究院（IEOJER）の学長。かれは「ユダヤ人のタイプ」を識別する専門家となり、ドランシーの強制収容所ではナチの支持を得て手術を行なう。1945 年、レジスタンスにより処刑され、死去。

(135) かれの刊行書には、*La Race, les Races, mise au point d'ethnologie* および 1935 年の *L'Ethnie française* がある。

(136) 雑誌 *La Lumière*, 26 avril 1940, C. D. JC., XCV-114, Knobel, *op. cit.*, p. 283 からの

Vincent Duclert (dir.), La Découverte, 2000, p. 515)。本書第9章も参照。

(124) たとえば、1939年に帰化したA. ジウリアーノは1940年11月に司法省宛てに次のように書いている。「大臣閣下　私の出身国であるイタリアに大変よい仕事が見つかりまして、われわれ、つまり妻・子ども・私はフランスへの帰化を放棄し、イタリア人に戻る決心をしました。そこで、閣下、私どもは、できるだけ早くイタリアに戻れるように、氏名の削除通知をロックブリュヌ（ヴァール県）の役場までお送りいただきたくお願いに参っております。敬具」。こうしてかれは1941年11月に妻および3人の子どもとともに帰化を取り消されている。この書類は、フランス解放後、より詳細な調査が求められる対象となった。同人は後にイタリアのレジスタンスに参加したのでよしとするというローマのフランス総領事館の見解が示され、後1946年の6月13日の決定で、これは帰化失効の手続きの対象とはしないことになった。

(125) 印璽課の提案の覚書の日付が1943年6月11日であるのに対し（司法相の首相宛ての覚書RB/LP)、首相の決定は43年8月2日だった。これが連合軍のシチリア島上陸とムッソリーニの失脚の数週間後だったことは注目される。AN, F60 499.

(126) 再審査委員会から直接に諸県庁に送られた手続きアンケートによれば、非ユダヤ人で帰化を取り消された者はいなかった。それにひきかえ、ユダヤ人は身体的特徴から推して帰化取り消しがなされることがある。また、1942年4月17日法により、フランスの権限の下に保護ないし管理されてきた、植民地閣外相の管轄領土出身の旧現地民臣民すべてにフランス市民の権利を認めるが、ただし、39年9月1日以降、行政的強制収容をされたり、一般法により、または反フランスの陰謀に対し特別法廷による重罪や一般法違反により有罪判決を受けた者は、再審査の対象となる（フランス国官報、1942年6月13日付、1942年4月17日成立の法474号）。市民権を失った本人、場合によってはその家族は、「市民の諸権利が認められる以前に保有していた現地民の地位に再び置かれる」。同法の犠牲者のなかに、次の人々がいる。1942年7月9日にフランス市民権を失ったマダガスカル・ナショナリズムの父、ジュール・ラナイヴォ、穏健なナショナリズムに立った二人のベトナム人名望家、ドゥオン・ヴァン・ジャオ、ファン・ヴァン・ティエト（以下を参照。Eric Jennings, *Vichy sous les tropiques, La révolution nationale à Madagascar, en Guadeloupe, en Indochine 1940-1944*, Grasset, 2004, pp. 90-91 et 243- 244)。

(127) AN, BB30 1741を参照。

(128) AN, BB30 1741, およびドーテ報告（前掲）を参照。

(129) アンジェロ・タスカ（1892-1960年)。モレッタ（イタリア）生まれ。非常に貧しい家庭の出身でイタリア共産党の創立者の一人。1929年、スターリンの要求により党を除名される。パリに赴き、そこでイタリア社会党の仲間に徐々に接近する。反ミュンヘン協定派となり、レオン・ブルムに近く、1937年にはフランス国営ラジオのイタリア語放送を担当。共産主義とファシズムの二重拒否か年から1940年の間に帰化した人々の3000件の申請書を調査したが、これらはすべてに同委員会の審査の目が入っていた。

(113) その上、毎週、委員会の2つの全体会議が開催され、さらに小委員会の座長を集めた特別小委員会の会議があった。

(114) これはベルナール・ラゲールが前出論文で述べている仮説である。

(115)「ユダヤ人資料ボックス」(*Le Ficher juif*, Paris, Plon, 1996, p. 2)。ルネ・レモンを長とする委員会の報告。

(116) 南部地域〔非占領地域〕のユダヤ人人口調査は1941年6月2日に、すなわちユダヤ人の二級の地位が明らかになるその日に、命じられている(上記、レモン報告書、65頁)。

(117)「指標」を用いてのこの選別は、間接的にだが、ブリノン、ガボルド、デイラスの1943年8月2日の会談の記録によって確認される。「これら申請書の約3分の1は、ユダヤ人に関係すると推定されるものの、分類はかなりむずかしい。身分証書が調べられた頃には、人種に関する記録はなんら記されていなかったからである」(ラヴァル、ペタン宛てのブリノンのメッセージ。デイラス文書3W144の付属ノート)。

(118) 司法大臣のための印璽部のCG/GM覚書(1941年11月3日、AMJ)。

(119) パリ警視庁の公文書館で閲覧した、約50件のユダヤ人に関する帰化取り消し関係の書類のなかに含まれている書簡のモデルによる。

(120) AN, BB30 1741, ドーテ報告、前掲。

(121) 帰化課からの民事・印璽部長への覚書。帰化課長のコロミーの提案は、すでに帰化申請をしているユダヤ人は――そのうちの若干は一時、許容的な決定を得ていた――「再審査委員会の考え方と矛盾しないように」決定が執り行なわれる対象となる、というものである。ということは、決定保留もしくは拒否の決定にほかならない。

(122) AN, BB18 3366. パリ警視庁の事務及び一般警察部長のJ. フランソワは、1941年5月26日付の司法大臣宛ての書簡で、こう具体的に述べている。「この現状を改善するため、わが警視庁で創始されたいわゆる“検察連絡”課は日々外国人の有罪判決を記録しています。ところが、聴取の記録は当人の国籍に触れていず、この機関から提供される情報は不確かであります。とりわけ帰化した人間の場合、その氏名が曖昧になりがちです」。そこでかれはこう提案する。「⑴地方で宣せられた有罪判決は現在よりはるかに迅速にわれわれの事務部門に伝達すること。⑵提供される情報では当人の国籍が重視されること。さらに必要なら、帰化の日付も同様であること」。かれが求めるのは、そうした情報が検事に提供されることである。

(123) アラン・バンコーは、すでに1929年と1938年に別の状況のなかで行なわれた予審の「再現」であることを想起させている(Alain Bancaud, « Vichy et la tradition de l'étatisation de la justice. Histoire d'un demi-succès », in *Serviteurs de l'État, une histoire politique de l'administration française 1874-1945*, Marc-Olivier Baruch et

(101) 以下を参照。Robert Kiefe, *La Nationalité des personnes dans l'Empire britannique*, Paris, Librarie Arthur Rousseau, 1926, pp. 69-80.

(102) 本書第 9 章を参照。

(103) 帰化の告示から 10 年以上経つと（1927 年法による）、または非難されるべき事実があって 10 年以上経つと（1938 年のデクレによる）、1927 年以来のすべての国籍取得に異議を申し立てることができるとされた。

(104) 1927 年の法的規定と 40 年のそれとの比較は、印璽部内部での一つの意見対立の対象となる。レイモン・ブルベスはジャック・モーリーから示唆を得ているが、後者は「法律週報」（*La Semaine Juridique,* Études doctrinales n° 165, 10. 40 et n° 169, 11. 40）において、ユダヤ人や帰化フランス人や外国人の息子の地位についての立法を、ばかげた、物事を転倒させるものと批判する。ブルベスは、彼らの地位の劣悪化を強調するが、それ以上に、むしろ何ものにも従属しない「ある生来フランス人たちの特権的地位」を指摘する。司法省内の一ノートのなかで帰化の無効化に関する共和国の立法とヴィシーのそれを比較し、こう指摘する。ヴィシーの立法は、「生来のフランス人以外のすべてのフランス人に、その国籍取得が 1927 年法の公布以後に行なわれていることを条件に、関わるのである」。それに対し、1927 年法による国籍剝奪は、「外国人出自で自らの申請でフランス人になった者」にしか適用されない。かれは動機づけ、手続き、不服申し立ての可能性に違いがあることも強調している。ヴィシーのデイラスの許に派遣された、新体制に考え方が近い印璽部の法務官シャルル・ジェルマンは、1940 年 12 月 17 日の覚書でこれに応酬し、1927 年法と 40 年法の連続性を強調している。

(105) Laguerre, art. cité, p. 6.

(106) ジャン＝マリ・ルーセル、1878 年生まれ。法学博士。1903 年 1 月 1 日、コンセイユ・デタに入る。1923 年、ライン地方フランス共和国高等弁務官法務部の責任者となり、1928 年、コンセイユ・デタに復帰。1940 年、争訟部第四委員会委員長となり、1942 年 7 月 27 日争訟部長となる。1944 年 11 月 15 日、コンセイユ・デタ粛清委員会により強制的に退職させられた。

(107) 1940 年 9 月 21 日の会議の議事録による。AD.

(108)「帰化取り消しに関する最初の重要なデクレ」AN, BB30 1711.

(109) ラファエル・アリベールの署名になる 1940 年 11 月 1 日のデクレは、442 人の人間に関わるものである（*JO*, 7 novembre 1940）。

(110) 躊躇して後、彼女はこの点につき司法省に相談し、同省はこれに同意した（CG/MA 覚書、1940 年 12 月 16 日）AMJ.

(111) 1942 年 12 月 23 日のスパジエルマン判決においてである（*Recueil des arrêts du Conseil d'État*, Paris, Sirey, t. 112, 2e série, 1943）。コンセイユ・デタは、1940 年 7 月 22 日法の拡大された解釈を認める。すなわち、スパジエルマンの配偶者の娘たちは、1927 年法以前に、また両親の帰化以前に届出によりフランス人になっていた。Laguerre, art. cité, p. 5 より引用。

(112) 帰化課（3W46）によって予審委員会に提供された統計。筆者らも独自に 1927

だ非常に年少で、わが国の学校に通い、わが国において人間形成をした者、もう1つは「兵士団のどれかに属していたか、またはその地位が国家的見地からみてある利益を代表する人々だった。この2つのケースにつき、行政官たちは政治的観点からみて申請者に何らかの非難されるべき点がないかどうか探ろうと最大限に注意を払った。[……]。マルシアル氏が、これらリストの作成以前には、いかなる差別も選別も行なわれなかったと思う、と述べた時、氏はまったく根拠のない推測を行なったことになる。その責任はすべて氏が負うべきものである」(CAC, 1995 0165/11)。

(92) AL/LP 覚書。これは1943年6月28日に印璽部から民事・印璽局長に伝えられたものである。CAC, 1995 0165/11.

(93) AN, 2 AG 528. この書簡は、アルメニア難民中央委員会やフランス・アルメニア連合からの要求に続くもので、これらの団体はフランスに定住するアルメニア人が真の地位の保障の対象となることを求めている。そのことについては、官房（ペレッティ）のためにつくられた印璽部の覚書（CG/GM［日付不詳]）、および1940年12月20日の覚書（CAC, 1995 0165/11）も参照。

(94) この志願兵に認められる優先性は——例外は徴募に際し1928年3月31日法第3条により軍務に服した無国籍者で、自動的に招集されたか動員された者——1941年2月22日にヴィシーで司法大臣から陸軍大臣に送られた書簡に明らかにもとづいている。SHAT, 3R 598/2.

(95) かつては、帰化については、当人が既存の法的措置に従い、合わせて少なくとも10年間の兵役を果たさなければ、その申請は有利には送達されなかった。しかしその根拠を「一方で、申請者の忠誠心を試す必要、他方で、外人部隊に契約し過去との絆をすべて絶ちたいとする外国人主体の前歴の情報を集めるという困難な情報収集」に置くという「旧弊」に終止符を打つため、陸軍省閣外相は一つの決定を下す。1941年2月15日の書簡によるもので、今後外人部隊の外国人兵士は、法定の条件、すなわち3年を満たせばただちに帰化の申請書を作成し提出できるとした。「多くの場合、外人部隊兵士は、10年の期限満了のはるか以前に帰化のための必要条件以上の諸資格を獲得していたことは疑いない」。SHAT, 3R 598/2.

(96) この分析は、帰化課の保存資料のなかにあった諸デクレの原文を調べて、みちびかれたものである。

(97) 先駆的な意義をもつ次の論文を参照。Bernard Laguerre, « Les Dénaturalisés de Vichy 1940-1944 », *Vingtième Siècle*, n° 20, octobre-décembre 1988, pp. 3-15.

(98) 1890年以来、連邦最高裁判所は、明白な立法がなされていなくても、連邦政府は不法なケースによる帰化を無効とするため、管轄下にある者を正当に起訴することができる、と判示している。U. S. V. Norsch 42 Fed., 417.

(99) John L. Cable, *Loss of Citizenship, Denaturalization, The Alien in Wartime*, National Law Book Company, Washington DC, 1943.

(100) 本書第3章105頁および第9章377頁を参照。

ジャン・ネクトゥーである（Barthélemy, *op. cit.*, p. 613）。

(74) 1937 年 8 月 25 日のデクレは、それ以前には司法省で受理されていた届出を控訴院の検察に分散させるものとした。1945 年 12 月 20 日の官報（*JO*）に掲載されたデクレにより、届出は再び司法省で受理されることになった。

(75) 検事宛ての 1941 年 7 月 1 日の CG/GM 通達。それに先立って司法相の注意を引いたのは、1941 年 5 月 28 日付のマルセイユの一検事の書簡だった。

(76) 司法相のフランソワ・ド・マントンが、1941 年 7 月 1 日通達が対象とした届出を受理するよう取りはからうことを命じたのは、1944 年 9 月 26 日である。

(77) たとえば 1942 年 7 月 30 日に提出された申請は、1944 年 10 月 9 日に受理・登録されている。

(78) 1943 年 7 月 1 日に出された申請に対する保留。

(79) AD, 第二次世界大戦（1939-1945）、ヴィシー、ヨーロッパ、C 種文書 Vol. 199。

(80) 同上。

(81) そして、外務省で伝統的にこれらの問題を扱ってきたのは領事・行政部ではなかった。

(82) 1941 年 9 月 5 日に内務省で行なわれた省間会議の報告。CAC, 1995 0165/11.

(83) AD, 第二次世界大戦（1939-1945）、ヴィシー、ヨーロッパ、C 種文書 Vol. 199, 65 編。イタリア人のケースでは同じ極度の慎重さは要求されない。占領当局は 1942 年半ば、ドイツ出身者の帰化をすべて禁止させようと介入したことがあるが、フランスの行政では、何人かの外人部隊関係者の申請には例外扱いが行なわれ続けた。

(84) ドイツ人とイタリア人の外人部隊関係者で帰化を申請したのは、それぞれ 1941 年には 33 人と 31 人、1942 年には 29 人と 341 人、そして 1943 年には 8 人と 375 人だった。AD, 第二次世界大戦（1939-1945）、ヴィシー・ヨーロッパ、C 種文書 Vol. 199, 115 編。

(85) 1941 年 9 月 5 日に内務省で行なわれた省間会議の報告。CAC, 1995 0165/11.

(86) ヴィシーで直接に管理された申請書類には、通常のやり方で管理される書類の X の代わりに VX で始まる番号が付けられた。

(87) *supra* p. 104 を参照。

(88) バルテルミーは、1941 年 6 月 27 日の書簡で、同じくヴァラに対し、今後ユダヤ人問題総合委員会を代表して一人が継続して帰化再審査委員会に出席することを提案している。

(89) 以下を参照。Patrick Weil, « Georges Mauco : un itinélaire camouflé, ethnoracisme pratique et antisémitisme fielleux », in *L'Antisémitisme de plume 1940-1944, études et documents*, dir. Pierre-André Taguieff, *op. cit.*, pp. 267-276.

(90) Taguieff, 前出論文を参照。

(91) このほか、マルシアルは、1936 年以後に来仏した好ましからざるスペイン人にも帰化が認められていることを問題にしている。行政はこれに次のように答えている。それにあたる帰化者は 2 つのカテゴリーに分かれ、1 つは、来仏時にま発に大成功を収める。また同学校には、かれの以前の関係者の何人かが加わっていた。たとえばフランツ・ジックスがそうだが、かれはニュルンベルク裁判で20年の刑の判決を受けていた。バード・ハルツブルク学校は1971年まで戦後最も成功した経営者学校となってきたが、この年、新聞、特に社会民主党（SPD）の「フォアヴェルツ」紙が、ヘーンの前歴を明らかにする。ヘーンは1995年に有限責任会社に関する『会社法概論』第2版を出版。1996年、かれは筆者〔ヴェイユ〕の助手であるフランツ・マイヤーの電話インタビューを受けることに同意する。2000年に死去。

(65) かれは裁判官試補（すなわち法律学の教育を終え、国家試験2級に合格）および国民経済学士（経済学士）だった。研究所での活動と並行して、博士論文を準備していて、その題目は「世紀末の研究と実践の批判におけるプロイセンの行政」だった。

(66) ホフマンの契約の延長を申請する1942年3月18日の書簡のなかに記されている。ベルリン、フンボルト大学資料室、国家研究所助手文書、1935年11月–1946年2月、UK828。

(67) ホフマンはその活動のほかに、ヘーンのために研究所の他の協力者たちの監督もしていた。ヘーンによると、かれのイデオロギー路線は明快で、その職務に役立つものだった。1945年以後その足跡は失われる。しかし、1996年4月12日の電話インタビューでヘーンは、ホフマンは戦後はハイデルベルクで弁護士をしていたと述べた。

(68) ホフマンはヘーンの職務の代理を務めることもあった。ヘーンはこの頃、10月10日から21日にかけ休暇をとっていて、ホフマンの署名のある資料も別の人物が作成に関わっていることは大いにありうることである。しかしホフマン自身も、近い主題についてすでに研究していて、「将軍政府における国籍問題」（ポーランド）は、米国籍ももっていると申告し、ドイツ当局から逃れようとする多数のポーランド人の問題を扱っている。このことは、かれ自身が専門家のノートを執筆しているか、監修しているのではないかと思わせる。ベルリン、フンボルト大学資料室、大学職員文書、ヘーン文書、149-150頁。

(69) ヘーン–マイヤーの対話記録より。

(70) 以下を参照。Urlich Herbert, *Best : Bibliographische Studien über Radikalismus Weltanshruung und Wernunft 1903-1989*, Bonn, Dietz, 1996.

(71) 終戦時にこうした状況にある子どもは5万人から7万5000人に上ったとする推定がある。これについてはPhilippe Burrin, *La France à l'heure allemande*, Paris, Seuil, 1995, p. 213を参照。

(72) したがって、1940年6月から1944年8月の間にフランス国籍を取得した外国人の大多数は、フランス生まれの外国人の子どもだった。

(73) ジャン゠アルマン・カンブーリヴ（1893-1983年）は、1940年9月6日から42年11月23日まで司法省民事局長であり、後者の日付でジョゼフ・バルテルミーによって破毀院判事に任命された。その後任は、バルテルミーの旧官房長だった

cit., p. 71)。

(50) Joseph Barthélemy, *Ministre de la Justice, Vichy 1941-1943*, préface de Jean-Baptiste Duroselle, Éditions Pygmalion/Gérard Watelet, Paris, 1989, p. 361.

(51) ドイツの諸当局間で交わされた書簡集は、国立公文書館に保存されている。整理番号 AJ 40/547.

(52) これら当局の記述としては、以下を参照。Michael R. Marrus et Robert O. Paxton, *Vichy et les Juifs*, Le Livre de Poche, 1990 (Marguerite Delmotte による英語版からの翻訳), pp. 114-119.

(53) この見解を述べたのは SS 上級突撃隊長のペータース博士である (AJ 40/547)。

(54) ドイツ語では « Wissenschaftliche Vorbereitung wichtiger Arbeiten von maßgebenden Staats- und Parteistellen » である。

(55) 1939 年 12 月 1 日付のヘーンの書簡の示唆するところである。« kriegsbeordert », ベルリン、フンボルト大学資料室、大学職員文書、ヘーン文書、133, 149 頁。

(56) 同上資料室、国家研究所文書、UK 827/, p. 31.

(57) 同研究所は 1940 年には、6 人の有給常勤者を雇用している。所長ヘーン、首席助手ホフマン、3 人の事務職員、一人の現業雇員である。その他 9 人の研究助手が有給だったが、それは研究基金から賄われ、基金の主な拠出者は外務省、宣伝省 (ゲッベルス)、親衛隊 (SS) だった (ベルリン、フンボルト大学資料室、国家研究所助手文書、1935 年 11 月－1946 年 2 月、UK 828/)。

(58) 会員番号 2175900。伝記的な事柄については R. Wistrich, *Wer war Wer im Dritten Reich*, München, 1983, p. 139s を参照。また以下も参照。B. Rüthers, *Carl Schmitt im Dritten Reich, Wissenschaft als Zeitgeistverstärkung*, 21e éd. München, 1990, pp. 85 Ss., 90 s およびベルリン、フンボルト大学資料室、大学職員文書、ヘーン文書。

(59) かれはベルリンではベルリン－ツェーレンドルフのゴビノー通 (ママ) 6 番地に住んだ。

(60) 同チームのメンバーの間の接触はその後も続き、ヴィシーの法案に関するホフマンの覚書は、たとえばオーレンドルフに送られている。戦後も、ジックスは再びバード・ヘルツブルクの経営者学校でヘーンの協力者となっている。

(61) Joseph W. Bendersky, *Carl Schmitt, Theorist for the Reich*, Princeton, 1983, pp. 232 s.

(62) この主題については、以下を参照。Anna-Maria Gräfin von Lösch, *Der nackte Geist, Die juristische Fakultät der Berliner Universität im Umbruch von 1933*, Tübingen, 1999, pp. 418-426. また H. Höhne, *Der Orden unter dem Totenkopf*, Hambourg, 1967, p. 219 も参照。

(63) 1939 年のヘーンの正教授任命についての学部長の見解は、ヘーンが法専門家としてたびたび内務省に貢献してきたことを強調するものである (ベルリン、フンボルト大学資料室、大学職員文書、ヘーン文書)。

(64) ラインハルト・ヘーン (1904-2000 年)。終戦時 40 歳。しばらくの間行方不明となるが、1956 年に自らがバード・ハルツブルクに創立した企業経営者専門学校の校長として登場。そこで経営者養成の「バード・ハルツブルクモデル」の開のシャルル＝ルーの解任後に務めたものである。
(36) AMJ. このロシャの署名になる覚書は、外務省欧州局課長ピエール・ブレッシーに示唆されるところがあったと思われる。後者は移民問題について非常に積極的で、1941 年 4 月 2 日にバルテルミー〔司法相〕の官房長のフロリアン・シャルドンに直接書簡を送っている。そこには、ロシャの書簡中で示されたそれと同じ用語と同じ議論が含まれていた。ただ、送付の際、1938 年 10 月以来したためていた一覚書を付け加えていて、そこではすでに同じ用語、同じ議論が展開されていた。ピエール・ブレッシーはフランス解放の時点で強制的に退職させられ、後、1951 年にコンセイユ・デタの決定で復職している。
(37) ACE, dossier 223 768.
(38) *Ibid.*
(39) AN, BB30 1711.
(40) ダルランは 1941 年 2 月 23 から、解任される 1942 年 4 月 18 日まで内相、外相など政府機関の長の諸職を兼務している。権力に復帰したラヴァルも同様だった。
(41) AN, BB30 1411.
(42) 1942 年 8 月 31 日付、文書 n° 1238。外国人高等審議会副議長「外国人高等審議会の創設についての覚書」1941 年 3 月 29 日、AMJ.
(43) モリス・ガボルド（1891-1972 年）。弁護士、ついで司法官へ。第二次世界大戦勃発時にはシャンベリーの首席検察官だった。1940 年以降、グループ「コラボラシオン」、すなわちアルフォンス・シャトーブリアンの創始になるドイツ友好組織に参加。42 年初め、ペタンによってリオン高等裁判所の首席弁護士に任命される。1944 年 8 月、ペタンとともにジグマリンゲン〔ドイツ西部の古城。ドイツ当局はペタンらをここに匿おうとした〕に出発するが、スペインに逃亡。46 年 3 月、欠席裁判で死刑判決を受ける。1972 年 1 月、バルセロナで死去。
(44) AMJ.
(45) けっきょく、法案は受理可能性という法的条件の下につくられていた。これは以前は適切性（opportunité）の領域に属していた。すなわち申請者の道徳性、忠誠心、同化、健康状態の管理の如何、など。
(46) この制度は 1849 年から 1889 年まで行なわれたが、当時帰化申請は年に数百件しかなかった。それに対し 1930 年代には年間数千件になった。
(47) 公務員職就任や、弁護士、医師、薬剤師、歯科医、獣医などの職業の遂行を、結局は出身国籍に従属させるのである。それまで採択されたすべてのヴィシー的な法の措置は、同法のなかに統合される。
(48) ペタン元帥は、その宿舎と執務室をヴィシーのオテル・デュ・パルクの中にもっていた。それゆえ、人々は「パルク」を、今日の「エリゼ宮〔大統領官邸〕」や「マティニヨン館〔首相官邸〕」と同じように語っていた。
(49) AN, BB30 1713. 占領地域に適用される法・規則のテクストの大きな部分でヴィシーがドイツ当局に従属するようになるのは 1940 年 9 月からである（Baruch, *op.*

(1934年) の各知事、チュニジア総督 (1936年) となり、その後コンセイユ・デタの巡察官に任命され、1950年の退官までその地位にとどまる。

(28) デイラスの1941年1月16日付GR/JL書簡。デイラスは、かれのためにヴィシーに派遣された印璽部の高官、シャルル・ジェルマンに補佐されていたが、ヴィシーの省のために法案を起草し、コンセイユ・デタの反論に応えた者のなかで最もリベラルだとはみえない。

(29) バルテルミーの任命は1941年1月27日だった。ジョゼフ・バルテルミー (1874-1945年) は、弁護士、次いでパリ大学法学部および自由政治学院の教授となる。1919年から28年までジェール県選出代議士 (左翼民主共和派グループ)。憲法および議会法関係の多数の著書がある。1944年8月逮捕され、拘留されるが、健康状態を理由に釈放され、高等法院に転じる前に1945年5月死去。以下も参照。Olivier Beaud, « Joseph Barthélemy ou la fin de de la doctrine constitutionnelle classique », *Droits*, n° 32, 2000, pp. 89-108.

(30) SHAT, 3R 598/2.

(31) 書簡YC/PJ。内務省、海軍司令官、内務省閣外相から司法大臣宛てのもの。AMJ. さらに内務省は、国籍へのアクセスを迅速にないし理由開示なしに拒否する決定を、同省の提案にもとづき行なうことを要求している。

(32) 人種または出身国籍に従った帰化の人数の割当についての司法省印璽部の1941年4月22日の覚書 (AMJ)。

(33) さらに内務大臣は、法の第3条と第4条にもとづいてとられる拒否の決定は、同省の提案にもとづき行なわれるよう求めていた。すなわち、「事実、わが省の役務は外国人人口の制御全般について行なわれ、外国人に対する措置全般は、彼らのわが国の国籍の取得を許すものであれ、この恩恵を拒否するものであれ、私の仲介を通して、私の見解とともに伝達されるのは当然であります」。司法相は、これには同意しがたいとする。内相の要求は2つの理由で無用である、と。まず、治安判事はすでに進んで県知事に彼らの扱う〔帰化関係の〕書類につき、意見を求めている。その上、新法においては県の行政と内務省は、好ましからざる者に対する十分な武器を与えられている。「国外退去命令の措置をとるにせよ、滞在許可を取り消すにせよ、それによりわが国の国籍の取得を自動的に失敗するようにさせることができるのです」。

(34) 1941年12月17日および1942年3月8日付の海軍司令官、外務大臣、政治通商局長、司法訴訟局課長の覚書。n° 243, AN, BB30 1711.

(35) シャルル・ロシャ (1892-1975年) は、1937年10月に欧州局課長、1940年7月5日には政治通商局長になったが、この時、同局および欧州局課長にラガルドとブレッシーが就いている。彼らは外交官であるが、「対独敗北にいたる数カ月間というもの、そのペシミスティックな言葉が目立っていた」(*Histoire de l'administration française, Les affaires étrangères et le Corps diplomatique français*, t. II : *1870-1980*, pp. 542-543)。ロシャは、ラヴァルの後を襲ったダルランの政府の官房長となり、1942-44年には外務省次官となるが、これは実は1940年11月1日

年 9 月初旬のセーヌ県裁判所の開廷の際の宣誓を拒否。その拒否の理由を審問されて、「国家元首への忠誠義務の宣誓を欲しなかった」と述べた。ただちにその職業活動の停止を余儀なくされ、免職となる（Marc-Olivier Baruch, *Servir l'État français. L'administration en France de 1940 à 1944*, Fayard, 1997, p. 312）。1944 年 10 月 21 日、司法官職に復職、パリ控訴院院長に任名される。

(18) アンリ・コルヴィシー（1893-1968 年）。1940 年 7 月、パリでの司法省の起ち上げの任を託され、次いで、同年 9 月 22 日、フランスの印璽部の課長の地位に就く。帰化取り消し委員会の設置時にその新しい職に 3 カ月とどまっただけで、40 年 11 月 30 日には重罪及び恩赦関係の行政の長になっている。印璽部の幹部の地位の後任はラバドゥーで、かれは 41 年 7 月 26 日にその課長になっている。1944 年 2 月 21 日、特別措置により破毀院判事に任命されたが、1945 年 3 月 17 日、年金なしで罷免された。その罷免は 1957 年 7 月 15 日に停止され、1958 年の退職の数日前に復職する。

(19) ラファエル・アリベール（1887-1963 年）。法学博士。1910 年にコンセイユ・デタ修習官。1924 年に辞職、民間へ。フランス解放時に逃亡。47 年 3 月 7 日、法廷欠席者として死刑、国籍剥奪、財産没収の判決を受ける。1959 年 2 月 26 日のデクレにより特赦。

(20) AMJ, 司法大臣の覚書（1940 年 7 月 31 日付、4 頁）。

(21) しかし特定カテゴリーの人々には期間の短縮が予定された。すなわち、35 歳未満の申請者（5 年）、退役軍人やフランス人の両親または配偶者（3 年）が、それである。

(22) コンセイユ・デタに付託されるのは、司法省が帰化を認めることができるとみなす申請に限られる。

(23) 準備中の立法についての見解をコンセイユ・デタに求めるのは、当時はまだ政府の権限だった。それが義務になるのは 1940 年 11 月 18 日以降である。このことについては、Jean Marcou, *Le Conseil d'État sous Vichy*, Université de Grenobre II, 1984, pp. 67-78 を参照。

(24) 8 月 14 日、外務省は法案についての見解をコンセイユ・デタに伝達した。すなわち、滞在の権利と国籍へのアクセスを結びつけるのに反対し、帰化のための 10 年の期間は長すぎるとした。代わりに、外国人の両親からフランスで生まれた子どもの自動的な国籍アクセスに司法大臣が反対できるようにすることを提案し、この点にのみ論を進めている。

(25) ACE, Conseil d'État, extrait du registre des délibérations, n° 233768, séance du 16 août 1940, M. Guillon, rapporteur, p. 2.

(26) ただし、帰化の申請書が婚姻のなされる前に作成されていれば、新しい条件である滞在期間（10 年）に従わなくてもよかった（Conseil d'État, extrait du registre des délibérations, n° 223 768, séance du 14 novembre 1940, p. 2）。

(27) アルマン・ギヨン（1889-1968 年）、法学博士、ELSP 卒業、レンヌ控訴院付き弁護士。次いでタルン県（1926 年）、オート＝ガロンヌ県（1929 年）、ノール県

の上に諸規範を定める傾向をもつ（たとえば、「好ましくない者」を排除するとは、すなわち本来的にフランス的アイデンティティを具現しえないような同化不可能な者を斥けることである）」(Pierre-André Taguieff, « L'identité française », *Regards sur l'actualité*, n° 209-210, mars-avril 1995, p. 17)。

(8) 出所：AMJ.

(9) ACE, dossier n° 224-643. ルイ・カネは1883年6月18日生まれ。コンセイユ・デタの職に1953年までとどまり、1946年末まで外務省の宗教問題担当参事官だった。コンセイユ・デタではユダヤ人の地位に関わるすべての問題を扱う委員会につねに列していた。かれについては、Bruno Neveu, « Louis Canet et le service du conseiller technique pour les Affaires religieuses au ministère des Affaires étrangères », *Revue d'histoire diplomatique*, 1968, pp. 134-180 を参照。

(10) 1940年7月22・23日法がつくられる際、コンセイユ・デタがユダヤ人の地位について、諮問を受けなかったのは事実だとしても、排除の法案について意見を述べるよう仕向けられていなかったというのは正確ではない（Massot, « Le Conseil d'État et le régime de Vichy », *Vingtième Siècle*, avril-juin 1998, p. 88）。排除の法案だった国籍法案については、コンセイユ・デタは諮問を受け、同法案をまとめることに積極的に関わった。

(11) この1941年40年7月16日のデクレについては、以下を参照。Robert Badinter, *Un Antisémitisme ordinaire, Vichy et les avocats juifs (1940-1944)*, Paris, Fayard, 1997.

(12) AD, Papiers Louis Canet, art. 27.

(13) その報告の「準備」のため、ルイ・カネは、申請者、たとえばクロード・レヴィ＝ストロースについて外務省の同僚たちから個人的な情報を集めていた。AD, Papiers Canet, Art. 27 を参照。

(14) ACE, ユダヤ人の地位に関する全問題処理委員会、文書229733号、1941年11月26日会議（1942年1月14日のデクレの準備のための）。報告官はカネ。

(15) ルイ・カネは、ユダヤ人が農業およびそれに類した職業に就くことを規制しようとするデクレ案にもきわめて留保的だった。このデクレについての報告では特にこう指摘していた。「ドイツ人たちが百姓貴族になるにちがいないとみた農業的職業への道をユダヤ人に開くなら、占領権力からみれば、『我が闘争』の著者が人種差別的観点からフランスに認めていた高いランクから転落することは確かだと思われる。同著者はこの時まさに南イタリア、中央ヨーロッパ、日本の住民を最も厳しく扱っていた」。カネの報告のこの部分は、コンセイユ・デタの公式の記録には含まれていない。ACE, dossier 229744。

(16) Leo Strauss, *La Persécution et l'Art d'écrire*, Paris, Presses Pocket, collection Agora, traduit par Olivier Berrichon-Sedeyn, 1989. pp. 56-58.

(17) ポール・ディディエは1889年生まれ。1937年8月5日に印璽部の第3課（帰化、国籍）の長に任命される。40年9月22日、コルヴィシーがその後継となり、かれは40年10月4日付でセーヌ県第一審裁判所判事に任命される。だが、41

n° 188, juillet-septembre 1999, pp. 61-75.

(161) AN, F60 494. 人口問題高等委員会議事録、1939 年 3 月 28 日の会議。

(162) Laurent Joly, « Darquier de Pellepoix, « champion » des antisémites français (1936-1939) », *Revue d'histoire de la Shoah*, n° 173, 2001, pp. 35-61 を参照。

4. ヴィシー——国籍政策におけるレイシズム

(1) 1940 年 10 月 7 日法は、1870 年 10 月 24 日にアルジェリアの全ユダヤ人を帰化させたクレミュー政令を廃止する。本書第 8 章も参照。

(2) 本書第 7 章も参照。フランス革命時の亡命者（エミグレ）に適用した法が、たぶん新体制の初代司法大臣でアクシオン・フランセーズのメンバーであるラファエル・アリベールに示唆を与えたと思われる。同法自体は、ルイ 14 世による新教徒の扱いを模したものである。

(3) これは後にモリス・クーヴ・ド・ミュルヴィル〔元財務官僚、フランスを脱出しドゴールの臨時政府に参加、1960 年代にドゴール大統領の下で外相、財務相、首相を務める〕、さらにはダルラン提督にさえ適用された。

(4) ヴィシー期の一連の人種差別的・政治的排除立法については、以下の CD-ROM が参照されよう。*La persécution des Juifs de France, 1940-1944, et le rétablissement de la légalité républicaine. Recueil des textes officiels 1940-1999*, La Documentation française, 2000.

(5) 9 月 10 日には、国籍剝奪は海外領土を離脱したフランス人にも拡大された。そして 1941 年 3 月 8 日にはついに「1940 年 12 月 1 日以降、分離した諸地域に赴いた、または赴こうとする」すべてのフランス人にまで拡大される。

(6) 1933 年 7 月 26 日付の同法施行令では、こう述べられている。「ある帰化が好ましくないものとみなされるべきか否かは、民族的＝国民的原理によって明快に判断される。人種的・政治的・文化的な理由は、まず第一に、帰化によるドイツ人口の増加が帝国と人民の利益に合致するか否かを決定するために留保されよう。［……］このため、その帰化の取り消しのための審査の対象となるのは、まず次の者である。

a) 東方ユダヤ人。ただし、第一次世界大戦で前線で戦った者、またはドイツの利益という点で特別の功績のあ った者は除く。

b) 重大な違反または犯罪を犯したか、または国家と人民の安全を害するような振る舞いのあった者。」

以上については以下を参照。Maurice Ruby, *L'Évolution de la nationalité allemande d'après les textes (1842 à 1953)*, Wervereis GMBH, Baden-Baden, 1954, p. 515.

(7)「人口中の特定カテゴリーについて根本的に同化不可能とする基準が、レイシズムの観点の基準であることはほとんど異論の余地がない。レイシストの思考ないし観点は若干の人間集団間の差異を絶対化し、次いでそれら絶対化の操作の基礎

(150) 1938年12月に、1918年11月11日以降に認められた帰化の取り消しとユダヤ人の選挙権、被選挙権ならびに公務員就任を規制する特殊地位の制定を目的とするセーヌ県議会議員ダルキエ・ド・ペルポワの提案に応じて、セーヌ県知事は帰化申請に関する次のような情報を提供した。

年	警視庁への申請	司法省に送付された申請	帰化者数
1924	4,614	3,002	1,516
1931	15,195	4,767	2,959
1932	21,774	6,934	3,051
1933	18,184	6,477	3,792
1934	19,151	4,870	2,142
1935	19,587	3,566	1,577

出所：APP, DA 430.

(151) Chambre des députés, 2e séance du 16 mars 1939, question écrite n° 8531 de M. Raymond Gornez. デクレには、（妻の名前を含め）2万9426人の名前が掲載された。却下された申請は5417件、決定延期とされたものが1万7308件だった。

(152) Depoid, *op. cit.*, pp. 44-56より。

(153) Bonnet, *op. cit.*, pp. 245-255.

(154) Blanc-Chaléard, *op. cit.*, p. 400.

(155) マリー＝クロード・ブラン＝シャレアルが調査した23件の帰化申請書による。Blanc-Chaléard, *ibid.*, pp. 401-402. それによると、帰化の基準（フランス人女性の夫であること、あるいは未成年の子どもの父親であること）は実際に決定的な要素となっていた。

(156) J. L. Crémieux-Brilhac, *Les Français de l'an 40, I : La guerre oui ou non ?*, Gallimard, 1990, pp. 488-489.

(157) 政府は、1939年7月13日、ファシスト当局がイタリア人の一部に向けて、より有効に任務を果たすためにフランス国籍取得をうながしているとの情報に接し、司法大臣は各県知事に向けて、「工場経営者、商店主、職人といった重要な位置を占める」イタリア人からの請求に対し、「次の問いに対して、詳しく答える必要がある」と警告した。その問いとは、「国籍を保有している国、あるいは以前滞在した外国と引き続き連絡を保っているか、それらの国に引き続き利害関係をもち、あるいは家族的なつながりを維持しているのか」である。CAC, 1995 0165/12.

(158) Sénat, séance du 7 décembre 1939, discussion d'une interpellation sur les naturalisations, *JO*, Déb. Parl. Sénat, pp. 692-700.

(159) 1939年10月22日付のデクレおよびAN, BB30 1741。

(160) 人口問題高等委員会およびモコの発言の背景については、Rhama Harouni, « Le débat autour du statut des étrangers dans les années 1930 », *Le Mouvement social*,

115 p. 577 AP 2.

(135) フィリップ・セールは一部モコの主張に沿った移民政策をとろうとして、失敗した。計画の一つには、帰化委員会の設置があった。印璽部の付属機関として設けられ、新たな移民の民族的な出自と職業上の資格・能力の管理、却下の決定に対する不服申し立てについての審査、そして帰化に関する判例の統一がその任務となるはずだった。権限の維持を欲する司法省は、これに強く反対した。Note du 3 mars 1938, CAC, 1995 0165/11.

(136) Janine Ponty, « Une intégration difficile : les Polonais en France dans le XXe siècle », *Vingtième Siècle*, juillet-septembre 1985, pp. 51-70.

(137) Janine Ponty, « Le problème des naturalisations », *Revue du Nord*, n° 7 hors série, 1992, collection Histoire, pp. 99-113.

(138) Patrick Weil, « La politique d'immigration de la France et des États-Unis à l'égard des réfugiés d'Europe centrale à la veille de la Seconde Guerre mondiale », art. cité, pp. 51-84 から。

(139) R. Schor, *op. cit.*, p. 284.

(140) Martial, *La Race française*, p. 234, Taguieff, art. cité, p. 320 にて引用。

(141) 1935 年から 38 年にかけて、多数のポーランド系ユダヤ人が、ポーランドで激化する反ユダヤ主義から逃れた。Janine Ponty, *Polonais méconnus*, p. 136 を参照。

(142) Nicolas Kossovitch et Ferdinand Benoit, « Contribution à l'étude anthropologique et sérologique (groupes sanguins) des Juifs modernes », *Revue anthropologique*, t. 42, avril-juin 1932, pp. 99-125. Taguieff, art. cité, p. 325 から引用。

(143) Martial, *Les Métis*, p. 225. Taguieff, *ibid.*, p. 326 から引用。

(144) 1939 年 2 月 23 日のデクレで、首相府に設けられた高等委員会は、「出生率の上昇、農村地帯の人口増加、都市部における人口集中の緩和、領土内への外国人の浸透と滞在と定住および外国人のフランス国民への統合に関するフランスの政策などを担当する各省庁のさまざまな部局の施策の調整とその実施状況を確認する」ことを任務としていた。委員には、ペルノ（元老院議員）、ランドリー（下院議員）、フィリップ・セール（下院議員、元大臣）、ボヴラ（反人口減少連盟会長）、ルジュー（コンセイユ・デタ調査官）がいた。事務局の責任者は、コンセイユ・デタ評議官で、首相府特任官のジャック・ドゥブレが務めた。

(145) Patrick Weil, « La politique d'immigration de la France et des États-Unis à l'égard des réfugiés d'Europe centrale à la veille de la Seconde Guerre mondiale », art. cité, pp. 51-84.

(146) AN, F60 493.

(147) Bonnet, *op. cit.*, p. 217.

(148) Rémy Estournet, *La Pratique de la naturalisation depuis la loi du 10 août 1927*, Montpellier, 1937, Imprimerie de la presse, p. 5.

(149) 帰化者は被選挙権をもたないことに加えて、5 年間は選挙権も認められなかった。

コスロヴァキアを訪れ、またラテンアメリカを訪問して、移民の観察を続けた。

(118) *Traité de l'immigration et de la greffe inter-raciale*, Paris, Librairie Larose ; Cuesmes-lez-Mons (Belgique), Imprimerie fédérale, et *La Race française*, à Paris, Mercure de France.

(119) Schneider, *op. cit.*, pp. 231-255.

(120) René Martial, « Le problème de l'immigration : examen sanitaire et logement des immigrants », *RPP*, 129 (1926), 391.

(121) 1924年の法律がアメリカで施行されたのは、クオータの計算に必要な時間を経てからの1928年のことである。

(122) René Martial, « Politique de l'immigration », *Mercure de France*, 15 avril 1935, pp. 267-294.

(123) Pierre-André Taguieff, « La "science" du Docteur Martial », art. cité., p. 306.

(124) マルシアルは、次の論文をベースとして計算を行なった。Ludwig et Anna Hirszfeld, « Essai d'application des méthodes sérologiques au problème des races », *L'Anthropologie*, t. XXIX, 1918-1919, Paris, Masson, janvier 1920, pp. 505-537. Schneider, *op. cit.*, p. 248 ; Taguieff, art. cité, p. 311.

(125) Taguieff, *ibid.*, p. 313.

(126) Martial, *La Race française*, Paris, Mercure de France, 1935, pp. 306-307.

(127) Martial, art. cité, pp. 287-288.

(128) William Oualid, *Législation industrielle*, Paris, Les Cours du droit, 1936-1937, pp. 360-362. ウィリアム・ウアリドについては、以下を参照。Goerges Wormser, *Français Israélites, une doctrine, une tradition, une époque*, Paris, Minuit, 1963, pp. 143-148.

(129) Patrick Weil, « Georges Mauco : un itinéraire camouflé, ethnoracisme pratique et antisémitisme fielleux » in *L'antisémitisme de plume 1940-1944, études et documents*, dir. Pierre-André Taguieff, *op. cit.*, pp. 267-276 ; Élisabeth Roudinesco, « Georges Mauco (1899-1988): un psychanalyste au service de Vichy. De l'antisémitisme à la psychopédagogie », *L'Infini*, automne 1995, pp. 73-84.

(130) Paris, Armand Colin.

(131) モコは、ペローの博士論文中の調査結果を再録した。Pairault, *op. cit.*, pp. 188-189.

(132) Patrick Weil, « Racisme et discriminations dans la politique française de l'immigration : 1938-1945/1974-1995 », *Vingtième Siècle*, juillet-septembre 1995, pp. 74-99 を参照。

(133) ジュヴネルは間もなく亡くなり、それとともに委員会も消滅した。しかし、ランドリーはフランス人口委員会を創設し、メンバーに反人口減少連盟会長フェルナン・ボヴラ、統計局長ミシェル・ユベールおよびアルベール・ドマンジョンらを迎え、モコ自身はその事務局長となった。ランドリーが国際人口科学連盟会長に選ばれると、モコは1953年まで同連盟の事務局長を務めた。

(134) *Conférence permanente des Hautes études internationales*, texte n° 3 de la mission française portant sur l'assimilation des étrangers en France, éd. SDN, Paris, avril 1937,

県、ドローム県の人々はそうではありません。帰化を申請する人々は、2種類ではなく、1種類しかいないのです。ブーシュ＝デュ＝ローヌ県知事が県内にいる申請者に出頭を求めるとき――しかも、知事はマルセイユに居住する人々のみに出頭を求めるのですが――、なぜパリ在住の申請者は県庁による調査の後に、帰化課の課長から出頭を要請されるのでしょうか。県内で最も遠隔の村に住むイタリア人はどうなるのでしょうか。いずれにせよ、その人がディーニュ〔南仏のアルプ・ド・オート＝プロヴァンス県の県庁所在地〕にいる知事、もしくは担当課長と面会できるよう車を迎えにやるなどということはないでしょう。どのようにお考えでしょうか」。下院でのバレティの発言で批判を受けたと感じたオルシャンスキは、バレティに対して「帰化申請しているのは、イタリア人、ベルギー人、ポーランド人、ルクセンブルク人といった、最も同化が容易な人々」であるとオノラに発言させた。そして、フランス家庭協会に提出される帰化申請書が非常に少ないのは、帰化に関する広報がまったく不十分だからだと指摘した。(1927年4月6日付アンドレ・オノラ宛て書簡。オノラは、バレティの議会での発言の後、1927年4月7日付でバレティに書簡を送っている)。オノラ関係資料、50 AP 63.

(111) グリュフィーとオノラの間の多数の往復書簡参照。AN, 50 AP 27.

(112) Patrick Weil, « La politique d'immigration de la France et des États-Unis à l'égard des réfugiés d'Europe centrale à la veille de la Seconde Guerre mondiale », *Les Cahiers de la Shoah*, n° 2, 1995, pp. 51-84 を参照。

(113) Patrick Weil, « Races at the Gate : A Century of Racial Distinctions in American Immigration Policy (1865-1965) », *Georgetown Immigration Law Journal*, vol. 15, été 2001, n° 4, pp. 625-648 を参照。

(114) Lambert, *La France et les Étrangers, op. cit.* を参照。この論争の中心的人物たちは、いずれも完全な外国人排斥論者ではなかった。コティはこう指摘した。外国人の帰化そのものには誰も反対しておらず、帰化ゼロを求める者もいない。

(115) Robert A. Divine, *American Immigration Policy, 1924-1952*, New Haven, Yale University Press, 1957, p. 5.

(116) ルネ・マルシアル（1873-1955）については、William H. Schneider, *Quality and Quantity : the Quest for Biological Regeneration in Twentieth Century France*, Cambridge, Cambridge University Press, 1990, pp. 231-255 ; Pierre-André Taguieff, « Catégoriser les inassimilables : immigrés, métis, juifs, la sélection ethnoraciale selon le docteur Martial », *Recherches sociologiques*, 1997/2, 57-83 ; « La « science » du Docteur Martial », in *L'Antisémitisme de plume 1940-1944, études et documents, op. cit.*, p. 306 を参照。

(117) 1909年に、ドゥエーの初代衛生部長となったルネ・マルシアルは、近隣の炭鉱で働いているか、あるいは他の目的地に向かう途中の多くの移民労働者と面会し、診察する機会を得た。戦争中、ベトナム人労働者6000人を収容し雇用するカストルの収容所で保健部を組織した。次いでピレネー＝オリアンタル県に働きに来たスペイン人移民向けの保健衛生部を創設した。戦後、かれはモロッコのフェズ市で、保健衛生部長を3年間務めた。その後、1931年にポーランドとチェ

数書いた）とセリーヌにより改竄され、後者は『虫けらどもをひねりつぶせ』のなかで、一部が改変されたラーテナウの発言を引用した。「全世界は、私が知っている 300 人のユダヤ人により支配されている」［ラーテナウがユダヤ系だったことを暗に理由とする曲解］。このことについては以下を参照。Pierre-André Taguieff, *Les Protocoles des Sages de Sion*, I: *Introduction à l'étude des Protocoles, un faux et ses usages dans le siècle*, Paris, Berg International, 1992, p. 91, n° 100. ユルバン・ゴイエについては、Grégoire Kauffman, « Urbain Gohier », in *L'antisémitisme de plume 1940-1944, études et documents*, Pierre-André Taguieff (dir.), Paris, Berg International Éditeurs, 1999, pp. 412-418 を参照。

(97) レオン・ドーデが警察を侮辱したために拘留されたことで、バルトゥーはモーラスとドーデの政治パンフレットで攻撃された。

(98) Depoid, *op. cit.*, pp. 24 et 45 より。

(99) *Ibid.*, p. 55.

(100) 当時フランス化と呼ばれたものには、帰化、国籍回復者とその未成年の子どもたち（21 歳未満）、フランス生まれの未成年者およびフランス人男性の妻の届出による国籍取得が含まれる。

(101) 外国人全体のうち、イタリア人が 80 万 8000 人、ポーランド人が 50 万 8000 人、スペイン人が 35 万 2000 人、ベルギー人が 25 万 4000 人である。

(102) Marie-Claude Blanc-Chaléard, *Les Italiens dans l'Est parisien, une histoire d'intégration, 1880-1960*. Rome, École française de Rome, 2000, p. 406.

(103) Ministère de la Justice, bureau du Sceau, 2 novembre 1932. AMJ.

(104) ADN, 5Z19.

(105) *Le Figaro*, 17 janvier 1915.

(106) *L'Action française*, 18 janvier 1915.

(107) Georges Gruffy, « La naturalisation et le préjugé de la race », *RPP*, 1919 を参照。

(108) J.-P. Niboyet, « La nationalité d'après les traités de paix qui ont mis fin à la guerre de 1914-1918 », *Revue de droit international et de législation comparée*, 1921, n° 3-4, pp. 288-319. 1920 年 1 月 11 日のデクレは、アルザス・ロレーヌ出身者の子孫でない一部のカテゴリーの人々にフランス国籍を求める権利を認めた。1870 年以前にアルザス・ロレーヌ地方に居住していたドイツ人、1914 年 8 月 3 日以前にアルザス・ロレーヌに定住したドイツ人以外の外国人、すべての自動的国籍回復者の配偶者、である。1914 年以前から、そして 1918 年以後も居住するドイツ人は、帰化手続きを経るものとされた。

(109) レオン・バレティ（1883-1971 年）は自由政治学院卒業生。法学博士。1919 年 11 月にアルプ゠マリティム県から下院議員に当選した。

(110) Chambre des députés, 1re séance du 31 mars 1927, p. 1104. セーヌ県の申請者に対するこの特典に反対し、フランス家庭協会会長のオルシャンスキは、次のような書簡を寄せた。「パリ市もしくはセーヌ県に居住する全申請者が中央省庁に出頭を求められるのに対して、ブーシュ゠デュ゠ローヌ県やムルト゠エ゠モーゼル

(80) Sénat, séance du 20 novembre 1925, *JO*, p. 1624.
(81) *JO*, Doc. Parl., Chambre des députés, session extraordinaire de 1925, 25 octobre 1925, annexe 1991, pp. 1-2. *La France et les Étrangers (Dépopulation — Immigration — Naturalisation)*, lettre-préface d'Édouard Herriot, Paris, Delagrave, 1928.
(82) Ministère de la Justice, Direction des Affaires civiles et du Sceau, *Commentaire de la loi du 10 août 1927 sur la nationalité*, Paris, 14 août 1927, p. 3.
(83) Rémy Estournet, *La Pratique de la naturalisation depuis la loi du 10 août 1927*, Montpellier, 1937, Imprimerie de la presse, p. 73.
(84) Bureau du Sceau, *Études sur le problème de l'assimilation des Étrangers en France*, CAC, 95065/11.
(85) Charles Lambert, *Le Radical*, 4 juin 1926 にて引用。Ralph Schor, *L'Opinion française et les Étrangers*, Paris, Publications de la Sorbonne, 1985, p. 532.
(86) *JO*, Déb. Ch., 1re séance du 7 avril 1927, p. 1221. これ以前の質疑において、バルトゥーはきわめて明確にこう述べた。「これはまさに必要な保証です。皆さんがこれを法律に盛り込まないのならば、法案は通りません。その場合、私としては、国の安全保障のために必要な保証を削除した法案を、元老院で通過させるのに十分な権威をもたないといわざるをえません」。*JO*, Déb. Ch., 1re séance du 7 avril 1927, p. 1217.
(87) 元老院、1925 年 11 月 20 日の審議。*JO*, p. 1623.
(88) 下院、1927 年 3 月 31 日の審議。*JO*, p. 1127.
(89) この時期の議会の運営と多数派形成については、以下を参照。Nicolas Roussellier, *Le Parlement de l'éloquence. La souveraineté de la délibération au lendemain de la Grande Guerre*, Paris, Presses de Sciences Po, pp. 275-278.
(90) *Le Temps*, 13 novembre 1926.
(91) ランベールがジャン゠シャルル・ボネに宛てた 1970 年 3 月 9 日付書簡からの抜粋。Bonnet, *op. cit.*, p. 81.
(92) Lambert, *op. cit.*, p. 131.
(93) アンドレ・オノラは、1923 年以来、ドイツの軍事優先主義とナショナリズムの危険性、さらにバイエルンにおける「ヒトラーとルーデンドルフの人種差別的運動」の成功について懸念した最初の人物の一人である。これについては以下を参照。*Un des problèmes de la paix, le désarmement de l'Allemagne, textes et documents*, Paris, Alfred Costes éditeur, 1924, p. 145. 新たな概念だった「レイシスト」と「レイシズム」については、Pierre-André Taguieff, *La Force du préjugé, essai sur le racisme et ses doubles*, Paris, La Découverte, 1988, pp. 130-133 を見よ。
(94) Marie de Roux, *L'Action française*, 17 octobre 1926.
(95) « La France aux autres », *Le Figaro*, 23 août 1927.
(96) ヴァルター・ラーテナウは、1912 年に次のように述べていた。「それぞれ知り合っている 300 人の人間が、ヨーロッパ大陸の運命を支配し、周囲の人たちから後継者を選んでいる」。この発言は、後にユルバン・ゴイエ（コティの記事を多バンキエ通りに週2回やって来て、司法省の一謄本係と面談しますが、後者は無償でわれわれに対応してくれます」。この「業務代行制」は1934年に廃止される。AN, 50 AP 63を参照。

(71) CAC, 95065/11. 司法大臣宛てメモ。

(72) ルイ・バルトゥー（1862-1934年）はポー弁護士会所属の弁護士。1889年に27歳でオロロン＝サント＝マリーから下院議員に当選（共和派）。1894年に32歳で公共事業大臣。1913年に首相となり、兵役期間を3年間とする法案を成立させる。ポワンカレに近く、第一次世界大戦後は国防大臣、そして数次にわたり司法大臣を務める。1934年にドゥーメルグ内閣の外務大臣となり、1934年10月9日にマルセイユでのユーゴスラヴィア国王暗殺事件の際に負傷し、それがもとで死亡した。かれについては以下の文献がある。Louis Barthou, notice biographique de Rose-monde Samson, in Sirinelli (dir.), *Dictionnaire historique de la vie politique française au XX*[e] *siècle*, pp. 89-90 ; M. Papy (dir.), *Barthou, un homme, une époque*, Pau, J. et D. éditions, 1986 ; Robert J. Young, *Power and Pleasure : Louis Barthou and the Third Republic*, McGill-Queen's University Press, London, 1991 ; *in* Jean-Baptiste Duroselle, *La Décadence 1932-1939. Politique étrangère de la France, 1871-1969*, Paris, 1985, Imprimerie nationale, le chapitre III, « L'ère Barthou » (1934), pp. 87-121.

(73) オノラ関係資料、50 AP 63. アンドレ・オノラ（1868-1950年）はジャーナリスト、次いで公務員として海軍省に勤務し、1910年にバス＝ザルプ県から下院議員に当選した（左派急進派グループに加入）。1920年1月20日から1921年1月13日まで、公教育・美術大臣を務める。1921年元老院議員に当選し、以後1940年まで連続当選。かれは、ペタン元帥への全権委任を拒否した80名の議員の一人だった。国際大学都市の創始者で、夏時間を考案したのも、ガンベッタの心臓のパンテオン移葬と、凱旋門の下にある「無名戦士の墓」もかれのアイデアによる。

(74) シャルル・ランベール（1883-1972年）はリヨン控訴院付き弁護士、1924年から1932年まで急進党のローヌ県選出下院議員。人権同盟で積極的に活動した。1926年、エリオ首相から移民担当高等弁務官に任命され、1932年以降は政界を引退した。

(75) この委員会は、下院議員6名、元老院議員6名、司法省の高級官僚3名、外務省代表1名、人口増加全国連盟会長ルフェーヴル＝ディボンとフランス家族協会副会長オルシャンスキにより構成された。

(76) Lambert, *op. cit.*, pp 132-134.

(77) 1926年9月21日のデクレ。

(78) 下院議員シャルル・ランベールが国籍と帰化に関する問題の検討を担当する委員会の名において、司法大臣に提出した報告書。オノラ関係資料、50 AP 63.

(79) エレーヌ・モレールは、民事・印璽局長がいかにして1925年11月4日の民事・刑事立法委員会の議論に直接に介入したかにつき指摘している。Hélène Morère, *La loi du 10 août 1927 sur la nationalité*, mémoire de maîtrise sous la direction de Jacques Girault et Antoine Prost, Paris, Université de Paris I, 1985-1986, p. 76を参照。

des textes relatifs à l'acquisition et à la perte de la Nationalité Française », extrait du *Bulletin de la Société d'études législatives*, Paris, Rousseau, 1918 を参照。

(58) Rapport de M. Félix Liouville, député, annexe n° 7303, 13 mars 1924, *JO*, Doc. Parl. -Ch., 1924, pp. 567-568.

(59) Jean-Charles Bonnet, *Les Pouvoirs publics français et l'immigration dans l'entre-deux-guerres*, Éd. de l'Université de Lyon II, Lyon, 1976, p. 153.

(60) Bureau du Sceau, *Étude sur le problème de l'assimilation des étrangers en France*, CAC, 95065/11.

(61) Hervé Le Bras, *Marianne et les Lapins*, Paris, Olivier Orban, 1991, p. 177.

(62) 司法大臣宛てのメモ、CAC, 95065/11.

(63) 帰化のための税額は 1300 フランに上った。これは、印刷工や小学校教員の給与 2 カ月分に相当する。Bonnet, pp. 152-153 を参照。ボネが研究対象としたロース県の帰化申請文書によると、申請者の多数の月収は 750 フランから 1000 フランの間に位置していた。居住許可は 500 フランを要した。Weiss, *op. cit.*, p. 371.

(64) 1925 年 9 月 24 日、司法大臣は県知事全員に宛てて書簡を送っている。それは、「帰化を申請していた人々が、支払わなければならない印璽税が高額なため［……］この金額を支払うのは困難だとして辞退しているとの報告を受けた」ことによる。ADI, 127 M1.

(65) *JO*, Chambre des députés, 1926, p. 631, question n° 6738 de M. Lafagette à M. le ministre de la Justice.

(66) 1820 年以降（通達 616 号、B4）、印璽会会員は正式に帰化承認状申請における仲介人と認められるようになった。1892 年 6 月 11 日のデクレが、その自然消滅による廃止を決定した。1889 年法の採択後に公表された « AD, nat. et réintégration dans la qualité de français »（フランス人の資格の回復）と題された司法省の文書では、次のように結論づけていた（archives PP, DB 301）。「居住許可、帰化、国籍回復および国璽尚書・司法大臣宛ての中央犯罪記録抜粋の申請は、直接に、切手を貼ることなく郵送することができる。ただし、当事者が望む場合には、印璽税徴収と支払いの任務を負うフランス印璽会会員は、申請書を提出でき、当事者の助言者ないしは代理人として活動することができる」。この後に、アンドレ、ヴェルストレート、マンセ、レノー、コラス、メリック、ド・ベルリー、サヴィニャック、スヴィユーズ、ルロワ、ラブリュイエ、ブイスの各氏の住所が記されていた。全員がパリの住人で、彼らはいわばかつての王の書記にとって代わったのである。

(67) AN, 50 AP 63.

(68) 1923 年 12 月 6 日のデクレ、*JO*, 21 décembre 1923.

(69) フランス家庭協会については、AN, 50 AP 63 および Bonnet, *op. cit.*, pp. 77-79 を参照。

(70) オルシャンスキからオノラ宛てのメモ。「司法省はわれわれに、帰化課に代わり、情報を必要としている外国人を接受するよう要請してきました。これら外国人は

1932 年に再選を果たした。

(42) 下院、第 11 議会、1915 年 1 月 14 日の会議議事録付属文書 n° 511。ジャン・ルロル下院議員による帰化の条件を変更する法案。

(43) イギリスの 1914 年 8 月 7 日法の第 7 条は、虚偽申告もしくは違反行為によって帰化が認められていた場合に、大臣は帰化証明書を取り消すことができると定めていた。Jules Valéry, *La Nationalité française, commentaire de la loi du 10 août 1927*, Paris, LGDJ, 1927, pp. 74-75 を参照。

(44) « Questions de nationalité pendant la guerre », *RDIP*, 1917, pp. 379-381.

(45) Depoid, *op. cit.*, pp. 42-43 を参照。1915 年法にもとづき 123 人が、1917 年法にもとづき 426 人が国籍を剝奪された。元老院の求めに応じて、1915 年 4 月 7 日法は 1913 年 1 月 1 日以降に認められた 758 件の帰化について、再審査を行なうものとした。1915 年法を根拠に国籍剝奪とされた 123 件中 94 件は、再審査の結果だった。Maurice Bernard, annexe 2291, Doc. Parl. -Ch., séance du 7 juillet 1916, p. 1057, n. 1 を参照のこと。

(46) Georges Gruffy, « La naturalisation et le préjugé de la race », *RPP,* 1919, p. 8. n. 3 を参照。国籍を剝奪された者に関する部分的情報に関しては、AD, CAC, n° 324 も参照のこと。

(47) 1918 年 9 月 15 日付内務省公安局通達、ADI, 127 M1.

(48)「ドイツ方式」に対する不安は、たとえば Henri Hauser, *Les méthodes allemandes d'expansion économique*, Paris, Armand Colin, 1916 に見ることができる。

(49) この報告書全体は、CAC, 1995 0165/10 で見ることができる。

(50) フランス人の資格の剝奪に関する法案第 4497 号の理由説明、下院、1918 年 3 月 21 日の審議。

(51) *JO*, Déb. parl., Sénat, 11 octobre 1919, pp. 1625-1626.

(52) André Pairault, *L'immigration organisée et l'emploi de la main-d'œuvre étrangère en France*, Paris, PUF, 1926.

(53) 本書第Ⅲ部第 8 章を参照。

(54) アドルフ・ランドリー（1874-1956 年）は、高等師範学校出身で、哲学のアグレジェ（高等教員資格保有者）。1901 年文学博士、高等研究実習院教授。1910 年よりコルス県選出下院議員、次いで同元老院議員となり、没するまで議席を守った。少子化に強い危惧を抱いた人口増加主義者で、1934 年に『人口革命』（*La Révolution démographique*）、1945 年に『人口学概論』（*Traité de démographie*）を著した。INED（国立人口学研究所）理事会議長を務めた。INED の初代所長がアルフレド・ソーヴィである。

(55) AN, 50 AP 27.

(56) 申請のための年齢制限だけが、21 歳から 18 歳に引き下げられた。

(57) グリュフィーやレヴィ＝ウルマンのような多数の法律家が、戦争中に伝えられた違法行為の事例を問題視し、コンセイユ・デタによる管理への回帰および公開制度を主張した。Henry Lévy-Ullmann, « Rapport sur le projet de loi portant refonte

1909年までの間は要求されなかった。しかし、破毀院の決定により、それ以前に行なわれた届出は法的根拠が疑わしいものとなった。1909年の法律は、法律の公布の時点で22歳に達している者に関して、1889年から1905年までに行なわれた決定のすべてを有効とした。公布の時点で、当該の若者が成年に達しているか、6カ月以内に成年に達する場合には、成年に達した年が終了する以前に「届出により得られる恩典を放棄する」ことができた。法律公布の時点で未成年の子どもは、公布後6カ月以内に法的代理人が放棄を行なわないかぎり、恩典を維持した（1909年法第2条）。英国出身のフレッチャー氏（1899年7月5日に帰化が認められるのに先立ち、ヌイイの治安判事に、1891年4月11日にフランスで生まれた息子が成年に達した時に国籍を放棄する権利を辞退するとの届出を行なった）の息子マルセル・フレッチャー氏に関する1913年11月26日の在パリ英国大使館顧問エドゥアール・クリュネ弁護士の意見書。*National Archives*, London, HO 45/10688/227033.

(31) Frantz Despagnet, « Du rôle du Conseil d'État dans la naturalisation d'après la loi du 22 juillet 1893 », *RDP*, 1894, pp. 101-114.

(32) 研究の成果であるこの数字を提供してくれたアンヌ・シモナンに感謝する。

(33) Depoid, *op. cit.*, pp. 41 et 59.

(34) この法案は、長期間にわたる各省間の交渉プロセスの（特に司法省と外務省の間の）成果である。課題は、外国人を両親にフランスで出生した者で、国外追放処分が決定している場合、この人物が成年に達した時にフランス国籍取得を不可能とすることだった。これ以外に、同法案はフランス人の若者が「政府の許可なしに外国で兵役に就いた」場合の自動的な国籍喪失の規定を削除しようとしていた。一部の重国籍の若者は、期間が3年間に延長された兵役を「この規定によって回避できると考えていた」。なぜなら、「場合により外国の軍隊への入隊が、平時には兵役に就かずにすむことを意味したからである」。

(35) 彼らのうち何百人か（1916年6月17日には計610人。内訳はイタリア人170人、スペイン人89人、ベルギー人86人、スイス人83人）は、1914年8月5日法の第3条により、戦争の全期間軍に在籍するとの契約を交わしたことを理由として、帰化が認められた。CAC, 1995 065/11.

(36) Jean-Claude Farcy, *Les Camps de concentration français de la Première Guerre mondiale (1914-1920)*, Paris, Anthropos-Economica, 1995.

(37) 陸軍省よりアンドレ・オノラ宛て親展書簡、1916年6月28日。AN, 50 AP 27.

(38) 司法省立法委員会報告書、1915年5月。CAC, 1995 065/11.

(39) Dominique Decherf, *Bainville, l'intelligence de l'Histoire*, Paris, Bartillat, 2000 を参照。

(40) Jacques Bainville, *La Guerre démocratique, Journal 1914-1915*, Paris, Bartillat, p. 166, 15 novembre 1914. 1915年1月23日と4月1日付の「アクシオン・フランセーズ」のコラムも参照のこと。

(41) 弁護士のジャン・ルロル（1873-1962年）は、フランス青年カトリック協会副会長を務めた後、1912年にパリ第7区から下院議員となり、1914年、1928年、

母親についても該当した。「法律は当人の父母がともにフランス生まれであることを必要だとしておらず、またこの条件を満たすのが母親ではなく父親であると定めていないことに鑑み……」。Affaire Hess, Sir. 92. 1. 81 et la note de M. Pillet ; Pandect. franç. 92. 1. 129 et la note de M. Weiss. Gérardin, p. 20. « De la nationalité de l'individu né d'une étrangère qui elle-même y est née », *JDIP*, 1892, pp. 78-101. 1893 年 7 月 22 日の法律（第 1 条）は、当該人がフランス生まれの母親からフランスで出生している場合には、出生時に与えられたフランス国籍を放棄できるとしていた。

(20) この表現を考え出したのはファーブル・ド・パレルである。1901 年の控訴院での休み明けの正式弁論のなかの言葉として、この表現を用いた。*La Loi*, 6-7 et 30-31 octobre 1901. Gruffy, *ibid.*, p. 12, n. 1 にて引用。

(21) 1889 年法第 12 条第 3 項。放棄の権利は、フランス国籍を回復した父親の未成年の子どもにも付与されていた（同法第 18 条）。

(22) 1888 年のデクレ。*JO*, 1890, 862.

(23) 1893 年 7 月 22 日の法律第 3 条。

(24) André Weiss, « Loi du 26 juin 1889, sur la nationalité », *Annuaire de législation française*, Paris, Librairie Cotillon, p. 128. ジャニーヌ・ポンティは、第二次世界大戦後、ポーランド人の若者たちが国籍取得の申請を行なうことで、フランス国籍であることが条件の高等鉱業学校《ミンヌ》〔グランデコールの一つ〕の奨学金を獲得したり、師範学校に入学することができたと指摘している。Janine Ponty, « Le problème des naturalisations », *Revue du Nord*, n° 7 hors série, 1992, collection Histoire, pp. 99-113.

(25) Jacques Wolgensinger, *André Citroën*, Flammarion, 1991.

(26)「未成年者にこの種の特別な考慮による帰化を申請する権利を認めるのであれば、なぜ 18 歳という年齢制限を課すのか。いかなる年齢であれ、家族の許可は子どもの利益にとって十分な保証となる。法律は、国籍の取得という重要な行為について、取り消し不能な行為について、特に結婚も女性に関しては 15 歳から認めているのである」。元老院、帰化に関する法案（議員立法）を検討する委員会の名における、バトビーによる追加報告第 19 号。1889 年臨時議会。1886 年 11 月 4 日の会議議事録付属文書。

(27) この手続きは、国籍回復の申請を行なった者全員にも適用された。

(28) G. Cluzel, *De la nationalité des enfants mineurs d'étrangers dans la législation française*, Paris, Arthur Rousseau, 1901, p. 141. しかし G. クリュゼルが指摘しているように、子どもたちの一部がフランス生まれでなかった場合、統一性は保証されなかった。子どもたちは父親の帰化の機会にしかフランス人になることができなかった上、後からフランス国籍を放棄することもできた。

(29) この司法省の印刷文書の事例は、たとえばイゼール県公文書館で閲覧することができる。128 M7.

(30) Affaire Valz, 26 juillet 1905, Dal. 1906. 1. 25. 国籍放棄の届出は、1905 年から

4174人で、国籍を回復した男性は、主としてアルザス・ロレーヌ出身者だった)。1891年に国籍を回復した女性の8割、すなわち3018人中2403人（この年の国籍回復者の総数は3700人）は、夫の帰化に伴って国籍を回復している。*JORF*, 1892, p. 952.

(3) 1888年に、たとえばイゼール県で居住許可を申請した者は、1890年に帰化申請を行なうよう指導された。ADI, 128 M6.

(4) これ以外に、833件の居住許可が認められたが、それゆえ、これは帰化に向けての第一段階でしかなかった。

(5) 1891年12月7日の決定の適用（以下参照）は、以前に帰化もしくは届出によりフランス人の資格を求めていた人々にも、それを認める結果をもたらした。1892年11月8日から1893年5月5日の間に、司法省はこうしたケース572件（うち帰化428件）を取り扱い、1892年1年で決定により影響を受ける人数を1100人（うち帰化850人）と試算した。

(6) Sahlins, *op. cit.* を参照。

(7) 1827年1月16日付通達第1号。

(8) S. de Dainville-Barbiche, « Les archives du Sceau, naturalisations, mariages, changements de nom, titres », *La Gazette des archives*, n° 160-161, pp. 127-151.

(9) Georges Tessier, « L'audience du Sceau », *Bibliothèque de l'École des chartes*, 1951.

(10) Camille Jordan, « Examen des pouvoirs de la chancellerie en matière de naturalisation », *Bulletin de la Société de législation comparée*, 1918, t. 47, pp. 313-347 の表現による。

(11) 旧法制では、帰化は地域における審査などなしに、王から直接認可されるものだった。フランス革命によって、地方が、承認を行なう機関となった。S. Wahnich, *op. cit.*, pp. 80-90.

(12) 1809年3月17日のデクレで、ナポレオンが外国人の帰化における国の権限を復活させたとき、すでに民法典により居住許可について定められていたのと同様の手続きが、帰化についても必要となった。

(13) 傍点筆者。

(14) ADN, M495-9.

(15) 帰化に関するコンセイユ・デタの権限の変遷については、司法省とコンセイユ・デタの往復文書（1873年11月28日-1874年1月6日）、AN, BB30 1604 および Jordan, *op. cit.*, p. 325 を参照。

(16) Circulaire n° 5805-93.

(17) G. Gruffy, « Naturalisation et francisation », *JDIP*, 1916, p. 1120.

(18) Jordan, art. cité. J. Champcommunal, dans « Une réforme législative nécessaire, la preuve de la nationalité à organiser », *RDIP*, 1919, pp. 234-261. この論文には、「国籍に関する中央集権化した機関」との記述がある。

(19) 1891年12月7日の破毀院決定は、1889年法第8条第3項を、次のように解釈した。「フランスで出生した外国人を親に、フランスで出生した者」——これは、のための保証金の免除」。
(110) 本書第 8 章を参照。
(111) この提案の元となったのは、セー報告書（pp. 94-95）である。しかしながら、提案は司法省印璽部が示唆したものだった（AMJ）。
(112) これらの提案は、外国人全員への課税（プラドン）、あるいはフランスで事務員あるいは工員などとして職業に就いている者に限り課税する（ティエセ）、もしくは外国人を雇用する事業主に課税する（ステナケルス）ことを意図していた。L'exposé des motifs de sa proposition de loi n° 1973 « tendant à établir une taxe sur ceux qui emploient des étrangers », Chambre des députés, annexe au procès-verbal de la séance du 12 juillet 1887 を参照。提案は、フランス人と外国人の間の平等を回復し、もしくはフランスにおける外国人の「特権的立場」を廃止するとの考えにより正当化された。しかし、ポール・ルロワ＝ボーリューのような自由主義的経済学者は、これに反対した。M. J. Thiessé, Chambre des députés, Rapport n° 400, sur les propositions de loi de MM. Thiessé et Chardon, annexé au procès-verbal de la séance du 4 février 1886. Paul Leroy-Beaulieu, « La question des étrangers en France au point de vue économique », *JDIP*, t. XV, n° 3-4, 1888, pp. 169-179.
(113) 1888 年 10 月 2 日のデクレ。
(114) G. Dallier, *La Police des étrangers à Paris et dans le département de la Seine*, Paris, Arthur Rousseau, 1914.
(115) G. Noiriel, *Le Creuset français, op. cit.*, p. 11〔邦訳、前掲 8 頁〕. Marcel Lachaze, *Du statut juridique de l'étranger au regard du droit public français*, Paris, Dalloz, 1928. 労働条件に関する権利は、差別なく付与されたままであった。それを定めたのが、1892 年と 1900 年に改正された子どもと女性の労働時間に関する法制、また移民の家族への補償の対象がフランスに居住している場合に限られたとはいえ、1898 年の労働災害に関する法律である。
(116) Becker et Audoin-Rouzeau, *op. cit.*, pp. 115-120.
(117) Gérardin, *op. cit.*, p. 3.
(118) アルジェリアのムスリムの置かれた状況については、本書第 II 部第 6 章で取り扱う。

3. 国民への援軍としての帰化

(1) M. Bart, *Rapport sur l'application pendant l'année 1890, de la loi du 26 juin 1889 relative à la nationalité, présenté à M. le garde des Sceaux, JORF*, 1891, p. 1160.
(2) 外国人と結婚するフランス人女性は、1803 年以来フランス国籍を喪失し、夫の国籍を得るとされた（本書第 8 章を参照）。したがって、彼女らは夫がフランス国籍を取得するのと同時に、フランス国籍を回復した（フランス国籍を回復した女性は 1890 年には 3372 人、この年にフランス国籍を回復した者は全部で

1909, pp. 71-81. 1889年法の審議では、ルコントは一字一句ほとんど変わらない演説を行なった。*JO*, déb. parl., séance du 16 mars 1889, p. 594.

(97) 外国人を両親にフランスで出生した子どもの国籍に関する法案――マクシム・ルコントにより提案された法案（議員立法）、25 juin 1885, n° 3904, Doc. Parl., t. 2, p. 302.

(98) *Ibid.*

(99) *RA*, 1885, 1, p. 21.

(100) 以下を参照。André Weiss, *Traité théorique et pratique de droit international privé*, t. I : *La Nationalité*, Paris, Sirey, 1907, pp. 436-437.

(101) この事実には、1889年3月16日の下院でのマクシム・ルコントの演説も触れている。p. 595.

(102) 1889年6月6日、アヴェイロン県選出元老院議員ジャン＝ジャック・デルソルの報告による。以下を参照。Jean-Jacques Delsol, *Rapports et discours parlementaires, 1871-1882*, Paris, P. Mouillot, 1893, pp. 264-298.

(103) *JO*, Doc. Parl. 1887, annexe n° 2083, p. 236.

(104) 1891年以降は、父親ばかりでなく、母親も対象となった。本書第8章を参照のこと。

(105) *JO*, Doc. Parl. 1887, annexe n° 2083, p. 236.

(106) この法律において、帰化は「公権力による主権の、自由裁量による行使であり、それによって外国国民は市民としての身分と権利を獲得する」という制限的な方向性を回復した。René Vincent, « De la condition des mineurs dont les parents acquièrent ou recouvrent la qualité de Français », *Le Droit*, 3 et 4 février 1890 の Weiss の引用による。それまでは、方針（Cogordan, *La Nationalité*, 2e éd., p. 117, de Folleville, *Traité sur la naturalisation*, p. 3）も判例（ドゥエー控訴院、1889年4月16日）も、「帰化」は一国家の国民の一員として外国人を受け入れることだとみなされてきた。

(107) 下院、議員立法法案第773号、帰化に関する1867年6月29日の法律第1条改正案。エスカニエ、マソ、エスカルゲル、フォリエ、デュコーズ、ヴィーニュ、ルベの提案。1877年会期。さらに、行政当局には1年以内に申請を処理するよう義務づける内容であったようである。

(108) フレデリック・エスカニエ（1833年生まれ）は1876年から1877年にかけて、ピレネー＝オリアンタル県下院議員。1878-1885年再び同議員。フランス革命期の立法議会議員（1791年）の孫で、父も7月王政下で同県選出下院議員（1831-1833年）であった。かれは共和国連盟に属し、363議員〔マクマオン大統領に反対した共和派議員を指す〕の一人だった。下院解散後の選挙で落選するが、選挙が無効となったため再選挙で当選、左派議員団に属した。1885年には日和見主義共和派候補として出馬するが、急進派候補に敗れた。

(109) ド・ラ・バテュは次のように列挙した。「採薪入会権、教育する権利、養子をとり、養子となる権利、財産譲渡による利益、裁判所における弁護士費用支払い

送付するのが適切と判断した場合には」、意見を述べることができるとしていた。

(81)「国籍」という語の歴史については、グロッサリー〔本訳書では割愛〕を参照。

(82) フランスで出生した子どもは、両親が子どもの名において届出を行なえば、フランス人になることができた。フランス人女性と結婚した外国人男性は、居住を許可されて 1 年が経過すれば、帰化が認められた。そして、外国人が居住許可を得た後、3 年間帰化を申請しなかった場合には、居住許可は失効するとされた。

(83) « Rapport sur la nationalité », Chambre des Députés, n° 2083, 1887, p. 4.

(84) 25 年間での人口増加は、ゆっくりとしたものであった。1851 年に初めて調査対象となった外国人は当時 37 万 9289 人で、全人口の 1. 05% に相当した。

(85) しかし、この時の数字は、フランスがすでに経験していた数字とは比較にならない。1815-1816 年にフランスを占領していた 100 万人の外国人が撤退した後、フランスに滞在する外国人の数はごく限られ、しかも国境地域とパリに集中した。ジャック・グランジョンクによれば、1848 年の革命の直前にあたる 1846 年には、倍以上になっていた（*in* Yves Lequin (dir.), *op. cit.*, p. 323）。

(86) 商務省による。1888 年 10 月 2 日のデクレが示している内務省の統計によれば、その数は 111 万 5214 人である。

(87) 複本位制は、貨幣価値を金と銀という 2 つの基準の上に置いていた。Marc Flandreau, *L'or du monde : la France et la stabilité du système monétaire international, 1848-1873*, Paris, L'Harmattan, 1995.

(88) Mondonico, *op. cit.*, pp. 39-40.

(89) これとは別に、戦争で 13 万 8871 人（うち 1 万 7000 人が捕虜となった後）が死亡した。負傷者は 13 万 7626 人に上った。

(90) このため、フランスはドイツに対抗するための国力を維持する上での困難に直面した。安全保障（軍）についても、経済活動（ベルギー人を主力とする移民に頼らざるをえなかった）においてもそうだった。

(91) Dubost, « Rapport sur la nationalité », Chambre des députés, n° 2083, 1887, p. 233.

(92) Mondonico, *op. cit.*, p. 8.

(93) Jean-Jacques Becker et Stéphane Audoin-Rouzeau, *La France, la Nation, la Guerre. 1850-1920*, Paris, Sedes, 1995, pp. 90-91.

(94) 1846 年 3 月 1 日にバヴェー（ノール県）に生まれたマクシム・ルコントは、1870 年にドゥエー大学で法学博士号を取得、1870 年の戦争ではフェデルブ将軍指揮下の北方軍の一員として戦闘に参加し、終戦時には中尉の階級にあった。1876 年にアミアン弁護士会所属の弁護士となり、1884 年にはノール県から下院議員に当選、共和国連盟に属した。1885 年には落選したが、1887 年に再選を果たした。1891 年から、1914 年 6 月 10 日に没するまで、ノール県選出元老院議員を務めた。

(95) Brubaker, *op. cit.*, pp. 160-163〔邦訳、前掲 169-171 頁〕.

(96) 1885 年 6 月 2 日にルコントが下院で行なった演説の総体は、以下に採録されている。Maxime Lecomte, *Paroles d'un militant, 1869-1909*, Paris, Librairie Félix Juven,

(76) もう一つの解決策を、外務省が提案した。フランスで出生した子どもたちを、たとえ外国人であっても軍に入隊させる、というものである。これには、陸軍省が反対した。「フランスでの兵役は、フランス人という資格を前提としている。例外は外人部隊で、その構成からして志願兵のみを受け入れている。国軍から外国人を排除するとの方針は、近代的軍隊創設の時期からのものであり、深く根づいた習慣になっている。この原則から外れることは有害と思われる。なぜなら、この方針は、わが軍の力である、愛国と名誉の高揚した感情を維持するのに寄与しているからである」。AD, Fonds Conventions administratives et contentieux, sous-série contentieux, art. 387.

(77) アンセルム＝ポリカルプ・バトビー（1828-1887年）は1849年の試験でコンセイユ・デタ聴取官となり、1850年法学博士の学位を得るが、1852年コンセイユ・デタを免職となる。1852年ディジョン大学行政法担当講師、1853年1月トゥールーズ大学行政法担当講師、1857年1月にはパリ大学で同じポストに就く。1867年に『公法・行政法理論概論』（*Traité théorique du droit public et administratif*）を刊行。1871年2月8日ジェール県から国民議会議員に当選。1876年同県選出元老院議員。オルレアン派で、ティエール退陣後にマクマオンが任命したブルイユ内閣公教育・宗務大臣となる。1877年10月14日の選挙後には下院多数派である共和派に抵抗しようとするマクマオンを支持した。*Dictionnaire des parlementaires français, op. cit.* ; Roger Vidal, *Batbie, homme politique, économiste, juriste*, Paris, LGDJ, 1950.

(78) かれは、1882年法が1881年にアントナン・デュボストの支持を受け、下院で審議された際に定めていた目標を、ここで達成した。(Batbie, Rapport n° 3, Sénat, annexé au procès-verbal de la séance du 10 novembre 1881 ; Antonin Dubost Chambre des députés, rapport n° 371, annexé au procès-verbal de la séance du 31 janvier 1882) 1882年1月14日の法律は、従来は18歳に達していなければ、フランス人となることができなかった帰化者の子どもによる国籍取得を容易にした。この改革の目的は、軍への入隊、あるいは〔高等教育機関の〕入学試験を受けることを可能とすることであった。以下を参照。Mondonico, *op. cit.*, p. 43.

(79) カミーユ・セーは、1847年3月10日にコルマールで生まれ、ストラスブール大学で法学士となった。1870年9月10日、23歳で内務省事務総長（次官）となった。1872年にサン＝ドニ県の副知事となり、1876年から1881年まで同市選出の下院議員（左派共和派）を務めた。女子生徒向けの中等教育を制度化した1880年12月21日の法律の起案者となる。1881年9月4日の選挙で落選後はコンセイユ・デタに任命され、1919年1月20日に没するまで勤務した。Françoise Mayeur, *L'Enseignement secondaire des jeunes filles, sous la troisième République*, Presse de la FNSP, 1977 ; Mona Ozouf, *L'École, l'Église et la République, 1871-1914*, Seuil, Points-Histoire, 1992, pp. 243-244.

(80) 1872年5月24日の基本法（第8条第4項）はコンセイユ・デタが帝政下で獲得した権限を制限したが、「議員立法に関して、国民議会がコンセイユ・デタに

Cougny (dir.), Paris, Bourloton éditeur, 1891.

(69) フランス生まれの外国人を両親としてフランスで生まれた子どもたちに関するローラン、ブノワ＝シャンピの提案を検討する委員会の名において、ブノワ＝シャンピが作成した報告書。国民立法議会、1851年1月6日月曜日の会議の議事日程、*Le Moniteur universel — Journal officiel de la République française*, 6 janvier 1851, pp. 41-42.

(70) C. Séruzier, *Précis historique sur les Codes français*, Paris, Videcoq père et fils, éditeurs, 1845, pp. 32-33.

(71) Henri-Jean-Baptiste Dard, *Code civil des Français avec des notes indicatives des lois romaines, coutumes, ordonnances, édits et déclarations, qui ont rapport à chaque article*, Paris, Chez J. A. Commaille éd., 1807, p. 2. 1807年9月3日の法律は、フランス人の民法典の名称をナポレオン法典に置き換えた。その理由は、ビゴ・ド・プレアムヌーの説明によれば、フランス人の民法典という呼称は、すでにヨーロッパにおいて共通法とみなされていた法典にふさわしくなかったからである。

(72) M. du Coetlosquet, « Rapport n° 702 fait au nom de la 5e commission d'initiative parlementaire, sur la proposition de MM. Raulin et Benoît-Champy, relative à l'état des enfants nés en France d'étrangers qui eux-mêmes y seraient nés », Assemblée nationale législative, séance du 9 janvier 1850, p. 8.

(73) Antonin Dubost, Rapport sur la nationalité, Chambre des Députés, n° 2083, 7 novembre 1887, p. 4. アントナン・デュボスト（1844-1921年）は知事団（内務官僚）でキャリアを積んだ後、1880年にイゼール県選出下院議員、次いで1897年には同県から元老院議員に選出された。1906年から1920年まで元老院議長を務める。断固たる共和派で、特にダントンに関する2冊の著作がある。(*Danton et la politique contemporaine*, Versailles, Imprimerie du Cerf, 1877 ; *Danton et les massacres de Septembre*, Paris, Librairie générale de vulgarisation, 1885).

(74) この点に関しては、以下を参照。Centre de recherches d'histoire nord-américaine de l'Université de Paris I, *L'émigration française, études de cas : Algérie — Canada — États-Unis*, Publications de la Sorbonne, série internationale n° 24, 1985 ; Camille Maire, *En route pour l'Amérique, l'odyssée des émigrants en France au XIXe siècle*, Presses universitaires de Nancy, 1993.

(75) 外務省の反対が明らかになったのは、1872年7月25日にロトゥール父子が提出した加重生地主義に関する提案につき協議するために司法省に集まった省庁間会議においてであった。ウジェーヌ・ド・ロトゥールは、1868年に、政府推薦候補として父アントナン・ド・ロトゥールの後継となっていた。かれは1895年3月28日に逝去するまで、ノール県で議席を維持した。議員一家としてのロトゥール家に関しては、以下を参照のこと。Hélène Boulenguez, *Dimension et transmission du pouvoir politique au XIXe et XXe siècle ; une dynastie parlementaire : la famille des Rotours*, mémoire de maîtrise d'histoire dirigé par Bernard Ménager, Université Charles-de-Gaulle Lille III, 1992, 108 p., doc. ronéoté.

に、居住許可を保持できた。A. Duranton, *Cours de droit français suivant le Code civil*, Paris, Alex-Gobelet, t. I, 3e éd., p. 5.

(57)「2 年間の経験が示したのは、志願兵制度はわれわれが現状で兵力として保持できる貧弱な部隊を維持していくには不十分だったということである」。*AP*, t. s. 20. 1818 年 1 月 7 日の会議 p. 213, Annie Crépin, *La Conscription en débat ou le triple apprentissage de la Nation, de la Citoyenneté, de la République (1798-1889)*, Arras, Artois Presses Université, 1998, p. 39 にて引用。

(58) 以下を参照。*Ibid.*, chap. 2.

(59) 以下を参照。Bernard Schnapper, *Le Remplacement militaire en France. Quelques aspects politiques, économiques et sociaux du recrutement au XIXe siècle*, Paris, SEVPEN, 1968.

(60) Crépin, *op. cit.*, p. 12.

(61) AN, F9 227, Nord, dossier 10, 1818 年 11 月 24 日付県知事発内務大臣宛て書簡。*Ibid.*, p. 140 にて引用。

(62) AN, F9 227, Nord.

(63) ピーター・サーリンズは、ピレネー゠オリアンタル県知事の次のような文書を引用している。「フランス領セルダーニュ地方［1659 年のピレネー条約によりフランスに併合されたカタルーニャの一部］は、いずれが徴兵から逃れるのに適切かを知るために、フランス法もしくはスペイン法を細心の注意を払って観察している」。in *Frontières et Identités nationales. La France et l'Espagne dans les Pyrénées depuis le XVIIe siècle*, Paris, Belin, 1996, p. 240.

(64) バスティア市長より徴兵審査会に宛てた 1821 年 8 月 11 日付書簡の写し、AN, F9 170.

(65) それから半世紀後になってようやく、1881 年 3 月 24 日と 1888 年 10 月 20 日の 2 件の内務省の通達が出された。一方は各市町村による登記簿の整備を命じ、もう一方は各市町村長に登録した案件の関連書類を司法省に送付するよう求めた。しかし、これはわずかな結果しかもたらさなかった（Gérardin, *op. cit.*, p. 188）。

(66) この案は、次のように組み立てられていた。「外国人を両親としてフランスで出生し、20 年以上にわたりフランスに居住している者は、完全にフランス人となる。そして、その資格において、成年に達した年内に、徴兵法により定められた義務を果たすものとする。ただし、成年に達して 1 カ月以内に、民法典第 9 条に定める特典の享受の放棄を宣言した場合にはこの限りでない。ただし、父親が同じ宣言を自らのために行ない、かつフランスに居住し続けた場合には、放棄宣言を行なうことができない」。

(67) 本書第 8 章を参照のこと。

(68) アドリアン゠テオドール・ブノワ゠シャンピ（1805-1872 年）はパリ市弁護士会所属弁護士。1849 年 5 月 13 日にコート゠ドール県より立法議会議員に当選。議会の保守系多数派に属し、1851 年 12 月 2 日のクーデタを支持した。出所：*Dictionnaire des parlementaires français*, Adolphe Robert, Edgar Bourloton et Gaston

Stoïcesco, *Études sur la naturalisation* によれば、これに加えて 800 件以上の帰化がさらに登録された。しかし、司法省の統計を見ると、1848 年には 1580 件、1849 年には 617 件の決定をしたにとどまる。1848 年と 1849 年の合計では、2197 件である。これは、P. Depoid, *Les Naturalisations en France (1870-1940)*, ministère des Finances, service national des statistiques, direction de la statistique générale, études démographiques, n° 3, Paris, Imprimerie nationale, 1942 に採録された民事司法統計局の数字である。

(46) バ＝ラン県庁（ADBR, 8M27）あるいはイゼール県庁（ADI, 128 M3）から送付された書類から、このようにみることができる。

(47) 以下を参照。Noiriel, *La Tyrannie du National* および Cécile Mondonico, *La loi du 26 juin 1889 sur la nationalité*, mémoire de maîtrise dirigé par Jacques Marseille, Université Paris I (Panthéon-Sorbonne), 1990, p. 12.

(48) ジャック・グランジョンによれば、1848 年の出来事により、多数いたドイツ人移民の数は著しく減少した（*in* Lequin (dir.), *Histoire des étrangers et de l'immigration en France*, Paris, Larousse, 1992, p. 323）。Firmin Lentacker, « Les ouvriers belges dans le département du Nord au milieu du XIXe siècle », *Revue du Nord*, 1956, pp. 5-14 も参照のこと。

(49) Séance du 28 novembre 1849, p. 670.

(50) Pierre-Jacques Derainne, *Le Travail, les Migrations et les Conflits en France : représentations et attitudes sociales sous la Monarchie de Juillet et la Seconde République*, thèse pour le doctorat d'histoire sous la direction de Serge Wolikow, Université de Bourgogne, 1998-1999, pp. 363 s.

(51) *Ibid.*, pp. 290-292.

(52) 革命暦 11 年の牧月《プレリアル》 18 日のコンセイユ・デタ答申は 20 日に政府により承認され、憲法第 3 条の適用を民法典第 13 条にゆだねるものであった。「いかなる場合でも、フランスに定住しようとする外国人は、政府の許可を取得しなければならない」。このコンセイユ・デタ答申は、「法律時報」上で公表されなかったために法律としての効力をもたず、実際に適用されることもなく、1848 年までは市（町村）役所（役場）で行なわれる届出により 10 年の期間をスタートさせていた。Déc. min. Justice du 16 février 1825 et du 14 août 1830 および Fœlix, *Traité de droit international privé*, 1866, 4e éd., p. 7.

(53) 7 月王政期には、印璽税額は 175 フランだった。これは、当時ミュルーズで日給 2 ないし 3 フランを稼いでいた紡績工の 3 カ月分の給与に相当した。この金額に加えて、登録税 22 フランと、公示手数料 8 フランがかかった。Panke, *op. cit.*, p. 54.

(54) ADN, M 495-9.

(55) 1855 年 7 月 23 日の破毀院判決、Dal. 1855. 1. 353 ; Sir. 1856. 1. 148. ボルドー裁判所、1845 年 7 月 14 日、Dal. 1846. 2. 163 ; Sir. 1846. 2. 394.

(56) 居住許可を得た者の死亡後も、彼らはフランスに居住し続けることのみを条件す」。Fenet, *op. cit.*, t. VII, p. 649.

(24) 以下を参照。Charles L'Ebraly, *De l'admission à domicile et des droits qu'elle confère à l'étranger qui l'obtient*, Paris, Larose, 1898, p. 29.

(25) 以下を参照。Georges Levasseur, *La Détermination du domicile en droit international privé*, Paris, Rousseau et Cie, 1931, pp. 298-306.

(26) 以下を参照。Panke, *op. cit.*, p. 53.

(27) AN, BB11 77 à 80.

(28) この2つの件に関する文書類はAN, BB11 79に保存されている。

(29) AN, BB11 80.

(30) AN, BB11 79.

(31) AN, BB11 80（ミュルーズにおける外国人との婚姻に関しては、Panke, *op. cit.*, pp. 58-59を参照のこと）.

(32) Heuer, *op. cit.*, p. 210.

(33) 附録の地図を参照のこと〔本訳書では割愛〕。

(34) 貴族院の1814年8月9日の会議に提出された帰化に関する法案の趣旨説明。Impressions n° 12. (Archives PP DB 301).

(35) この法律の効力は、百日天下の後、1816年6月5日の法律、次いで1817年10月29日の法律により延長された。

(36) Dietrich-Chénel et Varnier, *op. cit.*, t. 1, pp. 86-96.

(37) 以下を参照。Weiss, *op. cit.*, p. 614. コンセイユ・デタの1823年5月17日および1836年6月22日のオルドナンス（D. A. t. XVIII, v *Droits Civils*, p. 55, n° 104 et 105. Cass. 4 mai 1836）Sir. 1836. 1. 860) ナンシー1845年8月21日正式弁論(Garnier, jurisprudence de Nancy, voir étranger), Paris, 11 décembre 1847 (Sir. 1848. 2. 49 ; D. P. 1848. 2. 49).

(38) Cass. 1818年4月14日（Sir. 1819. 1. 193 ; Sir. Chronique）. パリ1844年8月24日（Sir. 1844. 2. 568）. アンシアン・レジーム下では、妻と子どもは届出において名前が明示的に挙げられなければ、その恩恵に浴することができなかった。

(39) Dietrich-Chénel et Varnier, *op. cit.*, t. 1.

(40) この2つの県は、登録された帰化の件数がセーヌ県に次いで多かった。セーヌ県745件（10. 89%）、モーゼル県553件（8. 08%）、アルデンヌ県470件（6. 87%）、ノール県276件（4. 03%）、ブーシュ゠デュ゠ローヌ県271件（3. 96%）。

(41) Serge Slama, *Le privilège du national. Étude historique de la condition civique des étrangers en France*, Université Paris X-Nanterre, 2003.

(42) 1848年3月28日のデクレ、*Le Moniteur universel- Journal officiel de la République française*, jeudi 30 mars 1848, p. 717.

(43) ADN, M 495-9.

(44) *La Liberté, Journal de Lyon*, 1848年4月5日付紙面より抜粋。

(45) 司法大臣のルエールによれば、2475件の帰化が認められた（*JO* débats parlementaires, Assemblée nationale législative, séance du 28 novembre 1849, p. 669）。

p. 3. ベンジャミン・フランクリンは、1790 年に没していた。

(9) 帰化が決定すると、当事者は居住地の役所に出頭し、「政府に対して忠誠であるとの宣誓」を行なわなくてはならなかった。革命暦 11 年葡萄月《ヴァンデミエール》 26 日（1802 年 9 月 4 日）の元老院基本令第 4 条。

(10) 1809 年 3 月 17 日のデクレ。

(11) 1849 年 12 月 3 日の法律により、フランス革命以降初めて帰化は、外国人に関する措置を帰化から国外追放にいたるまですべてまとめた法により律されることとなった。それ以前は、革命暦 6 年葡萄月《ヴァンデミエール》 28 日の法律第 7 条により規制されていた。この点に関しては、Charles P. Gomes, *Les limites de la souveraineté, les juges dans le cadre de l'immigration en France et aux États-Unis*, thèse de doctorat, Instituto Universitário de Pesquisas do Rio de Janeiro, Rio, 2001 を参照のこと。

(12) この点については、Patrick Weil, préface à l'ouvrage de Bruce Ackerman, *Au nom du peuple, les fondements de la démocratie américaine*, Paris, Calmann-Lévy, 1998, pp. 9-25 を参照のこと。

(13) Assemblée nationale législative, Compte-rendu de la séance du 28 novembre 1849, p. 666. 帰化の権限を国民議会に付与したいと考えたファーヴルは、ベルギーあるいはオランダの例にならった。

(14) 1804 年から 1814 年第四四半期の間のデクレによる帰化の決定のうちで「法律時報」上で公表されたものは 20 件以下にとどまる。Dietrich Chénel et Varnier, *op. cit.*, t. 1, p. 34.

(15) AN, BB11 4.

(16) AN, BB11 3.

(17) 当時、居住許可と同義で頻繁に使われた表現である。

(18) AN, BB11 77.

(19) Merlin, *op. cit.*, p. 17, arrêt Walsh-Serrant du 8 thermidor an XI de la Cour de cassation.

(20) 破毀院は、1822 年 7 月 2 日の判決で、「外国人はフランスにおいて事実上の住居をもち、土地家屋を所有することができる。しかしながら、民法典第 13 条によれば、政府の許可なしに法定住所をもつことはできない」と判断した。（破毀院民事部、Sir. 1822. 1. 346.）

(21) 知事より副知事および県内市町村長諸氏への通達。コルマール、1817 年 8 月 13 日。Sibylle Panke, *L'immigration à Mulhouse au XIX*[e] *siècle*, mémoire de maîtrise d'histoire sous la direction de Jean-Luc Pinol, Université des sciences humaines de Strasbourg, 1993, doc. ronéoté, 106 p., p. 55 から引用。

(22) 以下を参照。Peter Sahlins, *op. cit.*, chap. 7.

(23) 雄弁家のギャリーは、立法院に対する報告（革命暦 2 年風月《ヴァントーズ》 14 日）において、次のように述べた。「これは、法的な措置であるのと同時に、治安および公安上の措置であります。政府はこれを用いて悪を退け、徳があるとともに有用な人物、すなわち受け入れる側に対して保証を与える人物のみを招き入れるべきなので

politiques », *Rev. Int. de l'enseignement*, 1889, 1°, t. XVII, p. 222. Alain Bancaud, *La Haute Magistrature judiciaire entre politique et sacerdoce, ou le culte des valeurs moyennes*, Paris, LGDJ, 1993 にて引用。

(2) 国籍という語の歴史については、グロッサリー〔本訳書では割愛〕を参照願いたい。

(3) 民法典第 10 条第 1 項は、「フランス人男性を父に外国で出生した子は、フランス人とする」とし、フランスで出生した者の立場については言及していない。誰もが、この条文を次のように解釈した。「たとえ外国で出生したとしても、父親がフランス人である子はフランス人とする」。Lucien Gérardin, *De l'acquisition de la qualité de Français par voie de déclaration, étude sur le bienfait de la loi*, Paris, Larose, 1896, p. 1.

(4) 外国において、政府の許可なしに公職に就いた場合、また「帰国の意思なしに」外国に定住した場合にも、国籍を喪失するとされた（民法典第 17 条）。この条文はまた、出自による区別があると思われる外国の職能団体に加入した場合にも、同じ取り扱いが行なわれると定めた。民法典の起草者たちにとり、フランス国籍は利益、栄誉、さらには特権ですらあり、外国に居住するフランス人で国籍を放棄する者は少ないと想定していた。しかも、外国に定住したフランス人は、いずれもが帰国の意思を有するとみなされていた。それが、旧法制における規則であり（Pothier, *Traité des personnes, 1re partie*, t. II, section IV, n° 62）、これは破毀院判決（1811 年 6 月 13 日）により確認された。I. Alauzet, *De la qualité de Français, de la naturalisation et du statut personnel des étrangers*, Paris, Imprimerie et librairie générale de jurisprudence, 1880, pp. 60-61.

(5) 本書第 8 章および Claude Goasguen, *Les Français au service de l'étranger sous le Premier Empire: législation et pratique*, thèse de doctorat de droit, Université de Paris II, 1976, 2 vol. ronéotés, 456 p. + annexes.

(6) 1812 年 4 月 14 日より 1814 年 1 月 13 日までの間、わずかに 39 通の帰化を許可する書簡が署名され、封印が施されたにすぎない（そのうち 20 通がドイツ諸邦、9 通がアメリカに宛てられた）。外国において兵役に服することに関する承認状 1668 通が皇帝もしくは皇妃によって署名され、そのうち封印されない 1600 通中の多数がナポリ王国（866 通）、ウェストファリア（235 通）、スペイン（374 通）に関するものだった。*Ibid.*, pp. 342-344.

(7) George Cogordan, *Droit des Gens. La Nationalité au point de vue des rapports internationaux*, Paris, Larose, 1879, p. 114.

(8) 民法典に関するコンセイユ・デタでの議論（革命暦 9 年 実月《フリュクティドール》 4 日、1801 年 8 月 22 日の会議）の最中に、評議官ロードレールは「憲法が帰化承認状の発行を認めていないのは欠陥です。[……] たとえばフランクリンのような優れた人物は、決してフランス人になることができません。なぜなら、政治的な学習期間を満たすには年をとりすぎているからです」と指摘した。Comte Merlin, *Répertoire universel et raisonné de jurisprudence*, « Naturalisation », 5e éd., t. 21, Bruxelles, Tarlier,

と 60 名を排除するよう監督願います［……］」。Godechot, *op. cit.*, p. 492.

(103) 革命暦 10 年風月《ヴァントーズ》 21 日および 22 日の審議記録。Archives du Sénat conservateur (Bibliothèque du Sénat) 元老院は、論拠を明らかにせずに元老院令を布告することに決定した。

(104) それ以前に、護憲元老院は革命暦 10 年風月《ヴァントーズ》 18 日の会議において、護民院の旧メンバーと交代すべき新メンバーを指名していた。そのうちにはリュシアン・ボナパルト、陸軍省事務総長ダリュ、カルノー、トゥレが含まれた。護憲元老院審議記録、Archives du Sénat conservateur (Bibliothèque du Sénat).

(105) Halpérin, *op. cit.*, pp. 274-275.

(106) ここではトロンシェとボナパルトの間で決められたようにみえるが、この取り決めにいたるまでにはカンバセレスが重要な役割を果たしていた。

(107) 革命暦 10 年芽月《ジェルミナル》 18 日の決定によって、護民院は 3 部門に再編された。以前は、同院は条文の修正ができず、賛成か反対の意見を述べることしかできなかった。これ以降、「政府が有用と認めた場合」には、コンセイユ・デタで検討中の法案が護民院の 3 部門のいずれかに伝達されるようになり、執政の一人が議長を務め、各部門の委員とコンセイユ・デタの判事により構成される会議（混合委員会のようなもの）が設置できるようになった。

(108)「外国人を両親としてフランスで出生した子どもで、両親がフランスに入国したばかりの場合。その数日後、両親は祖国に戻り、子どもも両親に従った。子どもは、おそらく生涯フランスに入国しないだろう。かかる人間が、いかなる資格によりフランス人となりうるのか。この人物をフランスに結びつける絆は一切ない。封建制によるつながりもない。共和国の領内には、封建制は存在しないからである。また、当人の意思によるものでもない。この子どもには意思がないからである。また、事実によるものでもない。フランスに居住しておらず、両親もごくわずかな間しか滞在しなかったのだから」。Fenet, *op. cit.*, t. VII, p. 592-593.

(109) この指摘を行なったのは、破毀院付き検事総長ロワイエである。« Discours sur la vie et les travaux de M. Tronchet, ancien président du Tribunal de cassation » *in* Cour de cassation, *Audience de rentrée du 3 novembre 1853*, Paris, Ch. Lahure, Imprimeur de la Cour de cassation, 1853, p. 2. トロンシェは 1806 年 3 月 10 日に亡くなり、遺体は 17 日にパンテオンに安置された。翌年には、ポルタリスもパンテオンに入った。

(110) Fenet, *op. cit.*, t. VII, pp. 6-7 et 621.

(111) 民法典第 1 編第 1 章に関する最初の討議は、コンセイユ・デタ総会において、1801 年 7 月 25 日（革命暦 9 年熱月《テルミドール》 6 日）に行なわれた。革命暦 11 年風月《ヴァントーズ》 17 日（1803 年 3 月 6 日）に、最終的に採択された。

2. 生地主義はいかにして導入されたか（1803-1889 年）

(1) Émile Boutmy, « Les rapports et les limites des études juridiques et des études

い決定〔死〕により生じるべきものなのです。しかし、自然に反した婚姻解消、生命あるかぎり最も聖なる関係により結ばれている生きている二人の人間の婚姻解消、これをいかなる権力が望んでいるのでしょうか。その権利はどこに存在するのでしょうか。いかなる必要性があるのでしょうか［……］息を引きとるまで夫の許を離れなかった妻を、その瞬間から、法は寡婦と呼ぶことになります。寡婦になったとは知らないこの女性は、言いようのない状況に置かれます。この女性は夫との関係では寡婦となったのですが、他の男性と結婚するわけにはいきません。この女性は子どもを授かるかもしれませんが、この子どもたちは、他の子どもとは異なり、出生時に嫡子なのか庶子なのか、知ることができないのです」。*Ibid.*, pp. 184-187.

(95) *Ibid.*, p. 590.

(96) ピエール＝クロード＝フランソワ・ドーヌー（1761-1840 年）はパ＝ド＝カレー県から国民公会議員に選出され、ルイ 16 世の裁判に反対した。1793 年 10 月 3 日から 1794 年 12 月 8 日まで投獄されたかれは、テルミドール派にくみせず、むしろ反動に抗う行動をとろうとした。革命暦 3 年憲法（1795 年）の主たる起草者となり、護民院入りし議長に任命された。しかし専制政治に反対したため、カンバセレスの提案とトロンシェの支持を受けて元老院が最初に排除した 5 分の 1 のメンバーの一人となった。その後パンテオン図書館館長、帝国古文書保存官、コレージュ・ド・フランス教授となった。以下を参照。Auguste Kuscinski, *Dictionnaire des Conventionnels*, Paris, Rieder, 1917, art. « Daunou », pp. 178-179 および A. H. Taillandier, *Documents biographiques sur P. C. F. Daunou*, Paris, Firmin-Didot, 1841.

(97) Stanislas Girardin, *Journal et souvenirs, discours et opinions*, t. 3, Paris, Chez Moutardier, 1828, pp. 246-248.

(98) ジラルダンの引用による。Girardin, *op. cit.*, p. 258.

(99) Fenet, *op. cit.*, t. VII, p. 591.

(100) Cambacérès, *op. cit.*, pp. 600-601 を参照。

(101) カンバセレスは、トロンシェの任命のためにナポレオンにその理由を訴えたことについてこう説明している。「トロンシェは、つねに穏健な考え方をしていた。かれは王を擁護することも、革命暦 3 年憲法下で立法院議員となるのを拒否することにも躊躇しなかった。［……］私が弁護士だった当時、トロンシェは好意的だった。その頃の交流により、かれの才能と誠実さに対する私の尊敬はいっそう深まった」。かれはこう結論づける。「トロンシェは任命され、大いにわれわれを助けてくれた」。*Ibid.*, p. 546 を参照。

(102) 革命暦 10 年雪月《ニヴォーズ》 17 日、カンバセレスはこの意見についてコンセイユ・デタで検討、承認させ、また元老院に審議をゆだねた。*Journal du Comte P. L. Roederer*, édité par Maurice Vitrac, Paris, Daragon, 1909, pp. 104-105. ボナパルトはその数日後、革命暦 10 年雪月《ニヴォーズ》 28 日（1802 年 1 月 18 日）にカンバセレスに宛てた書簡でこう書いた。「法で定められた各組織のメンバーのうちの悪しき者、正確に 20 名革命暦8年熱月《テルミドール》24日の任命決定（第7条）は、トロンシェ、ビゴ・ド・プレアムヌーおよびポルタリスが、民法典に関する審議の際にはコンセイユ・デタの会議に出席するものとしていた。

(81) *Ibid.*, p. 6.

(82) « Notices d'arrêts, sur la question quand le Français retiré en pays étranger a perdu ou conservé le droit de cité », consultation n° 1418, 1783, Consultations de François-Denis Tronchet (1748-an VIII), Biblithèque de la Cour de cassation.

(83) アンシアン・レジーム期の判例については、Vanel, Sahlins, *op. cit.*, および Sahlins et Dubost, *op. cit.* を参照のこと。

(84) Anne Lefebvre-Teillard, « *Jus sanguinis* : l'émergence d'un principe (Éléments d'histoire de la nationalité française) », *RCDIP*, 82 (2), avril-juin 1993, pp. 223-250.

(85) Consultations n° 1441 et 1783, Consultations de François-Denis Tronchet, *op. cit.* ローマ法におけるオリゴ（origo 出生地である都市）については、Yan Thomas, « Le droit d'origine à Rome. Contribution à l'étude de la citoyenneté », *RCDIP*, 84 (2), avril-juin 1995, pp. 253-290.

(86) Fenet, *op. cit.*, t. VII, pp. 69-76.

(87) トロンシェが「引き続き居住する者」と付け加えるよう提案したため、最終的に採択された条文は以下のように定めることとなった。「フランスにおいて市民となるためにフランスに定住したいとの届出を認められ、届出後1年間居住した外国人は、フランスにおいて民事的権利のすべてを、フランスに居住し続けるかぎりにおいて享受することができる」。

(88) かれはこう付け加えた。「祖国を放棄した者の子どもたちは、つねにフランス人としての資格を回復しに戻って来ることができた。彼らは、祖国を放棄した者がフランスに残した子どもたちと遺産を分かち合う上でも受け入れられた。この権利は、彼らの出自から派生するものであり、その生国との間で交わされた条約にかかわらず、享受することができる。けれども、この権利の行使は、フランスに居住することが条件であり、この条件が満たされなければならない」(Fenet, *op. cit.*, t. VII, p. 26)。

(89) *Ibid.*, t. VII, p. 9.

(90) François Richer, *Traité de la mort civile, tant celle qui résulte des condamnations pour cause de crime, que celle qui résulte des vœux en religion*, Paris, Desaint & Saillant, 1755.

(91) 委員長のトロンシェは、声が聞き取りにくいことで知られていた。ミラボーは、かれについて「かれの声は、知性ほどには輝いていない」と述べた。

(92) Duvergier et Hauranne, *Histoire du Gouvernement parlementaire en France*, t. I, Michel Lévy Frères, 1857, p. 495.

(93) Fenet, *op. cit.*, t. VII, p. 166.

(94) 革命暦10年霜月《フリメール》27日（1801年12月18日）、報告者のティエセはこの条文が非人間的だとして批判した。「婚姻関係の解消は妻を放棄することであり、子どもたちの貧困、全員の絶望を招くものです。こうした犠牲は自然の覆しようのな

(74) ジャン＝ジャック・ド・カンバセレス（1753-1824年）は、モンペリエの法服貴族の出身。モンペリエ会計検査院判事（1774年）を務め、フランス革命初期にエロー県刑事裁判所長、次いで同県から国民公会議員に選出された。穏健派で（ルイ16世の死刑猶予に賛成票を投じた）、立法委員会委員長の職務に精励した。革命暦7年熱月《テルミドール》2日法務大臣となり、ブリュメール18日の後も留任した。革命暦8年憲法の下で執政となり、終身執政制と帝政の樹立を積極的に支援した。革命暦12年花月《フロレアル》28日には大法官となり、大きな名誉を手にした。百日天下の後はブリュッセルに逃れ、1818年にパリに戻った。

(75) ブリュメール18日のクーデタの後、議員のジャクミノによる法案も準備された（革命暦8年霜月《フリメール》）。この法案も、フランス人の定義を含んでいなかった。Fenet, *op. cit.*, t. 1 et Jean-Louis Halpérin, article « Code civil », in *Dictionnaire historique de la Révolution française*, Paris, PUF, pp. 243-244.

(76) フェリクス・ビゴ・ド・プレアムヌー（1747-1825年）は、革命以前はパリ高等法院付き弁護士であった。立法議会議員に選出されると、穏健派グループに属した。恐怖政治の時期には身を潜め、ブリュメール18日の後に再び姿を現した。ボナパルトはかれを破毀裁判所付き委員およびコンセイユ・デタ判事に任命した。ジャック・マルヴィル（1741-1824年）は、革命以前はボルドーで弁護士だった。新思想に賛同し、ドルドーニュ県行政府議長（1790年）を経て1791年に破毀裁判所入りした。革命暦4年にドルドーニュ県から護憲元老院議員に選ばれ、革命暦7年に再選、ブリュメール18日の後には破毀裁判所に戻り、トロンシェの退任の後に民事部長官を務めた。ジャン＝エティエンヌ・ポルタリス（1745-1807年）は1765年エクス弁護士会所属の弁護士となり、革命暦4年には義兄シメオンとともに議員となり、総裁政府に対して反革命的野党の立場をとった。実月《フリュクティドール》18日のクーデタ後は王党派であるため身を隠し、ブリュメール18日の後になって初めてフランスに帰国した。

(77) Las Cases, *Mémorial de Sainte-Hélène*, Gallimard-La Pléiade, t. 1, pp. 593-594.

(78) この選挙は、革命暦8年花月《フロレアル》1日に行なわれた。トロンシェは、総投票数38票のうち、31票を獲得した（M. de Royer, procureur général auprès de la Cour de cassation, « Discours sur la vie et les travaux de M. Tronchet, ancien président du Tribunal de cassation », procès-verbal de rentrée de la Cour de cassation, audience du 3 novembre 1853）。

(79) アントワーヌ・ブーレイ（ド・ラ・ムルト）（1761-1840年）は農民の息子で、1785年にナンシー弁護士会所属の弁護士となり、1792年にムルト県裁判所判事となった。穏健派だとして1793年に解任され、テルミドール9日の後にはナンシー民事裁判所所長、さらに革命暦5年には500人議会議員となり、穏健共和派のグループに属した。ブリュメール18日の陰謀に加わり、500人議会内務委員長となるが、警察大臣就任を拒否した。コンセイユ・デタに任命され1814年まで在職し、民事・刑事部長官を務めた。

(80) Fenet, *op. cit.*, t. VII, p. 4. トロンシェはコンセイユ・デタに属していなかったが、

23日（1794年9月9日）、テルミドールの反動のただなかで、法令分類委員会の名において国民公会に提出された。第3の草案は、総裁政府の下で、同じ委員会によって1796年1月から6月の間に再び提出され、革命暦4年牧月《プレリアル》16日（1796年6月4日）の日付が付されている。3つの案のいずれにおいても、カンバセレスと同僚議員は、フランス人を定義する必要があるとの判断を行なわなかった。彼らにとっては、憲法が定義していたからである。Fenet, *op. cit.*, t. 1, pp. 99 s. ; Cambacérès, *Mémoires inédits, I*, Paris, Perrin, 1999, pp. 162-180 et 377-379 ; Halpérin, *op. cit.*, p. 233.

(68) 1849年11月29日の判決（Sir. 1851. 2. 34）。1880年4月21日（Sir. 1881. 2. 119）。1793年憲法の時代にフランスに定住し、結婚した者の孫を、1858年の判決によりフランス人と判定したエクス裁判所は、祖父が「存在しなかったとしても」、当該人は父親よりフランス国籍を受け継いだであろうと付け加えた。なぜならば、父親は「フランスで［1799年9月28日に］、フランスに住所をもつ外国人を親として、従来の原則を変更したナポレオン法典公布以前に出生したからである」。エクス帝国裁判所、正式弁論、1858年8月18日（Sir. 1858. 2. 519）。

(69) この憲法の第3条についても、同様の変化がみられた。この条文は、「外国人は、満21歳に達し、フランスに定住する意思を表示したのち、10年間連続して居住した場合にはフランス市民と認められる」としていた。1803年以降、この帰化手続きは参政権を得ることができる者、すなわち男性についてのみ有効となった。その結果、1799年から1803年まで適用対象となっていた外国人女性は、このとき以降帰化できなくなった。Jennifer Heuer, *Foreigners, Families and Citizens : Contradictions of National Citizenship in France, 1789-1830*, Ph.D. Dissertation, University of Chicago, Department of History, Chicago, August 1998, vol. 1, pp. 240-241.

(70) エマニュエル・シエイエス（1748-1836年）は司祭。1789年5月19日にパリ市の三部会第三身分議員に選出された。この年の1月、かれは有名な小冊子『第三身分とは何か』を上梓していた。制憲議会では憲法委員会に属し、国民公会議員、次いで革命暦4年には500人議会議員に選ばれたが、革命期の困難な時代は目立たないように過ごした。かれはボナパルトの政権掌握を支援し、ボナパルトはかれを執政に任命したが、やがて権力から遠ざけ、護憲元老院の議員に任命した。

(71) AN, Archives Sieyès, 284 AP/5.

(72) この会議は革命暦8年霜月《フリメール》にボナパルト邸で開催され、15人が参加した。長老会議の憲法部会メンバー5人（ガラ、ローサ、ルメルシエ、ルノワール＝ラロシュ、レニエ）と500人議会の7人（リュシアン・ボナパルト、ドーヌー、ブーレイ・ド・ラ・ムルト、シャザル、シェニエ、シャボー＝デュ＝ガール、カバニス）、そして執政3人である。Jean Bourdon, *La Constitution de l'An VIII*, Rodez, Carrère éditeur, 1942, pp. 13-37.

(73) François Piétri, *Napoléon et le Parlement ou la dictature enchaînée*, Paris, Fayard, 1955, pp. 42 et 54.

は、フランス人の資格の喪失（たとえば、外国への帰化）と、政治的市民としての資格のみの喪失（公民権停止を含む刑への有罪判決もしくは欠席裁判による判決の場合）との理由が混在していた。

(62) 1793年6月のジャコバン派制憲議会議員たちは、1793年4月にランジュイネがこの語の2つの意味を混同している憲法草案を批判して述べた留保を、考慮しなかった。「厳密な意味でいえば、参政権を行使することを認められた者だけを指している。[……] 一言でいえば、主権者集団の一員ということになります[……]。一般には、ある国の市民、すなわちその国に住む人々の一般法によって、年齢、性別、理性にかかわらず、律される一員となるには、[……] 外国人でなく、外国人にならず、さらに民事上死んでいなければよいのです」。AP, t. 63, pp. 563-564.

(63) これより以前、1793年6月24日の憲法令第4条は、たとえば次のように定めていた。「フランスで出生し、フランスに住所をもつ満21歳の者は [……] フランス市民としての権利行使が認められるものとする」。革命暦3年憲法第8条は、次の通り定めていた。「フランスで出生、居住し [住所を有する、ではない]、満21歳で居住する小郡の登録簿に登録し、それ以後共和国の領内に1年間居住して直接税、不動産税もしくは個人税を納めている者は、フランス市民とする」。革命暦8年憲法第2条は、こう定めていた。「フランスで出生、居住し、満21歳で居住する市町村が属する郡の登録簿に登録し、それ以後1年間共和国の領内に居住した者はフランス市民とする」。

(64) この解釈を主張する立場に関しては、例として以下を参照されたい。Michel Borgetto, « Être français sous la Révolution », *Crises*, n° 2, 1994, PUF, pp. 80 s., および Michel Troper, « La notion de citoyen sous la Révolution française », in *Études en l'honneur de Georges Dupuis, Droit public*, préface de Georges Vedel, Paris, LGDJ, 1997, pp. 301-322.

(65) Vida Azimi, « Le suffrage "universaliste", les étrangers et le droit électoral de 1793 », in *La Constitution du 24 juin 1793, l'utopie dans le droit public français?* Jean Bart, Jean-Jacques Clère et Michel Verpeaux éd., Acte du colloque de Dijon, 16 et 17 septembre 1993, Dijon, 1997, pp. 204-239.

(66) Pierre-Antoine Fenet, *Recueil complet des Travaux préparatoires du Code civil*, Paris, Videcoq, 1836, t. VII, p. 3.

(67) トロンシェはこの分離を正当化した。なぜなら、「旧法制は民事的権利と政治的権利を混同していた。そして、いずれの行使も同じ条件で行なわれるとしていた」。Fenet, *op. cit.*, t. VII, pp. 32-33. トロンシェが望んだ生地主義との訣別が、憲法との乖離の原因だろうか。いずれにしても、立法府は、たとえば1793年から1796年の間、3件の民法典の草案を検討した。いずれもカンバセレスが報告者で、革命期でも非常に異なる状況下で検討された。最初の草案は1793年6月の山岳派憲法の採択直後に、8月9日に立法委員会の名において国民公会に提出されたが、1793年11月3日に審議中止となった。2つ目の草案は革命暦2年実月《フリュクティドール》外国人のフランス人の資格を判断するにあたり、1793年憲法を考慮しなかった。

(52) ドゥエー裁判所判決の一節。前述の裁判所のうちで、オルレアン裁判所だけが外国人によるフランス人の資格を取得する意思表示が必要だと判断した。

(53) コルマール裁判所の1829年10月13日の判決（Dal. 1830. 2. 25）より抜粋。

(54) エクス裁判所、1858年8月18日の正式弁論（Sir. 1858. 2. 519）。

(55) 1790年の法律は、1791年9月2日までの間に、1786年以前からフランスに住所をもっていた外国人全員を取り消し不可能な形で帰化させた。1786年から1788年の間にフランスに入国した外国人は、その意思表示をした者に限り、1791年から1793年の間にフランス人となった。1793年8月10日に1793年憲法が公布された時点において引き続きフランスに住所をもっていた場合には、外国人は自動的にフランス人となった。同様に、1793年8月10日から1795年9月22日、すなわち革命暦3年実月《フリュクティドール》5日の憲法が公布される前日までの間に、最低1年間フランスに住所をもっていた外国人は自動的にフランス人となった。

(56) バスティア市長は、1821年8月11日に、県徴兵審査会に宛てた意見書（AN, F9 170）で、こうした規則に暗に触れることで、その復活を求めた。ノール県知事も、内務大臣宛て文書で同様の要請を行なっている（AN, F9 227）。

(57) また、新憲法は以前は立法府の権限とされていた名誉帰化の制度を取り消した。エルマンは（かれはこれを褒賞帰化と称した）この制度の復活を審議の際に要求したが、成功しなかった。ランジュイネはかれにこう答えている。「この制度は策略に扉を開くものです。これまでも、厄介な経験をしてきました」。そして、かれの提案は否決された。革命暦3年憲法の各条文に関する審議の全容は、以下に収録されている。*Esprit de la Constitution ou Recueil exact et complet de la Discussion qui a eu lieu à cet égard dans la Convention, depuis le 16 messidor jusqu'au 23 fructidor, an III de la République*, t. 1, Paris, Dupont imprimeur, pp. 184-195.

(58) この新たな手続きは、憲法の主たる起草者だったピエール＝フランソワ・ドーヌーの提案により、激しい議論の末に採択された。何人もの国民公会議員が、「フランス市民の資格」を得るための条件が緩すぎると考えた。ラカナルとともに、マイユは居住期間が「いかにも短い」と評価した。「英国政府は、7年の間に、難なくフランス社会に混乱と、分裂と、解体を引き起こす分子をまき散らすことができるのです」。これに応じたドーヌーは、「敵国が7年の間、市民としての権利を行使できるようになるまで、外国人工作員を養うことは困難」だと述べた。かれは、「21歳未満の時期の居住期間は考慮の対象外であり、居住の意思表示を行なうには21歳になっていなければならない」と指摘した。こうして、この条文は可決された。

(59) Dietrich-Chénel et Varnier, *op. cit.*, t. 1, p. 20.

(60) さらに、主権を有する政治的集団の一員である能動的市民は、追加的条件を満たさなければならなかった。フランス人男性で、25歳以上、3日分の労働に相当する賃金の額を上回る直接税を納めること、がそれである。

(61) 唯一の曖昧な点は、市民の資格の喪失に関するものであった。第2編第6条で

la révolution (1790-1799), Paris, LGDJ, 1987.

(47) メルランは、1806 年 3 月 22 日、破毀裁判所において同趣旨の結論を述べた。しかし、裁判所はかれの意見と同様に、妻の申し立てにもとづく離婚を有効だと認めたものの、その根拠は異なっていた。Comte Merlin, *op. cit.*, « Divorce, Sect. IV, §X », 3e éd., 1813, t. 4, pp. 789-790. かれの手法が認められたのは、1818 年 4 月 25 日の王立裁判所の判決を追認した 1819 年 4 月 27 日の破毀院判決によってである。「1790 年 5 月 2 日の法律がフランス人とみなされるべき外国人と、能動的市民として権利行使の承認を求める外国人を区別していることに鑑み、前者に対しては 2 つの条件、すなわち⑴王国内に連続して 5 年間居住していること、⑵家屋を所有しているか購入し、あるいはフランス人女性と結婚し、もしくは商店を開業したこと、を課していることに鑑み［……］後者に対しては同様の条件に加えて、市民誓約を行なうよう求めていることに鑑み、その上で……」フランスにおいて能動的市民としての参政権を行使したいと望む外国人には市民誓約が義務づけられたが、フランス人としてのみ認められたいと望む者にはそうではなかった（Merlin, *op. cit.*, 4e éd., 1825, t. 17, add., pp. 217-218）。このケースに関しては、1766 年にフランス人女性と結婚し、1794 年に没するまでフランスに居住したエナン公に判決が適用された。上記の二条件を満たしていた公は、フランス人として亡くなった。

(48) 1791 年憲法に対するこのメルランの解釈は、1806 年のマクマホンに対する判決の結論部分に盛り込まれ、その後判例として定着した。1823 年 3 月 18 日パリ裁判所判決（Dal. 1823. 2. 150）、1824 年 2 月 13 日レンヌ裁判所判決（Dal. 1824. 2. 92）、1835 年 4 月 7 日リオン裁判所判決（Dal. 1836. 2. 57）、1835 年 5 月 19 日ドゥエー裁判所判決（Dal. 1836. 2. 66）、1825 年 12 月 22 日ニーム裁判所判決（Sir. 1825. 2. 164）および法解釈。

(49) この条文は、さほど議論の対象とはならなかった。テュリオの提案により、当初案の「居住する réside」が「…を住所とする est domicilié」に修正されたにとどまった。「私の意見では、その人物の置かれている現状を明確にする必要があります。なぜなら、富裕な人物は多くの労働者や召使いを雇っており、自分のために投票させることが可能だからです。こうした不正を予防するべきです。私は、居住する、という語を住所とする、に置き換えることを提案します。住んでいるアパルトマンを自分で借りるか、住んでいる家屋を自分で買っていなければならないのです」。AP, t. 66, p. 283.

(50) コルマール裁判所の 1829 年 10 月 13 日の判決（Dal. 1830. 2. 25）。

(51) リヨン裁判所 1827 年 11 月 10 日（Dal. 1828. 2. 14）、コルマール裁判所 1829 年 10 月 13 日（Dal. 1830. 2. 25）、オルレアン裁判所 1830 年 6 月 25 日（Sir. 1830. 2. 461）、ドゥエー裁判所、正式弁論、1840 年 11 月 23 日の判決（Dal. 1841. 2. 162）、リヨン裁判所、1841 年 11 月 26 日の判決（Dal. 1843. 2. 8）、エクス帝国裁判所、1858 年 8 月 18 日の正式弁論（Sir. 1858, 2, 519）。逆に、1826 年 6 月 22 日のモンペリエ裁判所の判決（Sir. 1827. 2. 94）は、1789 年以降フランスに定住した

みる勇気をもつ人」の役割について、こう語っている。「かれは人が元来もっていた力を奪い取り［……］それに代えて、他者の助力なしには行使できないなじみがなかった力を与えなければならない」。さらに、国家における立法者の特別な性格を強調した後、「法を支配する者は、人間に命令を下してはならない」とし、かれはギリシャの大半の都市には、立法の仕事を外来者に任せていたと指摘する。「イタリアの近代共和国は、この手法をしばしば取り入れた。ジュネーヴも同様にして、その結果は良好だった」。これから刊行される図書で、この点について論を展開したボニー・ホーニグに筆者は感謝する。Bonnie Honnig, *No Place Like Home : Democracy and the Place of Foreigners*, Princeton, Princeton University Press, 2002. Jean Carbonnier, « À beau mentir qui vient de loin ou le mythe du législateur » in *Essai sur les Lois*, Paris, Répertoire du Notariat Defrénois, 1979 も参照。

(40) クロード＝ベルナール・ナヴィエ（1756-1793 年）は、1791 年 8 月 31 日に、コート＝ドール県から立法議会に選出され、穏健派に属した。かれは議員任期満了時に、破毀裁判所判事に任命された。

(41) AN, BB11 2. ナヴィエはフィリポ・ブオナロッティ、プリーストリー（息子）、コンラッド・ド・ローブの申請についての報告書において、さらに 2 つの考えを明らかにしている（ブオナロッティだけが、1793 年 5 月 27 日にフランス市民権を認められた）。a)「市民の数を増やすことによって人口を増加させることは、国家にとってつねに重要である」。b)「わが憲法の支配の下で暮らしたいと求める外国人を拒絶することは、わが憲法のいわば原理を侵犯しようとするものだ。その根源になっているのが人権宣言であることにより、憲法は万人の所有物となったのである」。

(42) Sophie Wahnich, *L'Impossible Citoyen : l'étranger dans le discours de la Révolution française*, Paris, Albin Michel, 1997, livre 2.

(43) AP, t 76, p. 641.

(44) AP, t 88, p. 545.

(45) Fœlix, *Traité de droit international privé*, Paris, Marescq aîné, 1866, p. 322.

(46) フィリップ＝アントワーヌ・メルラン（1754-1838 年）は三部会、憲法制定議会、さらに国民公会でドゥエー選出の議員を務めた。かれは、立法委員会で重要な役割を果たした。1795 年には司法・警察相、1798 年 9 月 5 日から 1799 年 6 月 18 日まで総裁政府で総裁を務め、1801 年には破毀裁判所の法院検事長の任にあった。1784-1785 年に、メルランは『民事、刑事、教会法及び教会禄に関する判例大全』（*Répertoire universel et raisonné de jurisprudence en matière civile, criminelle, canonique et bénéficiale*, Paris, Visse, 1re éd., 17 vol., 1784-1785）を著した元判事ジョゼフ＝ニコラ・ギュイヨの周囲に集まった法学者、法律実務家、弁護士のグループの一員だった。1812 年以降、メルラン伯爵は、自ら『判例大全』（Répertoire universel et raisonné de jurisprudence, Paris, Garnery, 1812-1815, 17 vol.）を刊行した。以下を参照。Louis Gruffy, *La vie et l'œuvre de Merlin de Douai (1754-1838)*, Paris, Duchemin, 1934 および Jean-Louis Halpérin, *Le Tribunal de cassation et les pouvoirs sous*

に作用したというものである。議会は、ハミルトンがジェファーソンよりも革命に好意的だと考えた可能性がある。R. R. Palmer, *The Age of Democratic Revolution : A Political History of Europe and America. 1760-1800*, II, Princeton University Press, Princeton, 1964, p. 55.

(36) これ以降、国民公会が採択したデクレは3件に限られた。1793年2月17日のアメリカ人ジョエル・バーローに関するもの（バーローに対する、1793年2月17日の審議における賛辞を参照のこと。バーローは第一帝政期に駐仏米国大使となる）、1793年5月27日のイタリア人フィリポ・ブオナロッティに関するもの（コルシカ行政府の長だったブオナロッティは、すでに1791年9月9日に申請を行なっていた）、1793年6月10日のベルギー人ピエール・プルヴィエに関するものである（Dietrich-Chénel et Varnier, *op. cit.*, vol. 6, pp. 215-233を参照）。

(37) 1784年、メリーランド州立法議会は、« An Act to naturalize major-general the marquis de La Fayette and his heirs male for ever » を採択した。この「市民権」は、1788年の連邦宣言の際に米国市民権となった。より近年では、1963年に米国議会がウィンストン・チャーチルに名誉市民権を与えた。Pub. L. n° 88-6, 77 Stat. 75 :「合衆国大統領は、本決議により、サー・ウィンストン・チャーチルがアメリカ合衆国の名誉市民となることを声明により公表するよう許可され、また要請されるものである」（原文英語）。

(38) この名誉市民権の行使条件は、タルボット対ジャンセン判決3 U. S. (3 Dallas) 133, 164-65 (1795) の際に、最高裁判所の判事によって提起され、フランス市民となったアメリカ人の状況に比較された。これは、判事一人ひとりが、裁判所の判決についてコメントができた時代のことである。ラ・ファイエットの置かれた法的状況について、イレデル判事は次の意見を述べた。「かれは、自らの責任において、この新しい国の市民となりました。かれが、法に則り生来の国籍を放棄したならば、この行為は完全なものとなったことでしょう。そうでなければ、この行為はかれが生来負うべき忠誠に左右されることになります。この忠誠という言葉の意味は、合衆国市民を社会の構成員として結びつける絆を指すものです。市民としての権利が、自由にかつ名誉を伴って不運なラ・ファイエット侯爵に認められたときに、これがかれを自らの国の臣民もしくは市民として呑み込んでしまうと想像した人があったでしょうか。かれがこの国に来るたびに、そして居住するとの選択を行なうたびに、そのことによりかれは市民とみなされ、それ以外のものとはみられないのです。わが国、またその他の国の偉大な人々にフランス共和国が贈った市民権とそれに付随する権利についても、同じ結果が伴うものと、私は考えます。[……] いくつかの好ましからぬジレンマが、この二重の市民権により生ずる可能性がありますが、原理原則については、すでに述べたように、法と理性によって保証されているように私には思われます。そして、もし何らかの困難が発生するならば、ここで問題にされている権利の行使を規定する法令の重要性が、より明確に示されることになるのです」（原文英語）。

(39) ルソーは、『社会契約論』第2編第7章で、「一つの国民を形成しようとこころ

(27) この措置が示すものについて若干不明瞭な点があるとするなら、その数カ月後、この措置が憲法に盛り込まれた時点で行なわれた 1791 年 8 月 9 日の審議は、疑問の余地を残さなかった。議員のガラ（兄）は、トロンシェの支援を受けて、この条文から「宗教上の理由による」との文言を削除するよう提案した。フランス人の資格を回復するための権利を「プロテスタントの子孫だけに限定するのでなく、フランス人の子孫全員に」広げるためである。ル・シャプリエは議会多数派の支持を得て、これに反対した。かれは「この文言を、われわれが遺憾に思うルイ 14 世の政府が行なった迫害に対する補償として、維持されること」を求めた。AP, t. 29, pp. 302-303.

(28) 1791 年 6 月 6 日、国民議会は、刑法草案に関する審議の最中、1790 年 9 月 23 日に議会の各委員会からの代表者 1 名からなる憲法委員会に最初の憲法草案の起草を指示し、「フランス人とするものは何か、どのようにしてフランス人となり、フランス人であることをやめるのか」という問題を扱うよう求めた。Charles de Lameth, AP. t. 27, 6 juin 1791, p. 1.

(29) 第 2 編第 2 条である。憲法草案は 1791 年 8 月 5 日に上程され、第 2、3、4 条に関する審議は、国民議会で 1791 年 8 月 9 日および 10 日に行なわれた。AP, t. 29, pp. 321-335.

(30) アンシアン・レジーム下では、フランス人の資格を与える基準は、高等法院の所管する地域によって、運用に差異が存在した。

(31) マリー＝ジョゼフ・シェニエ（1764-1811 年）は、詩人アンドレ・シェニエの弟で、革命のための歌と 2 編の戯曲（「シャルル 9 世」と「カイウス・グラックス」）で知られた。セーヌ＝エ＝オワーズ県から国民公会議員に選出され、王の死刑に賛成票を投じ、共和派で、反ロベスピエール派だった。かれは断頭台の上で亡くなった兄よりも生き延び、立法院議員に選ばれ、長老会議議員を務めた。ブリュメール 18 日のクーデタを容認したが、すぐに反対派に回った。« Chénier » *in* Auguste Kuscinski, *Dictionnaire des conventionnels*, Paris, Rieder, 1917, pp. 135-136.

(32) François Furet et Denis Richet, *La Révolution française*, Paris, Hachette-Pluriel, 1963, p. 153.

(33) Jean Tulard, Jean-François Fayard et Albert Fierro, *Histoire et Dictionnaire de la Révolution française*, Paris, Robert Laffont, 1987, p. 606.

(34) このデクレが採択されるにあたっては、反対（ラスルスとバジール）あるいは留保（テュリオ）もみられた。AP, t. 48, pp. 688-691.

(35) Albert Mathiez, *La Révolution française et les étrangers*, pp. 15-16 を参照。Karin Dietrich-Chénel et Marie-Hélène Varnier, *Intégrations d'étrangers en France par naturalisation ou admission à domicile de 1790/1814 au 10 mai 1871*, Thèse, Université d'Aix-Marseille 1, 1994, vol. 6, pp. 219-220 を参照。米歴史家ロバート・R・パルマーは、なぜハミルトンに名誉市民権が与えられたのに、フランスではるかによく知られていたジェファーソンには与えられなかったのかという問題を提起している。パルマーの仮説は、ラ・ファイエットがジェファーソンと親しかったことが不利

pp. 252-258.

(17) 以下を参照。Laurent Dubois, *Les Esclaves de la République, l'histoire oubliée de la première émancipation*, Paris, Calmann-Lévy, 1998.

(18) しかしながら、ピエール・ロザンヴァロンは、1791年憲法は、当時の25歳以上、すなわち投票可能な年齢の男性600万人のうち、450万人近くに投票権を与えたと指摘している。当時フランスの人口は2600万人だった。Pierre Rosanvallon, *Le Sacre du citoyen*, *op. cit.*, p. 5.

(19) フランス市民となるため外国人に求められる条件に関するデクレ、AP, t. 15, p. 340, 1790年4月30日の会議。

(20) ピーター・サーリンズは、いくつかの個人の帰化のケースでは、1790年7月までは王が署名していたことを明らかにした。1790年4月30日–5月2日のデクレは、歴史の皮肉というべきか、王の勅書の形で、つまり王による帰化承認状として公表された。したがって、このデクレはアンシアン・レジームの王政による最後の帰化決定であるとも、新体制における最初の帰化決定であるともいえる。Sahlins, *op. cit.*, chap. 1.

(21) Fœlix, « De la naturalisation collective et de la perte collective de la qualité de Français. — Examen d'un arrêt de la Cour de cassation du 13 janvier 1845 », *Revue de droit français et étranger*, t. 2, Paris, Joubert, pp. 321-347.

(22) 他国者の遺産没収権に関する一部の二国間協定は、居住先国の取り分として10%を留保するとしていた。これが、外国人財産分割徴収権である。J. G. Locré, *Esprit du Code Napoléon, 1805-1808*, t. 1, p. 281.

(23) スコットランド、ネーデルラント連邦共和国、スイスのカトリック諸州。

(24) 特定の特権は、リヨン定期市での外国人商人、あるいは遺産没収権の適用外の地域で労働もしくは居住する外国人、あるいは特定の時期、特定の州、また一部の都市（1474年以降のボルドー、1552年以降のメッス、1662年以降のダンケルク、1669年以降のマルセイユ）に関するものである。また、外国人がフランスが領有権を主張している地域で生まれた場合には、フランス領内に居住するだけでフランス人になることができた（定住した時点で、居住地がフランス国境の内側にあった場合）。これは、政治的な問題であった。もし国が彼らに遺産没収権を行使したなら、当事者の出生地に対してフランスが権利をもたないことを事実上認めることになるからだ。そのため、フランドルやミラノ地方で生まれた住民は、宣告承認状（これは国による宣告である）を受領した。宣告承認状を受け取った者は、初めからフランス人だったとみなされた。

(25) スペインとデンマークが1742年に、オランダが1773年に、ロシアが1787年に全面的免除の協定に署名した。

(26) 免除は、遺産没収権の10%に相当する外国人財産分割徴収権の行使により行なわれた。オーストリア（1766年）、ポーランド（1777年）、アメリカ合衆国、ポルトガル（1778年）、バイエルン（1778年）、そして他のドイツ諸邦との間に、協定が結ばれた。

れた政治上の措置によりゆがめられた。1685年にナントの勅令が廃止されてから、1787年に新教を許容する勅令が出されるまで、王はカトリック教徒にのみ帰化承認状を授けることができるとされた。ピーター・サーリンズは、運用はよりリベラルで、承認状はプロテスタントにも、また1760年以降ユダヤ人にも、右の条件にとらわれずに、王国もしくはその臣下の利益に応じて授けられたことを明らかにした。以下を参照。Peter Sahlins, « Fictions of a Catholic France : the Naturalization of Foreigners in Ancien Régime France », *Représentations*, n° 47 (1994), pp. 85-110.

(10) 帰化を認める権限を王が独占するようになったのも、フランソワ1世の時代である。原理的には14世紀以来王の独占権だったが、大貴族さらには地方長官のとる措置により異議申し立てを受ける状態にあった。最終的には王の独占権となり、市民証書 (lettre de bourgeoisie) にとって代わった。以下を参照。Jean-François Dubost, « Étrangers en France », art. cité.

(11) Peter Sahlins, « La nationalité avant la lettre : les pratiques de naturalisation en France sous l'Ancien Régime », *Annales HSS*, n° 5, septembre-octobre 2000, pp. 1081-1108 ; *Unnaturally French : Foreign Citizens, op. cit.*

(12) 法的には、帰化宣告承認状は必ずしもつねに必要なわけではなかった。安全のため、帰化承認状は「他の申請者、王国の税務当局、あるいは修道院の役職を獲得する上での競争相手から身を守るために」求められた。宣告承認状は、定住以前にフランス人の資格を有していたことを認めるもので、外国人をフランス人にする帰化承認状はそうではなかった。以下を参照。Jean-François Dubost, « Étrangers en France », art. cité ; Sahlins, « La nationalité avant la lettre », art. cité.

(13)「国民公会議員の多数に［……］過去と断絶しようとの意志があった［……］多かれ少なかれ封建制と関わりのあるものは、消滅すべきだった」と、民事法制に関する国民公会議員の意識についてジャン＝ルイ・アルペランは述べている。Jean-Louis Halpérin, *L'impossible Code civil*, Paris, PUF, 1992, préface de Pierre Chaunu, pp. 87-88.

(14) 以下を参照。Marcel Garaud, *Histoire générale du droit privé français, La révolution et l'égalité civile*, avant-propos de Georges Lefebvre, Paris, Sirey, 1953.

(15) 1789年には、フランスには依然として150万人の農奴が存在した。個人としての隷属は、1789年8月4日に原理的に廃止されたが、実際に廃止されたのは1790年3月15日のデクレによってである。Jacques Godechot, *Les Institutions de la France sous la Révolution et l'Empire*, Paris, PUF, 1951, p. 8.

(16) ユダヤ人の統合は、二段階で行なわれた。フランスでポルトガル系、スペイン系もしくはアヴィニョン系と呼ばれていたユダヤ人は、1790年1月28日に市民権を得た。そして、1791年9月27日には、国民議会は「市民誓約を行なう個人のユダヤ人に対しては、従来のデクレが定めていた延期、留保および除外をすべて廃止する」ことを決定した。以下を参照。Philippe Sagnac, *La législation civile de la Révolution française (1789-1804). Essai d'histoire sociale*, Paris, Hachette, 1898,

Sociologie de la nation, Paris, Armand Colin, 1999 を参照。

(8) 市民権の歴史については Pierre Rosanvallon, *Le Sacre du citoyen. Histoire du suffrage universel en France*, Paris, Gallimard, 1992 を、その今日的展開については Fred Constant, *La Citoyenneté*, Paris, Montchrestien, 2000 を参照。

1. アンシアン・レジームから民法典へ――フランス人の二つの革命

(1) カロリング朝時代（820 年）には、「他国者」« aubain » の語は帝国外部の者を意味していた。その後、13 世紀中葉まで、領主の領地外で出生した者を指した。徐々に、これを王が占有するようになる。以下を参照。Jean-François Dubost, « Étrangers en France », *in* Lucien Bély (dir.), *Dictionnaire de l'Ancien Régime*, PUF, 1996, pp. 518-522. 王国内に居住する外国人と他国者は、完全に一致するものではまったくない。一部の外国人は他国者の遺産没収を免除される一方で、一部のフランス人は正式な婚姻外で、あるいは外国で生まれたとの理由で遺産没収の対象となった。以下を参照。Jean-François Dubost et Peter Sahlins, *Et si on faisait payer les étrangers : Louis XIV, les Immigrés et quelques autres*, Paris, Flammarion, 1999, pp. 65-66.

(2) 当該外国人が遺産没収を免除されていた場合は別である。近代における遺産没収権については、以下を参照。Jean-François Dubost et Peter Sahlins, *op. cit.*, chap. 3.

(3) アンシアン・レジーム下の国籍をめぐる法解釈について、また 1819 年に廃止されるまでの他国者の遺産没収権の歴史については、以下を参照。Peter Sahlins, *Unnaturally French : Foreign Citizens, op. cit.*

(4) 単に住所があるだけでは認められなかった。

(5) Marguerite Vanel, *Histoire de la nationalité française d'origine, Évolution historique de la notion de Français d'origine du XVIe siècle au Code civil*, préface de Jean-Pierre Niboyet, Paris, Ancienne Imprimerie de la Cour d'Appel, 1946, p. 8 および Dubost et Sahlins, *op. cit.*, p. 66 を参照。

(6) しかしながら、この判例が一般化するには時間がかかった。たとえば、1670 年 8 月 21 日のルーアン高等法院《パルルマン》の判決は、両親の結婚がフランスで行なわれたことが条件だとした。以下を参照。Vanel, *op. cit.*, p. 9.

(7) *Ibid.*, p. 50.

(8) 同じ 16 世紀初頭、王たちは自分の家族で外国の王子や王と結婚した者の子孫、さらには外国に付き従った従者たちまで、フランス人とみなす優遇措置を与えていた。1576 年 5 月に、アンリ 3 世は勅令により、宗教戦争のために外国に出国した人々の子どもたちを、外国生まれにもかかわらずフランス人とみなすと決定した。こうした前例が、判例の変化をうながした。Vanel, *op. cit.*, p. 50 および « Le Français d'origine dans l'ancien droit français (XVe-XVIIIe siècle) », *RCDIP, XXXV*, 1940-1946, pp. 220-231.

(9) こうした血統主義の適用は、宗教上の理由で出国したフランス人に対してとら

原　注

序　論

(1) Valéry Giscard d'Estaing, « Immigration ou invasion? », *Le Figaro Magazine*, 21 septembre 1991.

(2) Décision 93-321 DC du 20 juillet 1993, *JO*, 23 juillet 1993, p. 10391.

(3) Alain Finkelkraut, audition devant la Commission de la Nationalité 16 octobre 1987, in *Être Français aujourd'hui et demain* 1, Paris, 1988, pp. 595-601, et « Sur un vers de Racine », *Le Monde*, 29 ovtobre, 1987.

(4) Rogers Brubaker, *Citoyenneté et Nationalité en France et en Allemagne*, Paris, traduit de l'anglais par Jean-Pierre Bardos, Berlin, 1997〔ロジャース・ブルーベイカー（佐藤成基・佐々木てる監訳）『フランスとドイツの国籍とネーション——国籍形成の比較歴史社会学』明石書店、2005 年〕; Miriam Feldblum, *Reconstructing Citizenship : The Politics of Nationality Reform and Immigration in Contemporary France,* SUNY Press, Albany (NY), 1999 ; Gérard Noiriel, *Le Creuset fraçais. Histoire de l'immigration (XIXe-XXe siècles)*, Paris Le Seuil, 1988〔ジェラール・ノワリエル（大中一彌・川﨑亜紀子・太田悠介訳）『フランスという坩堝——19 世紀から 20 世紀の移民史』法政大学出版局、2015 年〕; G. Noiriel, *La Tyrannie du National. Le droit d'asile en Europe, 1793-1993*, Paris, Calmann-Lévy, 1991 ; Peter Sahlins, *Unnaturally French : Foreign Citizens in the Old Regime and After*, Ithaca and London, Cornell University Press, 2004. また以下のものも挙げておく。Jean-Charles Bonnet, *Les Pouvoirs publics français et l'immigration dans l'entre-deux-guerres*, Éd. de l'Université de Lyon II, Lyon, 1976 ; Bernard Laguerre, « Les dénaturalisés de Vichy 1940-1944 », *Vingtième Siècle*, n° 20, octobre-décembre 1988, pp. 3-15 ; Danièle Lochak, *Étrangers de quel droit ?*, Paris, PUF, 1985 ; Hélène Morère, *La loi du 10 août 1927 sur la nationalité,* mémoire de maîtrise sous la direction de Jacques Girault et d'Antoine Prost, Paris, Université de Paris I, 1985-1986 ; Claude Goasguen, *Les Français au service de l'étranger sous le Premier Enpire: législation et pratique,* thèse de doctorat de droit, Université de Paris II, 1976 ; Cécile Mondonico, *La loi du 26 juin 1889 sur la nationalité*, mémoire de maîtrise dirigé par Jacques Marseille, Université de Paris I (Panthéon-Sorbonne), octobre 1990.

(5) グロッサリー〔本訳書では省略〕を参照。

(6) Jean-Paulin Niboyet, *Traité de droit international privé français*, Tome I, *Sources, Nationalité, Domicile*, Paris, Sirey, 1938, p. 110.

(7) この二者の関係の正当化としては、Dominique Schnapper, *La Communauté des citoyens*, Paris, Gallimard, 1994 を、ナシオンの観念については、Gil Delannoi,

——, « Races at the Gate : A Century of Racial Distinctions in American Immigration Policy (1865-1965) », *Georgetown Immigration Law Journal*, Vo. 15, été 2001, n° 4, pp. 625-648.

——, « Access to Citizenship : A Comparison of Twenty-Five Nationality Laws », in *Citizenship Today : Global Perspectives and Practices*, T. Alexander Aleinikoff and Douglas Klusmeyer (ed.), Carnegie Endowment for International Peace, Washington, DC, 2001.

WEISS, André, *Traité théorique et pratique de droit international privé*, 2e édition, Paris, Librairie Larose et Tenin, 1907.

WERNER, Auguste-Raynald, *Essai sur la réglementation de la nationalité dans le droit colonial français*, thèse de doctorat en droit de l'université de Genève, Toulouse, Imprimerie Boisseau, 1936.

WIHTOL DE WENDEN, Catherine (dir.), *La Citoyenneté*, Fondation Diderot, Paris, Edilig, 1988.

1975, pp. 197-214.
THOMAS, Elaine Renee, *Nation after Empire : The Political Logic and Intellectual Limits of Citizenship and Immigration Controversies in France and Britain, 1981-1989*, Ph.D. Dissertation, université de Californie, Berkeley, 1998.
THOMAS, Yan, « Le droit d'origine à Rome. Contribution à l'étude de la citoyenneté », *RCDIP*, 84, (2) avril-juin 1995, pp. 253-290.
—— , *« Origine » et Commune Patrie », Étude de Droit public romain (89 av. J.-C.-212 ap. J.-C.)*, Rome, Collection de l'École française de Rome, 221, 1996.
TRIBALAT, Michèle (dir.), *Cent ans d'immigration, étrangers d'hier, Français d'aujourd'hui*, Paris, INED-PUF, 1993.
—— , *Faire France, Une enquête sur les immigrés et leurs enfants*, Paris, La Découverte, 1995.
TRINH, Dinh Thao, *De l'influence du mariage sur la nationalité de la femme*, Aix-en-Provence, Éditions Paul Roubaud, 1929.
TROPER, Michel, « La notion de citoyen sous la Révolution française », in *Études en l'honneur de Georges Dupuis, Droit public*, préface de Georges Vedel, Paris, LGDJ, 1997, pp. 301-322.
VANEL, Marguerite, *Histoire de la nationalité française d'origine, évolution historique de la notion de Français d'origine du XVIe siècle au Code civil*, préface de Jean-Pierre Niboyet, Paris, Ancienne Imprimerie de la Cour d'Appel, 1946.
—— , « Le Français d'origine dans l'ancien droit français (XVe-XVIIIe siècle) », *RCDIP*, XXXV, 1940-46, pp. 220-231.
VIET, Vincent, *La France immigrée, Construction d'une politique 1914-1997*, Paris, Fayard, 1998.
VIOLLETTE, Maurice, *L'Algérie vivra-t-elle ? Notes d'un ancien gouverneur général*, Paris, Félix Alcan, 1931.
WATSON, Alan, *Legal Transplants*, Edinburgh, Scottish Academic Press, Charlottesville, University Press of Virginia, 1974.
—— , *Legal Origins and Legal Changes*, Londres (Royaume-Uni) et Rio Grande (Ohio, É.-U.), Hambledon Press, 1991.
WEIL, Alfred, « Des ambiguïtés de la dénationalisation allemande », *JDIP*, 1916, pp. 69-72.
WEIL, Patrick, *La France et ses étrangers, L'aventure d'une politique de l'immigration de 1938 à nos jours*, Paris, Calmann-Lévy, 1991, Folio/Gallimard, 1995.
—— , « L'ordonnance du 19 octobre 1945 : affinement juridique », *Plein Droit*, novembre 1995, pp. 44-45.
—— , *Rapports au Premier ministre sur les législations de la nationalité et de l'immigration*, Paris, La Documentation française, 1997.
—— , et HANSEN, Randall (dir.), *Nationalité et Citoyenneté en Europe*, Paris, La Découverte, coll. « Recherches », 1999.

Napoléon, Paris, Charles Hingray Libraire-éditeur et Leipzig, Brockhaus et Avenarius, Libraires, 1840.〔=2011、『日本立法資料全集』別巻 672-679、信山社出版〕

SAVIGNY, (von) Friedrich Karl, *Traité de droit romain*, traduit de l'allemand par Ch. Guenoux, Paris, Firmin-Didot, 8 vol., pp. 1840-1851.〔=1993-2009、小橋一郎訳『現代ローマ法体系』第 1-8 巻、成文堂〕

SAYAD, Abdelmalek, *L'Immigration et les Paradoxes de l'altérité*, Bruxelles, éditions De Boeck, 1991.

—— , *La Double Absence. Des illusions de l'émigré aux souffrances de l'immigré*, préface de Pierre Bourdieu, Paris, Le Seuil, 1999.

SCHNAPPER, Bernard, *Le Remplacement militaire en France, Quelques aspects politiques, économiques et sociaux du recrutement au XIXe siècle*, Paris, SEVPEN, 1968.

SCHNAPPER, Dominique, *La France de l'intégration*, Paris, Gallimard, 1991.

—— , *La Communauté des citoyens : sur l'idée moderne de nation*, Paris, Gallimard, 1994.〔=2015、中嶋洋平訳『市民の共同体――国民という近代的概念について』（叢書・ウニベルシタス、1026）法政大学出版局〕

SCHNEIDER, William H., *Quality and Quantity : the Quest for Biological Regeneration in Twentieth Century France*, Cambridge, Cambridge University Press, 1990.

SCHOR, Ralph, *L'Opinion publique française et les étrangers en France 1919-1939*, Paris, Publications de la Sorbonne, 1985.

SCHWARZFUCHS, Simon, *Les Juifs d'Algérie et la France, 1830-1855*, Jérusalem, Institut Ben Zvi, 1981.

SPIRE, Alexis et MERLLIÉ Dominique, « La question des origines dans les statistiques en France », *Le Mouvement social*, n° 188, juillet-septembre 1999, pp. 119-130.

SPIRE, Alexis et THAVE Suzanne, « Les acquisitions de nationalité depuis 1945 », in *Synthèses, Regards sur l'immigration depuis 1945*, publication de l'INSEE, n° 30, pp. 35-57.

STORA, Benjamin, *Histoire de l'Algérie coloniale (1830-1954)*, Paris, La Découverte, 1991.〔=2011、小山田紀子・渡辺司訳『アルジェリアの歴史――フランス植民地支配・独立戦争・脱植民地化』（世界歴史叢書）明石書店〕

—— , *Histoire de la guerre d'Algérie (1954-1962)*, Paris, La Découverte, 1993.

—— , *Le Transfert d'une mémoire, De l'« Algérie française » au racisme anti-arabe*, Paris, La Découverte, 1999.

TAGUIEFF, Pierre-André, « L'identité française », *Regards sur l'actualité*, n° 209-210, mars-avril 1995.

—— , « Catégoriser les inassimilables : immigrés, métis, juifs, la sélection ethnoraciale selon le docteur Martial », *Recherches sociologiques*, 1997/2, 57-83.

—— , (dir.), *L'Antisémitisme de plume 1940-1944, études et documents*, Paris, Berg International éditeurs, 1999.

TERRÉ, François, « Réflexions sur la notion de nationalité », *RCDIP*, 64 (2), avril-juin

Seuil, 1988.〔=2015、大中一彌・川﨑亜紀子・太田悠介訳『フランスという坩堝（るつぼ）――19 世紀から 20 世紀の移民史』（叢書・ウニベルシタス、1032）法政大学出版局〕

——, *La tyrannie du National. Le droit d'asile en Europe 1793-1993*, Paris, Calmann-Lévy, 1991.

——, *Les origines républicaines de Vichy*, Paris, Hachette Littératures, 1999.

——, *État, Nation et Immigration, vers une histoire du pouvoir*, Paris, Belin, 2001.

ORENTLICHER, Diane F., « Citizenship and National Identity » in *International Law and Ethnic Conflict*, David Wippman éd., Ithaca and London, Cornell University Press, 1998, pp. 296-325.

OUALID, William, *Législation industrielle*, Paris, Les Cours du droit, 1936-1937.

PAIRAULT, André, *L'Immigration organisée et l'Emploi de la main-d'oeuvre étrangère en France*, Paris, PUF, 1926.

PONTY, Janine, *Polonais méconnus, histoire des travailleurs immigrés en France dans l'entredeux-guerres*, Paris, Publications de la Sorbonne, 1988.

REDLICH, Fritz, « Towards Comparative Historiography. Background and Problems », *Kyklos*, vol. XI, 1958, fasc. 3, pp. 362-389.

RENAN, Ernest, *Qu'est-ce qu'une nation ?* (et autres textes choisis et présentés par Joël Roman), Paris, Presses Pocket, 1992.〔=1997、鵜飼哲訳「国民とは何か」E. ルナン・J. G. フィヒテ・E. バリバール・J. ロマン・鵜飼哲『国民とは何か』インスクリプト、河出書房新社〕

ROSANVALLON, Pierre, *L'État en France de 1789 à nos jours*, Paris, Le Seuil, 1989.

——, *Le Sacre du citoyen. Histoire du suffrage universel en France*, Paris, Gallimard, 1992.

ROUARD DE CARD, Edgard, *La Nationalité française*, Paris, A. Pedone et J. Gamber, 1922.

RUBY, Maurice, *L'Évolution de la nationalité allemande d'après les textes (1842 à 1953)*, Wervereis GMBH, Baden-Baden, 1953.

SAADA, Emmanuelle, *La « question des métis » dans les colonies française : socio-histoire d'une catégorie juridique (Indochine et autres territoires de L'Empire fraçais, années 1890, années 1950)*, thèse de doctorat d'histoire, École des Hautes Études en Sciences Sociales, 2001.

SAHLINS, Peter, *Frontières et Identités nationales : la France et l'Espagne dans les Pyrénées depuis le XVIIe siècle*, traduit de l'américain par Geoffroy de Lafourcade, Paris, Belin, 1996.

——, « La nationalité avant la lettre : les pratiques de naturalisation en France sous l'Ancien Régime », *Annales HSS*, n° 5, septembre-octobre 2000, pp. 1081-1108.

——, *Unnaturally French : Foreign Citizens in the Old Regime and After*, Ithaca et Londres, Cornell University Press, 2004.

SAINT-JOSEPH, Anthoine (de), *Concordance entre les codes civils étrangers et le code*

LE BRAS, Hervé, *Le Sol et le Sang*, La Tour d'Aigues, éd. de l'Aube, 1994.

LEFEBVRE-TEILLARD, Anne, « Jus sanguinis : L'émergence d'un principe (Éléments d'histoire de la nationalité française) », *RCDIP*, 82(2) avril-juin 1993, pp. 223-250.

LEQUETTE, Yves, « La nationalité française dévaluée », in *Mélanges Terré*, pp. 350-392.

LEROY-BEAULIEU, Paul, *L'Algérie et la Tunisie*, Paris, Guillaumin, 1887, p. 292.

LÉVY-ULLMANN, Henry, « Rapport sur le projet de loi portant refonte des textes relatifs à l'Acquisition et à la Perte de la Nationalité Française », *Extrait du Bulletin de la Société d'études législatives*, Paris, Rousseau, 1918.

LIPPE, Hans Heinrich, *Die preußische Heimatgesetzgebung vom 31. Dezember 1842*, 2 Tomes, iur. Diss. Göttingen, Hannover 1947.

LOCHAK, Danièle, *Étrangers de quel droit ?*, Paris, PUF, coll. « Politique d'aujourd'hui », 1985.

LONG, Marceau, *Être Français aujourd'hui et demain*, rapport de la Commission de la Nationalité au Premier ministre, Paris, Éd. UGE, 1988.

MARRUS, Michael R. et PAXTON Robert O., *Vichy et les Juifs*, Paris, Calmann-Lévy, 1981, traduit de l'anglais par Marguerite Delmotte.

MARTIAL, René, « Politique de l'immigration », *Mercure de France*, 15 avril 1935.

MAUCO, Georges, *Les Étrangers en France. Leur rôle dans l'activité économique*, Paris, Armand Colin, 1932.

——, *L'Assimilation des étrangers en France*, Paris, Société des Nations, 1937.

MAUPAS, Jacques, *La Nouvelle Législation française sur la nationalité*, Les Éditions internationales, Issoudun, 1941.

MAURY, Jacques, *La Semaine juridique*, Études doctrinales n° 165, 10.40 et n° 169, 11.40.

——, *Droit International Privé*, 3e année, faculté de droit de Toulouse, année 1946-1947.

MERLIN, Philippe-Antoine, *Répertoire universel et raisonné de jurisprudence*, Paris, Garnery, 1re éd. 1812-1815, 17 vol.

MILZA, Pierre, *Voyage en Ritalie*, Paris, Plon, 1993.

MONDONICO, Cécile, *La loi du 26 juin 1889 sur la nationalité*, mémoire de maîtrise dirigé par Jacques Marseille, université de Paris I, octobre 1990.

MORÈRE, Hélène, *La loi du 10 août 1927 sur la nationalité*, mémoire de maîtrise sous la direction de Jacques Girault et d'Antoine Prost, Paris, université de Paris I, 1985-1986.

MUÑOZ-PEREZ, Francisco et TRIBALAT Michèle, « Mariages d'étrangers et mariages mixtes en France : Évolution depuis la Première Guerre », *Population*, 3, 1984, pp. 427-462.

NASCIMBENE, Bruno (dir.), *Le Droit de la nationalité dans l'Union européenne*, Milan, Butterworths et Giuffrè Editore, 1996

NIBOYET, Jean-Paulin, *Traité de droit international privé français*, t. 1 : *Sources, Nationalité, Domicile*, Paris, Sirey, 1938.

NOIRIEL, Gérard, *Le Creuset français. Histoire de l'immigration (XIXe-XXe siècles)*, Paris,

HOFFMANN, Stanley, « Être ou ne pas être Français » (I et II), *Commentaire*, n° 70, été 1995, pp. 313-323 et n° 71, automne 1995, pp. 571-581.

INED, *Documents sur l'Immigration*, coll. Travaux et Documents Cahier n° 2, Paris, PUF, 1947.

JENNINGS, Eric, *Vichy sous les tropiques, La révolution nationale à Madagascar, en Guadeloupe, en Indochine 1940-1944*, Paris, Grasset, 2004.

JOPPKE, Christian, *Immigration and the Nation-State : The United States, Germany, and Great Britain*, Oxford, Oxford University Press, 1999.

JULIEN, Charles-André, *Histoire de l'Afrique du Nord, Tunisie, Algérie, Maroc*, Paris, Payot, 1931, préface de Stéphane Gsell.

—— , *Histoire de l'Algérie contemporaine, t. I : La conquête et les débuts de la colonisation (1827-1871)*, Paris, PUF, 1979.

KESSEDJAN, Catherine, « Un fondement international au droit des déchéances », *Les bons sentiments, Le genre humain*, n° 29, 1995, pp. 149-162.

KIEFE, Robert, *La Nationalité des personnes dans l'Empire britannique*, Paris, Librairie Arthur Rousseau, 1926.

KLARSFELD, Serge, *Le Calendrier de la persécution des juifs en France*, Paris, les Fils et filles des déportés juifs de France, New York, the Beate Klarsfeld Foundation, 1993.

KNOP, Karen, « Relational Nationality : On Gender and Nationality in International Law », in *Citizenship Today : Global Perspectives and Practices*, T. Alexander Aleinikoff, Douglas Klusmeyer (ed.), Carnegie Endowment for International Peace, Washington DC, 2001, pp. 89-124.

LAACHER, Smaïn, *Questions de Nationalité, Histoire et enjeux d'un code*, Paris, CIEMIL'Harmattan, 1987.

LAGARDE, Paul, *La Nationalité française*, Paris, Dalloz, 3e édition, 1997.

—— , « À propos de l'arrêt Dujacque de la Ire Chambre civile du 22 juillet 1987 », *RCDIP*, 1988, p. 29.

—— , « La rénovation du Code de la nationalité par la loi du 9 janvier 1973 », *RCDIP*, 1973, pp. 431-469.

LAGUERRE, Bernard, « Les dénaturalisés de Vichy 1940-1944 », *Vingtième Siècle*, n° 20, octobre-décembre 1988, pp. 3-15.

LAMBERT, Charles, *La France et les Étrangers (Dépopulation-Immigration-Naturalisation)*, lettre-préface d'Édouard Herriot, Paris, Delagrave, 1928.

LA PRADELLE, Géraud de Geouffre de, « Nationalité française, extranéité, nationalités étrangères », in *Mélanges Dominique Holleaux*, 1990, pp. 134-155.

—— , « Sang et nationalité », in *Revue juridique d'Île-de-France*, n° 30, 1993, pp. 37-54.

—— , « La réforme du droit de la nationalité ou la mise en forme juridique d'un virage politique », *Politix*, n° 32, 1995, pp. 154-171.

LAVISSE, Ernest, *Études sur l'Histoire de Prusse*, Paris, Hachette, 3e édition, 1890.

FENET, Pierre-Antoine, *Recueil complet des Travaux préparatoires du Code civil*, Paris, Videcoq, 1827, 15 vol.

FOELIX, Jean-Jacques-Gaspard, *Traité de droit international privé*, Paris, Marescq aîné, 4e édition, 1866 (1re éd. 1847).

FULCHIRON, Hugues (dir.), *Être Français aujourd'hui..., premier bilan de la mise en œuvre du nouveau droit de la nationalité*, Lyon, Presses universitaires de Lyon, 1996.

—— , « " Rétablissement du droit du sol " et réforme du droit de la nationalité. Commentaire de la loi n° 98-170 du 16 mars 1998 », *Journal du Droit International*, 2, 1998, pp. 343-388.

GANTOIS, René, *L'Accession des Indigènes Algériens à la Qualité de Citoyen Français*, Alger, Imprimerie La Typo-Litho, 1928.

GASTAUT, Yvan, *L'Immigration et l'Opinion en France sous la Ve République*, Paris, Le Seuil, 2000.

GÉRARDIN, Lucien, *De l'acquisition de la qualité de Français par voie de déclaration, étude sur le bienfait de la loi*, Paris, Larose, 1896.

GLASBERG, Alexandre (Abbé), Centre d'orientation sociale des étrangers, *À la recherche d'une patrie, la France devant l'immigration*, Éditions Réalités, Paris, 1946.

GOASGUEN, Claude, *Les Français au service de l'étranger sous le Premier Empire : législation et pratique*, thèse de doctorat de droit, Université de Paris II, 1976, 2 vol.

GODECHOT, Jacques, *Les Institutions de la France sous la Révolution et l'Empire*, Paris, PUF, 1951.

GOSEWINKEL, Dieter, *Einbürgern und Ausschließen. Die Nationalisierung der Staatsangehörigkeit vom Deutschen Bund bis zur Bundesrepublik Deutschland*, Göttingen, Vandenhoeck & Ruprecht, 2001.

GRAWERT, Rolf, *Staat und Staatsangehörigkeit. Verfassungsgeschichtliche Untersuchung zur Entstehung der Staatsangehörigkeit*, Berlin, Duncker et Humblot, 1973.

GRUFFY, Georges, « La naturalisation et le préjugé de la race » *RPP*, 1919.

GUICHARD, Éric et NOIRIEL Gérard (dir.), *Construction des nationalités et Immigration dans la France contemporaine*, Paris, Presses de l' École normale supérieure, 1997.

GUIGUET, Benoît, *Citoyenneté et Nationalité : limites de la rupture d'un lien*, thèse de doctorat de l'Institut universitaire européen, département de sciences juridiques, 1997.

HALPÉRIN, Jean-Louis, *L'impossible Code civil*, Paris, PUF, 1992, préface de Pierre Chaunu.

HANSEN, Randall et WEIL, Patrick (dir.), *Dual Nationality, Social Rights and Federal Citizenship in the U.S. and Europe : The Reinvention of Citizenship*, Londres et New York, Berghahn Books, 2002.

HEUER, Jennifer, *Foreigners, Families and Citizens : Contradictions of National Citizenship in France, 1789-1830*, Ph.D. Dissertation, University of Chicago, Department of History, Chicago, August 1998, 2 vol.

internationaux, Paris, Larose, 1879.
COLAS, Dominique, EMERI, Claude et ZYLBERBERG, Jacques (dir.), *Citoyenneté et Nationalité : perspectives en France et au Québec*, Paris, PUF, 1991.
COLAS, Dominique, *Citoyenneté et nationalité*, Gallimard, Folio, 2004.
COLLOT, Claude, *Les Institutions de l'Algérie durant la période coloniale*, Paris et Alger, Éditions du CNRS et Office des publications universitaires, 1987.
CRÉMIEUX-BRILHAC, Jean-Louis, *La France Libre, De l'appel du 18 juin à la Libération*, Paris, Gallimard, 1998.
CRÉPIN, Annie, *La Conscription en débat ou le triple apprentissage de la Nation, de la Citoyenneté, de la République (1798-1889)*, Arras, Artois Presses Université, 1998.
DARRAS, Loïc, *La double nationalité*, thèse de doctorat de droit, Université de Paris II, 1986.
DEBRÉ, Robert et SAUVY, Alfred, *Des Français pour la France*, Paris, Gallimard, 1946.
DEPOID, Pierre, *Les Naturalisations en France (1870-1940)*, ministère des Finances, Service national des statistiques, Direction de la statistique générale, Études démographiques, n° 3, Paris, Imprimerie nationale, 1942.
DERAINNE, Pierre-Jacques, *Le Travail, les Migrations et les Conflits en France : représentations et attitudes sociales sous la Monarchie de Juillet et la Seconde République*, thèse pour le doctorat d'histoire sous la direction de Serge Wolikow, Université de Bourgogne, 1998-1999.
DESPAGNET, Frantz, « Du rôle du Conseil d'État dans la naturalisation d'après la loi du 22 juillet 1893 », *RDP*, 1894.
—, *Précis de Droit international privé*, Paris, Librairie de la Société du recueil général des lois et des arrêts, 4e édition, 1904.
DIETRICH-CHÉNEL, Karin et VARNIER, Marie-Hélène, *Intégration d'étrangers en France par naturalisation ou admission à domicile de 1790/1814 au 10 mai 1871*, Thèse, Université d'Aix-Marseille I, 1994.
DIVINE, Robert A., *American Immigration Policy, 1924-1952*, New Haven, Yale University Press, 1957.
DUBOST, Jean-François et SAHLINS Peter, *Et si on faisait payer les étrangers ? Louis XIV, les Immigrés et quelques autres*, Paris, Flammarion, 1999.
L'EBRALY, Charles, *De l'admission à domicile et des droits qu'elle confère à l'étranger qui l'obtient*, Paris, Larose, 1898.
ESTOURNET, Rémy, *La Pratique de la naturalisation depuis la loi du 10 août 1927*, Montpellier, Imprimerie de la presse, 1937.
FAHRMEIR, Andreas, *Citizens and Aliens : Foreigners and the Law in Britain and the German States 1789-1870*, Londres et New York Berghahn Books, 2000.
FELDBLUM, Miriam, *Reconstructing Citizenship : The Politics of Nationality Reform and Immigration in Contemporary France*, Albany (NY), SUNY Press, 1999.

Migration Review, 2002, 36 (1).

BONNET, Jean-Charles, *Les Pouvoirs publics français et l'immigration dans l'entre-deux-guerres*, Lyon, Éd. de l'Université de Lyon II, 1976.

BONNICHON, André, *La Conversion au Christianisme de l'Indigène Musulman Algérien et ses Effets Juridiques (Un cas de conflit colonial)*, thèse pour le doctorat en droit, Paris, Sirey, 1931.

BORGETTO, Michel, « Être français sous la Révolution », *Crises*, n° 2, 1994, PUF, pp. 80 s.

BOULBÈS, Raymond, *Commentaire du Code de la nationalité française (ordonnance du 19 octobre 1945)*, Paris, Sirey, 1946.

――, *Droit français de la nationalité*, Paris, Sirey, 1957.

BOUSHABA, Zouhir, *Être Algérien hier, aujourd'hui et demain*, Alger, Éditions Mimouni, 1992.

BREDBENNER, Candice Lewis, *A Nationality of Her Own : Women, Marriage and the Law of Citizenship*, Berkeley & Los Angeles, University of California Press, 1998.

BRUBAKER, Rogers, *Citoyenneté et Nationalité en France et en Allemagne*, traduit de l'anglais par Jean-Pierre Bardos, Paris, Belin, 1997.〔=2005、佐藤成基・佐々木てる監訳『フランスとドイツの国籍とネーション――国籍形成の比較歴史社会学』明石書店、英語原書からの翻訳〕

BRUSCHI, Christian, « Droit de la nationalité et égalité des droits de 1789 à la fin du XIXe siècle », *in* Smaïn Laacher, *Questions de Nationalité, op. cit.*, pp. 58-79.

CABLE, John, *Loss of Citizenship, Denaturalization, The Alien in Wartime*, Washington DC, National Law Book Company, 1943.

Cahiers de l'Observatoire régional de l'intégration et de la ville n° 22, Région Alsace, *L'Acquisition de la nationalité française par la procédure de manifestation de volonté pour les jeunes étrangers âgés de 16 à 21 ans*, Strasbourg, 1997.

CAMISCIOLI, Elisa, « Intermarriage, Independent Nationality, and the Individual Rights of French Women, The Law of 10 August 1927 », *French Politics, Culture and Society*, vol. 17, n° 3-4, Summer-Fall 1999, pp. 52-74.

CARBONNIER, Jean, *Essai sur les Lois*, Paris, Répertoire du Notariat Defrénois, 1995, 2e édition.

CASSIN, René, « L'inégalité entre l'homme et la femme dans la législation civile », *Annales de la faculté de Droit d'Aix*, nouvelle série, n° 3, Marseille 1919, pp. 1-28.

CHATTOU, Zoubir et Belbah, Mustapha, *La double nationalité en question, Enjeux et motivations de la double appartenance*, Karthala, 2002.

Club de l'Horloge, *L'Identité de la France*, Paris, Albatros, 1985.

CLUZEL, Gaston, *De la Nationalité des enfants mineurs d'Étrangers dans la Législation française*, Paris, Arthur Rousseau, 1901.

COGORDAN, George, *Droit des Gens, La nationalité au point de vue des rapports*

文　献

AGERON, Charles-Robert, *Les Algériens musulmans et la France (1871-1919)*, Paris, PUF, 1968.

—— , *France coloniale ou Parti colonial*, PUF, 1978.

—— , *Histoire de l'Algérie contemporaine, 1871-1954, t. II : De l'insurrection de 1871 au déclenchement de la guerre de libération*, PUF, 1979.〔=2002、私市正年・中島節子訳『アルジェリア近現代史』（文庫クセジュ 857）白水社〕

AKZIN, Benjamin et BASDEVANT Suzanne (dir.), *La Nationalité dans la science sociale et dans le droit contemporain*, Paris, Sirey, 1933.

ALAUZET, Isidore, *De la qualité de Français, de la naturalisation et du statut personnel des étrangers*, Paris, Imprimerie et librairie générale de jurisprudence, 1880.

ALEINIKOFF, T. Alexander, MARTIN David A. et MOTOMURA Hiroshi, *Immigration Process and Policy*, St Paul, Minn. : West Publishing Co., 3e éd., 1995.

ALTEROCHE, Bernard d', *De l'étranger à la seigneurie à l'étranger au Royaume, XIe-XVe siècle*, préface d'Anne Lefebvre-Teillard, Paris, L.G.D.J, 2002.

ANSKY, Michel, *Les Juifs d'Algérie du décret Crémieux à la Libération*, Paris, Éditions du Centre de Documentation Juive contemporaine, 1950.

AZIMI, Vida, « Le suffrage "universaliste", les étrangers et le droit électoral de 1793 », dans *La Constitution du 24 juin 1793, l'utopie dans le droit public français ?*, Jean Bart, Jean-Jacques Clère et Michel Verpeaux éd., Actes du colloque de Dijon, 16 et 17 septembre 1993, Dijon, 1997, pp. 204-239.

BAR-YAACOV, Nissim, *Dual Nationality*, London, Stevens & Sons Limited, 1961.

BARTHÉLEMY, Joseph, *Ministre de la Justice, Vichy 1941-1943*, préface de Jean-Baptiste Duroselle, Éditions Pygmalion/Gérard Watelet, Paris, 1989.

BATIFFOL, Henri, *Traité élémentaire de Droit International Privé*, Paris, LGDJ, 1949.

BLANC-CHALÉARD, Marie-Claude, *Les Italiens dans l'Est parisien, une histoire d'intégration 1880-1960*, Rome, École française de Rome, 2000.

BLATT, David S., *Immigration Politics and Immigrant Collective Action in France, 1968-1993*, UMI, 1996.

BLÉVIS, Laure, « Les avatars de la citoyenneté en Algérie coloniale ou les paradoxes d'une catégorisation », *Droit et Société*, 48, 2001, pp. 557-580.

BLOCH, Marc, « Pour une histoire comparée des sociétés européennes », in *Mélanges historiques*, t. 1, Paris, SEVPEN, 1963, pp. 16-40.

BLOEMRAD, Irene, « The North American Naturalization Gap : An Institutional Approach to Citizenship Acquisition in the United States and Canada », *International*

アンドレ・オノラ（公文書、CARAN）
50 AP 27　帰化
50 AP 63　フランス家族協会

エミール・ラフォン（外交資料、担当官文書）
第 1 巻　大臣宛て文書　1944 年 9 月 -1945 年

ジョルジュ・モコ（公文書、CARAN）
577 AP 2　第二次世界大戦（1939-1940 年）
577 AP 3　人口問題高等諮問委員会
577 AP 4　移民問題
577 AP 5　移民に関する論文（1945 年以前）
577 AP 6　モコの「フランス民族」誌掲載論文が引き起こした問題（1940-1947 年）

エマニュエル・シエイエス（公文書、CARAN）
284 AP/5　革命暦 8 年憲法に関する文書

フランソワ゠ドニ・トロンシェ（破毀院図書館）
意見書 n° 1441 および 1783

◆事典類等

議会文書（AP）　M. マヴィダル、E. ロラン、議会文書 1787-1860 年。フランス議会法案審議および政治討論全記録（第 1 部 1787-1794 年）

René Barenton, *Dictionnaire biographique des Préfets. Septembre 1870-mai 1982*, Archives nationales, 1994.

Dictionnaire des parlementaires français. Notices biographiques sur les ministres, députés et sénateurs français de 1889 à 1940, 8 vol., Paris, PUF, 1960-1977.

Adolphe Robert, Edgar Bourloton et Gaston Cougny (dir.), *Dictionnaire des Parlementaires français*, Paris, Bourloton éditeur, 1891.

Benoît Yvert, *Dictionnaire des ministres de 1789 à 1989*, Perrin, 1990.

Liste alphabétique des personnes ayant acquis ou perdu la nationnalité française par décret, années 1921-1930, 1931-1940, 1941-1950, 1951-1960, Paris, Imprimerie nationale.

Ministère de la Justice, *Compte général de l'administration de la justice civile et commerciale en France,* publication annuelle.

Ministère de la Justice, La nationalité française, textes et documents, Paris, La Documentation française, 1996.

ノール県公文書, ADN

M 495-7 から 9　帰化（1870-1910 年）
1 R 47　国籍法、訓令および関連文書

ダンケルク郡庁

5Z332　帰化－各種情報（1931-1934 年）
5Z333　同上

ヴァランシエンヌ郡庁

7 Z 18　帰化（1848-1851 年）

バ＝ラン県公文書, ADBR

8M25 から 8M28　居住許可、帰化－通達および訓令（革命暦 8 年 -1870 年）

国立政治学財団収蔵文書

MRP（人民共和運動）関連文書
MRPS 50　同議員団会議議事録

◆私的資料

ルイ・カネ（外交資料、職員関連文書）　Vol. 27 ユダヤ人の地位審査委員会（原本）

ルネ・カッサン（公文書、CARAN）
382 AP 74　臨時政府資料、公的往復文書、法律関係文書（1944-1945 年）

ジャン・ドヌディユー・ド・ヴァブル（公文書、CARAN）
539 AP 1　臨時政府関連資料（1944-1946 年）
539 AP 2　法律関係資料、一般資料、帰化（1945 年）

アントナン・デュボスト（イゼール県公文書、ADI）
1 J 940　各種書簡

9938/2　法務委員会答申記録

海外領土資料センター, CAOM（エクス゠アン゠プロヴァンス）

官庁資料　大臣官房　書類箱 37　FFL－司令部－海外在住フランス人部
官庁資料　政務事項　887　ユダヤ人問題－クレミュー政令廃止
官庁資料　政務事項　889 bis　フランス国籍剥奪
F80 2043　帰化　1838-1888 年
アルジェリア総督府資料－行政組織　8 H 10－各種資料　12 H 6－現地民　選挙による現地民代表選出

軍事関係資料（陸軍史料部）, SHAT

3R 485 から 488　帰化関連資料（1950 年代）
3R 595　市民権剥奪－この刑を受けた軍人、個人別資料
3R 598　資料 1　内規により免職処分となった将校（特にヴィシー政権下で逃亡罪、もしくは反逆容疑に問われた者）
3R 598　資料 2　フランス国籍－重国籍者の兵役、帰化、フランス国籍の剥奪（1941-1945 年）
7T 408　外国人の帰化ならびにフランス国籍を取得した外国人に関する法令（1939-1967 年）

元老院図書館

護憲元老院議事録、革命暦 10 年風月《ヴァントーズ》 21 および 22 日

パリ警視庁公文書, APP

DA 430　県議会（各種資料）
DA 745　外国人－諸規則ならびに通達（1917-1950 年）
DA 781　フランス国籍－基本的文書
DB 336　第一次世界大戦－外国人、国籍

イゼール県公文書, ADI

61 M16　1893 年法にもとづく陸軍省要請による調査（1915 年）
127 M1　帰化－訓令および通達
127 M2　国籍および例外的事件 1927-1938 年
128 M3 から 34　帰化申請外国人に関する情報および往復文書

1986 0269/art 1-7　人口・家族高等諮問委員会資料
2000 0145/21　司法省
2000 0145/23　司法省
他に、帰化関連資料を含む資料約 50 箱分を調査した。これら資料は、整理番号 1977 0623/68 および 1977 0904/133 の下に整理されている。

外交資料, AD

行政協定・係争関係資料、係争関係資料（1807-1950 年）
nº 387　フランス在住外国人およびその息子たち－1874 年法（1867-1931 年）
nº 324　1915 年 4 月 7 日の法律（1915-1918 年）
nº 354　ドイツ 1913 年法関連資料（1913-1919 年）
nº 367　1927 年 8 月 10 日の法律

国際協定－資料第 1 編
nº 277　労働および移民（1940-1942 年）

国際協定－資料第 3 編
nº 452　フランス国籍の剥奪（1944-1950 年）

C 種行政文書
Vol. 138　国籍に関する基本的問題（重国籍、帰化の取り消し）1945-1947 年
Vol. 366　1927 年 8 月 10 日の法律

人事関係資料
Vol. 310 および 311　フランス解放粛清委員会

第二次世界大戦（1939-1945）ヴィシー、ヨーロッパ
C 種文書　Vol. 199　帰化（1940 年 7 月 23 日 -1944 年 7 月 31 日）

1940 年資料
ショーヴェル調査室　Vol. 5　資料目録

ベルリン資料
C 種資料　第 84 号

自由フランス法務委員会資料（コンセイユ・デタ）

9912/1　事案の登録（1943 年 8 月 26 日 -1945 年 8 月 1 日）

第二次世界大戦期のドイツ関係資料

AJ 40/547　国籍法案（1940-1944 年）

高等法院《オート・クール》関係資料

2W66　リオン裁判におけるモコ氏の証言
3W46　ラファエル・アリベール
3W144　ジョルジュ・デイラス
3W334　フレデリック・ルジュー

コンセイユ・デタ関係資料, ACE

AL 2357　植民地におけるフランス国籍に関する政令案の総会における審議記録（1896 年 4 月 23 日）

個別事案関連資料

223 768　1927 年 8 月 10 日の国籍法を改正する案
223 772　国籍に関する 1927 年 8 月 10 日の国籍に関する政令を改正する案
229 733　商業、工業および手工業関連の職業へのユダヤ人の就業に関する 1941 年 6 月 2 日の政令の改正案
229 744　農業関係の職業へのユダヤ人の就業に関する政令案

ユダヤ人規定の特例認定申請関連資料

224 015　レヴィ゠ブリュール氏の特例認定申請
224 016　ウィリアム・ウアリド氏の特例認定申請
224 027　アルベール・ミシェル・レヴィ氏の特例認定申請
224 029　ジャック・ヴァランシ氏の特例認定申請
224 030　マルク・クラン氏の例外特例認定申請
224 035　レオン・エルマン氏の特例認定申請
224 036　ジャン・ヴァール氏の特例認定申請
224 044　クロード・レヴィ゠ストロース氏の特例認定申請
224 238　ロベール・ヴェイユ氏の特例認定申請
224 239　アンセル氏の特例認定申請
224 630　クロード・ロジェ゠マルクス氏の特例認定関係資料
229 948　アンドレ・メイエール氏の特例認定関係資料
229 949　ジョルジュ・モセ氏の特例認定関係資料

フォンテヌブロー現代資料センター , CAC

1982 0774/art 1-10　国土整備企画庁総合委員会
1995 0165/art 10-13　国籍関連訴訟

BB30 1713　占領軍当局宛て司法省提出文書
BB30 1714　公務員関連諸規則
BB30 1731　司法問題調査総合委員会関連資料
BB30 1741　業務監督局－ドーテ報告書

内務省
Fla 3346　外国人に関する行政措置（1945-1947 年）
Fla 3255　帰化、その他
F7 12574　対イタリア関係
F7 12731　第一次世界大戦（1914-1918 年）中の外国人監視関連資料
F7 14885　イヴ・フルカード警務管理局長（1940-1944 年）の局長室にて回収された資料
F7 15322　国籍取得の見直し、国籍申請者に関する情報

軍関係資料
F9 170　兵士募集関係－一般往復文書－コルス県（1792-1810 年）
F9 171　兵士募集関係－一般往復文書－コルス県（1810-1833 年）
F9 227　兵士募集関係－一般往復文書－ノール県（革命暦 5 年 -1821 年）
F9 228　兵士募集関係－一般往復文書－ノール県（1822-1831 年）

首相府
F60 490　ヴィシー政府下でのユダヤ人（1940-1941 年）
F60 491　ヴィシー政府下でのユダヤ人（1942-1944 年）
F60 493　ヴィシー政府下での強制収容所
F60 494　人口問題高等委員会議事録
F60 499　人口問題高等委員会－帰化に関する法令（1937-1947 年）
F60 1038　保健省組織関連文書（1944 年）
F60 1440　ユダヤ人の身分－法案起草、審議およびその影響（1940-1944 年）
F60 1480/2　DGTO、ブリノン大使官房資料－司法大臣との往復文書（1940-1944 年）
F60 1485　DGTO、ブリノン大使官房資料－占領地域における政治および社会－ユダヤ人および外国人関連文書
F60 1507　DGTO、軍事官房　占領地域における行政、政治、社会状況　難民および外国人関連資料

フランス国（ヴィシー政権）文民官房資料
2 AG/450　新憲法案（1941-1944 年）

Rep. 80 I Nr. 62 Bd. I
Rep. 80 I Nr. ad 62a

フンボルト大学資料室（ベルリン）

国家研究所文書　UK 827
国家研究所助手文書　Nov 35-Feb 46 UK 828
大学職員文書、ヘーン文書

アメリカ関係資料

米国議会図書館（ワシントン DC）

チャールズ・サムナー文書、マイクロフィルム

ジョージタウン大学（ワシントン DC）

アレクシス・カレル文書

フランス関係資料

◆公文書

国立公文書館歴史センター（CARAN）所蔵の国の公文書, AN

司法省
BB11 2　帰化証明書申請文書（1789-1792 年）
BB11 3 および 4　帰化（1808-1811 年）
BB11 76-90　フランス定住に関する資料（革命暦 11 年 -1809 年）
BB11 91　居住地確定－王令（1820-1821 年）
BB11 94-95　帰化（1812-1813 年）
BB11 96　居住許可（1808-1810 年）
BB18 3366　司法省刑事局の内部文書および往復文書ならびに外国人および帰化者に対してとるべき措置に関する通達類
BB30 649　印璽担当部局の権限に属する事項に関する各省との往復文書
BB30 1163-2　司法省通達
BB30 1604　フランス国籍（1816-1848 年）
BB30 1605　1934 年度の事案
BB30 1707　司法省次官室文書
BB30 1711　フランス国籍（1940-1944 年）

資料出所

国籍の政治史を再構成するのに役立ちうるような司法省の資料は、公立の文書館に置かれていない。その上、定量的研究を行なうのに必要な19世紀の帰化申請書類を閲することが実際上不可能であることも、不利な条件となっている。

司法省国籍課によって保存されている資料を閲覧できたことは、貴重な援けとなった（「司法省関係資料」[AMJ] であり、これは閲覧されるようになって、しばしばフォンテヌブロー現代資料センター [CAC] に、1995 0165/10-13 という整理番号で移管されている）。また、帰化課によってレゼ［ロワール＝アトランティック県］に移されている（「帰化課関係資料」[ASDN]）。司法省が関係をもっている全国的ないし県レベルの行政の所蔵資料、過去2世紀にわたり国籍政策に関わった政治家や法律家の所蔵資料、また同じく外国にある資料の系統立った調査が、本書の企図を実現するのを可能にしてくれた。以下に言及する諸資料は、本書のなかですでに引かれているものだが、実際に閲した資料のうちのごく一部にすぎない。

現代の研究については、筆者は、1998年法の制定において筆者自身の演じた役割のために、けっきょく、正確な情報を与えてくれる二次的な資料に依拠することに決めた。

インタビュー

アルバン・シャランドン　2001年1月25日
ジャン・フォワイエ　2000年12月4日
ラインハルト・ヘーン　1996年4月12日（フランツ・マイヤーによる電話インタビュー）
マルソー・ロン　2001年11月20日
ピエール・マゾー　2001年10月30日
メナール夫人（元司法省印璽部長レイモン・ブルベスの娘）　1997年1月17日
オディール・ピシャ（元国民議会法務委員会部長）　2000年12月14日
タン夫人（元司法省印璽部幹部エイモンの娘）　1997年4月10日
ジョルジュ・ヴェデル　1998年6月7日

ドイツ関係資料

プロイセン文化財団枢密文書館, GStA PK（ベルリン・ダーレム）

Rep. 77 I Tit. 227, Nr.4, Vol. 1

訳者解題

フランスでは法専門家、行政官、国際的移動者個人に限らず、一般市民にいたるまで、国籍への関心が高かったといわれる。なぜだろうか。

歴史を遡るのを大革命までとすれば、革命時、他国出身でパリに居住し、市民であることを自認する者は多く、彼らが「フランス人の資格」を獲得するのはむずかしくなかった。問題は革命の進行のなかでロンドンへ、コブレンツへ、バーゼルへと逃れていった亡命者が、またその地でもうけた子どもが、後に帰還すれば「フランス人」と認められるか、だった。また、一九世紀後半には、隣接国から人々が仕事を求めて移住してきて、その男子とフランス人女性が結婚するとき、後者の運命はどうなったか。他方、同じ一九世紀は植民地獲得の世紀であり、海外に出て定着する入植者《コロン》が、現地で他国籍の者と結婚し、二世も誕生する。二〇世紀にはその植民地の現地民がフランス本土の土を踏むことも多くなる。一方、フランス国籍の境界、または外縁に位置していると思う戦中のアルザス生まれの者、一旦フランスに帰化しながらユダヤ系であるがため帰化取り消しに遭った者、フランス人の配偶者の外国人などには、フランス国籍を認められるか否かは、死活の問題と感じられた。本書のタイトル『フランス人とは何か』は、これらの人々の「自分はフランス人たりうるのか、どう証明するか」という自問の言葉とも読めてくる。

1

フランスは、「国籍」の言葉とともに、世界の国籍法の始点をなした。ナポレオン民法典の名声とともに、それは世界各国にモデルとして採用される（日本の一八九九年国籍法もその影響下にあった）。だが、始点をなしただけではなく、フランス国籍法が世界でつねに関心を呼ぶのは、国籍法の主要な要素ないし法技術である生地主義、血統主義、帰化、帰化取り消し、国籍剝奪などを、他国で例をみないほど多様なアクター間の、多少とも開かれた場での論争、駆け引き、議会論戦などを通して実現したことにある。

著者ヴェイユは、この過程をたどるのに、山元一氏も言うように、観念的議論を排し、「堅実な比較的・実証的な見地から」執筆を進め、フランスの独特の国民国家像といったものからみちびく視点に立たず、国家像如何の問題とは独立した、自律的に発展していく一制度としてそれを捉えている。[1]この点で著者は、法を理論的、理念的に追究する法理論家であるよりも、法の制定、改廃のプロセスに介入する権力関係や社会構造的要因、さらに国際的な関係に関心を向けてやまない、法社会学、あるいは（あえて造語すれば）法政治学の視点にはるかに近いと思うが、どうだろうか。

著者に従えば、フランスの国籍法は次の三つの段階をたどり、変遷を遂げた（こうした分節がはっきりしている例は、他国の国籍法にあまりみられないようである）。

(1)近代国籍法の第一歩として一八〇三年の民法典がある。アンシアン・レジームの下での「封建的」アプローチと訣別し、領土内での出生をフランス人の資格の基準とせず、国籍は、人に属する権利とし、血統（ただし父系）によって継承されるものとした。

(2)一九世紀後半、フランスは西欧諸国に先んじ移民受入国となり、移民たちはいくら長期間滞在し、子どもの代になっても、血統主義国籍法の下では外国人にとどまり、「国民」としての義務、とりわけ兵役を果たさない。そこで、一八八九年法は、血統主義のそれに加え、生地主義のアプローチを強く押し出す。

(3)特に第一次世界大戦以後、人口減少が大きな問題として立ち現れる。そこで、フランス国籍法は、その発展の第三段階として人口政策の一手段となる。一九二七年法によって、フランス国籍は、これを欲する多数の移民に、帰化またはフランス人との結婚を通して開かれていく。

以上の論で、ヴェイユの解釈のオリジナリティを二点にわたり触れたい。まず、一八〇三年の国籍法の根幹が血統主義とされたことについて、その近代性を、より属人的な原則に立つ、個人に資格として付与され、どこに住もうと、いくら加齢しようと変わらないこと、さらに、血統《フィリアシオン》という、為政者が恣意的に操作や変更のできないものに求めている点である。ボナパルトに対するトロンシェの勝利にそういう意味があった。また、ドイツ、当時のプロイセンが一八四二年、伝統の生地主義に拠らずに、この血統主義の国籍法を制定したことも、そうした意味合いで理解されうるとし、この点で、ドイツの国籍法における血統主義＝ドイツ・ナショナリズムの表れとしてのエスニックな国籍概念、という関連づけは否定すべきとした。フランス国籍法の特色は、と問うとき、フランスはシヴィックなネーションであり、エスニックなネーション構築のために血統主義をとるドイツとは区別される、とされたが、この対置は適切ではない。これは有名なR・ブルーベイカーの『フランスとドイツの国籍とネーション』[2]にも再考の一石を投じたといえる。ただし、父系血統主義が取られたことは一九世紀的近代の時代制約を表している。

もう一点は、一九世紀末の一大イベントである生地主義国籍法の導入は、直接には、二世代目以上の定住外国人の「兵役逃れ」などを防ぐための国防ナショナリズムの表れとみえるが、原則に立ち戻って考えるなら、帰化という「忠誠義務」(allégeance)が重く問われる手続きに代えて、その国に生まれ育ち、教育を受け、よき社会成員になっているとみる「社会化」(socialisation)に重きを置くやり方であることがわかる。近代の生地主義の意味をこのように捉えることで、フランスのみならず今日の西欧諸国に取り入れられている生地主義を意味づけたことの意義は大きい。

2

「国籍、それは一個の政治でもある」とヴェイユは書く。国籍の立法を行うことは、出生時に○○人であることを決める一つ、または複数の基準を選ぶことだからだ。また、国籍の限界上にあるような個人に、いずれかの方向にその限界を越える仕方を定めるのも、立法であり、政治だからでもある。しかしまた政治に対する法専門家の支配は簡単に揺らぐものではない、というのもヴェイユの強調するところである。この両視点は、本書の中で交錯し、絡み合う。

「大革命には生誕があって、終わりがない」(F・フュレ『フランス革命を考える』[3])といわれるように、この国の歴史は一九世紀全体を通じて大革命と王政復古の闘争史とみることができ、国籍法の歴史にも劇的な特徴を与え、さらに二〇世紀に、「第三共和政」対「ヴィシー」対「第四共和政」の闘争にまで継続したといえる。

ここで、ヴィシーのことに触れておくと、第四章は、著者が資料の収集と解読に多大の精力を注いだ、読者にとっては発見と驚きの多い、本書中でも白眉の章といえるだろう。第三共和政後半期には抑え込まれていた王党主義の政治、反ユダヤ主義の政治が、ここで「国民革命」と共に息を吹き返し、フランス国籍のユダヤ人への開放に異を唱え、一部ナチを模倣し、帰化の再審査委員会を大規模に起ち上げ、厖大な作業をし、一万五〇〇〇件余の、多数のユダヤ系を含むフランス人の帰化取り消しを行なう。これは、ヴァンサン・ヴィエの浩瀚な現代フランス移民史も触れておらず[4]、その詳細な記述と分析は瞠目に値する。もう一つの驚きは、ヴィシー政府の大望とした新国籍法の制定がどう運ばれ、潰えていったかを問い、政府内の省間の角逐に光を当て、ベルリンに飛び、フンボルト大学所蔵資料に遡り、同国家研究所のラインハルト・ヘーンとベルトールト・ホフマンの業績・言動もたどり、彼らがヴィシーの国籍法案に示した「拒否《ヴェート》」の意味を探っていることである。並みの研究者のなしうる作業ではない。ただ、同法案が占領国ドイツによって否認されて、かえって浮かび上がったことは、ヴィシー政府内に、司法省を一つの砦とし、フランス国籍法の自律性をミニマムにせよ守ろうとする法専門家《マジストラ》の抵抗があったとみられる点である。事実、この幻となった国籍法案でも、フランス生まれの外国人の子どもに国籍付与の道を開く生地主義の原則はなんとか維持されていたと著者は伝えている。まさにそれが一つの理由となり、ドイツ側の「拒否」に遭ったのである。

ヴィシーは、単に異常な歴史の一齣《こま》にすぎなかったのか。ヴェイユは、それをフランス国籍法の危機の時期、それも「エスニックな危機」の時期として捉えていて、特定の民族を名指しで挙げて、それにあたる者への国籍付与の適否や条件を論じるという思考そのものが、一八〇三年以来の血統主義でも、一九世紀後半からの生地主義でも一種の普遍主義が貫かれてきた以上、異質であり、危機だったとしたのであろう。それはそれとして、では、ドイツ占領下のナチによる強制がなさしめたのがユダヤ人の追放、国籍剝奪だったのか。そうではない、と本書はいう。フランス固有の反ユダヤ主義、アクシオン・フランセーズ派（ドーデ、モーラス、バンヴィル、それに法相になったアリベール）のそれも作動した。しかし、それだけでなく、対独協力など望まず、ドイツに抗しつつフランスの利益を独り守ろうとするかにみえるペタン元帥への忠誠だけを支えに、帰化再審査委員会の作業に邁進し続けた行政官・司法官の存在（一九〇頁）などが、この体制の特質をも語っているように思われる。

3

ヴェイユの真骨頂は、政治社会学者としてのそれではないか、と先に書いたが、一個の法改正が、かかげる理念通りの成果を生んでいくとは限らず、社会的な慣習や通念に引っ張られて、独自の結果を生むことにも目を向ける。

国籍を属人的な権利に変えるという近代的な一八〇三年の改革が、父系という観念（家族を統べるのは父親）とドッキングし、外国人と結婚したフランス人女性はその国籍を喪うことを定める。歴史家ミシェル・ペローは、一九世紀フランスでは国家とアトム化された個人の対峙という不安定な構図のなかに秩序の要石となるべき家族が挿入され、その家族は、一八〇三年民法典により家父長的性格を強く与えられ、父・夫への妻の従属は当然視された、と書く[5]。この夫の国籍に従うという規定は、名声あるフランス民法典にならう多くの国々の――一九二二年までのアメリカにまで――国籍法制に取り入れられていく（日本の旧国籍法第一八条もそうだった）。そしてこの規定ゆえに女性たちに過酷な経験を強いたとのヴェイユの指摘は具体的で鋭い。しかも、そこからの脱却が、女性の解放・権利の実現という性格を帯びたアメリカに比べ、フランスではフェミニストの力が及ばず、むしろ人口増加主義者の加勢によって実現されるとの事実確認にはリアリティがある。

もう一つの、「差別されたフランス人たち」として、植民地下のアルジェリアのムスリム現地民に焦点が当てられていて、同じ「フランス人」の名を冠せられながら、市民権から排除された多数の人々に目が注がれる。このテーマはヴェイユにとり、フランス内アルジェリア人問題（第六章）ともつながるものである。C－R・アージュロンやB・ストラの邦訳もある今日、ここではもう問題には触れないが、いずれにせよ、ムスリム現地民を二級フランス人として扱う植民地アルジェリア一〇〇年の歴史は、フランス国籍の危機の時代でもあるのだ。

ヴィシー期に公然化する反ユダヤ主義のレイシズムであるが、それ以前から、特に帰化の承認に関連して民族的選別を主張する、「科学的」装いを伴う「専門家」の言説が登場していた。R・マルシアル、G・モンタンドン、G・モコらがそれである。一九二七年国籍法によって寛容な帰化政策がとられ、大量の新フランス人が生まれるが、果たして血の適合性、人種的な適合性においてフランス人を利するのか、それとも劣化させるのか、といった問題が立てられる。とりわけモコはフランスに「最も同化しやすい」のは北方系（ベルギー、オランダ、スイス人など）、次いで地中海系、下位にスラヴ系、それ以外は考慮外というヒエラルキーを「科学的知見」にもとづくとして打ち立て、今後の移民受け入れ政策、帰化の政策に生かさねばならない、と説く。ヴェイユは、このモコの「理論」と、国の移民政策・帰化政策の支配をめざすかれの野望と行動を、執拗なまでに詳細にわたり追っている。なぜか。おそらく、もしもモコが、戦後再出発する外国人労働者受け入れ政策、帰化政策の方向づけを支配していたならば、ユーロセントリックなレイシズムを構造化させた移民国フランスを現出させていたかもしれない、という強い危惧があったからではないか。けっきょく、モコのなかにレイシズムを感じとったティトジャン（当時司法相）、やティクシエ（内相）の反対で、政府はモコ路線を斥ける。戦後、長くフランスの入移民政策を方向づけることになる一九四五年一一月二日オルドナンスは、移民の民族、国籍、その他の出自《オリジヌ》による選別には触れない、開かれた受け入れ路線を示唆している。ヴェイユのモコ批判は、レイシズムなき移民との共生社会を追求しようとする秘めた気魄を読み取らせるものである。

4

だが、ヴィシー時代の諸立法とその帰結から訣別・清算した戦後フランスの、国籍をめぐる議論のなかで、開放ないし包摂の視点がずっと支配的だったわけではない。移民とその子どもの国籍の扱いにおいてレイシスト的オプション（国籍への入口で国籍、民族、宗教などの出自による選別を行なおうとするもの）が、一九八〇年代末からかたちを変えて現れる。ヴェイユはアルジェリア系移民第二世代の問題を、国籍法の「エスニックな危機」のいま一つとして位置づける。第六章で明らかにされることの一九七〇年代以降の国籍法の展開は、包摂と排除という二つの立場の相克と、国籍法それ自体の特徴を明らかにするものでもあった。

ヴェイユは、政策の分析において重要なのは、政治家の発言や記録された文章よりも、具体的な提案とそこからみちびかれる効果であるとする。つまり一見「レイシスト」的でない言説も、内容を精査するとその側面が浮かび上がってくる。かれは、一九八〇年代以降の国籍法をめぐる議論を丹念にたどり、九〇年代に生地主義の完全な廃止を主張した保守派政治家の提案は、ヴィシーのそれを除くいかなる政権も決して提案したことのない、極端で、レイシスト的なものだと評する。

一九七三年のオイルショックとそれに続く経済不況で、「輝ける三〇年」は終わりを迎え、外国人労働者の新規受け入れも中断された。ヴェイユによると、以後の一〇年は、移民と第二世代に対する「地位の保障のための一〇年」だったという。だがアルジェリア移民の滞在が安定化すると、アジェンダは移行し、議論はその子どもたちの国籍に向けられ、右派と左派は対立を深める。一九八三年、八四年、極右政党が台頭すると、国民アイデンティティと国籍を関連づける考えが押し出され、右派政党はアルジェリア移民の子どもの統合可能性だけでなく、彼ら自身の同化への構えに疑問を付し、国籍取得の条件として意思の表示を求めるようになる。保守二大政党の共和国連合とフランス民主連合は、国籍の自動的付与を廃止し、意思の表示を求めることを共同方針に加え、一九八六年の国民議会選挙で勝利すると、国籍法の改正に着手し、生地主義の廃止をめざそうとする極端な法案まで提出した。法案は、学生運動の影響など、ややアクシデンタルな出来事や大統領ミッテランの介入により廃案となったが、政府は八七年にM・ロンを委員長とする「賢人」委員会に国籍法改正方針を検討する任を託した。委員会は広く公聴の機会を設け、議論を展開した上で、外国人の親からフランスで生まれた若者に成人時に国籍を当然の権利として付与するのではなく、フランス人であるという意思を表明させることを提案する。

一九九三年に右派が政権に復し、ロン委員会の提案をもとにした国籍法改正がなされた。外国人の親からフランスで生まれた若者は、一六歳から二一歳の間にフランス人になる意思を表明しなければならなくなる。第二世代のフランス国家への帰属意識が十分でなく、社会的統合がなされていないとされ、意思表明を帰属の証明として求めるのだという。だがヴェイユは、この意思表明の義務づけには批判的で、かつてとは形態は変わったが、それでも統合がなされていることに注意を喚起している。

5

左派は国籍法を以前の状態に戻すことを求め、一九九七年の国民議会選挙での勝利のあと、ヴェイユに「フランス国籍付与に関わる生地主義の適用条件」についての報告書の作成を依頼する。同報告書をもとに翌年採択された新しい国籍法は、一八八九年法から続く国籍へのアクセスの平等という伝統的な原則と、一九九三年法で強化された意思表明の手続きにある形で配慮するものだった。つまり、外国人の親からフランスで生まれた子どもは、フランスに一一歳から少なくとも五年居住していれば、一八歳の時点でフランス人になることができる。と同時に、成人になる前の六カ月間に、同国籍を辞退する届出ができることとした。フランス国籍法の包摂性を維持しつつ、同国籍を望まない者の意思も尊重するという、それまでの国籍法をめぐる議論からのリベラルな結論だといえよう。

ヴェイユは、一八八九年に採択された、移民の子どもや孫の統合という社会学的現実にもとづく生地主義はもはや問題にされることはないと結論づける。実際、二〇〇一年一〇月のフランスとアルジェリアのサッカー親善試合で移民第二世代らによってなされた国歌「ラ・マルセイエーズ」へのブーイングとその反響、学校での国歌学習の義務化（二〇〇五年）、サルコジ政権下での「移民・統合・国民アイデンティティ・共同開発省」創設（二〇〇七年）など、それ以降も国民アイデンティティや移民第二世代の統合に関する議論が幾度となくなされてきたが、国籍法の生地主義の原則が見直されることはなかった。

だが、本書刊行後のことだが、国籍法をめぐるレイシズムとそれへの抵抗はかたちを変えつつ存在している。近年支持を広げている極右政党「国民連合」（二〇一八年に「国民戦線」から改称）は、生地主義国籍法の廃止、重国籍の禁止、また犯罪を犯した重国籍者からの国籍剝奪を主張している。さらに、二〇一五年一一月のパリ同時多発テロを受け、同一六日に社会党のオランド大統領は「ネーションの基本的な利益への侵害もしくはテロ行為で有罪判決を受けた個人は、たとえ生まれながらのフランス人であっても……他の国籍を享受していれば、フランス国籍を剝奪できる」ようにする、と議会で明言した。ここでも国籍付与における生地主義の原理は問われていないが、ヴェイユが「リベラリズムの代償」（第九章参照）と分析した帰化者に対する国籍剝奪を、生まれながらのフランス人にも広げようとするものであった。フランス国籍をめぐる議論の重要な展開であり、外国籍をもつフランス人の裏切り行為でもなく、移民第二世代のアイデンティティや統合の問題からでもなく、セキュリティという文脈の中でそれが行なわれるという。[6]これに対して、ヴェイユはフランス人を出自によって分けることは、暴力的であり、社会的な分裂をもたらすものとしてその危険性を訴え、[7]トマ・ピケティやジャック・アタリら一七名との連名で、国会議員らに「われわれの自由の名の下に」国籍剝奪の憲法への明記を拒否するよう求める公開書簡を「ルモンド」紙に載せた。[8]

フランス国籍法とは、血統主義、生地主義、帰化など国籍付与のさまざまな技法をどれも放棄することなく組み合わせたもので、フランス国籍法の代名詞となるものはない、とヴェイユは結論づける（三九一頁）。国籍法の歴史は、外国人への国籍の開放、平等の獲得、そして差別に対する勝利の歴史であった。その特徴はむしろ、さまざまな法的ツールを用いてできるかぎり多くの外国人をフランス人に迎え入れてきたことにある、と本書はいう。実際、われわれの直接知る過去半世紀来の国籍をめぐる論争をみても、包摂と排除（限定）という二つの立場の競合があり、最終的には包摂の勝利であった。激しい論争が起きつつも、それでも維持されるその平等と包摂、それが本書から浮かび上がってくるフランス国籍法の特色の一つであろう。

6

本書は――ここではメインラインとして触れなかったが――豊かな比較国籍法の視点をもっており、プロイセン、現代ドイツ、イギリス、アメリカなどの国籍の得喪、帰化に関する法制が必要に応じて紹介されていて、縦糸だけでなく横糸においても豊かな色合いが感じられ、フランスに限定されない国籍法の近・現代史として読まれてよい。

日本の国籍法への論及はない。だが、ひるがえって、本書の展開してきた議論に照らして日本の国籍法をみるとき、一九五〇年に旧国籍法が廃されたとはいえ、連続性は強く、一九八四年の父系のそれから両系血統主義への改正を除くと、これといった大きな改正はなく、外国人居住、国際結婚増加、それによる二世の誕生の急増にもかかわらず、ほとんど不動だった。西欧の移民受入国がある時期以降、国籍法改正へと進まざるをえないとさせた三つの要請――生地主義の導入、重国籍の容認、裁量帰化から権利帰化への転換――のいずれをとっても、日本の国籍法はその方向への動きをみせていない。

必要な時に必要な法改正（ヴェイユの言い方では、より適切な法的テクニックを用いること）を行なうことで、より広い範囲の人々の権利を守ることができる。アイデンティティの権利も含めて、である。二〇〇三年に来日した本書著者が、「日本でこれだけ国際結婚が増えているのに、重国籍を認めなくて大丈夫ですか」という趣旨の率直な疑問を発したことは印象に残っている。[9]

（本解題は、訳者四名の討議をもとにし、宮島喬と村上一基がまとめた）

注

1 山元一『現代フランス憲法理論』信山社、二〇一四年、七九－八〇頁
2 ロジャース・ブルーベイカー『フランスとドイツの国籍とネーション――国籍形成の比較歴史社会学』佐藤成基・佐々木てる監訳、明石書店、二〇〇五年
3 フランソワ・フュレ『フランス革命を考える』大津真作訳、岩波書店、一九八九年
4 Viet, Vincent, *La France immigrée, construction d'une politique 1917-1997*, Fayard, 1998.
5 ミシェル・ペロー『フランス現代史のなかの女たち』福井憲彦・金子春美訳、日本エディタースクール出版部、一九八九年
6 Geisser, Vincent, 2015 « Déchoir de la nationalité des djihadistes "100 % made in France": qui cherche-t-on à punir? » *Mi-*

grations Société, 162: 3-14.

7　« Refusons l'extension de la déchéance de la nationalité ! » *Le Monde*, le 3 décembre 2015.

8　« Déchéance de nationalité : « Parlementaires, rejetez ce texte au nom de nos libertés » » *Le Monde*, le 31 janvier 2016.

9　パトリック・ヴェイユ、宮島喬（対談）「『移民国』に向けての今日的課題とは何か」『世界』七二七号、二〇〇四年、二一七－二二四頁

著者の略歴

著者パトリック・ヴェイユは、一九五六年生まれの移民や市民権の問題を専門とする政治・歴史学者である。一九八八年にフランスの移民政策についての博士論文をパリ政治学院に提出し、政治学の博士号を取得。一九九四年からフランス国立科学研究センター（CNRS）の研究主任となり、パンテオン・ソルボンヌ大学（パリ第一大学）の二〇世紀社会史研究センターに所属している。イエール大学法学部客員教授やパリ経済学校教授も兼任する。

実際の移民・国籍政策立案のプロセスにも関わり、一九八一年から八二年に移民閣外大臣の官房長を務め、九七年には本書でも論じられているようにジョスパン首相から国籍・移民政策改正の検討任務を委託されるなど、とりわけ左派政権の外国人政策に大きな影響を与えてきた。一九九六年から二〇〇二年まで統合高等審議会の、二〇〇三年には「共和国におけるライシテ原則適用に関する検討委員会（スタジ委員会）」のメンバーを歴任している。二〇〇七年に開館した国立移民史博物館の諮問評議会の評議員でもあったが、サルコジ内閣による「移民・統合・国民アイデンティティ・共同開発省」の設置に反対し、辞任した。

二〇〇五年に国際NPO「行動するヒューマニティ（Humanity in Action）」のフランス支部設立に関わり、二〇〇六年には「国境なき図書館（Bibliothèques Sans Frontières）」を設立するなど、市民活動の分野でも活躍している。

著書や論文は多数におよぶが、紙幅の関係で、代表的な著編書を挙げるにとどめる。

（1）*La France et ses étrangers, l'aventure d'une politique de l'immigration de 1938 à nos jours*, Calmann-Lévy, 1991.（二〇〇五年にGallimard-Folioより改訂・増補版出版）

（2）*Towards a European Nationality: Citizenship, Immigration, and Nationality Law in the EU*, Palgrave Macmillan, 2001.（Randall Hansenとの共編著）

（3）*Qu'est-ce qu'un français? Histoire de la nationalité française depuis la Révolution*, Grasset, 2002.（本書）（二〇〇五年にGallimard-Folioより改訂・増補版出版）

（4）*Dual Nationality, Social Rights and Federal Citizenship in the U.S. and Europe: The Reinvention of Citizenship*, Berghahn Books, 2002.（Randall Hansenとの共編著）

（5）*La République et sa diversité. Migrations, intégration, discrimination*, Seuil, 2005.

（6）*Liberté, Égalité, Discriminations: L'« identité nationale » au regard de l'histoire*, Grasset, 2008.

（7）*The Sovereign Citizen: Denaturalization and the Origins of the American Republic*, UPenn Press, 2013.

（8）*Être Français. Les quatre piliers de la nationalité*, L'aube, 2014.

（9）*Le Sens de la République*, Grasset, 2015.（Nicolas Truongとの共著）

ヴェイユは一九九〇年代までフランスにおける移民政策や国籍政策の展開に関心を向け研究を進め

てきたが（1）、（3）、その後、視野を他国にも広げ、ヨーロッパ諸国の事例にも関心を寄せるようになった（2）、（4）など）。またフランスにおけるマイノリティの統合や不平等対策、宗教、国民アイデンティティの問題に関する研究も行なっている（5）、（6）、（9））。近年ではアメリカに関心を広げ、その移民政策や国籍政策の歴史を分析している（7））。

彼の著作はフランス国内外で高く評価されており、（1）の『フランスと外国人』で国民議会博士論文賞（一九九二年）を、本書でフランソワ・フュレ賞（二〇〇二年）などを受賞した。本書は英語にも翻訳されている。また一九九四年、二〇〇三年に来日し、訳者の一人、宮島喬と対談している[1]。ヴェイユのより詳しい情報は、かれのウェブサイトを参照されたい（http://www.patrick-weil.fr）。

1　パトリック・ヴェイユ、宮島喬（対談）「『移民国』に向けての今日的課題とは何か」『世界』七二七号、二〇〇四年、二一七－二二四頁

ヤ行

ラ行

ワ行

マ行

ナ行

ハ行

サ行

タ行

◆人名索引

サ行

索　引

◆事項索引

ア行

カ行

◆訳者紹介

宮島　喬（みやじま・たかし）
お茶の水女子大学名誉教授

著書：『移民社会フランスの危機』（岩波書店、2006年）、『一にして多のヨーロッパ――統合のゆくえを問う』（勁草書房、2010年）、『文化的再生産の社会学――ブルデュー理論からの展開［増補新版］』（藤原書店、2017年）

訳書：M. ヴィヴィオルカ『差異――アイデンティティと文化の政治学』（共訳、法政大学出版局、2009年）

大嶋　厚（おおしま・あつし）
翻訳者。前パリ日本文化会館副館長

訳書：M. ヴィノック『フランスの肖像――歴史・政治・思想』（2014年）、同『フランス政治危機の100年――パリ・コミューンから1968年5月まで』（2018年、ともに吉田書店）、J.-L. ドナディウー『黒いナポレオン――ハイチ独立の英雄トゥサン・ルヴェルチュールの生涯』（えにし書房、2015年）など。

中力えり（ちゅうりき・えり）
和光大学現代人間学部教授

博士（社会学・社会科学）［2003年、マルク・ブロック大学（ストラスブール第2大学）］

著書：「フランス共和国とエスニック統計」宮島喬・杉原名穂子・本田量久編『公正な社会とは――教育、ジェンダー、エスニシティの視点から』（人文書院、2012年）、「フランスにはなぜマイノリティがいないのか――「共和国」の虚実」岩間暁子・ユ・ヒョヂョン編『マイノリティとは何か――概念と政策の比較社会学』（ミネルヴァ書房、2007年）、Quel « enseignement bilingue » en Alsace ?, *Nouveaux Cahiers d'Allemand*, 2007- no.4, 2007.

村上一基（むらかみ・かずき）
東洋大学社会学部講師

博士（社会学）［2017年、パリ・ソルボンヌ大学（パリ第4大学）］

著書：「フランス移民第二世代のアイデンティティと教育」宮島喬・佐藤成基・小ヶ谷千穂編『国際社会学』（有斐閣、2015年）、「移民第二世代の教育問題――「成熟」した移民社会において多様化する学校経験とアイデンティティ」園山大祐編『フランスの社会階層と進路選択――学校制度からの排除と自己選抜のメカニズム』（勁草書房、2018年）

訳書：E. サンテリ『現代フランスにおける移民の子孫たち――都市・社会統合・アイデンティティの社会学』（明石書店、2019年）

◆著者紹介
パトリック・ヴェイユ（Patrick Weil）
1956年生まれ。政治学博士。フランス国立科学研究センター（CNRS）研究主任（パンテオン・ソルボンヌ大学［パリ第1大学］20世紀社会史研究所所属）。移民、市民権の問題などを研究。統合高等審議会（1996-2002年）委員、共和国におけるライシテ原則適用に関する検討委員会（スタジ委員会）委員（2003年）、国立移民史博物館諮問評議会評議員（2003-2007年）などを歴任。本書はフランソワ・フュレ賞（2002年）などを受賞し、英語版も刊行されている。本書のほか、*La France et ses étrangers, l'aventure d'une politique de l'immigration de 1938 à nos jours* (Calmann-Lévy, 1991), *Le sens de la République*, (avec Nicolas Truong, Grasset, 2015) などの著書がある。

フランス人とは何か
——国籍をめぐる包摂と排除のポリティクス

2019年6月20日　初版第1刷発行

著　者　パトリック・ヴェイユ
訳　者　宮島　喬
　　　　大嶋　厚
　　　　中力　えり
　　　　村上　一基
発行者　大江　道雅
発行所　株式会社　明石書店
〒101-0021 東京都千代田区外神田6-9-5
電話 03（5818）1171
FAX 03（5818）1174
振替　00100-7-24505
http://www.akashi.co.jp/
装幀　北尾崇（HON DESIGN）
印刷／製本　モリモト印刷株式会社

（定価はカバーに表示してあります）　ISBN978-4-7503-4799-8